重庆市骨干高等职业院校建设项目规划教材
重庆水利电力职业技术学院课程改革系列教材

水利工程制图与CAD

（上册）

（修订版）

主　编　李　影　付文艺　向　杰
副主编　权　凤　向业凤　胡孝彭　林　旭
主　审　徐宗永

黄河水利出版社
·郑州·

内 容 提 要

本书是重庆市骨干高等职业院校建设项目规划教材、重庆水利电力职业技术学院课程改革系列教材之一，由重庆市财政重点支持，根据高职高专教育水利工程制图与CAD课程标准及理实一体化教学要求编写完成。全书分上、下两册，上册介绍水利工程制图，下册介绍AutoCAD软件绘图。上册主要介绍制图的基本知识、物体的投影、立体表面交线、绘制轴测图、水利工程图等方面的知识。下册主要介绍AutoCAD绘图的前期准备及绘图完成后期处理工作、二维绘图命令和技巧、二维编辑命令、三维模型的创建等有关知识。

本书可作为高等职业技术学院、高等专科学校等水利水电建筑工程、农田水利工程、水利工程施工、工业与民用建筑、给水排水工程等专业的教材，也可供土木建筑类其他专业、中等专业学校相应专业的师生及工程技术人员参考。

图书在版编目(CIP)数据

水利工程制图与CAD：全2册/李影，付文艺，向杰主编. —郑州：黄河水利出版社，2016.11 (2019.7 修订版重印)
重庆市骨干高等职业院校建设项目规划教材
ISBN 978-7-5509-1590-9

Ⅰ.①水… Ⅱ.①李… ②付…③向… Ⅲ.①水利工程-工程制图-AutoCAD软件-高等职业教育-教材 Ⅳ.①TV222.1-39

中国版本图书馆CIP数据核字(2016)第302573号

组稿编辑：王路平 电话：0371-66022212 E-mail：hhslwlp@163.com

出 版 社：黄河水利出版社 网址：www.yrcp.com
地址：河南省郑州市顺河路黄委会综合楼14层 邮政编码：450003
发行单位：黄河水利出版社
发行部电话：0371-66026940、66020550、66028024、66022620(传真)
E-mail：hhslcbs@126.com
承印单位：河南承创印务有限公司
开本：787 mm×1 092 mm 1/16
印张：20
字数：460千字 印数：2 001—4 000
版次：2016年11月第1版 印次：2019年7月第2次印刷
2019年7月修订版

定价：48.00元

前言

按照“重庆市骨干高等职业院校建设项目”规划要求，水利水电建筑工程专业是该项目的重点建设专业之一，由重庆市财政支持、重庆水利电力职业技术学院负责组织实施。按照子项目建设方案和任务书，通过广泛深入的行业、市场调研，与行业、企业专家共同研讨，不断创新基于职业岗位能力的“三轮递进，两线融通”的人才培养模式，以水利水电建设一线的主要技术岗位核心能力为主线，兼顾学生职业规划和可持续发展需要，构建基于职业岗位能力分析的教学一体化课程体系，优化课程内容，进行精品资源共享课程与优质核心课程的建设。经过三年的探索和实践，已形成初步建设成果。为了固化骨干建设成果，进一步将其应用到教学之中，最终实现让学生受益，经学院审核，决定正式出版系列课程改革教材，包括优质核心课程和精品资源共享课程等。

为了不断提高教材质量，编者于 2019 年 7 月对全书进行了认真细致的修订完善，改正了在教学实践中发现的问题和错误。

水利工程制图与 CAD 是高职院校水利工程专业学生的一门专业基础课，课程设置包含两门课程，即水利工程制图和 CAD 基础教程。不论是建造房屋、桥梁、道路，还是修建水利工程枢纽，都离不开工程图样。工程图样是按照国家制定的统一标准绘制的，是工程技术人员沟通技术思想的“语言”，因此绘制和阅读工程图样是工程技术人员必须具备的一项基本功。本课程的教学任务就是培养学生掌握绘制和阅读工程图样的基本能力。

计算机绘图是近年来发展最迅速、最引人注目的技术之一。随着计算机技术的迅速发展，计算机绘图技术已被广泛应用于水利、建筑、道路、桥梁、港口、机械、电子、航天、造船、石油化工、冶金、农业、气象、纺织及轻工等多个领域，并发挥着越来越重要的、不可替代的作用。目前，尽管一些优秀的三维设计软件不断推陈出新，其功能也日益加强，但 AutoCAD 所具备的二维平面绘图的优势，是其他三维设计软件所无法比拟的，该软件仍深受广大工程技术人员的青睐。

本书根据高职教育人才培养模式，配合教材改革，以项目化教学为载体，分上、下两册。上册介绍水利工程制图，下册介绍 AutoCAD 软件绘图。上册分为七个大的项目，分别介绍制图的基本知识、物体的投影、立体表面交线、绘制轴测图、工程形体的表达方法、绘制物体的标高投影、水利工程图识读等方面的知识。下册结合工程行业一线的实际情况，没有编写最新版本，而是对目前行业中使用率最高的 AutoCAD 2008 版进行了介绍。编者十分注重 AutoCAD 的快速入门和绘图速度的快速提高，以项目任务为导向，在编写形式上与传统的 AutoCAD 教程有很大的区别。读者通过本书可以快速掌握 AutoCAD 绘图的前期准备及绘图完成后的处理工作、二维绘图命令和技巧、二维编辑命令、三维模型的创建等几个模块的知识。

本书编写时重点突出专业特色、能力培养，注重实践应用性等要求，以编者多年教学经验和行(企)业一线工作人员建议为主导，摒弃泛泛之谈，按照绘制专业工程图纸的顺序和步骤讲解知识点和技能，以“图多话精”的方式展现给读者，让读者感觉“简单易懂”，最终达到“快速入门”。全书内容循序渐进，避免了单纯的概念讲解和抽象描述，忽略枝节，抓住重点，能使读者快速达到融会贯通、灵活运用的目的，适合高职院校的学生学习。

本书由重庆水利电力职业技术学院李影、付文艺、向杰担任主编，由重庆水利电力职业技术学院权凤、向业凤、胡孝彭、林旭担任副主编，中国电建集团华东勘察设计研究院有限公司陈平和重庆水利电力职业技术学院程昌明、王晓琴、王文鑫，石河子大学金瑾参与编写。本书由招商局重庆交通科研设计院有限公司徐宗永高级工程师担任主审，通过对本书的审阅提出了不少建设性意见，编者谨此表示衷心的感谢！

由于编者的水平和能力有限，加之时间仓促，本书难免有不尽完善之处，存在的缺点和错误之处恳请广大读者及同行批评、指正。

编　者

2019 年 7 月

目录

前 言

上 册

下 册

项目一 制图的基本知识

项目介绍

本项目主要介绍制图的基本知识,包括制图工具的正确使用,国家制图标准的基本规定,平面图形的分析绘制,作图的基本方法和步骤等。通过本项目的学习,应该达到以下要求:正确使用各种制图工具,了解国家标准的基本规定,熟悉平面图形的分析与绘制,掌握制图的基本步骤。

任务一 基本制图工具及标准

【任务分析】 若要绘制图样,必须正确使用和维护制图工具,这样不仅能提高制图的质量,加快制图的速度,而且能够延长它们的使用期限。同时,图样也是工程界的技术语言,为了使工程图样达到基本统一,便于生产和技术交流,绘制工程图样必须遵守统一的规定,即制图标准。

【相关知识】 常用制图工具的使用及基本制图规范的要求。

一、基本制图工具

下面简要地介绍常用的制图工具及其使用方法。

(一)图板

图板主要用来固定图纸。它一般由胶合板制成,板面光滑平整,四边采用平直的硬木镶边,其左侧边称为导边。常用的图板规格有0号、1号和2号。

(二)丁字尺

丁字尺有木质和有机玻璃两种。它由相互垂直的尺头和尺身组成。使用时,左手扶住尺头,将尺头的内侧边紧贴着图板的导边,上下移动丁字尺,自左向右,可画出不同位置的水平线,如图1-1所示。

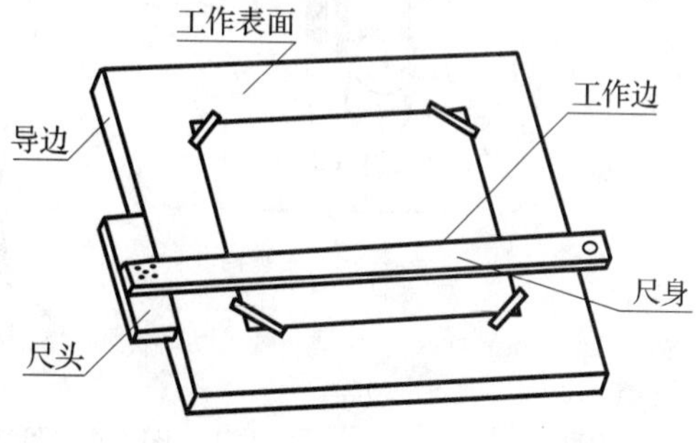

图1-1 图板与丁字尺

(三)三角板

一副三角板一般由两块特殊的直角三角板组成,一块是等腰直角三角板(两个锐角都是45°),另一块是细长直角三角板

(两个锐角分别为30°和60°)。三角板与丁字尺配合使用,可画垂直线及与丁字尺工作边呈 15°、30°、45°、60°、75°等的各种斜线,两块三角板配合使用,能画出垂直线和各种斜线及其平行线,如图 1-2 所示。

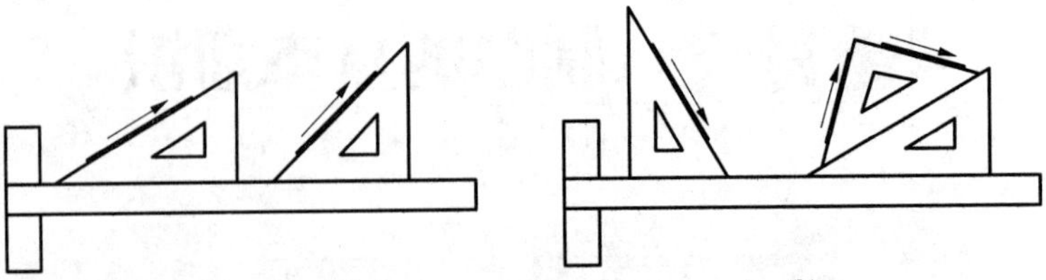

(a) (b)

图 1-2 丁字尺与三角板配合作斜线

(四)比例尺

比例尺常为木质三棱柱体,故称为三棱尺。在它的三面刻有六种不同的比例刻度,无需计算可直接用它在图纸上绘出物体按该比例的实际尺寸,如图 1-3 所示。

(五)圆规和分规

圆规是画圆和圆弧的工具,一条腿安装针脚,另一条腿可安装铅笔芯、钢针、直线笔三种插脚。圆规在使用前应先调整针脚,使针尖稍长于铅笔芯或直线笔的笔尖,取好半径,对准圆心,并使圆规略向旋转方向倾斜,沿顺时针方向从右下角开始画圆,如图 1-4 所示。分规的形状与圆规相似,但两腿都装有钢针,用它量取线段长度,也可用它等分直线段或圆弧,如图 1-5 所示。

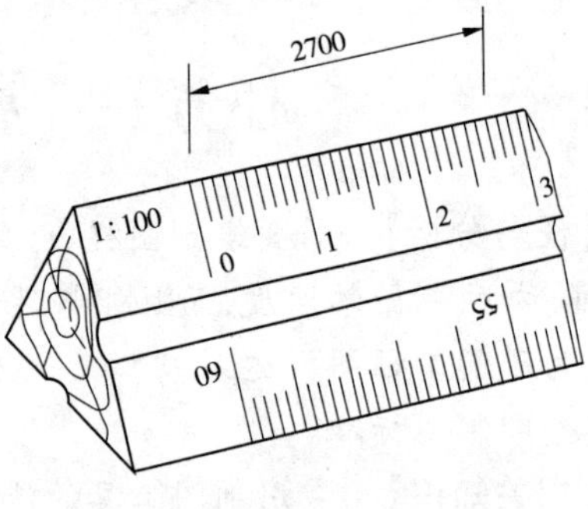

图 1-3 比例尺

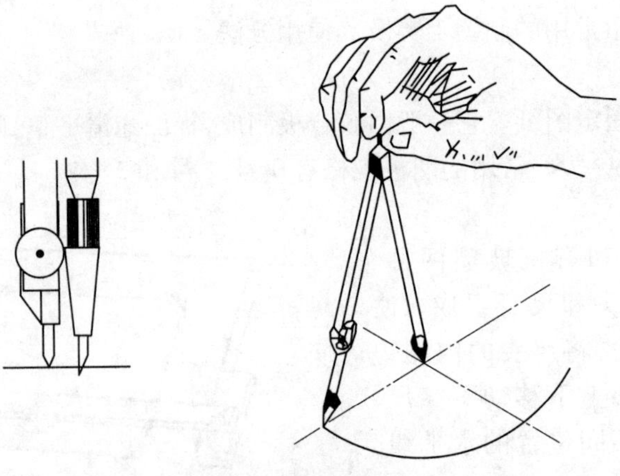

(a) (b)

图 1-4 圆规的用法

(六)铅笔

绘图铅笔按铅芯的软硬程度可分为 B 型和 H 型两类。“B”表示软,“H”表示硬,HB

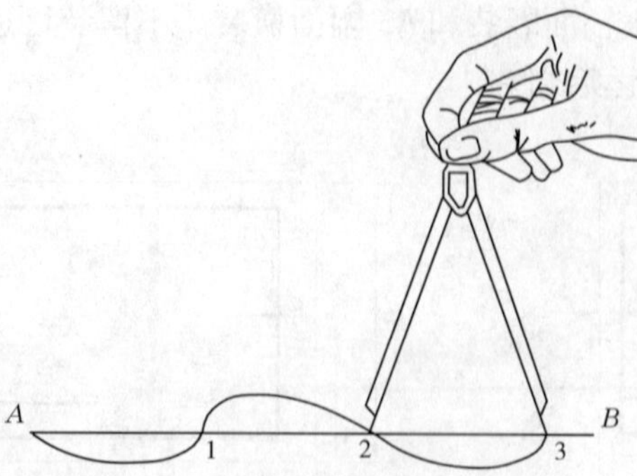

图 1-5　分规等分直线段

介于两者之间。B 或 2B 型铅笔用于画粗线；H 或 2H 型铅笔用于画细线或底稿线；HB 用于书写字体。画图时，可根据使用要求选用不同的铅笔型号。

（七）曲线板

曲线板是用于画非圆曲线的工具，有单式曲线板和复式曲线板两种。单式曲线板用来画简单曲线；复式曲线板用来画较复杂的曲线，每套有多块，每块都由一些曲率不同的曲线组成。使用曲线板时，应根据曲线的弯曲趋势，从曲线板上选取一段与所画曲线相吻合的部分描绘。

（八）其他用品

制图时，还需要橡皮、小刀、擦图片、量角器、胶带纸和修磨铅芯的细砂纸等。

二、基本制图标准

（一）图幅尺寸和格式

图幅是指制图时采用的图纸幅面，图框是指制图范围的界线。

1. 图幅尺寸

为了合理地利用图幅和便于图样管理，绘制图样时，应优先选用表 1-1 中规定的图纸幅面尺寸，必要时可以沿长边加长。这些幅面的尺寸是由基本幅面的短边成整数倍增加后得出的。

表 1-1　图纸幅面尺寸　（单位：mm）

幅面代号 / 尺寸代号	A0	A1	A2	A3	A4
$B \times L$	841 × 1 189	594 × 841	420 × 594	297 × 420	210 × 297
e	20		10		
c	10			5	
a	25				

2. 图框格式

图框格式分为留装订边和不留装订边两种，留装订边的图框格式如图 1-6 所示，尺寸按表 1-1 的规定，一般采用 A4 幅面竖装和 A3 幅面横装。不留装订边的图框格式如图 1-7 所示。两种图框线都必须用粗实线绘制。

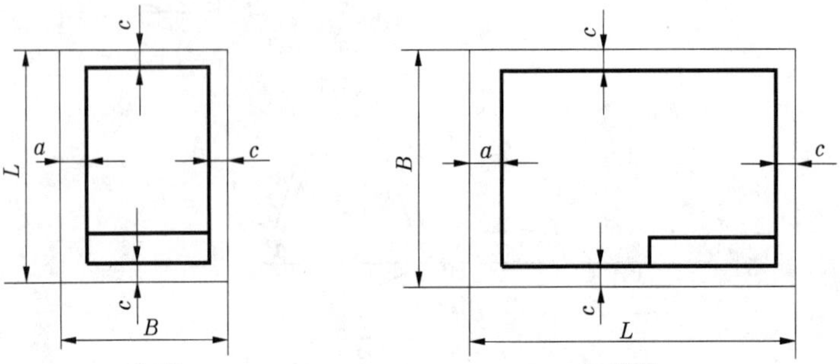

(a)竖装　　(b)横装

图 1-6　留装订边图框

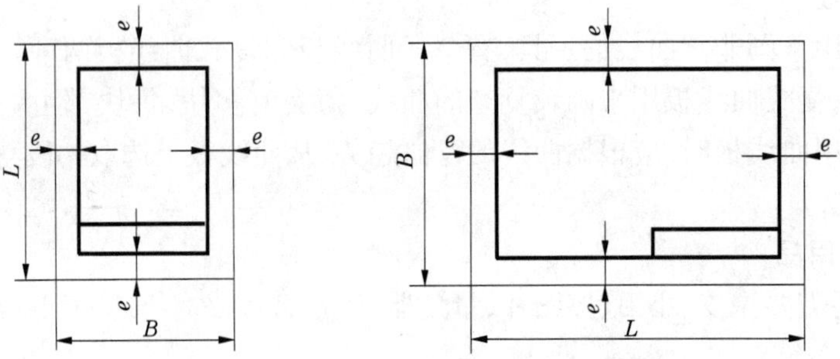

(a)竖装　　(b)横装

图 1-7　不留装订边图框

3. 标题栏

标题栏中的文字方向为看图方向。标题栏格式如图 1-8 所示，在国家标准中仅作原则性的分区规定，各区的具体格式、内容和尺寸，可根据设计单位的需要而定。

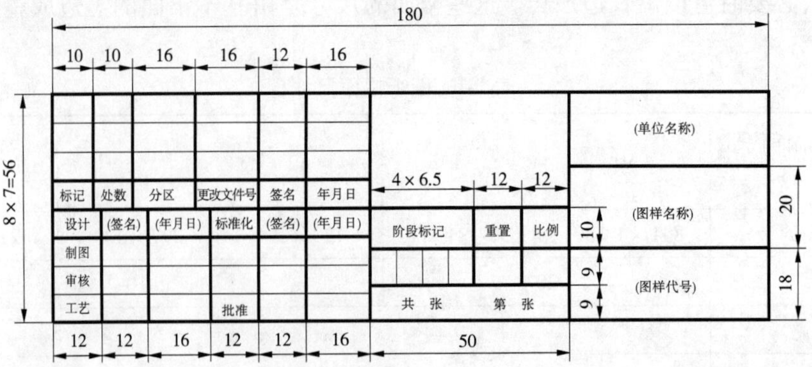

图 1-8　标题栏格式

(二)比例

1. 常用比例

图纸的比例是指图上尺寸和实物尺寸之比,可分为放大比例、原值比例、缩小比例。有些工程建筑物的实物尺寸很大,不可能按它们的实际尺寸制图,需要按一定的比例缩小。有些构件的实物尺寸很小,又需要按一定的比例放大制图。水利工程制图中常用比例见表1-2。

表1-2 常用的制图比例

常用比例	1∶1、1∶2、1∶5、1∶10、1∶20、1∶30、1∶50、1∶100、1∶150、1∶200、1∶500、1∶1 000、1∶2 000
可用比例	1∶3、1∶4、1∶6、1∶15、1∶25、1∶40、1∶60、1∶80、1∶250、1∶300、1∶400、1∶600、1∶5 000、1∶10 000、1∶20 000、1∶50 000、1∶100 000、1∶200 000

2. 标注方法

(1)比例符号应以"∶"表示。

(2)比例一般应标注在标题栏中的比例栏内,当视图采用不同比例时,必须在视图名称的下方或右侧标注比例,如图1-9所示。比例的字高比图名的字高小一号。

图名下画一横粗线,线宽不大于图形中粗实线的线宽,横线的长度应以所写的文字所占长短为准,不能任意画长。

图名
1∶100 或 图名 1∶100

图1-9 比例与图名

(三)字体

图样和技术文件中书写汉字、数字、字母必须做到字体端正、笔画清楚、间隔均匀、排列整齐。字体的号数,即字体的高度(用 h 表示),分为7种:2.5、3.5、5、7、10、14、20,单位为mm。字体的宽度一般为高度的0.7倍。

1. 汉字

汉字应写成长仿宋体,采用国家正式公布的简化字。长仿宋体的特点是横平竖直,起落有锋,结构均匀,填满方格。图样中一般汉字的高度 h 不应小于3.5 mm,如图1-10所示。

10号

字体端正 笔划清楚 间隔均匀 排列整齐

7号

装配时作斜度深沉最大小球厚直网纹均布水平镀抛光研视图

向旋转前后表面展开两端中心孔锥销键

图1-10 汉字的书写

2. 数字和字母

图样及说明中的拉丁字母、阿拉伯数字与罗马数字可写成直体或斜体。拉丁字母、阿拉伯数字与罗马数字的书写规则,应符合表1-3的规定。

表 1-3　拉丁字母、阿拉伯数字与罗马数字的书写规则

书写格式	字体	窄字体
大写字母高度	h	h
小写字母高度(上下均无延伸)	$7/10h$	$10/14h$
小写字母伸出的头部或尾部	$3/10h$	$4/14h$
笔画宽度	$1/10h$	$1/14h$
字母间距	$2/10h$	$2/14h$
上下行基准线的最小间距	$15/10h$	$21/14h$
词间距	$6/10h$	$6/14h$

拉丁字母、阿拉伯数字与罗马数字，如需写成斜体字，字头向右倾斜，与水平基准线成 75°，如图 1-11 所示。斜体字的高度和宽度应与相应的直体字相等。

拉丁字母、阿拉伯数字与罗马数字的字高，应不小于 2. 5 mm。

当拉丁字母单独用作代号时，不使用 I、O 及 Z 三个字母，以免同阿拉伯数字的 1、0、2 相混淆。

分数、百分数和比例的注写，应采用阿拉伯数字的数学符号，即写成 3/4、25% 和 1∶20。

图 1-11　拉丁字母、阿拉伯数字与罗马数字的写法

(四)图线

1. 基本线型及应用

常用图线有粗实线、细实线、虚线、细点画线、双点画线、波浪线、折断线等。为了保证图样所表示的内容主次分明、清晰易看，制图时采用各种不同形式和粗细的图线。不同的图线表示不同的意义和用途，见表1-4。

表1-4　图线及用途

名称		线形	线宽	一般用途
实线	粗		*b*	主要可见轮廓线
	中粗		0.75 *b*	可见轮廓线
	中		0.5 *b*	可见轮廓线、尺寸线、变更云线
	细		0.25*b*	图例填充线、家具线
虚线	粗		*b*	见各有关专业制图标准
	中粗		0.75 *b*	不可见轮廓线
	中		0.5 *b*	不可见轮廓线、图例线
	细		0.25*b*	图例填充线、家具线
点画线	粗		*b*	见各有关专业制图标准
	中		0.5 *b*	见各有关专业制图标准
	细		0.25*b*	中心线、对称线、轴线等
双点画线	粗		*b*	见各有关专业制图标准
	中		0.5 *b*	见各有关专业制图标准
	细		0.25*b*	假想轮廓线、成型前原始轮廓线
折断线	细		0.25*b*	断裂处的边界线
波浪线	细		0.25*b*	断裂处的边界线，局部视图的边界线

图纸的图框线和标题栏线的宽度如表1-5所示。

表1-5　图框线、标题栏线的宽度

幅面代号	图框线	标题栏外框线	标题栏分格线
A0、A1	*b*	0.5*b*	0.25*b*
A2、A3、A4	*b*	0.7*b*	0.35*b*

2. 图线的线宽

图线按线宽分为粗线、中粗线、中线、细线四种。粗线的宽度为 *b*，则中粗线、中线、细线的宽度分别为 0.75*b*、0.5*b*、0.25*b*。图线的宽度 *b* 宜从 2.0、1.4、1.0、0.7、0.5、0.35、0.25、0.18、0.13 mm 线宽系列中选取。

3. 图线的画法要求

(1)同一图样中，同类图线的宽度应一致；虚线、点画线及双点画线的线段长度和间隔应大致相等。

(2)两条平行线之间的距离应不小于粗实线的两倍，最小间距不小于 0.7 mm。

(3)绘制圆的对称中心线时，点画线两端应超出圆的轮廓线 3～5 mm；首末两端应是线段而不是点；圆心应是线段的交点。当圆直径较小时，可用细实线代替点画线。

(4)两条线相交应以线相交，而不应相交在点或间隔处。

(5)直虚线在实线的延长线上相接时,虚线应留出间隔。

(6)虚线圆弧与实线相切时,虚线圆弧应留出间隔。

(7)虚线、点画线、双点画线自身相交或与其他任何图线相交时,都应是线线相交,而不应在空隙处或点处相交,但如果虚线是实线的延长线,则在连接虚线端处留有空隙。

(五)尺寸标注

在工程图中,图样可表示物体的形状,而物体的真实大小由图样上所标注的尺寸来确定。有了尺寸的图纸才能作为施工的依据。

图样上标注的尺寸由尺寸线、尺寸界线、尺寸起止符号、尺寸数字等组成,称为尺寸的四要素,如图1-12所示。

1. 尺寸线(表示所注尺寸的方向)

(1)尺寸线采用细实线。

(2)尺寸线不宜超出尺寸界线。

(3)中心线、尺寸界线以及其他任何图线都不得用作尺寸线。

(4)尺寸线必须与被标注的长度方向平行。

(5)尺寸线距最近轮廓线的距离不小于10 mm,平行的两尺寸线的间隔一般为7~10 mm。

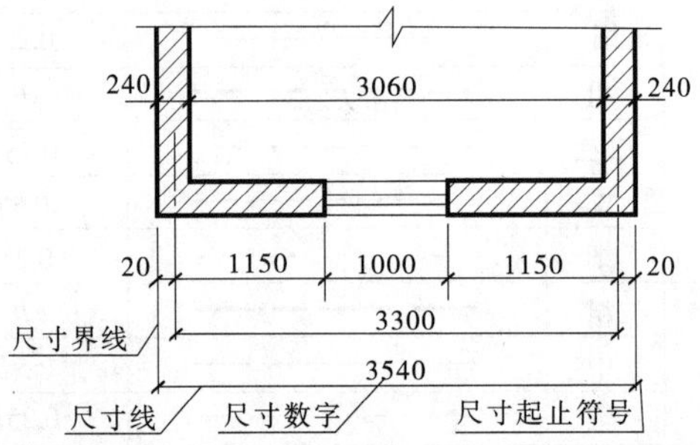

图1-12 尺寸的组成

2. 尺寸界线(限定所注尺寸的范围)

(1)尺寸界线用细实线从图形的轮廓线、中心线或轴线引出。

(2)一般情况下,线性的尺寸界线垂直于尺寸线,并超出尺寸线约2 mm。

(3)尺寸界线不宜与需要标注尺寸的轮廓线相接,并留出约2 mm的间距,当连续标注尺寸时,中间的尺寸界线可以画得较短。

(4)图形的轮廓线以及中心线都允许用作尺寸界线。

3. 尺寸起止符号(表示尺寸的起止)

(1)一般采用箭头,也可采用45°倾斜的细短线或中粗短线,其倾斜方向为尺寸界线顺时针旋转45°,其长度一般为2~3 mm;

(2)在同一张图纸或同一图形中,尺寸箭头的大小应画得一致。

(3)当相邻的尺寸界线的间隔都很小时,尺寸起止符号可以采用小圆点。

4. 尺寸数字(表示尺寸的大小)

(1)工程图上标注的尺寸数字,是物体的实际尺寸,它与绘图所用的比例无关。

(2)图样上的尺寸单位,除标高及总平面图以m为单位外,其余均以mm为单位。因此,图样上的尺寸数字无需注写单位。

(3)尺寸数字一般应注在尺寸线的上方,也可注在尺寸线的中断处,同一图样标注时必须一致。

(4)线性尺寸数字的方向,一般应按如图1-13(a)所示方向注写,并尽可能避免在30°范围内标注尺寸,无法避免时应引出标注,如图1-13(b)所示。

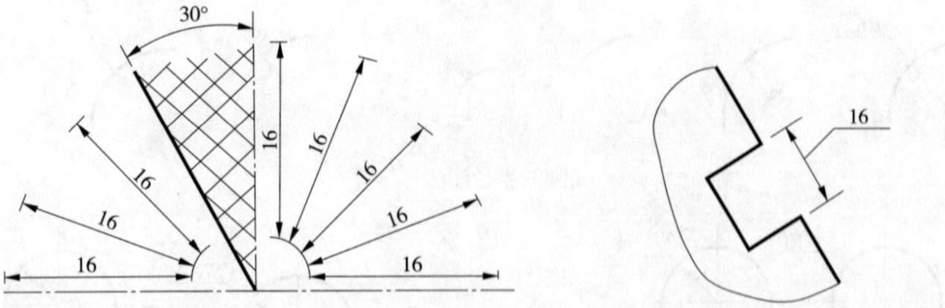

(a)尺寸数字注写方向　(b)在30°范围内尺寸数字标注

图 1-13　尺寸数字

(5)注写尺寸数字时,如位置不够,最外边的尺寸数字可注写在尺寸界线的外侧,中间相邻的尺寸数字可错开注写,也可以引出注写,如图 1-14 所示。

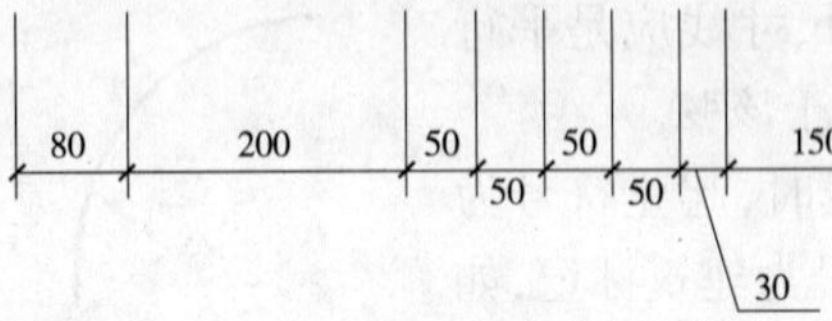

图 1-14　尺寸数字

(6)任何图线不得穿过尺寸数字,当无法避免时,必须将图线断开,如图 1-15 所示。

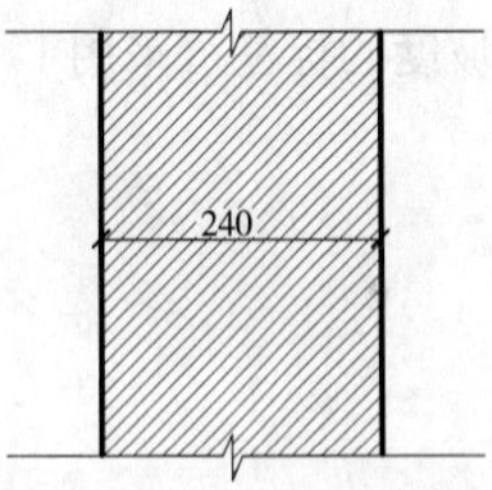

图 1-15　断开图线注写尺寸数字

(7)同一张图纸内的所有尺寸数字要大小一致。

5. 半径、直径、球的尺寸标注

(1)半径尺寸线应一端指向圆弧,另一端通向圆心或对准圆心。直径尺寸线则通过圆心或对准圆心。

(2)标注半径、直径或球的尺寸时,尺寸线应画上箭头,如图 1-16 所示。

(3)半径数字、直径数字仍要沿着尺寸线来注写。当图形较小,注写尺寸数字及符号的位置不够时,也可以引出注写。

(4)半径数字前应加写拉丁字母 R,直径数字前应加注直径符号ϕ,如图 1-16(a)、(b)所示。注写球的半径时,在半径 R 前再加写拉丁字母 S;注写球直径时,在直径符号ϕ前也加写拉丁字母 S,如图 1-16(c)所示。

(5)若圆弧的半径过大或圆心在图纸有限范围内无法显示,则应对准圆心画一折线或断开的半径尺寸线,如图 1-17 所示。

6. 角度、弧长、弦长的尺寸标注

(1)标注角度时,角度的两边作为尺寸界线,尺寸线是以角度顶点为圆心的圆弧。

(2)角度数字一律水平注写,一般写在尺寸线的中断处,也可注写在尺寸线的外侧或引出标注。

(3)尺寸线的起止处应画上尺寸箭头,如图 1-18 所示。

(4)标注圆弧的弧长时,其尺寸线应是该弧的同心圆弧,尺寸界线则垂直于该圆弧的弦。

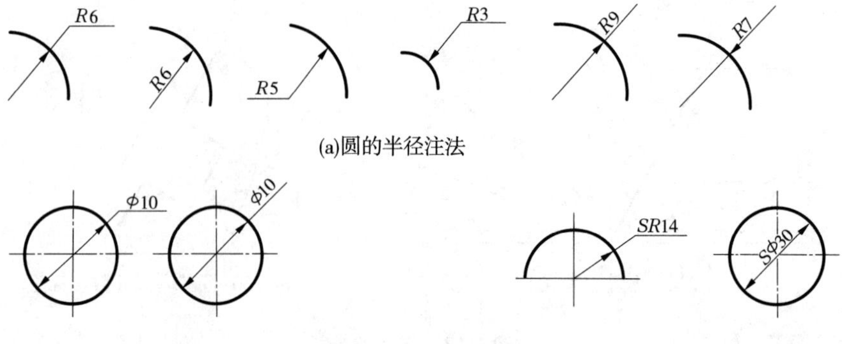

(a)圆的半径注法

(b)圆的直径注法　　(c)球的注法

图 1-16　圆的半径、直径或球的注法

(5)标注圆弧的弦长时,其尺寸线应是平行于该弦的直线,尺寸界线则垂直于该弦。

(6)标注弧长的圆弧尺寸线时,起止符号为尺寸箭头;标注弦长时,起止符号为建筑标记,如图 1-19 所示。

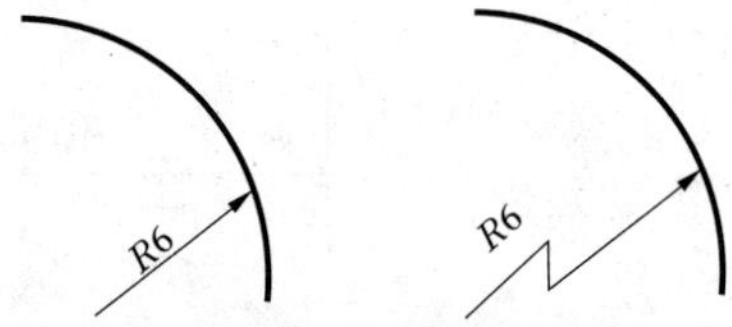

图 1-17　大圆的半径注法

7. 坡度标注方法

坡度的标注可采用 1∶L 的比例形式。坡度用

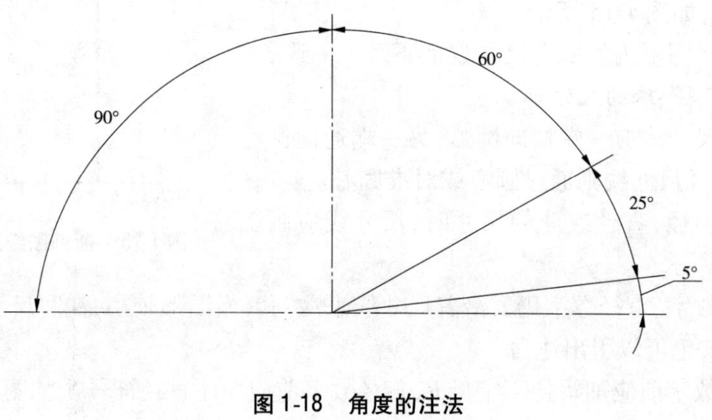

图 1-18　角度的注法

图 1-19　弧长的注法

箭头表示，箭头指向下坡方向。坡度也可用直角三角形形式标注，如图 1-20 所示。

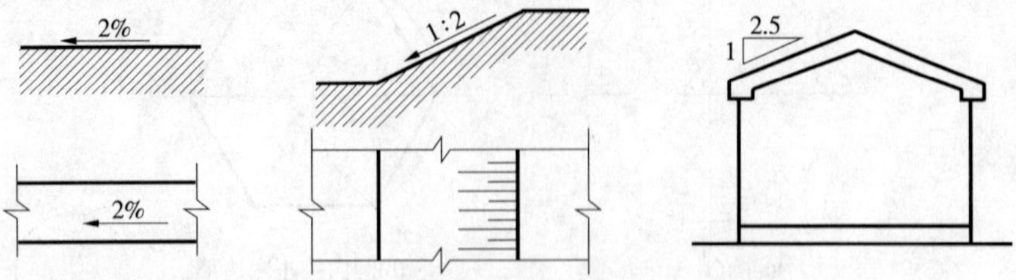

图 1-20 坡度的注法

任务二 平面图形画法

【任务分析】 首先要求掌握基本作图的方法和技巧，如线段的等分、圆弧的连接等，其次应掌握平面图形的分析及绘图的方法，然后了解制图步骤，完成平面图形的绘制。

【相关知识】 基本作图的方法、平面图形的分析及绘图步骤。

一、等分线段

平行线法，即过所要等分线段的某一端点作一辅助线，两线成任意锐角，在辅助线上截取几等份，连接辅助线端点及所等分线段的端点，在辅助线的各等分点上依次作端点连线的平行线，即将线段分成若干等份。

【任务 1-1】 将已知线段 AB 五等分。

作图：如图 1-21 所示。

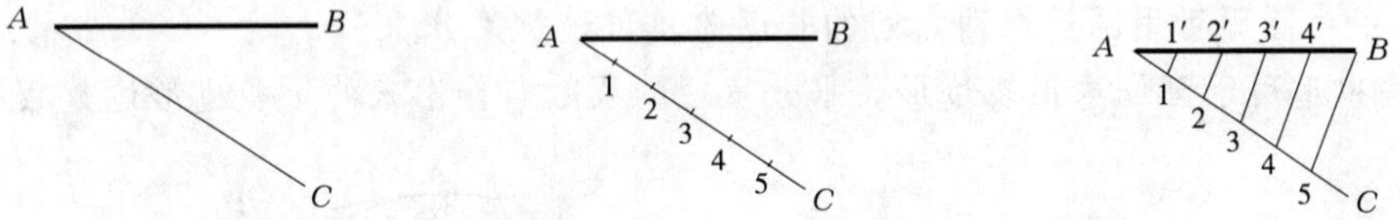

(a)过端点A任作一直线AC　(b)用分规或直尺在AC上截取五等份，得点1、2、3、4、5　(c)连接点5、B，分别过1、2、3、4作直线平行于$5B$，交AB于1′、2′、3′、4′四个等分点，即得所求

图 1-21 平行线法等分线段

二、等分圆周及作多边形

【任务 1-2】 六等分圆周及作圆内接正六边形。

作图：

(1) 以 O 点为圆心，作半径为 R 的圆，水平轴线与圆 O 交于 A、B 两点，如图 1-22(a)所示。

(2) 分别以 A、B 点为圆心，R 为半径画圆弧，得到与圆 O 的交点，连接各点即得圆的内接正六边形，如图 1-22(b)所示。

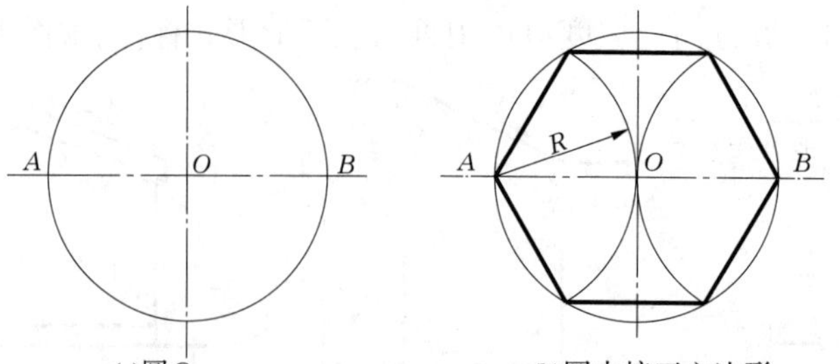

(a)圆O　　(b)圆内接正六边形

图1-22　六等分圆周及作圆内接正六边形

【任务1-3】　五等分圆周及圆内接作正五边形。

作图:

(1)以 O 为圆心,R 为半径画圆,并作互相垂直的直径 AB 和 CD。

(2)平分半径 OA,得 $OM=MA$。

(3)以 M 为圆心,MC 为半径画弧与 OB 交于 N,CN 即为正五边形的边长。

(4)以 CN 为弦长,在圆周上截得 C、E、F、G、H 各点,顺次连接这些点,即得圆的内接正五边形,如图1-23所示。

【任务1-4】　任意等分圆周(以九等分圆周为例)。

作图:

(1)九等分圆的直径 AB。

(2)以 B 为圆心,AB 为半径作弧,交 CD 的延长线于 E。

(3)连接 E 和 AB 上的奇数或偶数等分点,并延长交圆于一点,即可画出等分圆的一半,如图1-24所示。

(4)另一半圆周可用圆规取两点间的长度为单位进行等分。

该方法也适用于画任意正多边形。平分直径的段数与作出来的正多边形边数相等。

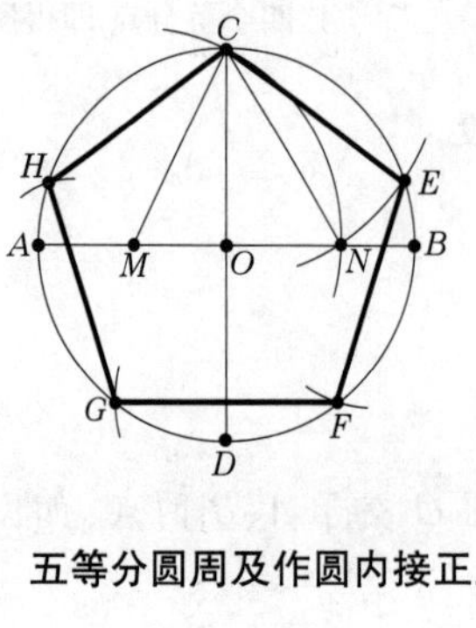

图1-23　五等分圆周及作圆内接正五边形

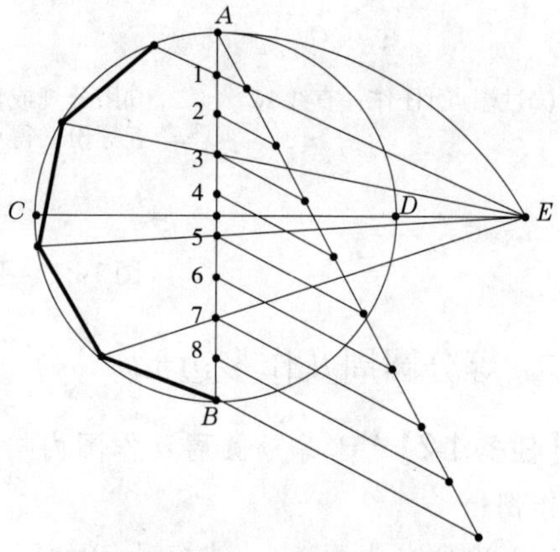

图1-24　九等分圆周

三、圆弧连接

圆弧连接是指用已知半径的圆弧，光滑地连接直线或圆弧。这种起连接作用的圆弧，称为连接弧。作图时，要准确地求出连接弧的圆心和连接点（即切点），才能确保圆弧的光滑连接。

（一）圆弧连接的作图方法

圆弧连接的实质是圆弧与圆弧，或圆弧与直线间的相切关系。作图步骤是：

（1）求连接弧的圆心（分清连接类别）。

（2）求切点。

（3）画连接圆弧（不超过切点）。

作图的关键：找圆心，找切点。

（二）圆弧连接作图

（1）圆弧与直线连接。用圆弧连接两已知直线，见表 1-6。

表 1-6 用圆弧连接直线

类别	用圆弧连接锐角或钝角	用圆弧连接直角
作图步骤	1. 作与已知两边分别相距为 R 的平行线，交点即为连接圆弧圆心； 2. 过交点 O 分别向已知两直线作垂线，垂足 T_1、T_2 即为切点； 3. 以 O 点为圆心，R 为半径在两切点 T_1、T_2 之间画连接圆弧	1. 以直角顶点为圆心，R 为半径作圆弧交直角两边于 T_1 和 T_2； 2. 以 T_1 和 T_2 为圆心，R 为半径作圆弧相交得连接圆弧圆心 O； 3. 以 O 为圆心，R 为半径在切点 T_1 和 T_2 之间作连接圆弧
图例	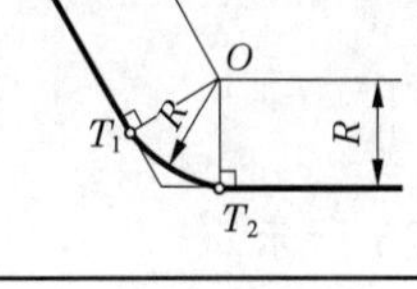 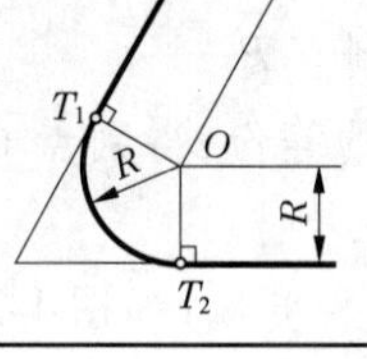	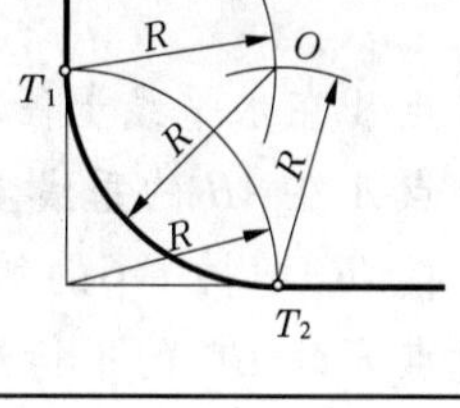

（2）圆弧与圆弧连接。用圆弧连接两已知圆弧，见表 1-7。

四、斜度与锥度

（一）斜度

1. 斜度的概念

斜度是指一直线（或平面）相对于另一直线（或平面）的倾斜度，其大小用两直线（或两平面）间夹角的正切值来表示：$S=(H-h)/l=1:n$，如图 1-25 所示。通常在图样中把比值化成最简单的形式，使斜度以 $1:n$ 的形式出现。

表1-7　用圆弧连接圆弧

类别	外连接	内连接
作图步骤	1. 分别以 O_1、O_2 为圆心，$R+R_1$、$R+R_2$ 为半径画弧，交得连接弧圆心 O； 2. 分别连 OO_1、OO_2，交得切点 T_1、T_2； 3. 以 O 为圆心，R 为半径画弧，即得所求	1. 分别以 O_1、O_2 为圆心，$R-R_1$、$R-R_2$ 为半径画弧，交得连接弧圆心 O； 2. 分别连 OO_1、OO_2 并延长交得切点 T_1、T_2； 3. 以 O 为圆心，R 为半径画弧，即得所求
图例	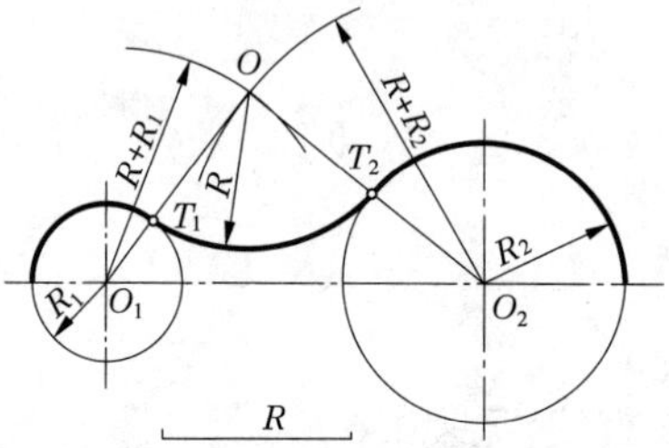	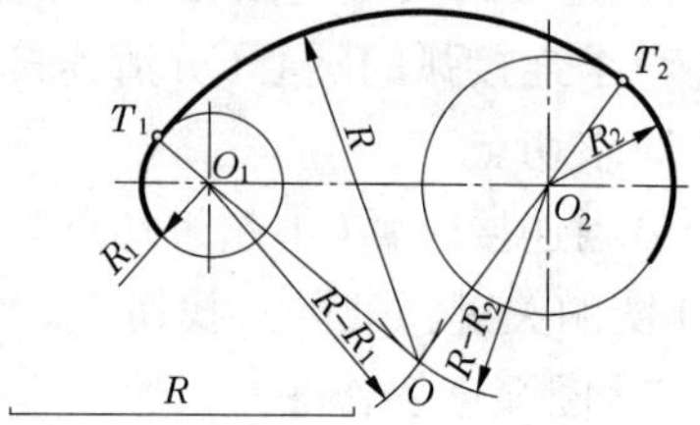

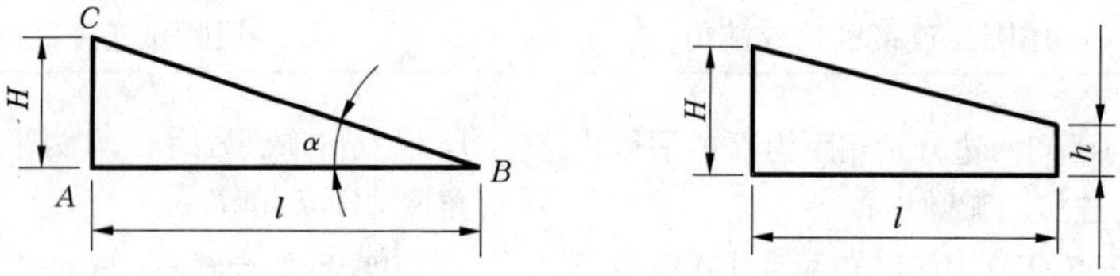

(a)　　(b)

图1-25　斜度

2. 斜度的画法

【任务1-5】　作1∶6的斜度线。

作图：

(1) 自点 A 在水平线上任取六等份，得到点 B。

(2) 自点 A 在 AB 的垂线上取一个相同的等份，得到点 C。

(3) 连接 BC 即得1∶6的斜度。

(4) 过点 K 作 BC 的平行线，即得1∶6的斜度线，如图1-26所示。

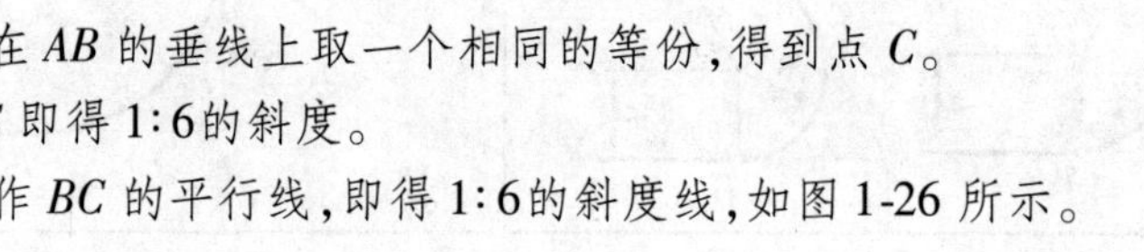

(a)　　(b)

图1-26　斜度的画法

(二) 锥度

锥度是指正圆锥底圆直径与其高度之比，或正圆台的两底圆直径差与其高度之比，即直径差与长度之比，锥度 $= D/L = (D-d)/l = 1:n$，如图 1-27 所示。

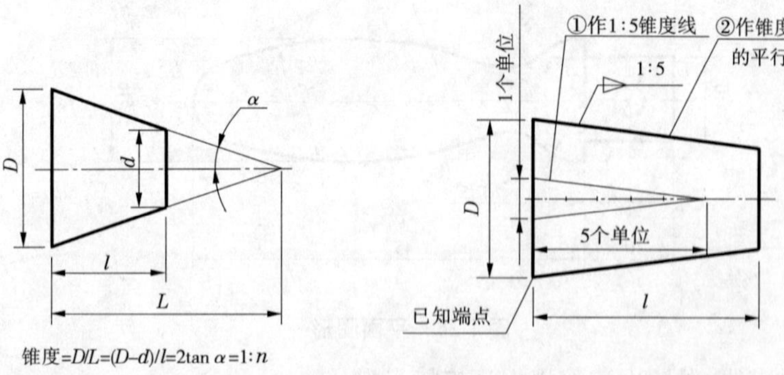

图 1-27 锥度及其符号

五、平面图形的分析方法

平面图形由一些几何图形和线段组成。画平面图形前，首先要对平面图形进行尺寸和线段性质分析，然后正确画出平面图形，最后进行平面图形的尺寸标注。

（一）尺寸分析

（1）定形尺寸：用于确定平面图形中线段的长度、圆弧的半径、圆的直径以及角度的大小等尺寸，称为定形尺寸。如图 1-28 中的ϕ3、ϕ10、*R*6、*R*40 等尺寸。

（2）定位尺寸：用于确定圆心、线段等在平面图形中所处位置的尺寸，称为定位尺寸，如图 1-28 中的 5、45、ϕ15 等尺寸。

（3）尺寸基准：标注尺寸的起点称为尺寸基准。对于平面图形，有水平、垂直两个方向的尺寸基准。

（4）常用基准：对称中心线、主要的水平或垂直轮廓线、较大的圆的中心线、较长的直线等。

（二）线段性质分析

（1）已知线段：根据作图基准线位置和已知尺寸就能直接作出的线段，如图 1-28 中的ϕ3 圆及 *R*7.5、*R*5 等弧线。

（2）中间线段（圆弧）：已知定形尺寸，少一个定位尺寸的线段（圆弧），如图 1-28 中的 *R*40 圆弧。

（3）连接线段（圆弧）：只知定形尺寸的线段（圆弧），如图 1-28 中的 *R*6 圆弧。

（三）平面图形的绘制

（1）准备工作。分析图形；选定比例、图幅，并固定图纸；备齐绘图工具和仪器，削好铅笔。

（2）画底稿。一般用削尖的 2H 铅笔准确、轻轻地绘制。画底稿的步骤是：先画图框、标题栏，后画图形。画图形时，首先要根据其尺寸布置好图形位置，画出基准线、轴线、对称中心线，然后画图形，并遵循先主体、后细部的原则。

（3）按线型要求描深底稿的原则。①先粗后细。一般先描深全部粗实线，再描虚线、细点画线，使图线粗细、浓淡保持一致。②先曲后直、先水平后垂直。在描深图线时，先描

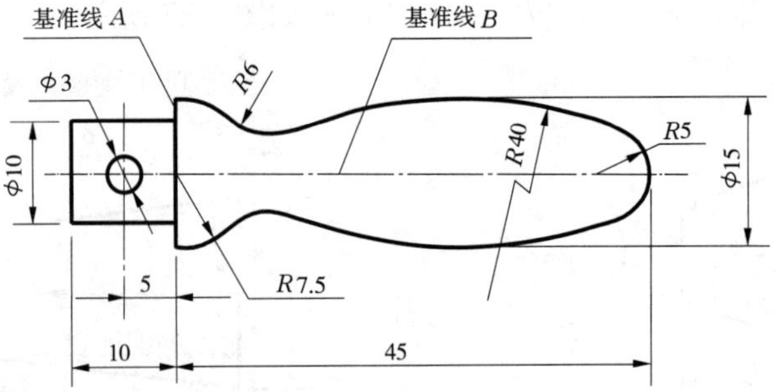

图1-28 平面图形

圆或圆弧,后描直线,并顺次连接以保证连接光滑。

(4)一次画出尺寸界线、尺寸线。

(5)画箭头,填写尺寸数字、标题栏等。

(6)注意事项。①描深前必须先全面检查底稿,擦去错线、多余线和作图辅助线。②用B型铅笔描深图线时,用力要均匀,以保证图线浓淡一致。③为确保图面整洁,要擦净绘图工具并尽量减少三角板在已加深的图线上反复移动。

此外,上墨描图的步骤与铅笔描深底稿的步骤基本相同。注意,上墨时要防止掉墨汁,以保证图面整洁。

小 结

本项目主要讲述了常用的制图仪器与工具的组成、功能和使用方法,制图中图纸幅面、规格、图标、图线、字体、比例、尺寸标注的有关规定,以及绘图的步骤和方法,绘图一定要遵守的国家标准规定。基本图形的几何作法包括对等分线段、等分圆周等进行绘制,平面图形的分析方法以及绘图的步骤和方法。通过本项目的学习,要学会正确使用制图仪器及工具,并能按照制图的基本标准对等分线段、等分圆周等进行绘制,平面图形的分析方法以及绘图的步骤和方法,为绘制各种工程图样打下坚实的基础。

习 题

1. 国家制图标准规定,图纸幅面尺寸应优先选用(　　)种基本幅面尺寸。

A. 3　　B. 4　　C. 5　　D. 6

2. 国家制图标准规定,必要时图纸幅面尺寸可以沿(　　)边加长。

A. 长　　B. 短　　C. 斜　　D. 各

3. 1∶2是(　　)的比例。

A. 放大　　B. 缩小　　C. 优先选用　　D. 尽量不用

4. 某产品用放大一倍的比例绘图,在标题栏比例项中应填(　　)。

A. 放大一倍　　B. 1×2　　C. 2/1　　D. 2∶1

5. 在水工图中,表示可见轮廓线采用(　　)线型。

A. 粗实线　B. 细实线　C. 波浪线　D. 虚线

6. 水工图中常用的图线线型有粗实线、(　　)、虚线、细点画线等。

A. 轮廓线　B. 边框线　C. 细实线　D. 轨迹线

7. 水工图中汉字应写成(　　),采用国家正式公布的简化字。

A. 宋体　B. 长仿宋体　C. 隶书　D. 楷体

8. 国家制图标准规定,字体的号数,即字体的(　　)。

A. 高度　B. 宽度　C. 长度　D. 角度

9. 国家制图标准规定,字体的号数,即字体的高度,分为(　　)种。

A. 5　B. 6　C. 7　D. 8

10. 图样上标注的尺寸,一般应由(　　)组成。

A. 尺寸界线、尺寸箭头、尺寸数字

B. 尺寸线、尺寸界线、尺寸数字

C. 尺寸数字、尺寸线及其终端、尺寸箭头

D. 尺寸界线、尺寸线、尺寸数字、尺寸起止符号

11. 构筑物的真实大小应以图样上(　　)为依据,与图形的大小及绘图的准确度无关。

A. 所注尺寸数值　B. 所画图样形状　C. 所标绘图比例　D. 所加文字说明

12. 图样中的尺寸一般以(　　)为单位时,不需标注其计量单位符号,当采用其他计量单位时必须标明。

A. km　B. dm　C. cm　D. mm

13. 构筑物的每一个尺寸,一般只标注(　　),并应标注在反映该形状最清晰的图形上。

A. 一次　B. 二次　C. 三次　D. 四次

14. 标注(　　)尺寸时,应在尺寸数字前加写直径符号φ。

A. 圆的半径　B. 圆的直径　C. 圆球的半径　D. 圆球的直径

15. 标注过程中,尺寸界线都用(　　)绘制。

A. 细实线　B. 粗实线　C. 点画线　D. 波浪线

项目二 物体的投影

项目介绍

本项目主要介绍工程上常用的投影方法、投影规律、三视图的基本知识、基本体和简单体的画法与识读等。通过本项目学习，应熟练理解和掌握三视图的基础知识，并能熟练绘制本项目所介绍的各种类型的简单体的三视图。

任务一 投影的基本知识

【任务分析】 通过投影的形成来学习投影方法及其分类，掌握投影的特性等基础知识。

【相关知识】 投影规律、基本体和简单体三视图的画法及识读。

一、投影形成及方法

（一）投影形成

物体在光线照射下，会在地面或墙面上产生影子，如图 2-1 所示。但是“影子”只能反映物体的外轮廓形状，不能反映物体各表面间的界限（交线），如图 2-2（a）所示。从光源 S 发出的投射线通过物体，向选定的面 P 投射，并在该面（称为投影面）上得到图形的方法，称为投影法，如图 2-2（b）所示。投影面、投影线、物体、投影是诠释投影法的四个要素。

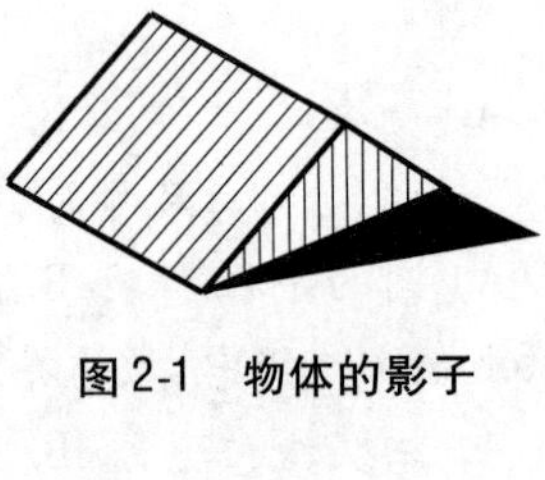

图 2-1 物体的影子

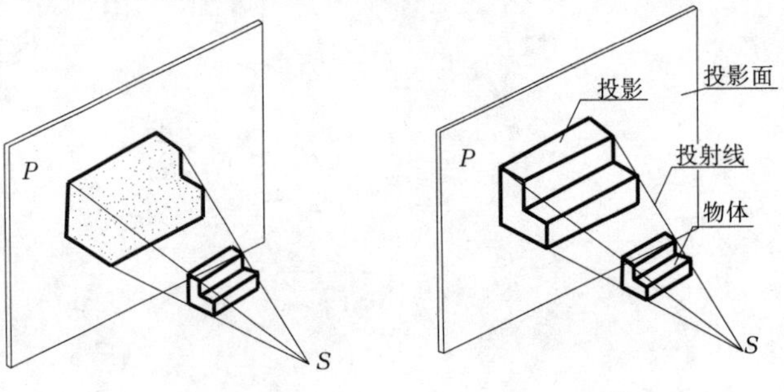

图 2-2 物体的投影

（二）工程上常用的投影法

1. 中心投影法

如图2-3（a）所示，设S为投射中心，SA、SB、SC为投射线，平面P为投影面。延长SA、SB、SC与投射面相交，交点a、b、c即为三角形顶点A、B、C的投影。由于投射线均从投射中心出发，所以这种投影法称为中心投影法。在日常生活中，照相、放电影、光照等均为中心投影。

2. 平行投影法

假设投影中心位于无限远处，所有投射线互相平行，这种投影法称为平行投影法。在平行投影法中，S表示投射方向，根据投射方向与投影面不同的倾角，平行投射法又可分为斜投影法和正投影法两种。

斜投影法为投射线与投影面相倾斜的平行投影法，如图2-3（b）所示。

正投影法为投射线与投影面相垂直的平行投影法，如图2-3（c）所示。

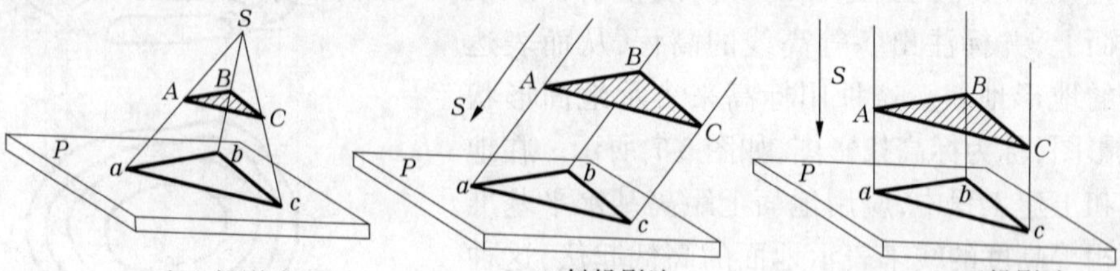

(a)中心投影法　(b)斜投影法　(c)正投影法

图2-3　投影法分类

二、工程中常见的几种投影图

（一）透视图

用中心投影法将空间形体投射到单一投影面上得到的图形称为透视图，如图2-4所示。透视图与人的视觉习惯相符，能体现近大远小的效果，所以形象逼真，具有很强的立体感，但作图比较麻烦，且度量性差，常用于绘制建筑效果图。

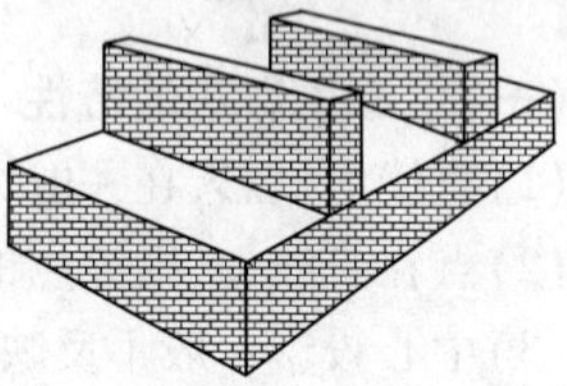

图2-4　透视图

（二）轴测图

将空间形体正放并用斜投影法画出或将空间形体斜放并用正投影法画出的图形称为轴测图。如图2-5所示，形体上相互平行且长度相等的线段，在轴测图上仍互相平行、长度相等。轴测图虽不符合近大远小的视觉习惯，但仍具有很强的直观性，所以在工程上得到广泛应用。

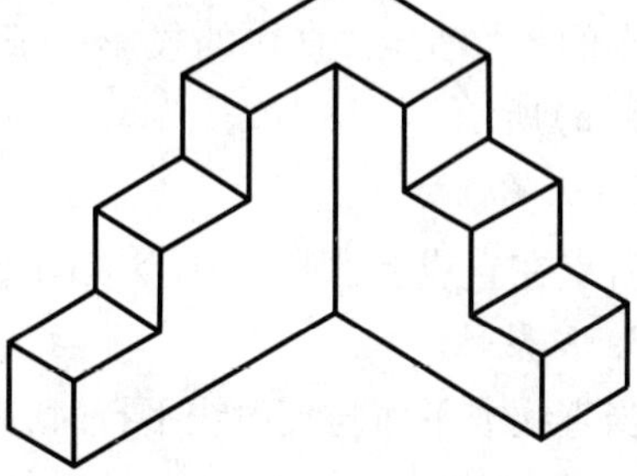

图2-5　轴测图

（三）正投影图

用正投影法所得到的图形称为正投影图，如图2-6所示为房屋（模型）的正投影图。正投影图直观性不强，但能反映物体的形状和大小，并且作图方便，度量性好，所以工程上应用最广。绘制房屋建筑图主要用正投影法，今后如不作特别说明，投影即指正投影。

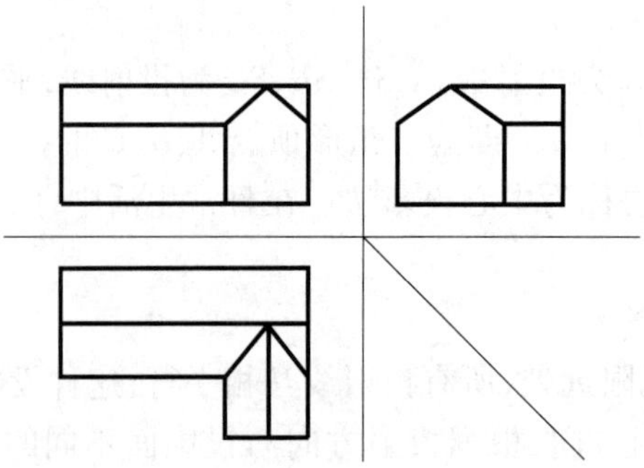

图 2-6　正投影图

(四)标高投影图

用正投影法将局部地面的等高线投射在水平的投影面上，并标注出各等高线的高程，从而表达该局部的地形地貌。这种用标高来表示地面形状的正投影图，称为标高投影图，如图 2-7 所示。在地形测量和土建工程中，应用地面上距离某水平基准投影面相等高度的线来表示地面的高低起伏，这种线称为等高线。

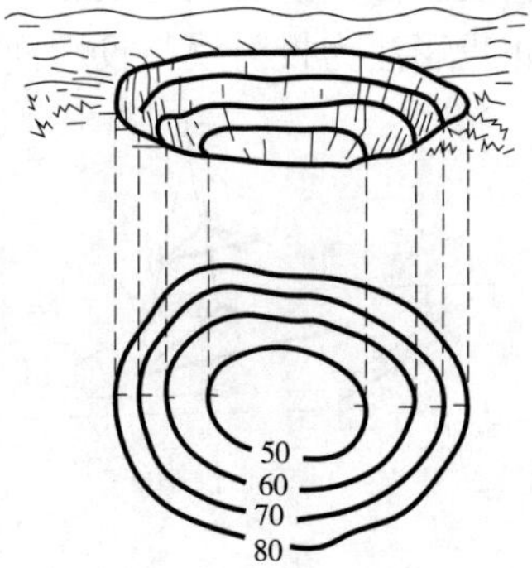

图 2-7　标高投影图

三、投影的特性

(一)中心投影法的特性

(1)直线的投影，在一般情况下仍为直线。

(2)点在直线上，则该点的投影必位于该直线的投影上。

(3)中心投影一般不反映形体的真实大小。

(二)平行投影法的特性

在制图中最常用的投影法是平行投影法，平行投影有如下 7 个性质。

1. 同素性

点的投影是点，直线的投影一般情况下是直线，平面的投影一般情况下是平面，如图 2-8(a)所示。

2. 从属性

若点在直线上，则点的投影必在直线的投影上，如图 2-8(b)所示。

3. 积聚性

当直线或平面与投射线平行时，其投影分别积聚为一点或一直线，如图 2-8(c)所示。

4. 平行性

若两直线平行，则其投影必相互平行，如图 2-8(d)所示。

5. 真实性

若直线、平面平行于投影面，则投影反映其实形，如图 2-8(e)所示。

6. 类似性

若直线、平面倾斜于投影面，则投影与其相仿，如图 2-8(f)所示。

7. 定比性

点分线段成某一比例，则该点的投影分线段的投影成相同的比例，如图 2-8(g)所示。

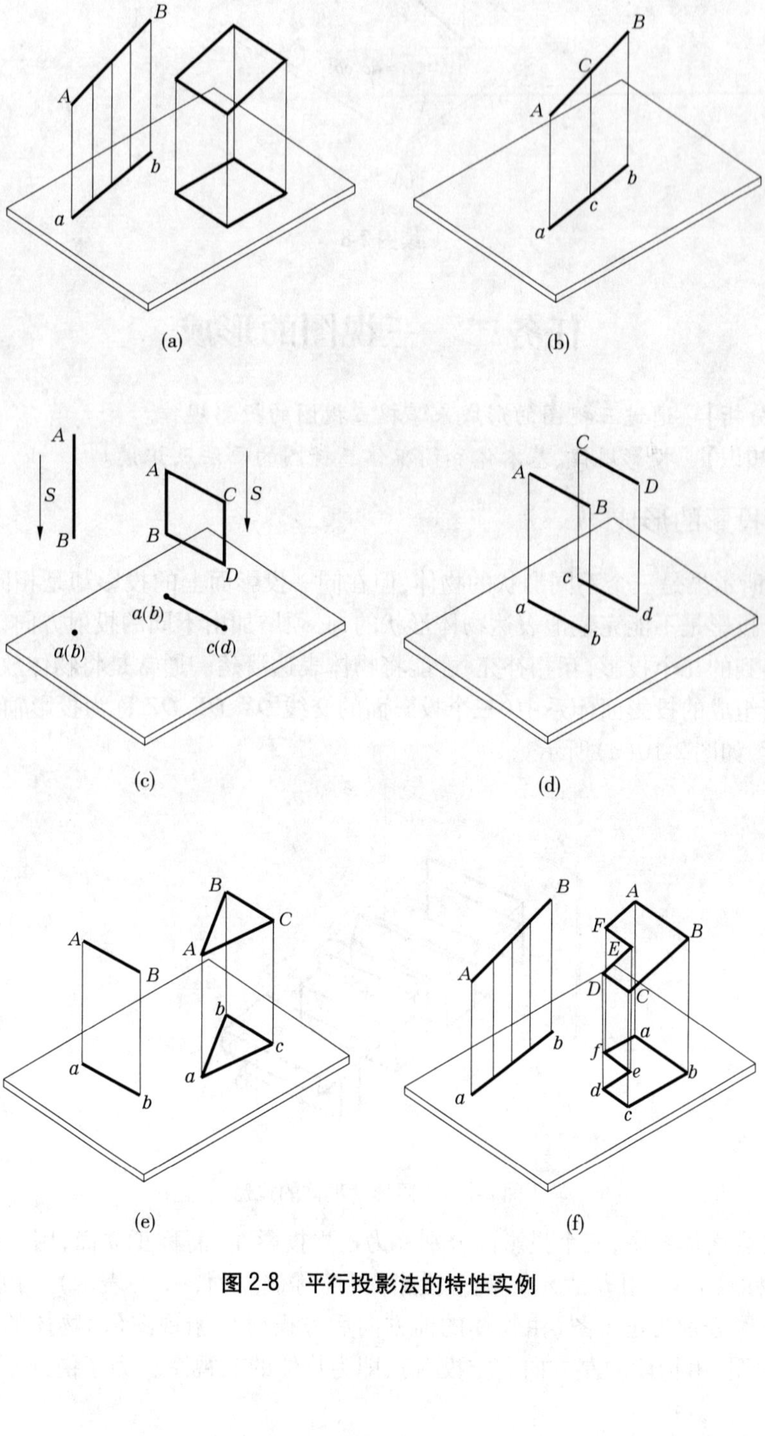

图 2-8　平行投影法的特性实例

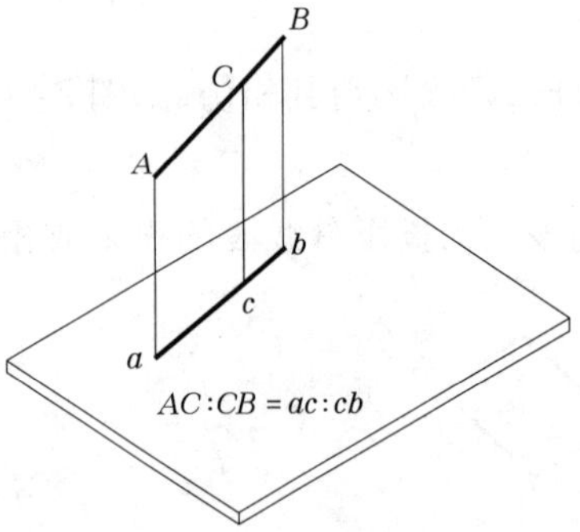

(g)

续图 2-8

任务二 三视图的形成

【任务分析】 通过三视图的形成来掌握三视图的投影规律。
【相关知识】 投影规律、基本体和简单体三视图的画法及识读。

一、正投影的形成

图 2-9 所示虽是三个不同形状的物体,但在同一投影面上的投影却是相同的。因此,仅根据一个投影是不能完整地表达物体形状的,必须增加由不同的投射方向,在不同的投射面上所得到的几个投影,互相补充,才能将物体表达清楚。通常是将物体放在三个互相垂直的平面组成的投影面体系中(三个投影面的交线 OX、OY、OZ 称为投影轴),得到物体的三个投影,如图 2-10(a)所示。

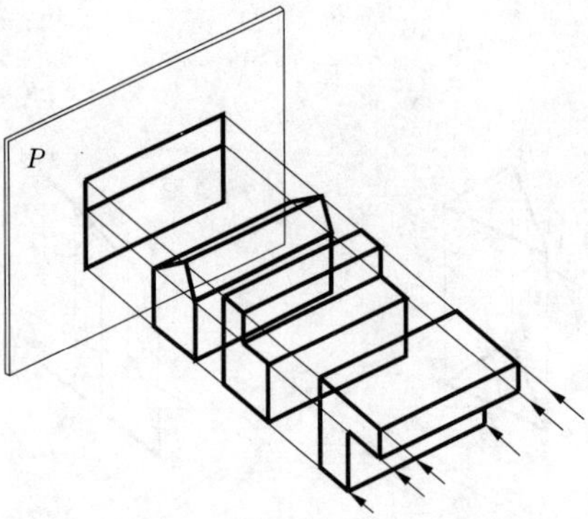

图 2-9 不同形状形体的投影

在三投影面体系中,三个投影面分别称为正立投影面(简称正立面,用 V 表示)、水平投影面(简称水平面,用 H 表示)、侧立投影面(简称侧立面,用 W 表示)。物体在三个投影面上的投影分别为正视图(由物体的前方向后方投射)、俯视图(由物体的上方向下方投射)、左视图(由物体的左方向右方投射),即为物体的三视图。为了使处于空间位置的三视图在同一平面上表示出来，如图 2-10(b)所示，规定正面不动，将水平面向下旋转 90°，侧面向右旋转 90°，就得到在同一平面上的三视图，投影面的边框不必画出，如图 2-10(c)所示。

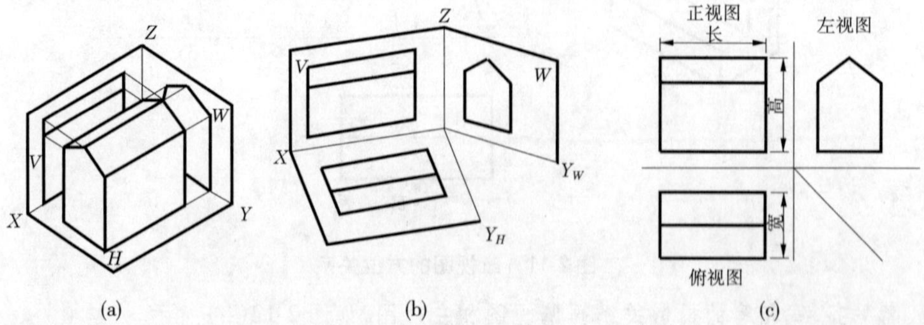

图 2-10 三视图的形成及其投影规律

二、三视图的投影规律

如图 2-10(c)所示，三视图展开后，俯视图在正视图的下方，左视图在正视图的右方。如果把物体左右之间的距离称为长，前后之间的距离称为宽，上下之间的距离称为高，则正视图和俯视图都反映了物体的长度，正视图和左视图都反映了物体的高度，俯视图和左视图都反映了物体的宽度。因此，三视图之间存在以下投影规律：

(1)正视图与俯视图——长对正；

(2)正视图与左视图——高平齐；

(3)俯视图与左视图——宽相等。

“长对正、高平齐、宽相等”的投影对应关系是三视图之间的投影规律，也是画图和读图时必须遵守的投影规律。在运用这一规律画图或读图时，应特别注意物体的前后位置在投影图中的反映。

如图 2-11 所示，物体有上下、左右、前后六个方位，正视图反映物体的上下和左右关系，俯视图反映物体的左右和前后关系，左视图反映上下和前后关系。物体在投影图上的上下和左右关系比较容易理解，而初学者在画图或者读图中判断物体在投影图上的前后位置关系时常常会出现错误。在三视图展开的过程中，水平面向下旋转，俯视图的下方实际上表示物体的前方，俯视图的上方表示物体的后方；侧面向右旋转，左视图的右方实际上表示物体的前方，左视图的左方表示物体的后方。所以，物体的俯视图与左视图不仅宽度相等，还应保持前、后位置的相对关系。

【任务 2-1】 根据图 2-12(a)所示立体图(直观图)，绘制其三面投影图。

分析：图 2-12(a)所示物体是被切去一角的直角弯板。为了便于作图，应使物体的主要表面尽可能与投影面平行。画图时应先画反映物体特征的投影图，然后按投影规律画出其他投影图。

作图：

(1)量取弯板的长和高，画出反映物体特征轮廓的正视图，再量取弯板的宽度，按长

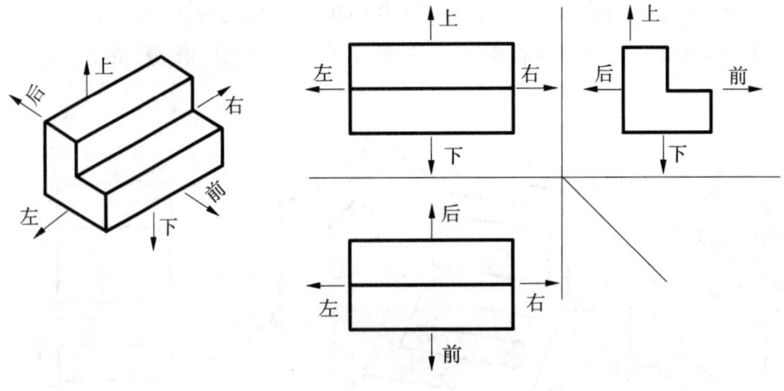

图 2-11 三视图的方位关系

对正、高平齐、宽相等的投影关系画俯视图和左视图,如图 2-12(b)所示。

(2)量取物体切角的长(X)和宽(Y),在俯视图上画出切角的投影,按长对正的投影关系在正视图上画出切角的图线;再按宽相等的投影关系在左视图上画出切角的图线,如图 2-12(c)所示。必须注意,俯视图和左视图上的"Y"前后对应。

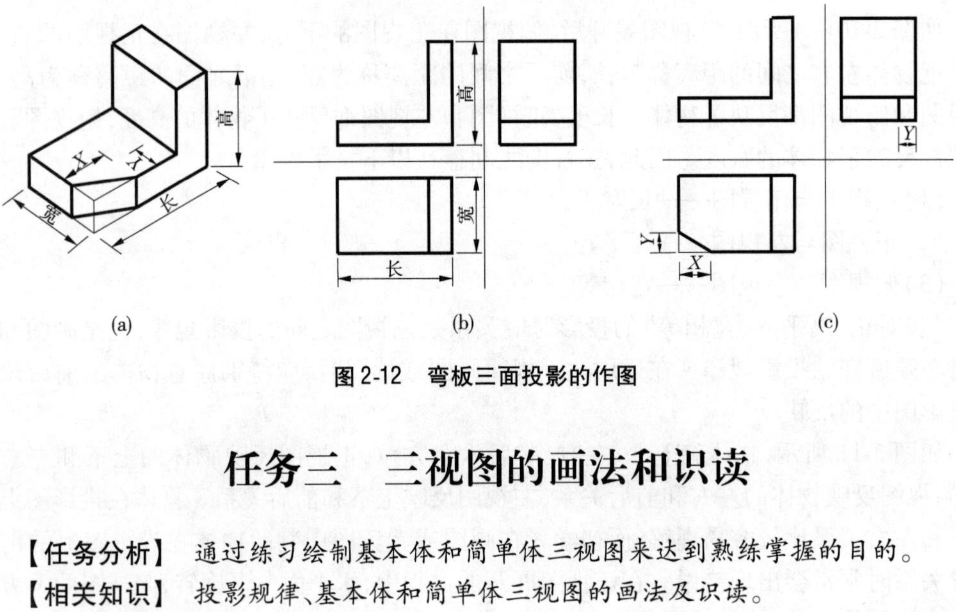

图 2-12 弯板三面投影的作图

任务三 三视图的画法和识读

【任务分析】 通过练习绘制基本体和简单体三视图来达到熟练掌握的目的。
【相关知识】 投影规律、基本体和简单体三视图的画法及识读。

一、基本体

基本体,按其不同的投影特点分为平面体和曲面体两大类,物体的表面由平面所围成的几何体称为平面体,如棱柱、棱锥和棱台等;物体的表面由曲面或曲面与平面围成的几何体称为曲面体,常见的曲面体有圆柱、圆锥体、圆台体和球体等。

(一)平面体的投影

1. 棱柱的投影

如图 2-13 所示,两个三角形平面互相平行,其余各平面都是四边形,并且每相邻两个四边形的公共边都相互平行,由这些平面所围成的基本体称为棱柱。两个互相平行的平面称为底面,其余各面都称为侧面,两侧面的公共边称为侧棱,两底面间的距离为棱柱高。当底面为三角形、四边形、五边形等时,所组成的棱柱分别为三棱柱、四棱柱、五棱柱等。

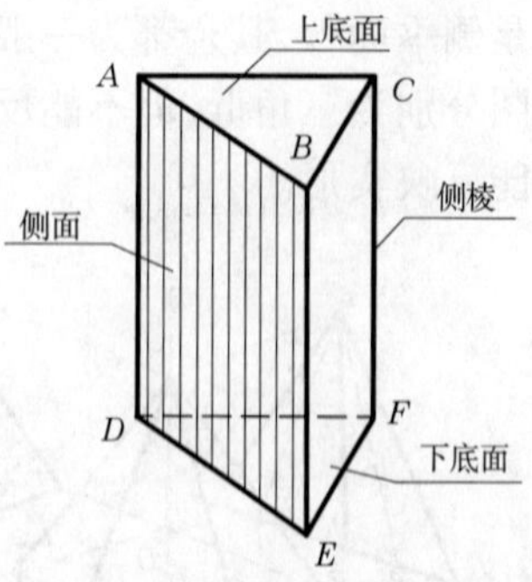

图 2-13 三棱柱

现在以三棱柱为例进行分析。图 2-14 所示为一横放的三棱柱。图中的三棱柱由下列几个平面围成。平面 *BEFC* 为水平面,它在水平面上的投影反映实形,在正立面和侧立面上的投影都分别积聚成为一条平行于 *OX* 轴和 *OY* 轴的直线。平面 *ABC* 和 *DEF* 为侧平面,它们在侧立面上的投影反映实形,并且重影;在水平面和正立面上的投影分别积聚成为平行于 *OY* 轴和 *OZ* 轴的直线。平面 *ABED* 和平面 *ACFD* 为侧垂面,它们的左视图都积聚成为一直线;在水平面上的投影是两个矩形,不反映实形,两个矩形并列连续,与水平面 *BEFC* 重影。在正立面的投影也是矩形,不反映实形,且二者重影。

棱柱三视图的视图特征是:两个视图外轮廓为矩形,另一个视图是多边形。

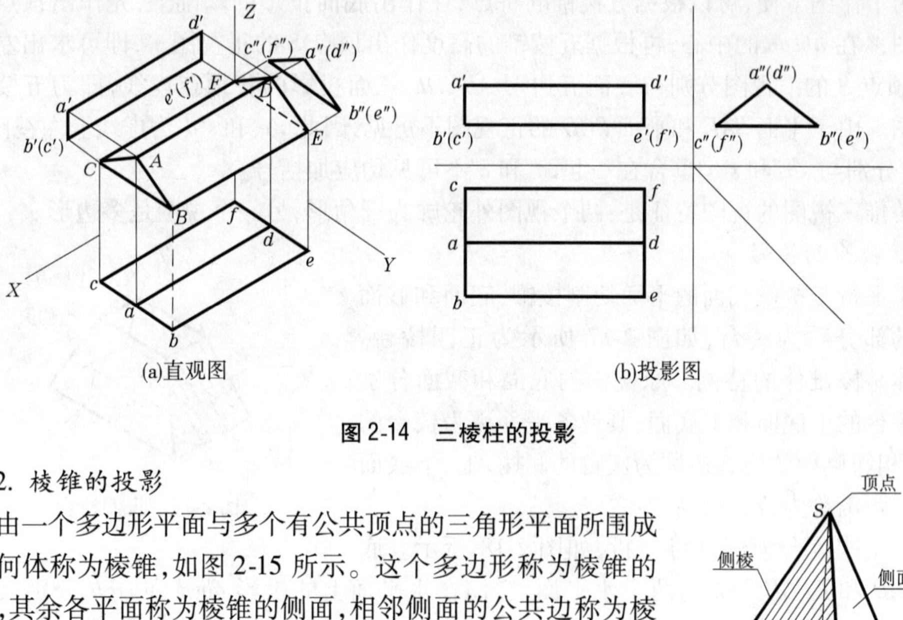

图 2-14 三棱柱的投影

2. 棱锥的投影

由一个多边形平面与多个有公共顶点的三角形平面所围成的几何体称为棱锥,如图 2-15 所示。这个多边形称为棱锥的底面,其余各平面称为棱锥的侧面,相邻侧面的公共边称为棱锥的侧棱,各侧棱的公共点称为棱锥的顶点,顶点到底面的距离称为棱锥的高。根据不同形状的底面,棱锥分为三棱锥、四棱锥和五棱锥等。

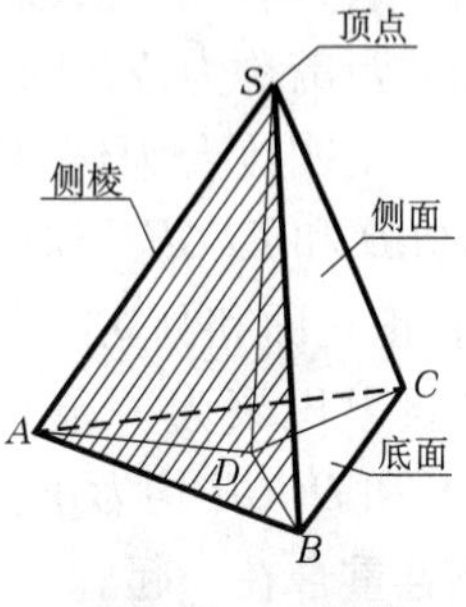

图 2-15 三棱锥

以正五棱锥为例进行分析,如图 2-16 所示,五棱锥的特点是:底面为正五边形,侧面为五个相同的等腰三角形。通过顶点向底面作垂线(高),垂足在底面五边形的中心。正五棱锥底面即正五边形 *ABCDE* 平行于水平面,在水平面上的投影反映实形,为了作图方便,使底面五边形的 *DE* 边平行于正立投影面,正五边形的正视图和左视图都积聚成一条线。正五棱锥的五个侧面除平面

SDE 是侧垂面外，其余都为一般位置平面。平面 *SDE* 的左视图积聚为一直线，正视图和俯视图分别为三角形，但不能反映实形。其余各侧面在三个投影面上的投影都为三角形，也不能反映实形。

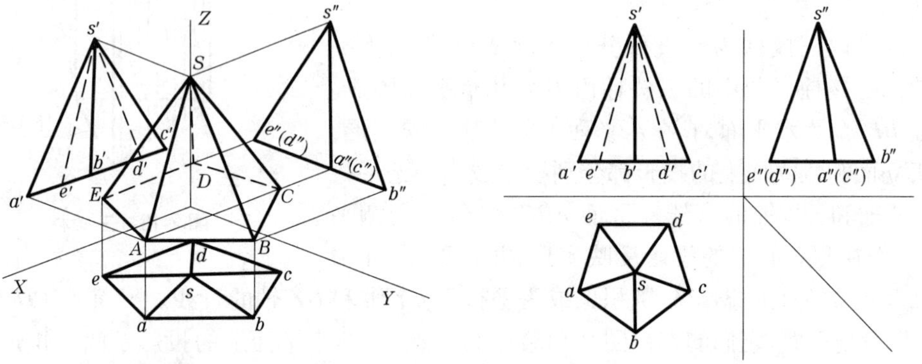

(a)直观图　　(b)投影图

图 2-16　正五棱锥的投影

为了作图方便，可以根据五棱锥的特点，在作出底面投影的基础上，先作出顶点 *S* 的俯视图，*s* 在 *abcde* 的中心，再根据五棱锥的高度作出顶点 *S* 的正视图 s'，即可求出左视图 s''，将顶点 *S* 的三视图分别与底面五边形 *ABCDE* 三面投影的各顶点连线，即为五棱锥的三视图。由于平面 *SAE* 和平面 *SCD* 的正视图不可见，因此 $s'e'$ 和 $s'd'$ 为虚线。左视图 $s''d''$ 和 $s''c''$ 分别与 $s''e''$ 和 $s''a''$ 重合在一起，d'' 和 c'' 不可见均应加括号。

棱锥三视图的视图特征是：两个视图外轮廓为三角形，另一个视图是多边形。

3. 棱台的投影

用平行于棱锥底面的平面切割棱锥，底面和截面之间的部分称为棱台，如图 2-17 所示为正四棱台。棱台体是棱锥体的特例。原棱锥的底面和截面分别称为棱台的下底面和上底面，其他各平面称为棱台的侧面，相邻侧面的公共边称为棱台的侧棱，上、下底面之间的距离称为棱台的高。

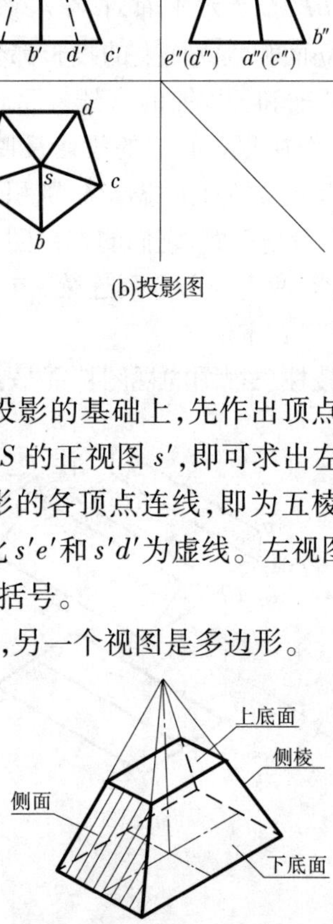

图 2-17　正四棱台

以正四棱台为例进行分析，如图 2-18 所示。底面 *ABCD* 和 *EFGH* 分别为两个水平面，它们在水平面上的投影 *abcd* 和 *efgh* 分别反映实形，在正立面和侧立面上的投影分别为直线。侧面 *ADHE* 和 *BCGF* 均为侧垂面，在侧立面上的投影积聚为一条直线，在正立面上的投影是四边形且重合在一起。另两个侧面 *ABFE* 和 *DCGH* 均为正垂面，在正立面上的投影积聚为一条直线，在侧立面上的投影是四边形且重合在一起。

棱台三视图的视图特征是：两个视图外轮廓为梯形，另一个视图为两个相似多边形。

4. 平面体投影的画法

如图 2-19(a)所示，已知四棱柱的底面为等腰梯形，梯形两底边长为 a、b，高为 h，四棱柱高为 H，四棱柱其他两面投影图的画法如图 2-19(b)、(c)所示。

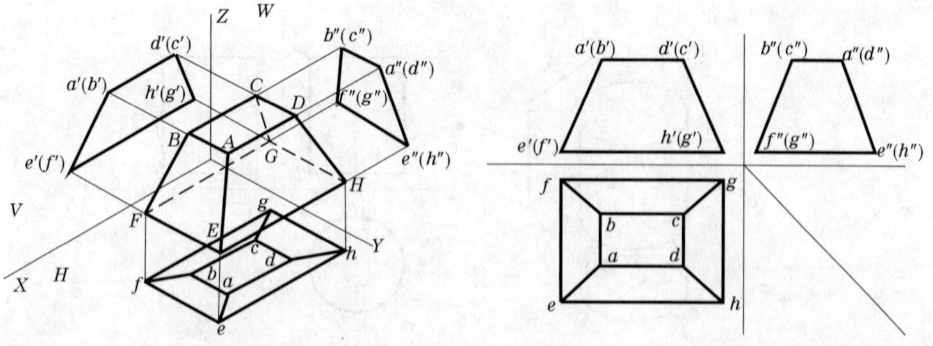

(a)直观图 (b)投影图

图 2-18 正四棱台的投影

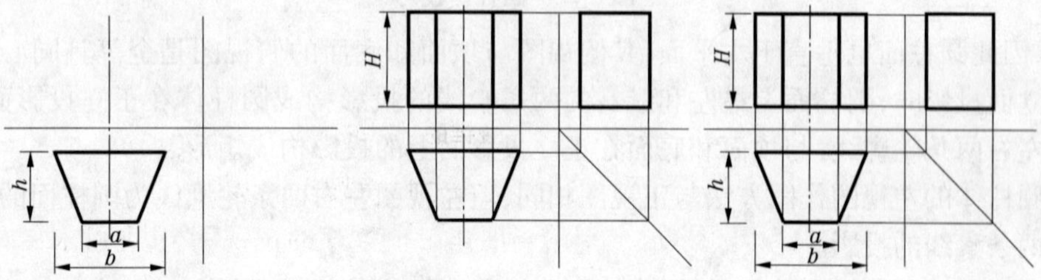

(a)画基准线及反映底面实形的水平投影 (b)按投影关系，作出正面投影和侧面投影，使高等于H (c)检查整理底图，加深图线，并标注尺寸

图 2-19 四棱柱投影图的画法

(二) 曲面体的投影

1. 圆柱体的投影

如图 2-20 所示，直线 AA_1 绕着与它平行的直线 OO_1 旋转，所得的轨迹是一圆柱面。直线 OO_1 称为导线，AA_1 称为母线，母线 AA_1 在旋转过程中任一位置留下的轨迹称为素线，因此圆柱面也可以称为无数条与轴平行且等距的素线的集合。如果把 AA_1 和轴 OO_1 连成一矩形平面，该矩形平面绕 OO_1 轴旋转的轨迹就是圆柱体。矩形上下两边 AO 和 A_1O_1 绕 OO_1 旋转的轨迹是圆平面。因此，圆柱体由两个互相平行且相等的平面圆（顶面和底面）和一圆柱面所围成。顶面和底面之间的距离为圆柱体的高。

如图 2-21 所示，圆柱体的轴线垂直于水平面，顶面与底面平行于水平面，作其投影如下：由于顶面和底面平行于水平面，因此它们在水平面上的投影为圆，反映顶面和底面的实形，且两底面的投影重合在一起。在正立面和侧立面上的投影都积聚为平行于 OX 轴和 OY 轴的直线，其长度为圆柱的直径。在同一投影面上两个积聚投影之间的距离为该圆柱体的高。

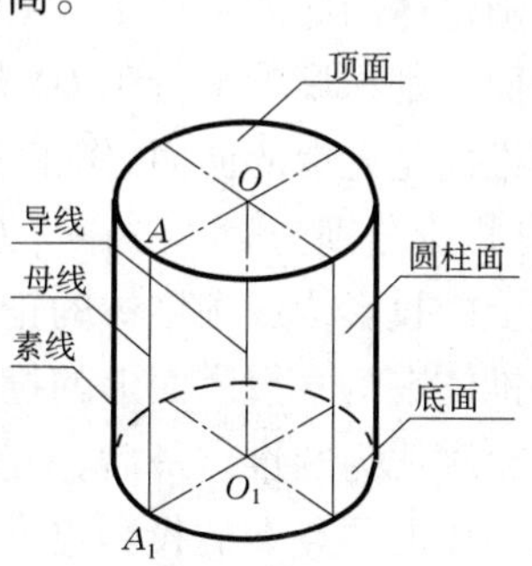

图 2-20 圆柱体

圆柱面是光滑的曲面，其上所有素线都为铅

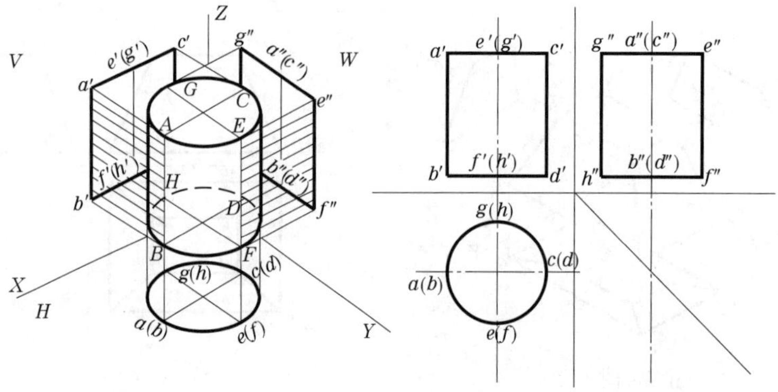

(a)直观图　　　(b)投影图

图 2-21　圆柱体投影

垂线,因此圆柱面也垂直于水平面,其俯视图与顶面和底面的俯视图是全等且同心的圆。作正立面投影时,圆柱面上最左和最右的两条素线的投影构成圆柱体在正立投影面上投影的左右两条轮廓线,与顶面和底面在正立投影面上的投影构成矩形。

圆柱体的左视图作图方法与正视图相同,但左视图左右两条轮廓线为圆柱面的最后、最前两条素线的投影。

圆柱三视图的视图特征是:两个视图为矩形,另一个视图是圆。

2. 圆锥体的投影

如图 2-22 所示,直线 *SA* 绕与它相交的另一直线 *SO* 旋转,所得轨迹是圆锥面,*SO* 称为导线,*SA* 称为母线,母线在圆锥面上任一位置的轨迹为圆锥面的素线,如 *SB*。圆锥面也可视为无数条相交于一点并与导线 *SO* 保持一定角度的素线集合。如果把母线 *SA* 和导线 *SO* 连成一个直角三角形 *SOA*,该平面绕直角边 *SO* 旋转,它的轨迹就是正圆锥体。从顶点 *S* 到底面圆的距离为圆锥体的高。

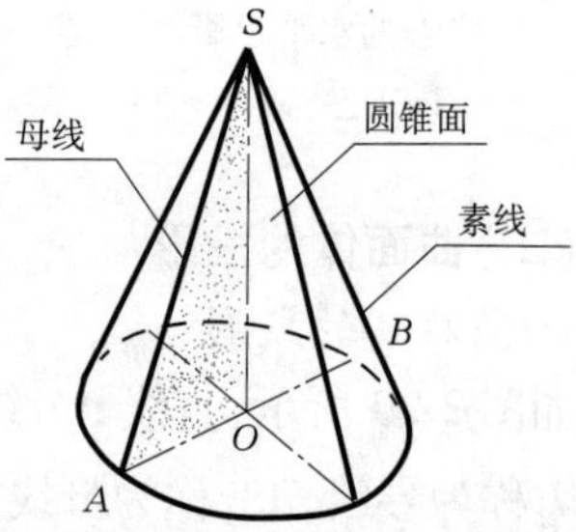

图 2-22　圆锥体

如图 2-23 所示,正圆锥体的轴与水平面垂直,即底面平行于水平面,作其投影如下:因为该圆锥体的底面平行于水平面,它在水平面上的投影反映实形,在正立投影面上和侧立投影面上都积聚为平行于 *OX* 轴和 *OY* 轴的直线,其长度等于底圆的直径。

圆锥面是光滑的曲面,作正视图时,锥面上最左和最右两条素线,即 *SA* 和 *SC* 都是正平线,其投影分别为 $s'a'$ 和 $s'c'$,为圆锥面在正立投影面上左右两条轮廓线,与底圆在正立投影面上的投影构成圆锥体的正视图,为等腰三角形。

圆锥体在侧立投影面上的投影与其在正立投影面上的投影相同,但该等腰三角形左右两条轮廓线为圆锥体最后、最前两条素线的投影。

圆锥体的顶点 *S* 的投影也可采用如下方法求得。自圆锥体底面的正视图的中点作垂线,并在垂线上量取圆锥的高度,即得 s',其俯视图 s 与底圆投影的圆心重合。采用同样的方法可求得左视图 s''。

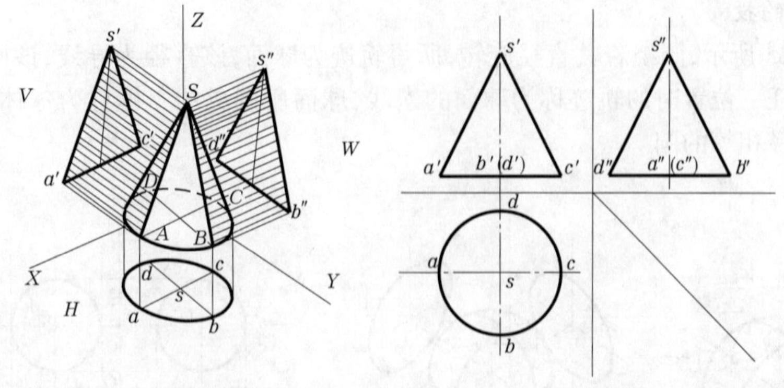

(a)直观图 (b)投影图

图 2-23 圆锥体的投影

圆锥三视图的视图特征是:两个视图为三角形,另一个视图是圆。

3. 圆台体的投影

圆锥被垂直于轴线的平面所截,所得截面为圆,该圆与底圆之间的部分称为圆台,圆台是圆锥体的特例。圆台体的投影如图 2-24 所示,该圆台轴线与水平面垂直。由于顶圆与底圆平行于水平面,故其俯视图反映实形,它们的俯视图为两个直径不等的同心圆,它们的正视图和左视图都积聚为平行于 OX 轴和 OY 轴的直线,直线的长度分别等于顶圆和底圆的直径。

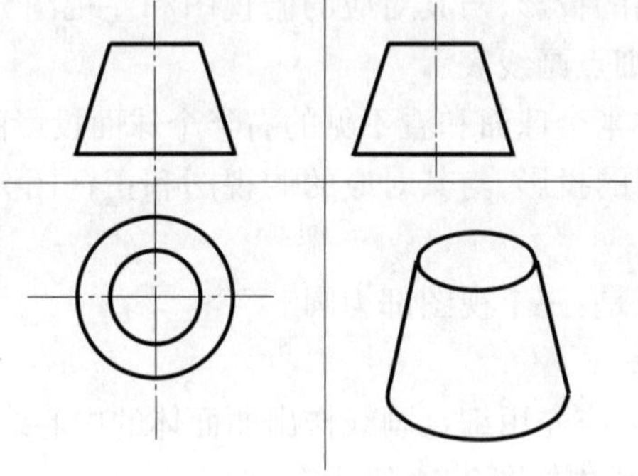

图 2-24 圆台体的投影

圆台体的正视图为圆台面左右两条素线被截去剩余部分(正平线)在正立投影面上的投影。这两条线的投影为圆台体正视图左右两条轮廓线,与顶圆和底圆的正视图构成等腰梯形。圆台体的左视图与正视图相同,只是左视图左右两条轮廓线为圆台面最后、最前两条素线的投影。

作圆台体正视图时,可从圆台底面圆的正视图的中点向上作垂线,量取圆台的高,过该点作 OX 轴平行线,长度为顶面圆的直径。将两条平行线的两端点分别连接起来即为圆台体投影。

圆台三视图的视图特征是:两个视图为梯形,另一个视图为两个同心圆。

4. 球体的投影

如图 2-25 所示,圆绕着其直径旋转,所得轨迹为球面,该直径为导线,该圆为母线,母线在球面上任一位置时的轨迹称为球面的素线,球面所围成的立体称为球体。球体的投影为三个直径相等的圆。

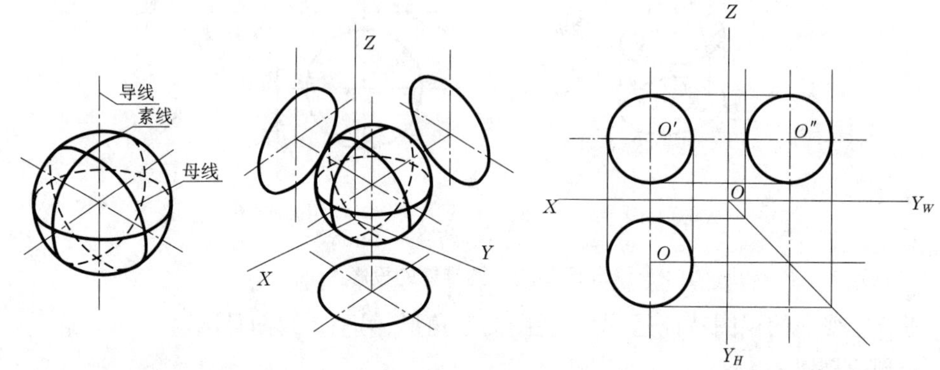

图 2-25 球体的投影

俯视图是看得见的上半个球面和看不见的下半个球面投影的重合。该俯视图也是球面上平行于水平面的最大圆的投影,该圆的正视图和左视图分别为平行于 *OX* 轴和 *OY* 轴的直线,长度为球体的直径,构成正视图和左视图的中心线,用细点画线表示。

正视图是看得见的前半个球面和看不见的后半个球面投影的重合。正视图的圆是球面上平行于正立面最大圆的投影,与其对应的俯视图和左视图分别与圆的水平中心线和铅垂中心线重合,仍然用细点画线表示。

左视图是看得见的左半个球面和看不见的右半个球面投影的重合。左视图的圆是球面上平行于侧立面最大圆的投影,与其对应的俯视图和正视图分别与圆的铅垂中心线重合,仍然用细点画线表示。

球三视图的视图特征是:三个视图都为圆。

5. 曲面体投影的画法

作曲面体的投影图时,应先用细点画线作出曲面体的中心线和轴线,再作其投影。

(1)圆台体投影图的画法如图 2-26 所示。

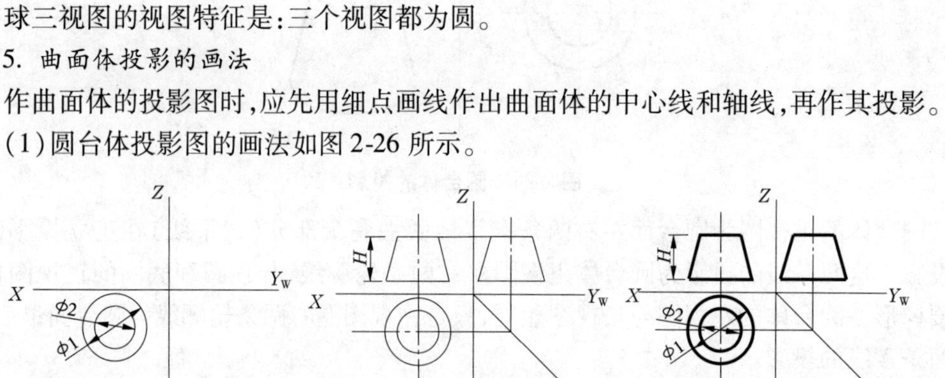

(a)画中心线及反映底面实形的投影　(b)按投影关系作其他两投影，并使高等于*H*　(c)检查底图，加固图线并标注尺寸

图 2-26 圆台体投影图的画法

(2)球体投影图的画法如图 2-27 所示。

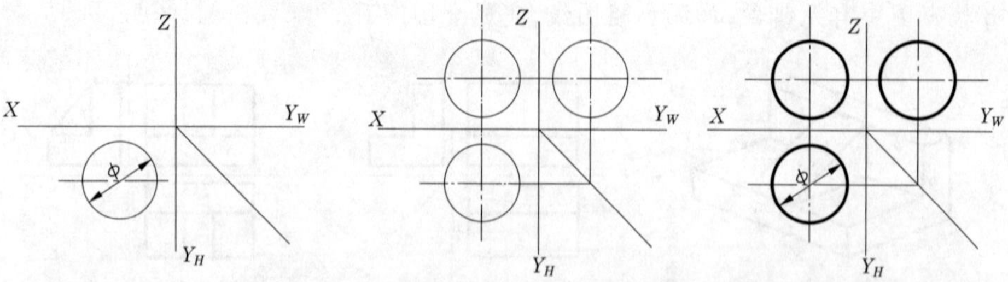

(a)画水平投影的中心线及水平投影 (b)按其投影关系作其他两投影 (c)检查底图，加深图线并标注尺寸

图 2-27　球体投影图的画法

二、简单体三视图的画法

由较少的基本体进行简单的叠加或切割而形成的立体称为简单体。因此,基本体的视图特征是绘制和阅读简单体三视图的依据。

在建筑工程中,会遇到各种形状的复杂物体,对这些复杂的物体,我们都可以将其看成是由各种基本体以不同方式组合而成的。学习工程制图,首先需要掌握各种复杂形体的分析,以及基本体的投影特点,如图 2-28 所示。

图 2-28　房屋形体分析

作为简单体的投影,首先必须对其进行分析,了解简单体的组成部分、各基本体之间的位置关系,逐步作出投影图。

【任务 2-2】　已知立体图,如图 2-29(a)所示,作出它的三面投影图。

(1)形体分析。将一个组合体分解为若干个基本体,这种方法称为形体分析法。对图 2-29 所示的立体图分析可知,该立体图由两个四棱柱、一个三棱柱组成。

(2)确定简单体的放置位置。简单体的摆放位置必须符合物体的正常工作位置及平稳原则。

(3)选择作图的比例和图幅。为了画图和读图方便,一般可采用 1:1的比例作图,但实际工程物体有大有小,无法均按实际大小作图,所以必须选择适当的比例作图。当比例确定后,再根据所画物体的大小及具体数量,选择合适的图幅。

(4)作三面投影图。通过形体分析可知,该构件为叠加体,可采用叠加法作图,具体步骤如下:

①先画下面长方体的三面投影图,再画上面长方体的三面投影图,如图 2-29(b)所示。

②再画三棱柱的三面投影图,如图 2-29(c)所示。

③检查图中有无错误,加深加粗图线,完成全图即可。

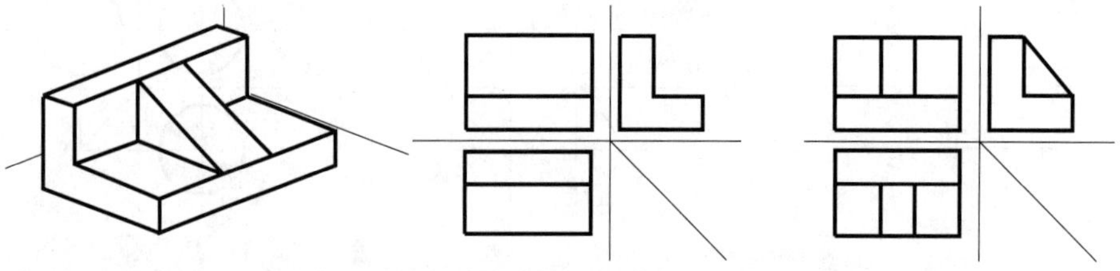

(a) (b) (c)

图 2-29 叠加法画组合体的投影

【**任务 2-3**】 已知一切割构件,如图 2-30(a)所示,作出它的三面投影图。

(1)形体分析。通过形体分析可知,该构件是由长方体切去左右两个三棱柱,再切去中间的长方体而成的。

(2)确定简单体的放置位置。简单体的摆放位置必须符合物体的正常工作位置及平稳原则。

(3)选择作图的比例和图幅。为了画图和读图方便,一般可采用 1:1的比例作图。

(4)作投影图。通过形体分析可知,该构件为切割体,可采用切割法作图,具体步骤如下:

①先画长方体的三面投影图,再切去左右两个三棱柱,如图 2-30(b)所示。

②画切去的中间长方体的三面投影图,如图 2-30(c)所示。

③检查图中有无错误,加深加粗图线,完成全图。

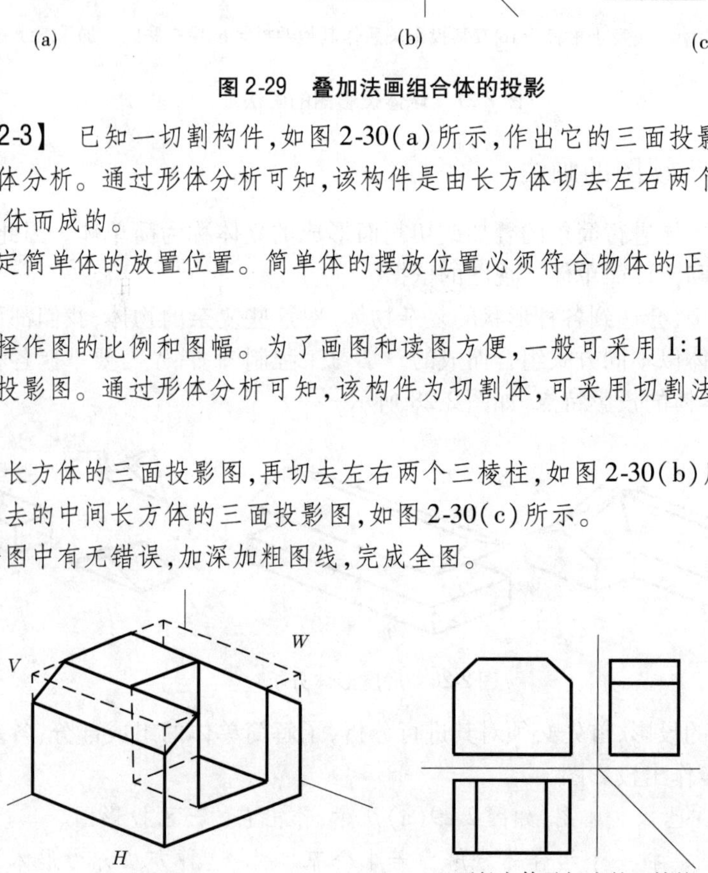

(a)轴测图 (b)画长方体及切去的三棱柱

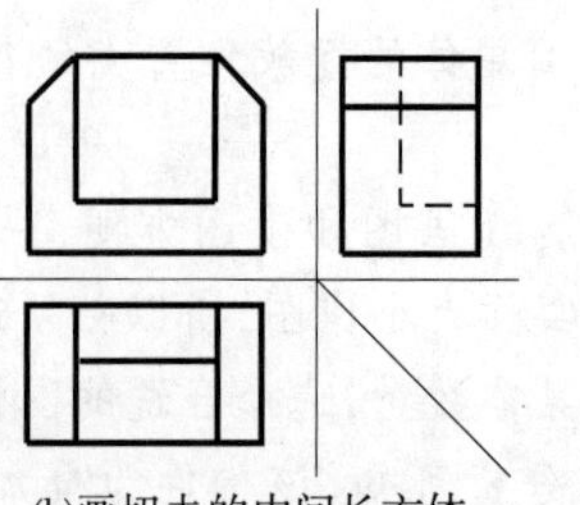

(b)画切去的中间长方体

图 2-30 切割法画组合体的投影图

三、简单体三视图的识读

已知投影图,采用形体分析或线面分析的方法,想象出其空间立体形状,称之为识读。要达到读懂的目的,首先要掌握三面投影的投影规律,熟悉形体的长、宽、高三个向度和上、下、左、右、前、后六个方位在投影图上的位置,会应用点、直线、平面的投影特性,必须多看多画,结合立体反复练习,以逐步建立和提高空间想象力,从而想出整体形状。

(一)读图方法

识读组合体投影图的方法有形体分析法和线面分析法。

1. 形体分析法

一般以正投影为主,利用封闭的线框,结合投影规律来联系其他两面投影,从大到小,从下往上,从左往右,先想象出各基本体的形状,再根据组合方式及各基本体相对位置,综合想象出整体形状。

2. 线面分析法

主要根据线、面的投影特性,分析投影图中某条线或某个线框的空间意义,从而想象出各基本体的形状,最后再根据基本体的相对位置,综合想象出物体的空间立体形状。

(二)读图步骤

读图时,首先应看清已知的投影图,并从整体上了解物体的组合形式,再考虑采用何种读图方法。一般以形体分析法为主,线面分析法为辅。

【任务2-4】 已知涵洞出入口的三面投影图,如图2-31(a)所示,想象出空间立体图。

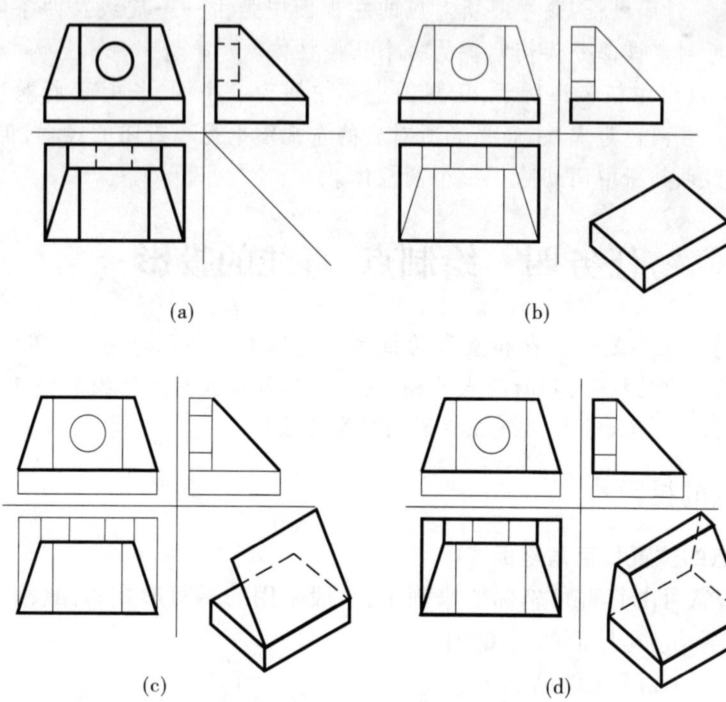

图2-31 读图步骤

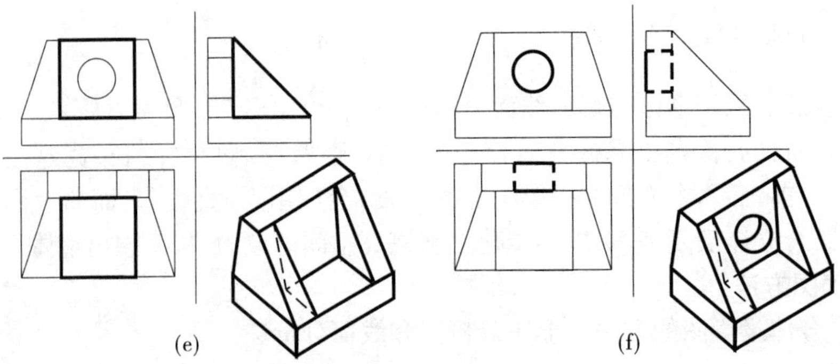

(e) (f)

续图 2-31

(1)如图 2-31(b)中粗实线所示,正视图最下部矩形线框长对正,对应俯视图外围的矩形线框,以高平齐对应左视图的矩形线框,由三面投影图中出现三个封闭的线框可判定,该部分为一个四棱柱体。

(2)如图 2-31(c)中粗实线所示,正视图上部外围梯形线框长对正,所对应的平面图也是一封闭线框,高平齐对应的左视图为一斜线,根据投影面垂直面的投影特性,可判定,它是一个侧垂面。但是,从图 2-31(d)中粗实线可以看出,与正视图梯形线框对应的左视图,不仅是一条斜线,而是整个外围梯形线框,而且与这两个梯形线框每一条边对应的平面图都是一个封闭线框,从而可判定其是一个截面为梯形的四棱柱体。

(3)如图 2-31(e)中粗实线所示,正视图上部梯形线框内有一封闭线框,长对正所对应的俯视图也是一封闭线框,高平齐所对应的左视图中是由一条虚线及两条实线所围成的三角形线框,可判定该部分为切割掉的一个三棱柱体。

(4)如图 2-31(f)中粗实线所示,正视图上部中间为一个圆,长对正所对应的俯视图为一封闭线框,左右两边为虚线,高平齐所对应的左视图也是一封闭的线框,但上、下及右侧均为虚线,从而可判断中间切除了一个圆柱体。

任务四 绘制点、直线的投影

【任务分析】 主要是绘制点和直线的投影。通过本任务的学习,应掌握以下内容:点在三面投影体系中的投影,判断两点的相对位置;各种位置直线的投影特点、作图方法。

【相关知识】 三面投影体系及正投影的投影方法。

一、绘制点的投影

(一)空间点的位置和直角坐标

空间点的位置可由其直角坐标值来确定,一般采用的书写形式为:$A(x,y,z)$。其中 x,y,z 均为该点至相应坐标面的距离数值。

x 表示空间点 A 到 W 面的距离;

y 表示空间点 A 到 V 面的距离;

z 表示空间点 A 到 H 面的距离。

（二）点的三面投影

规定空间点用大写字母 A、B、C 等标记，在 H 面上的投影用小写字母表示，如 a、b、c 等；在 V 面上的投影用 a′、b′、c′等表示；在 W 面上的投影用 a″、b″、c″等表示。为了便于进行投影分析，用细实线将点的相邻投影连起来，称为投影连线。

如图 2-32(a)所示，在三个投影面上分别得到相应的正视图 a′、俯视图 a、左视图 a″。

点 A 在 V 面上的投影 a′，由点 A 到 W、H 两个投影面的距离或坐标(x,z)决定；

点 A 在 H 面上的投影 a，由点 A 到 W、V 两个投影面的距离或坐标(x,y)决定；

点 A 在 W 面上的投影 a″，由点 A 到 V、H 两个投影面的距离或坐标(y,z)决定。

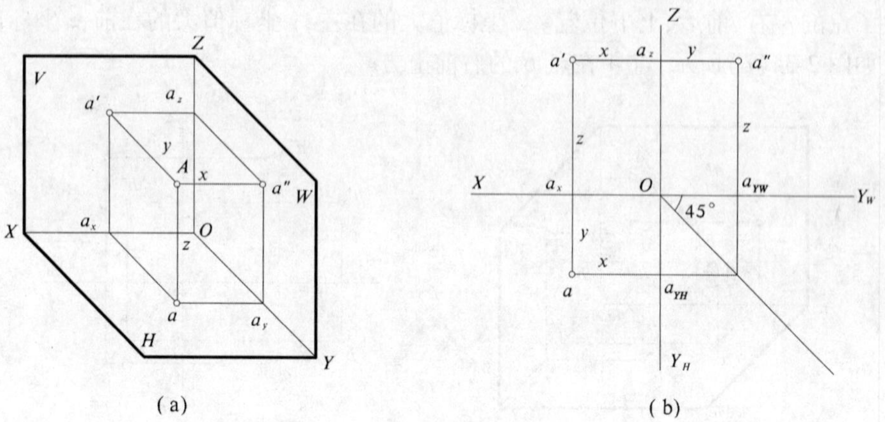

图 2-32 点的三面投影

（三）点的投影规律

根据三面投影面的展开，得到点 A 的三视图，如图 2-32(b)所示。分析可得出点的投影规律：

点的俯视图与正视图的连线垂直于 OX 轴，即 $aa' \perp OX$ 轴；

点的正视图和左视图的连线垂直于 OZ 轴，即 $a'a'' \perp OZ$ 轴；

点的俯视图到 OX 轴的距离等于左视图到 OZ 轴的距离，即 $aa_x = a''a_z$。

【任务 2-5】 如图 2-33(a)所示，已知点 A 的两个视图 a′、a″，求另一个视图 a。

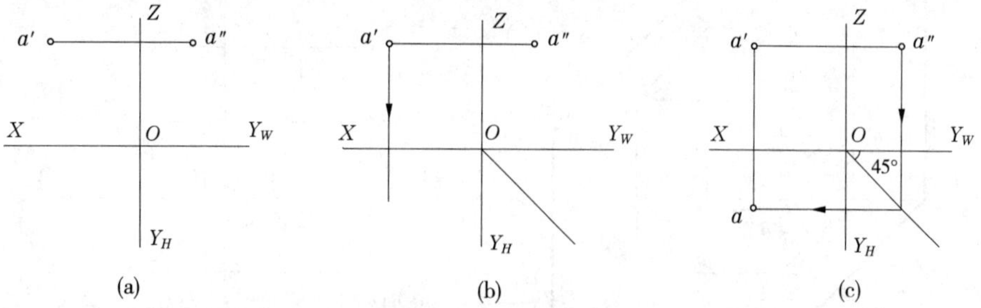

图 2-33 已知点的两面投影求第三面投影

分析：根据点的投影规律，已知任意点的两个视图，可求出另一个视图。

作图：

(1)过 O 点画 45°斜线,过 a' 向下作铅垂线,如图 2-33(b)所示。

(2)过 a'' 向下作铅垂线与 45°斜线相交,并由交点向左作水平线,与过 a' 的铅垂线的交点即为所求点 a,如图 2-33(c)所示。

(四)点的相对位置

1. 两点的相对位置

空间两点存在左右、前后、上下的位置关系,空间位置关系也可以反映到三视图中,如图 2-34(a)所示。

分析两点的同面投影之间的坐标大小,可以判断空间两点的相对位置。x、y、z 坐标分别反映了点的左右、前后、上下位置。x 坐标值大的在左,y 坐标值大的在前,z 坐标值大的在上。如图 2-34(b)所示,点 A 在点 B 的右前上方。

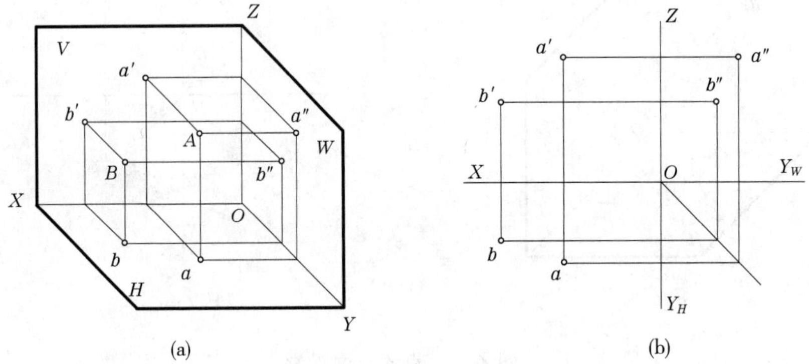

图 2-34 点的相对位置

2. 重影点

当两点处于同一射线上时,它们在该投射线所垂直的投影面上的投影必然重合,这两点称为该投影面的重影点,如图 2-35 所示。

为区分重影点重合投影的可见性,将不可见的投影加括号表示。图 2-35(b)中 a、b 重合,从正视图可以看出点 A 比点 B 高,所以 a 可见,b 不可见,用(b)表示。

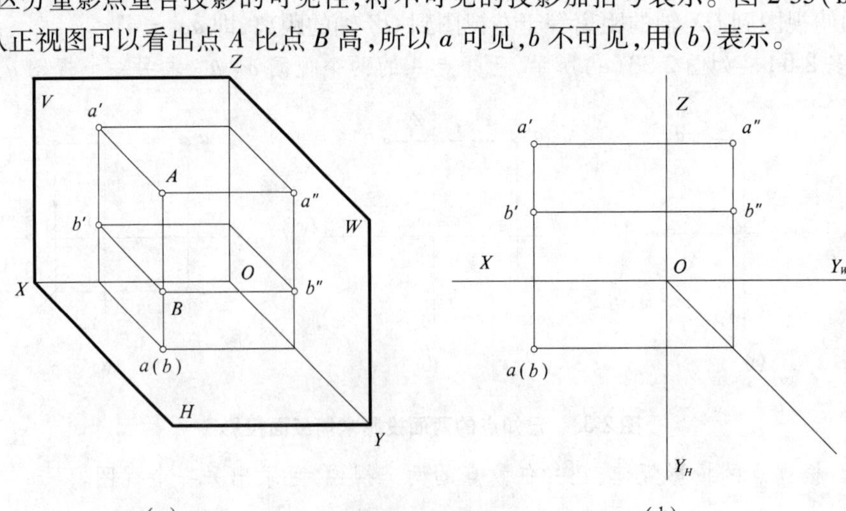

图 2-35 重影点

判断重影点重合投影的可见性，就是根据两点其他两投影的上下、左右、前后关系而决定的。

二、绘制直线的投影

两点确定一条直线，因此绘制直线的投影，可先绘制直线上两点的投影，然后将同面投影用粗实线相连，即得到直线的投影，如图 2-36 所示。

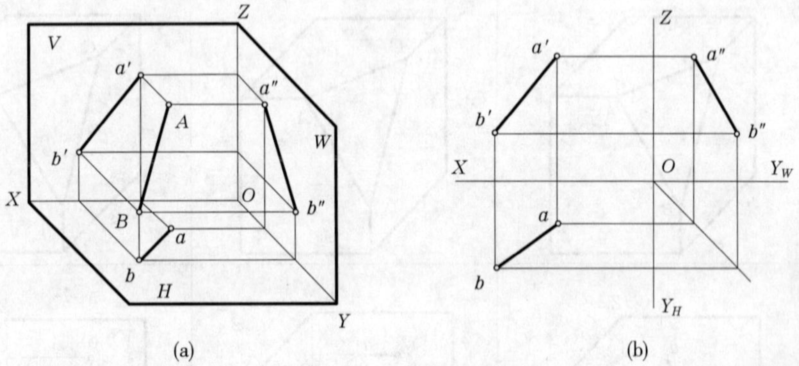

图 2-36　直线的投影

（一）各种位置直线的投影

在三面投影体系中，直线按所处空间位置不同可分为三类：一般位置直线、投影面平行线、投影面垂直线。

1. 一般位置直线

倾斜于三个投影面的直线称为一般位置直线。

直线与其投影之间的夹角称为直线对该投影面的倾角，分别用 α、β、γ 表示。α 为直线与 H 面的倾角，β 为直线与 V 面的倾角，γ 为直线与 W 面的倾角。

一般位置直线与三个投影面都倾斜，因此在三个投影面的投影都是直线，不反映实长，且均与投影轴倾斜，投影与投影轴之间的夹角也不反映直线与投影面之间的夹角，如图 2-37 所示。

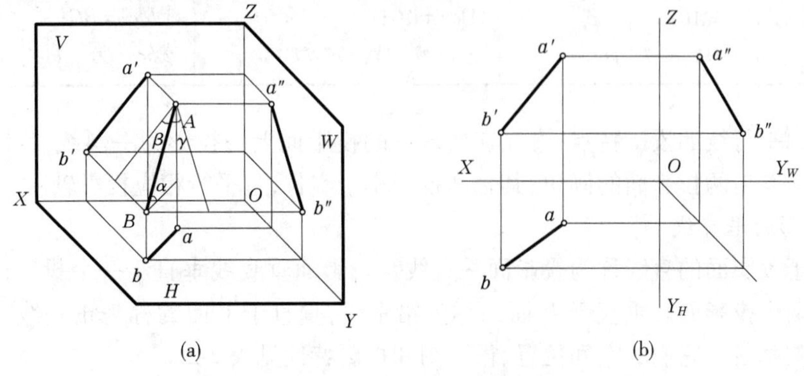

图 2-37　一般位置直线

2. 投影面平行线

平行于一个投影面,倾斜于其他两个投影面的直线称为投影面平行线。平行于 H 面的称为水平线,平行于 V 面的称为正平线,平行于 W 面的称为侧平线。它们的空间位置、投影图和投影特性见表 2-1。

表 2-1 投影面平行线

名称	正平线	水平线	侧平线
立体表面上的直线	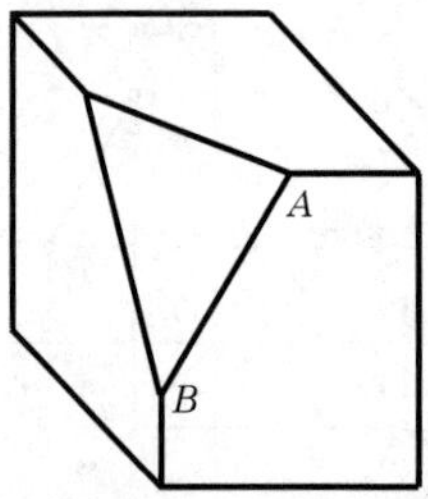	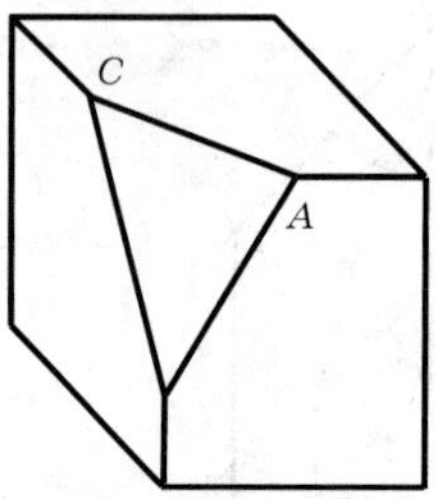	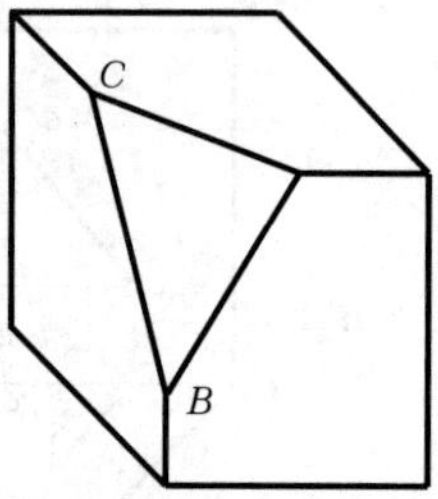
直观图	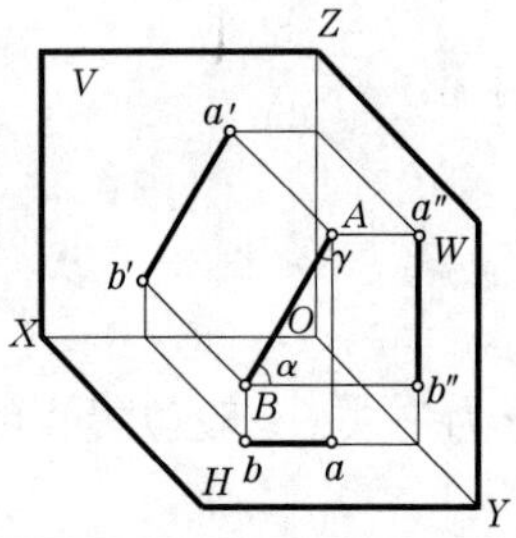	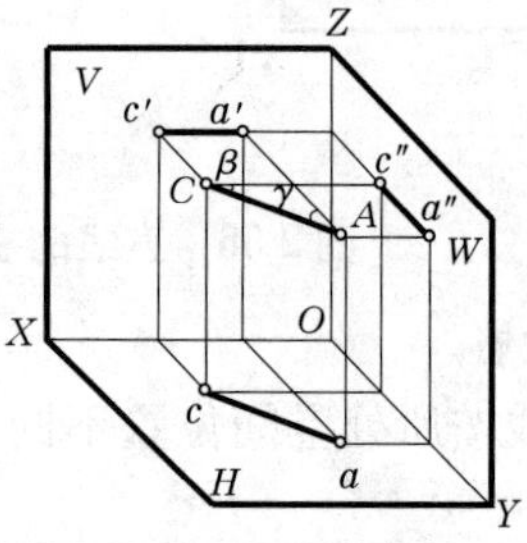	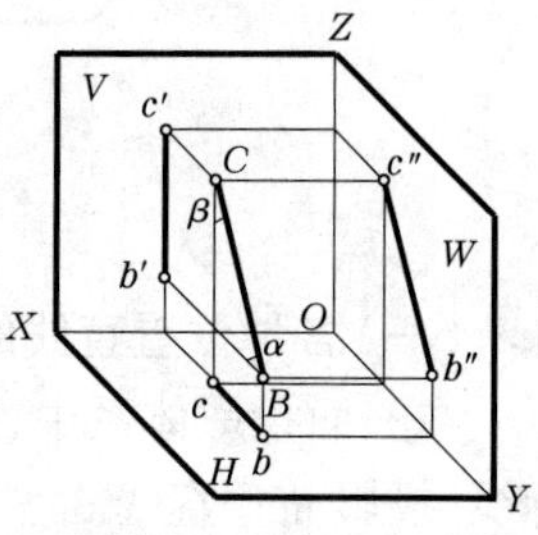
投影图	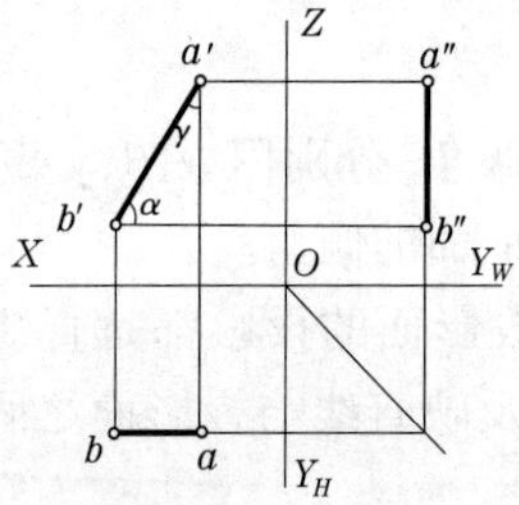	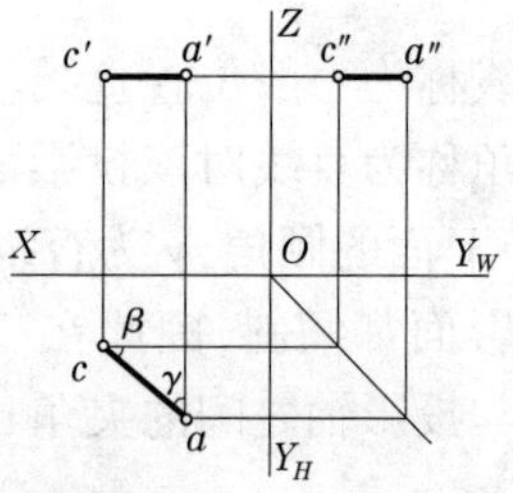	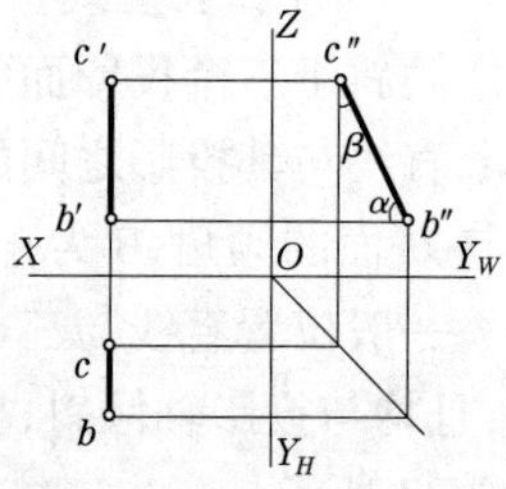
投影特点	① $a'b'=AB$; ② $ab /\!/ OX, a''b'' /\!/ OZ$	① $ac=AC$; ② $a'c' /\!/ OX, a''c'' /\!/ OY_W$	① $b''c''=BC$; ② $bc /\!/ OY_H, b'c' /\!/ OZ$

投影面平行线的投影特点:直线在所平行的投影面上的投影为一斜线,反映实长,并反映直线与其他两投影面的倾角;其余两投影小于实长,且平行相应投影轴。

3. 投影面垂直线

垂直于投影面的直线称为投影面垂直线。投影面垂直线垂直于一个投影面,同时平行于另外两个投影面。垂直于 H 面的称为铅垂线,垂直于 V 面的称为正垂线,垂直于 W 面的称为侧垂线。它们的空间位置、投影图和投影特性见表 2-2。

投影面垂直线的投影特点:直线在所垂直的投影面上的投影积聚为一点,其他两投影反映实长,且垂直于相应投影轴。

表 2-2 投影面垂直线

名称	正垂线	铅垂线	侧垂线
立体表面上的直线	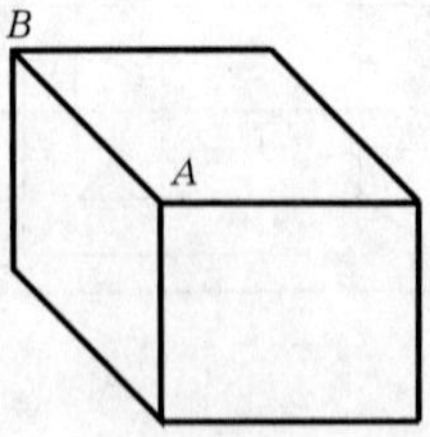	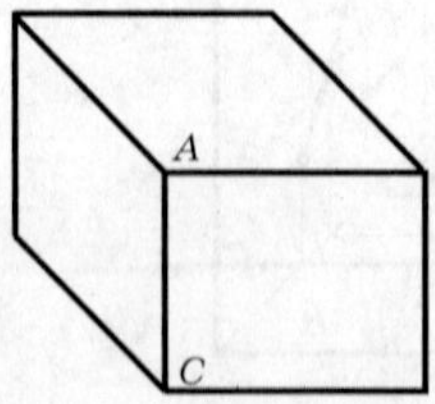	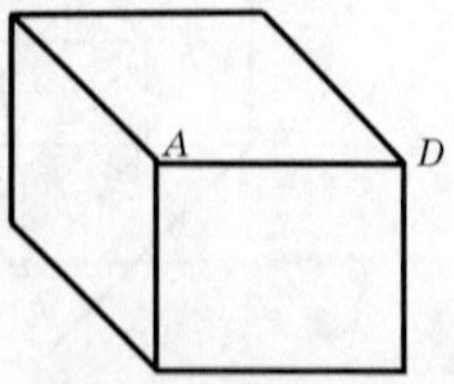
直观图	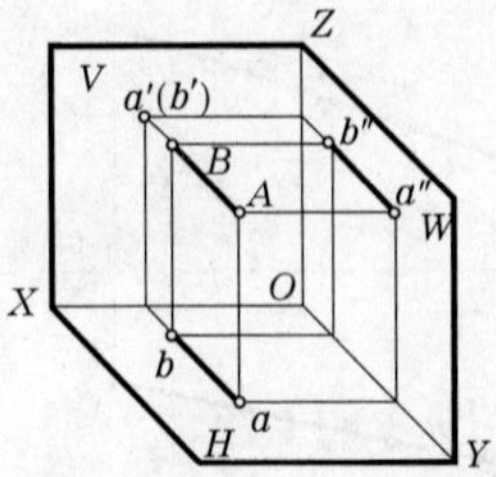	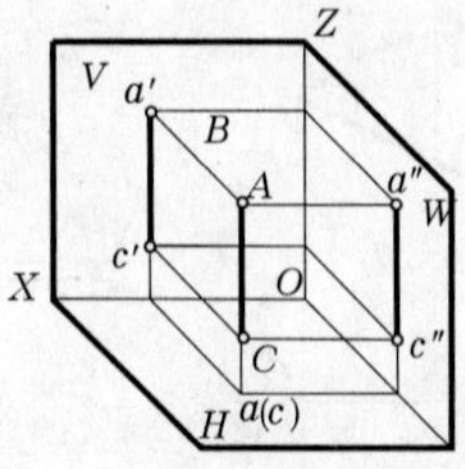	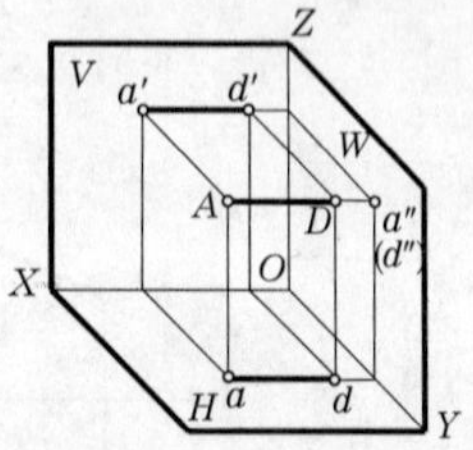
投影图	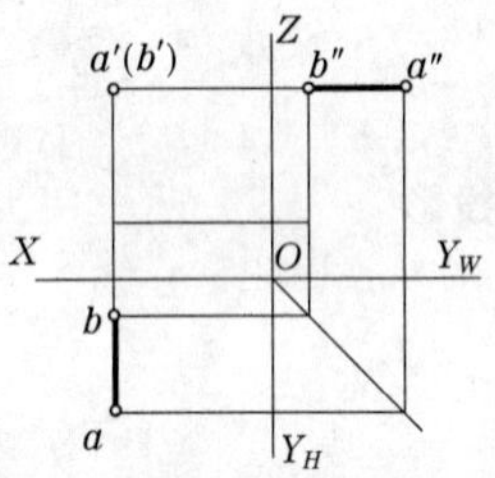	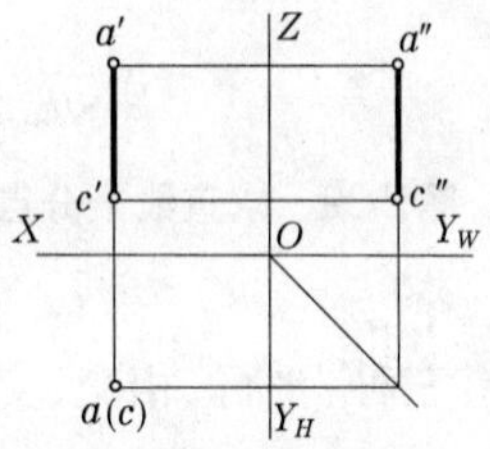	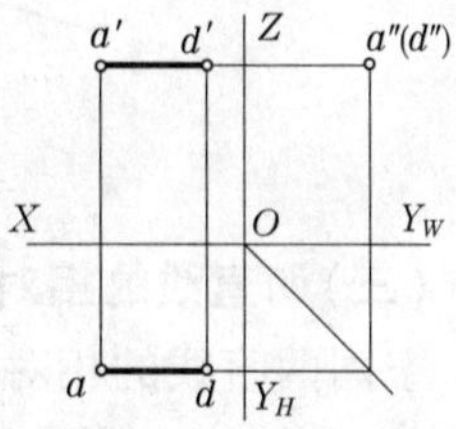
投影特点	①a'、b'积聚为一点；②$ab = a''b'' = AB$	①a、c 积聚为一点；②$a'c' = a''c'' = AC$	①a''、d''积聚为一点；②$ad = a'd' = AD$

(二)直线上的点

如图 2-38 所示，点 C 在直线 AB 上，则 c 在 ab 上，c'在 $a'b'$ 上，c''在 $a''b''$ 上，而且$AC:CB = ac:cb = a'c':c'b' = a''c'':c''b''$，由此可得出以下结论：

(1)点在直线上，点的投影必在直线的同面投影上，且满足投影规律。

(2)一点若把线段分成两段，则两段长度之比等于其投影长度之比。

【任务 2-6】 已知直线 AB 的投影 $a'b'$和 ab，求作直线上一点 M 的投影，使 $AM:MB = 2:3$，如图 2-39 所示。

分析：根据点在直线上的投影，已知 $AM:MB = 2:3$，可得 $am:mb = a'm':m'b' = 2:3$。

作图：过 a 作任意一直线，并量取相同的 5 段(长度任意)，得到 5 个点；连接 $5b$，过点 2 作 $5b$ 的平行线，与 ab 的交点即为所求点 m。过点 m 作垂直于 OX 的垂线，与 $a'b'$的交点即为所求点 m'。

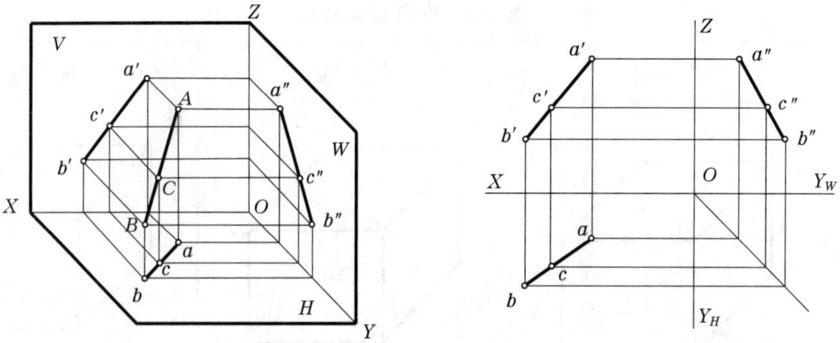

图 2-38 直线上点的投影性质

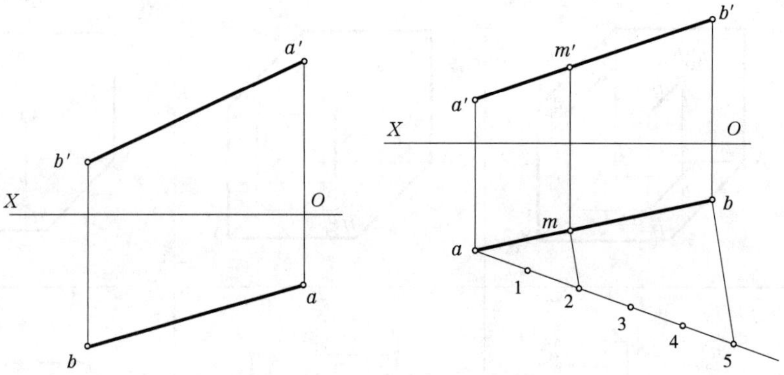

图 2-39 求直线上分点 *M* 的投影

(三)两直线的相对位置

空间两直线的相对位置有三种:平行、相交、交叉。

1. 两直线平行

两直线平行,它们的同面投影必互相平行;反之,若两直线的同面投影都互相平行,则此两直线必相互平行,如图 2-40 所示。

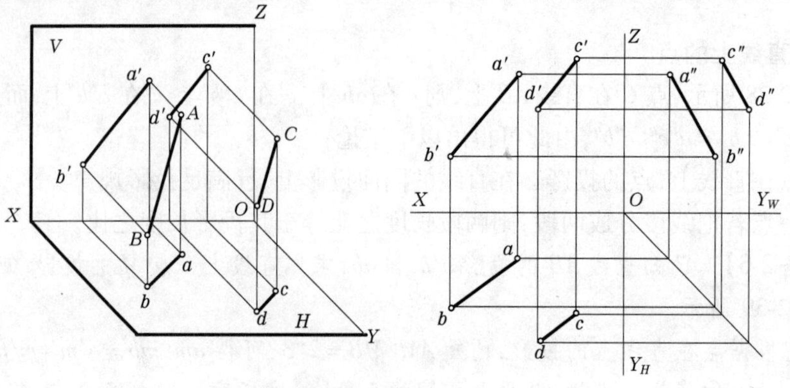

图 2-40 两直线平行

2. 两直线相交

两直线相交,其同面投影必定相交,且交点符合点的投影规律。如果两直线有一个投影面的投影不相交,则此两直线必不相交,如图 2-41 所示。

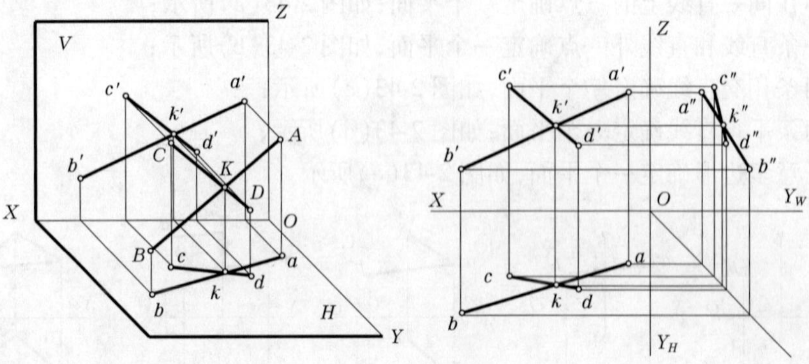

图 2-41　两直线相交

3. 两直线交叉

两直线交叉,则它们的投影既不符合两直线平行的投影特点,也不符合两直线相交的投影特点。两直线交叉的同面投影可能为平行,但不可能所有的同面投影都平行;它们的同面投影可能为相交,但交点不符合点的投影规律,如图 2-42 所示。

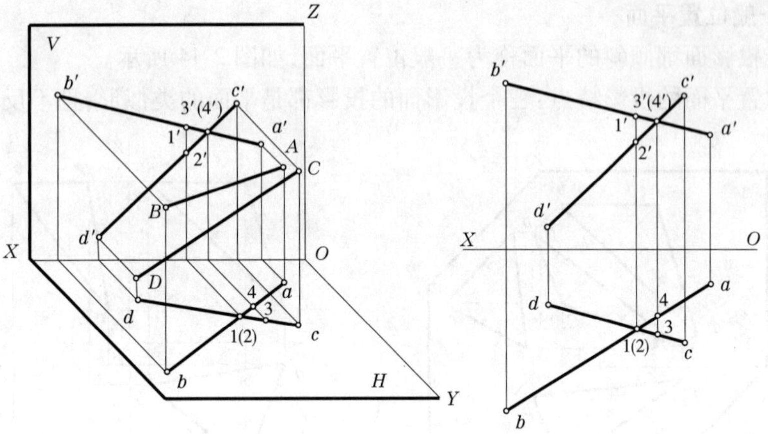

图 2-42　两直线交叉

任务五　平面的投影

【任务分析】　绘制平面的投影。通过本任务的学习,应掌握平面的投影特点、作图方法。

【相关知识】　平面的投影。

一、平面的表示方法

平面的表示方法有以下几种形式：

(1)不在同一直线上的三点确定一个平面，如图 2-43(a)所示；

(2)一条直线和直线外一点确定一个平面，如图 2-43(b)所示；

(3)两条相交直线确定一个平面，如图 2-43(c)所示；

(4)两条平行直线确定一个平面，如图 2-43(d)所示；

(5)任意多边形确定一个平面，如图 2-43(e)所示。

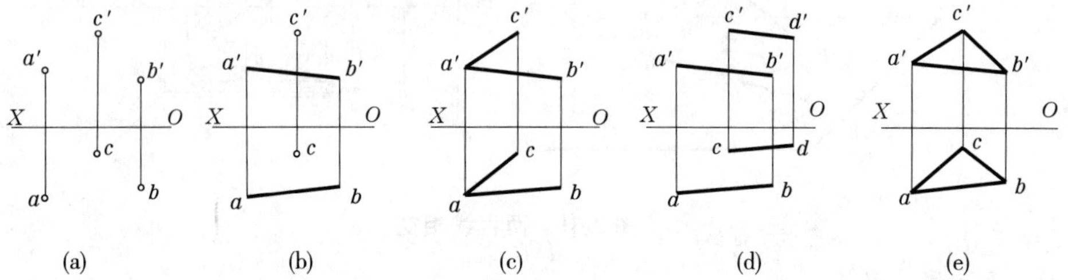

图 2-43 平面的表示方法

二、各种位置平面的投影

(一)一般位置平面

与三个投影面都倾斜的平面称为一般位置平面，如图 2-44 所示。

一般位置平面的投影特点：三个投影面的投影都是平面的类似形，且不反映实形。

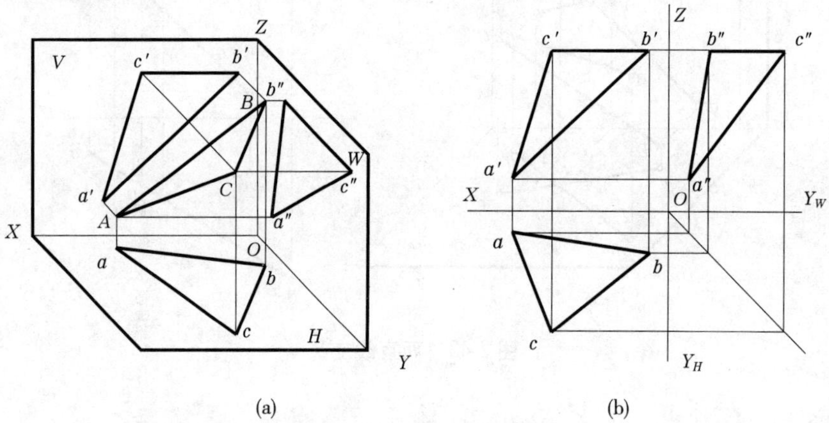

图 2-44 一般位置平面

(二)投影面平行面

平行于一个投影面的平面称为投影面平行面。投影面平行面可分为三种：水平面——平行于 H 面；正平面——平行于 V 面；侧平面——平行于 W 面。它们的空间位置、投影图和投影特性见表 2-3。

表 2-3　投影面平行面

名称	正平面	水平面	侧平面
立体表面上的平面	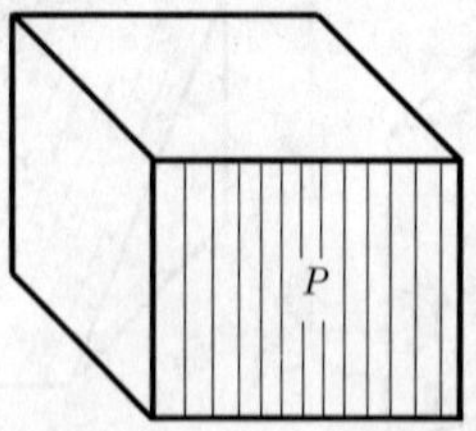	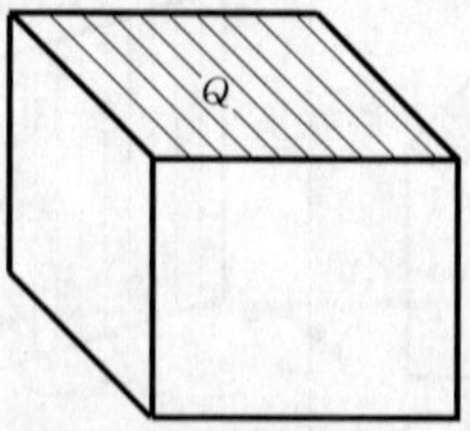	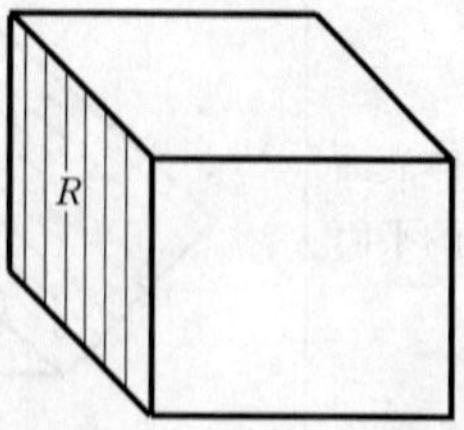
直观图	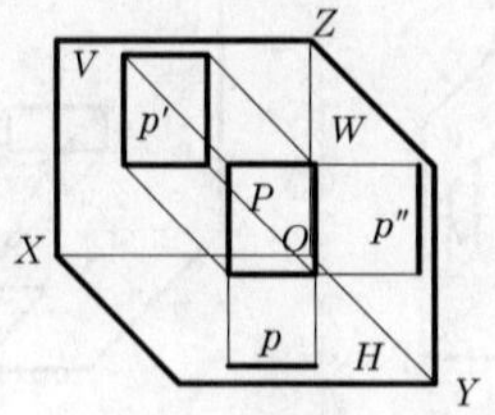	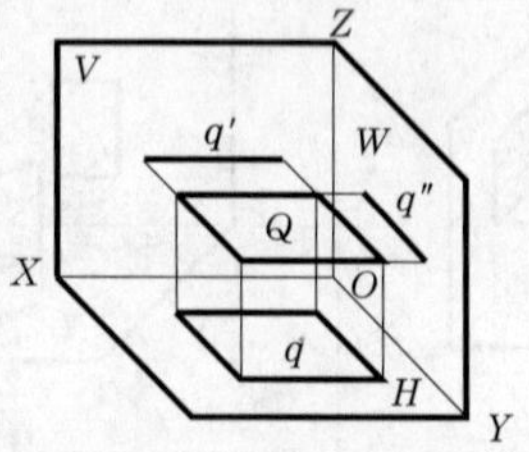	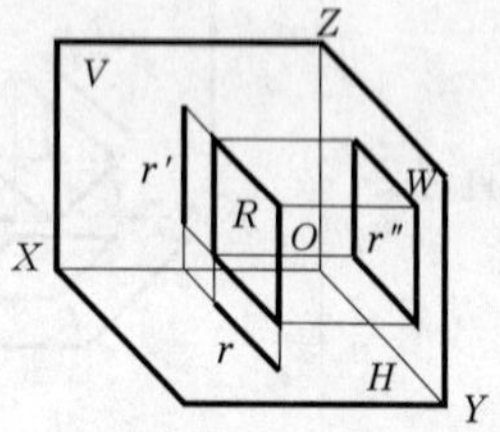
投影图	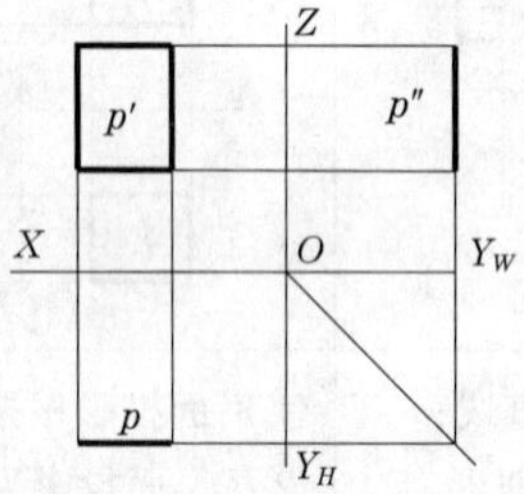	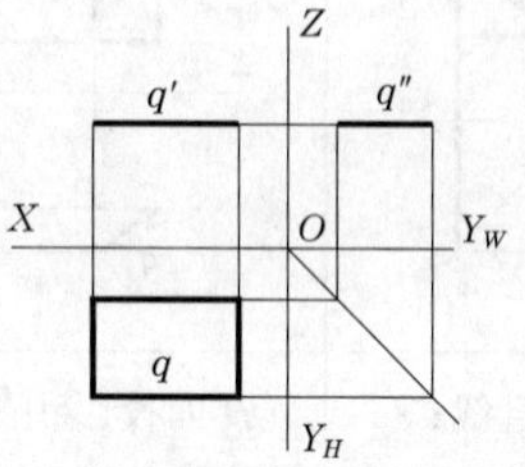	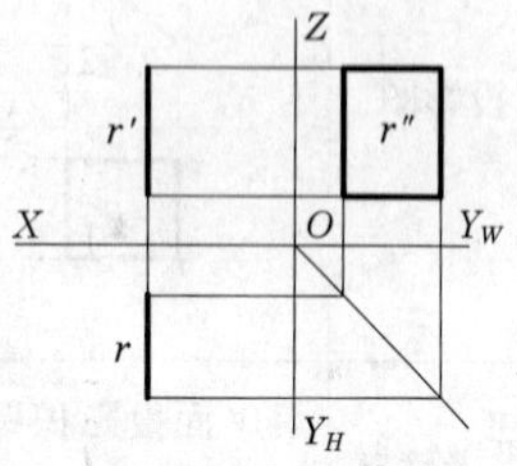
投影特点	①V 面投影反映实形； ②H、W 面投影积聚为一直线，且分别平行于 OX、OZ	①H 面投影反映实形； ②V、W 面投影积聚为一直线，且分别平行于 OX、OY_W	①W 面投影反映实形； ②H、V 面投影积聚为一直线，且分别平行于 OY_H、OZ

投影面垂直面的投影特点：平面在所垂直的投影平面上的投影积聚成直线，其他两个投影为平面的类似形。

投影面平行面的投影特点：平面在所平行的投影面的投影反映平面的实际形状，其他两个投影积聚成直线。

（三）投影面垂直面

垂直于一个投影平面，倾斜于另外两个投影面的平面，称为投影面垂直面。投影面垂直面可分为三种：铅垂面——垂直于 H 面；正垂面——垂直于 V 面；侧垂面——垂直于 W 面。它们的空间位置、投影图和投影特性见表 2-4。

表 2-4 投影面垂直面

名称	正垂面	铅垂面	侧垂面
立体表面上的平面	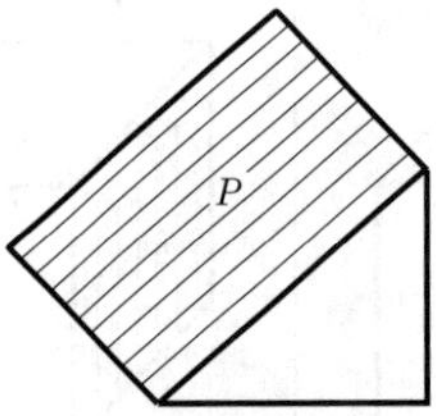	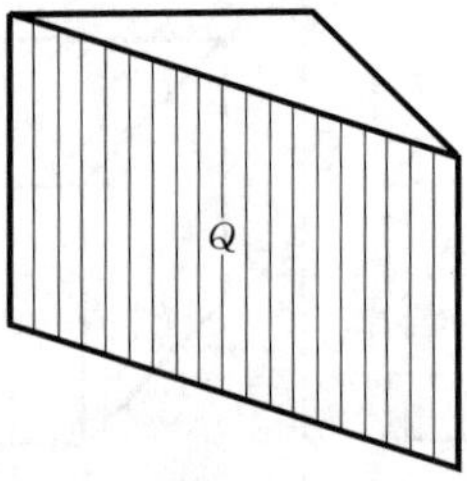	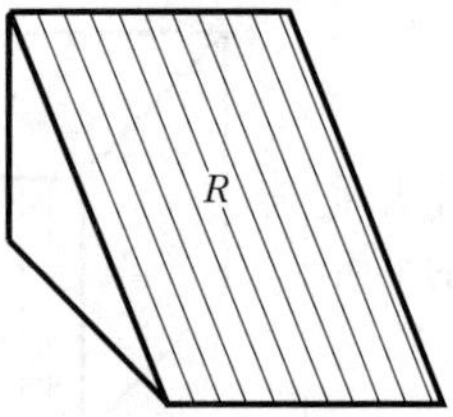
直观图	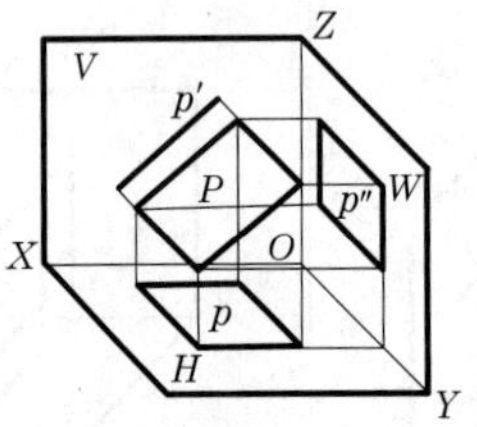	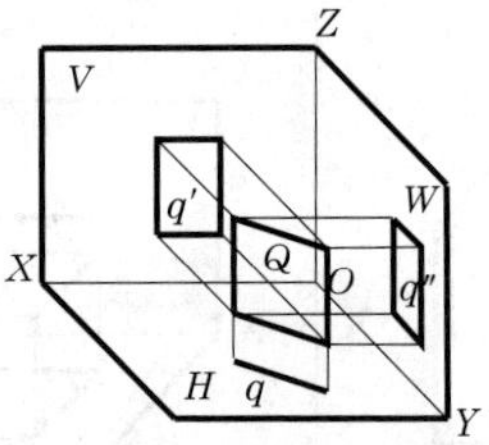	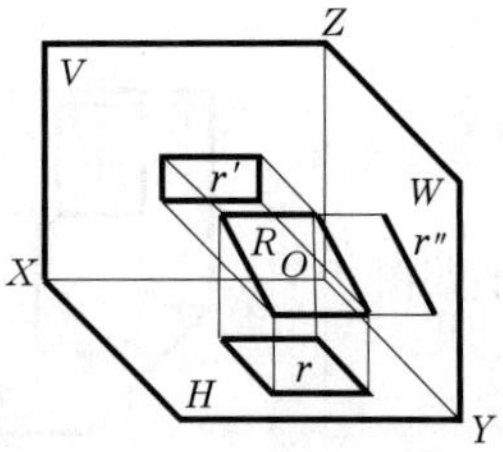
投影图	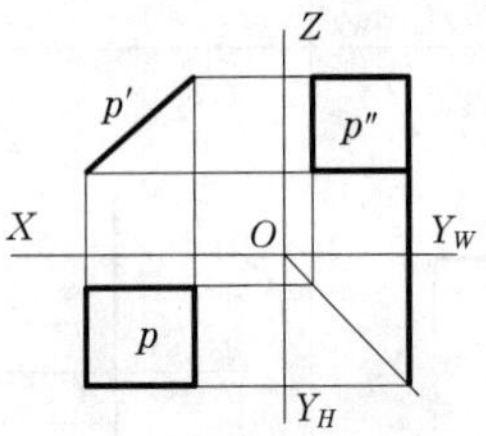	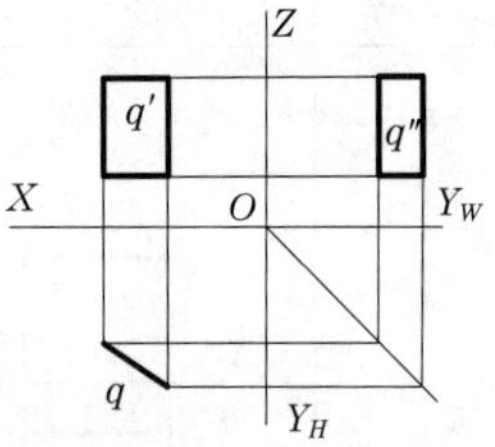	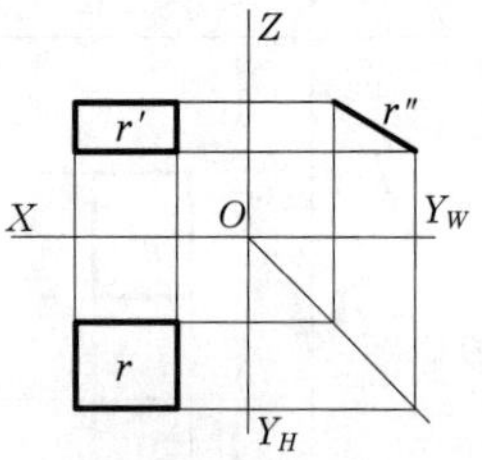
投影特点	①V 面投影积聚为直线；②H、W 面投影为类似形	①H 面投影积聚为直线；②V、W 面投影为类似形	①W 面投影积聚为直线；②H、V 面投影为类似形

三、平面上的点和直线

从初等几何可知，点和直线在平面上的必要和充分条件是：

(1) 如果点位于平面上的任一直线上，则此点在该平面上。

(2) 如果一直线通过平面上两已知点或通过平面上一已知点且平行于平面上一已知直线，则此直线在该平面上，如图 2-45 所示。

在平面上取点，当点所处的平面投影具有积聚性时，可利用积聚性直接求出点的各面投影；当点所处的平面为一般位置平面时，应先在平面上作一条辅助直线，然后利用辅助直线的投影求得点的投影。

【任务 2-7】 如图 2-46(a) 所示，M 点在 $\triangle ABC$ 所确定的平面上，已知 m'，求 m。

分析：M 点在 $\triangle ABC$ 所确定的平面内，则 M 点必在该平面内的一条直线上，该直线的正视图必通过 m'，所以 m 必在该直线的俯视图上。

作图：连接 $b'm'$ 交 $a'c'$ 于 d'，由 d' 向下作垂直于 OX 的垂线与俯视图 ac 交于 d，连接

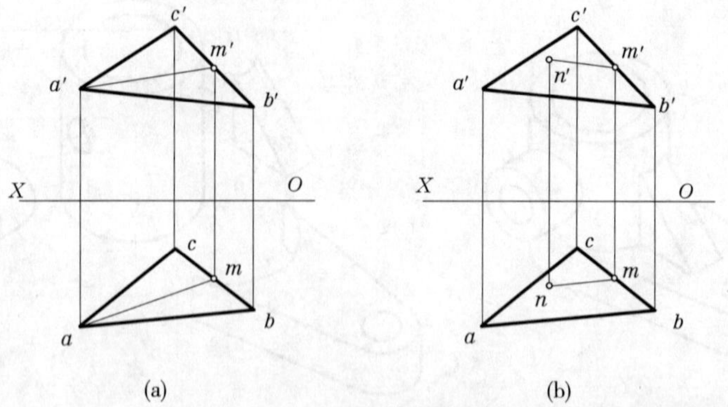

图 2-45　平面内的直线

bd 并延长；由 m′向下作垂直于 OX 的垂线与 bd 的延长线交于 m，即为平面内 M 点的俯视图，如图 2-46(b) 所示。

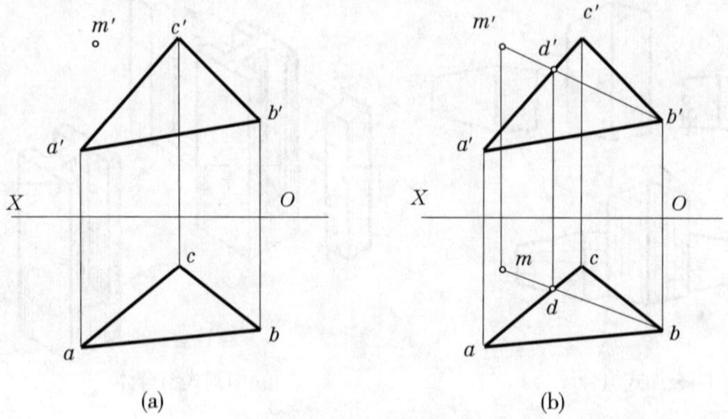

图 2-46　平面内求点

任务六　组合体的三视图

【任务分析】 了解组合体的构成方式，掌握形体分析法；掌握组合体的读图方法。能够绘出叠加式、切割式、综合式组合体的三视图；能够通过简单的组合体的三视图识读立体图形。

【相关知识】 组合体三视图的形体分析、画法、识读。

一、组合体的构成分析方法

由一些基本体经过叠加或切割等形式构成的整体称为组合形体，如图 2-47 所示。常见的基本几何体是棱柱、棱锥、圆柱、圆锥、球等。

(一)组合体的组合方式

组合体的组合方式可以是叠加、相贯、相切、切割等多种形式。

(1)叠加式：把组合体看成由若干个基本体叠加而成，如图 2-48(a)所示。

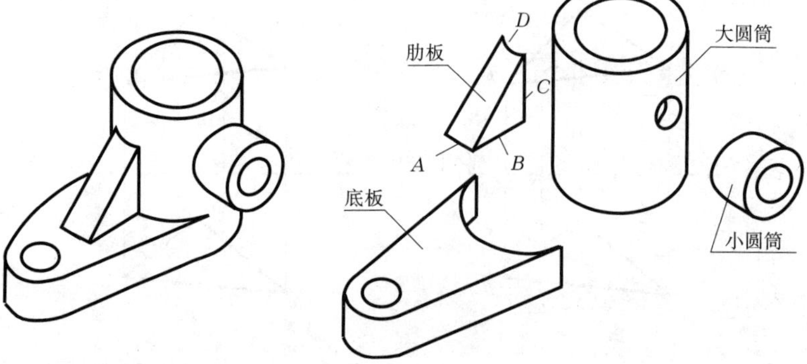

图 2-47　组合体

(2)切割式:把组合体看成由一个大的基本体经过若干次切割而成,如图 2-48(b)所示。

(3)混合式:把组合体看成既有基本体叠加又有切割而成,如图 2-48(c)所示。

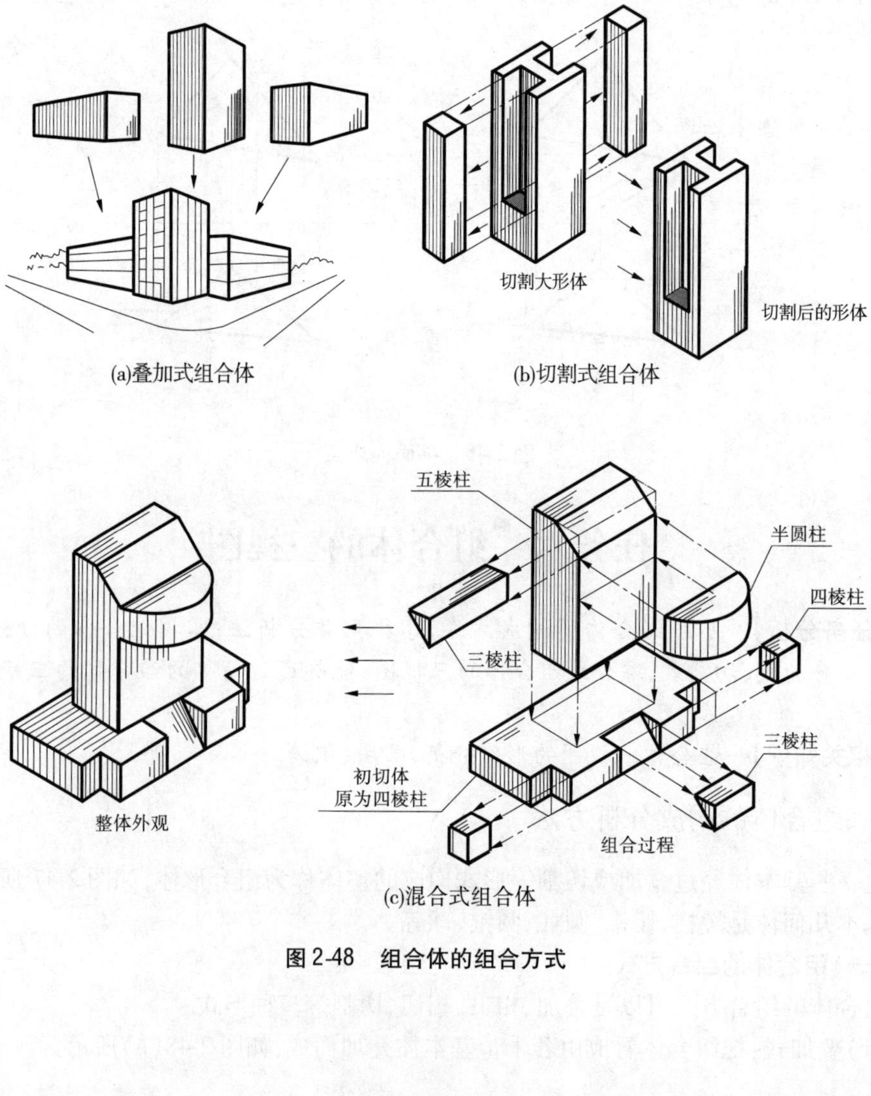

图 2-48　组合体的组合方式

(二)表面连接关系——几何形体间表面的相对位置关系

1. 表面平齐

相邻两形体的表面互相平齐连成一个平面,连接处没有界线,如图2-49(a)所示。

2. 表面相切

两形体表面相切时,其相切处是圆滑过渡,无分界线,故在视图上相切处不应画线,如图2-49(b)所示。

3. 表面相交

两形体表面相交分为截交和相贯两种情形,其相交处应分别画出截交线或相贯线,如图2-49(c)所示。

4. 表面不平齐

两形体叠放在一起时,表面不平齐,在不平齐处应当画线,如图2-49(d)所示。

二、组合体三视图的画法

(一)形体分析

(1)它们是哪些简单的基本体组成的。

(2)各基本体之间又是按什么形式组合的。

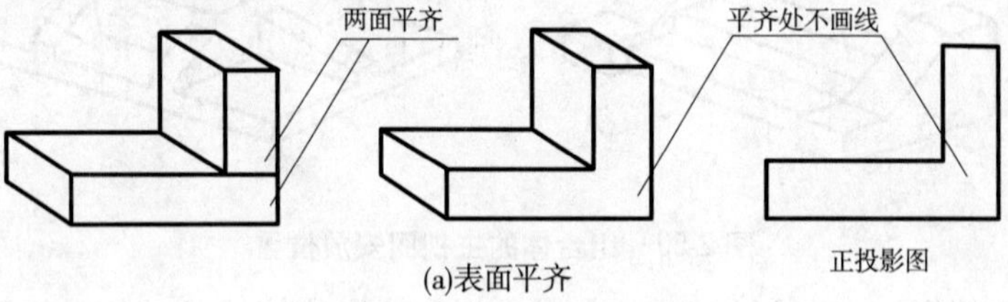

(a)表面平齐

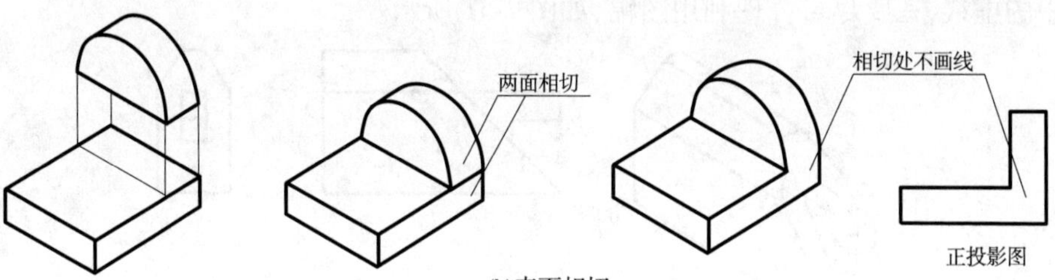

(b)表面相切

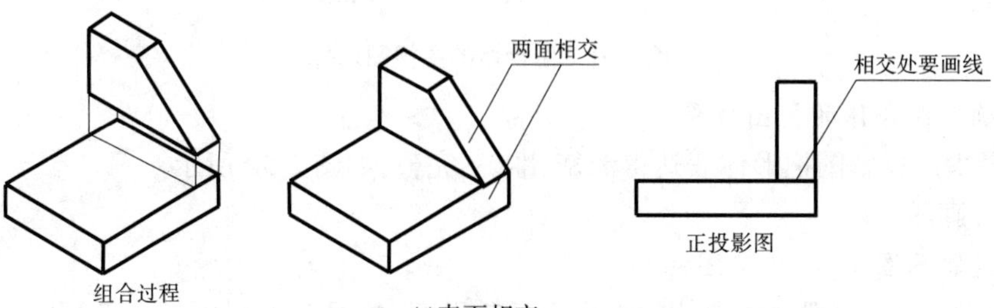

(c)表面相交

图2-49 形体表面的几种连接关系

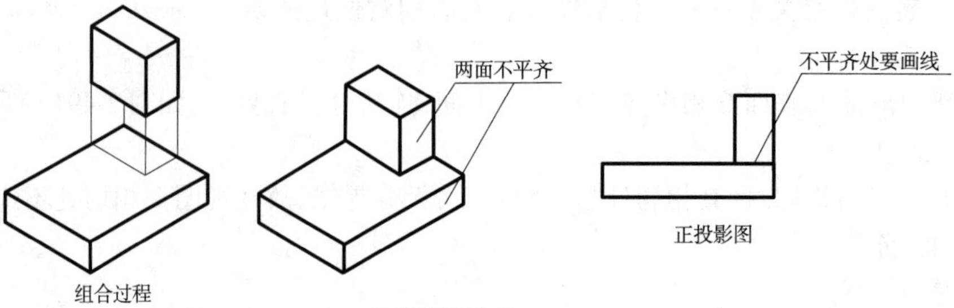

(d)表面不平齐

续图 2-49

(3)它们各自对应的投影面的相对位置关系。

(二)视图的选择

1. 选择主视图

(1)安放位置:一要使形体处于稳定状态,二要考虑形体的工作状况。为了作图方便,应尽量使形体的表面平行或垂直于投影面,如图 2-50 所示。

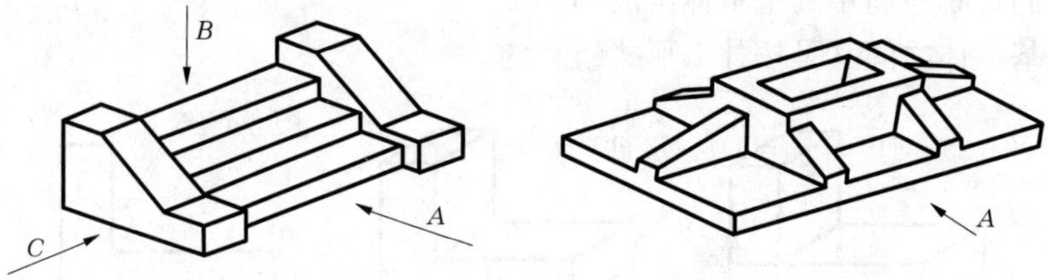

图 2-50 组合体的主视图安放位置

(2)选择主视图:一要尽量反映各个组成部分的形状特征及其相对位置,二要尽量减少图中的虚线,三要尽量合理利用图幅,如图 2-51 所示。

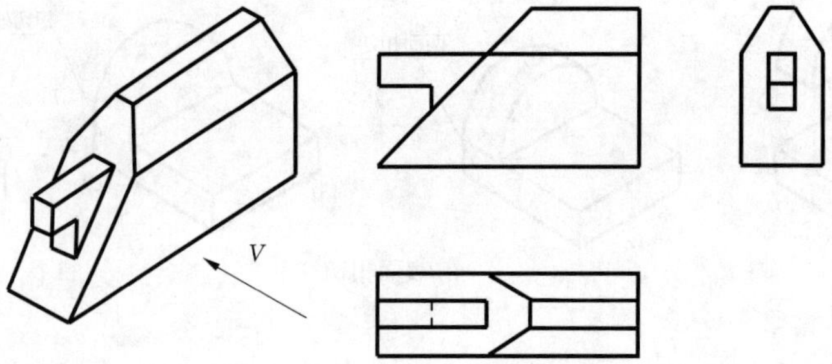

图 2-51 组合体的主视图选择

2. 确定组合体的视图数量

用最少的投影图把形体表达得清楚、准确、完整,如图 2-52 所示。

(三)画图

1. 选取画图比例、确定图幅

视图选择后,应根据组合体的大小和复杂程度,根据三视图所占的面积,考虑标注尺寸的地方,按标准规定选择适当的比例和图幅。

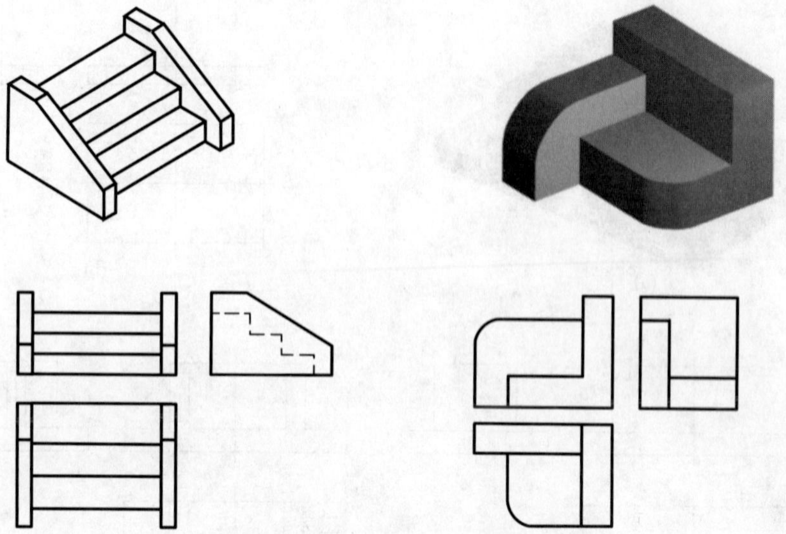

图 2-52 组合体的视图数量

2. 布图、画基准线、对称线、主要形体的轴线和中心线

在适当的位置画出各视图的基准线,使各视图的位置在图纸上确定下来。布图应使各视图均匀布局,不能偏向某边,各视图之间要留有适当的空间,以便于标注尺寸。基准线一般选用对称线、较大的平面,或较大的圆的中心线和轴线,基准线是画图和量取尺寸的起始线。

3. 绘制视图的底稿

(1)根据物体投影规律,逐个画出各基本体的三视图。

(2)画图的顺序是:一般先画实形体,后画虚形体(挖去的形体);先画大形体,后画小形体;先画整体形状,后画细节形状。

4. 检查、描深

检查无误后,可按规定的线型进行加深。

【任务 2-8】 绘制图 2-53(a)所示形体的三视图。

分析:该组合体是由底板、中间棱柱(中间挖去了楔形杯口)、肋板等基本体通过叠加、切割等方式构成。两块肋板所在一侧作为主视图(正平面),能最大程度地反映各组成部分的形状特征和相对位置,并且所画的虚线最少。

作图:(1)通过形体分析,确定主视图后,画出基准线和底板,如图 2-53(b)所示。

(2)画出中间棱柱,如图 2-53(c)所示。

(3)画出肋板,如图 2-53(d)所示。

(4)画出楔形杯口,如图 2-53(e)所示。

(5)整理加深图线,完成柱基础投影图,如图 2-53(f)所示。

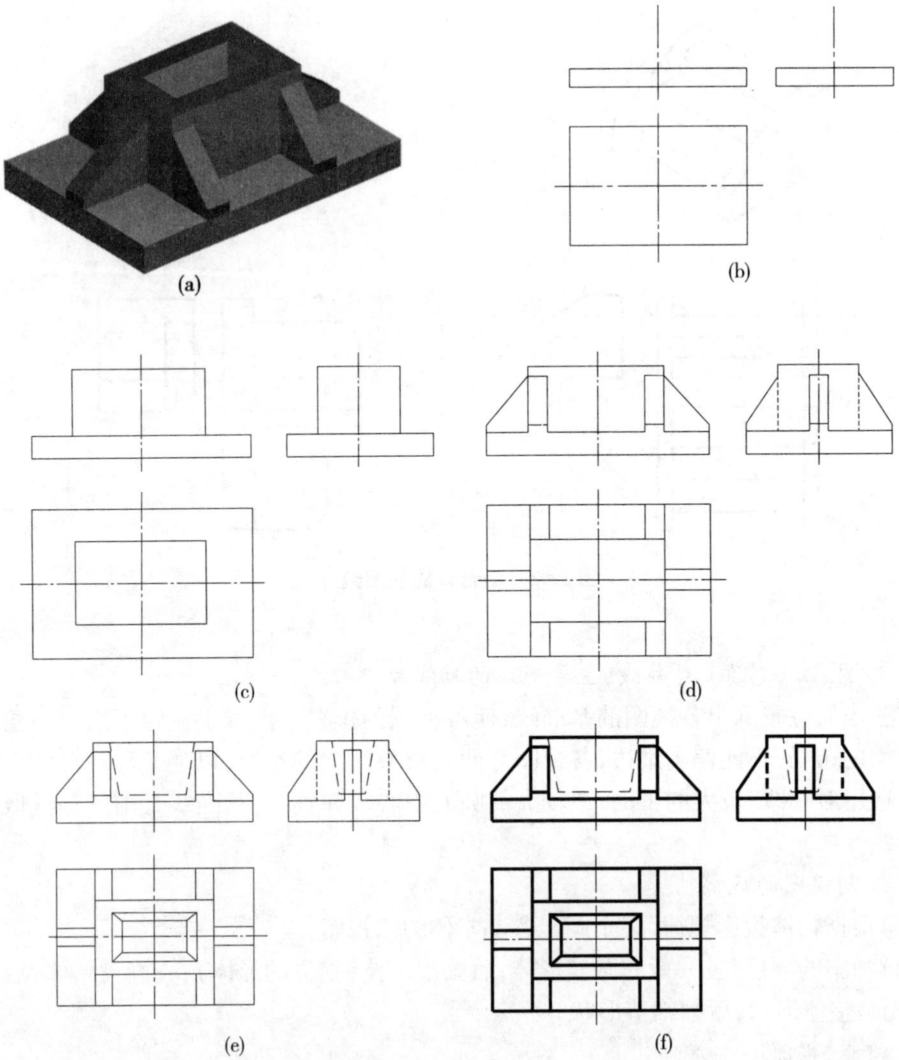

(a) (b) (c) (d) (e) (f)

图 2-53 画组合体三视图的综合实例

三、组合体的识读

(一)读图的要点

1. 几个投影图联系起来

将几个投影图联系起来,如图 2-54 所示。

2. 找出特征投影

注意找出特征投影,如图 2-55 所示。

3. 明确投影图中直线和线框的意义

(1)投影图中直线的意义,如图 2-56 所示。由上述可知,投影图中的一条直线,一般有三种意义:

①可表示形体上一条棱线的投影;

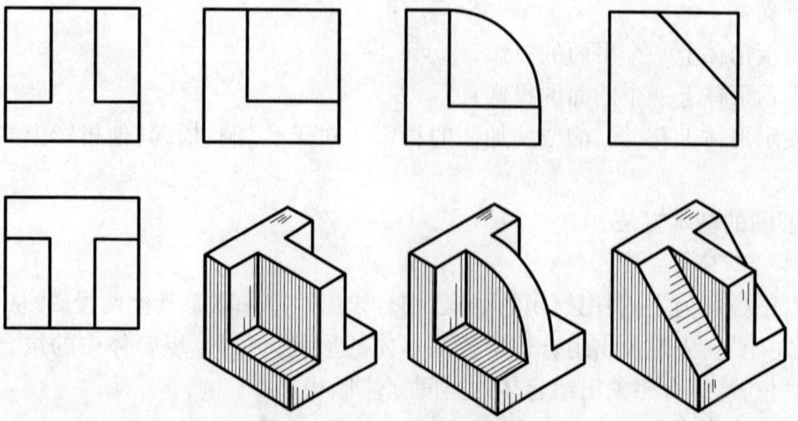

图 2-54　将已知投影图联系起来

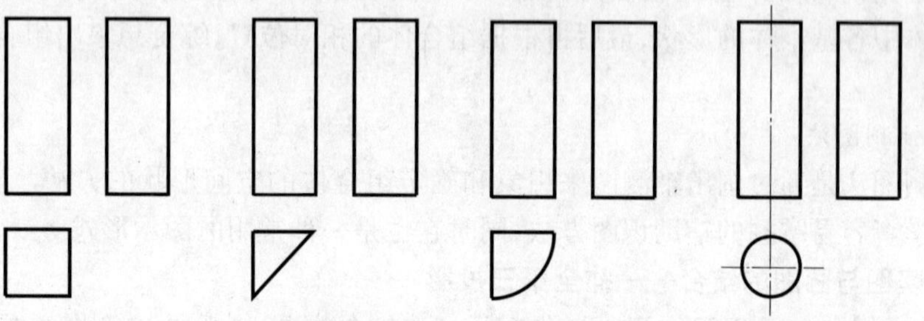

(a)长方体　(b)三棱柱体　(c)1/4圆柱体　(d)圆柱体

图 2-55　*H* 面投影均为特征投影

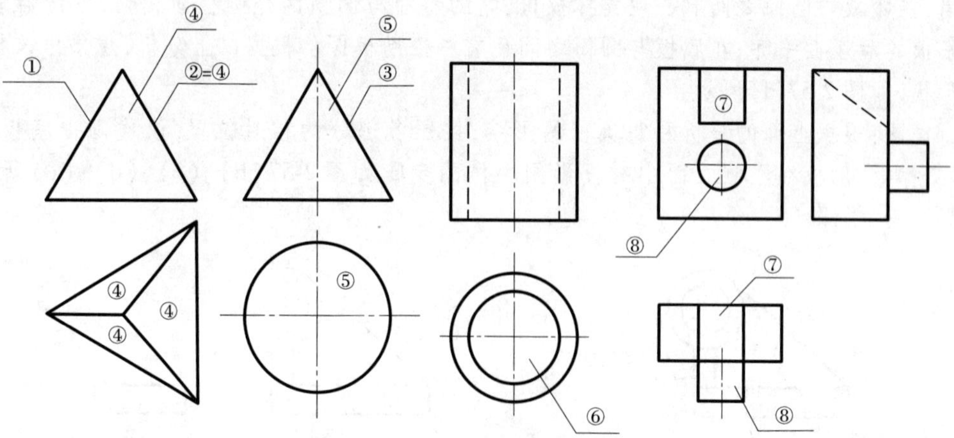

(a)三棱锥体　(b)圆锥体　(c)圆筒体　(d)带有槽口的长方体

图 2-56　投影图中直线和线框的意义

②可表示形体上一个面的积聚投影；

③可表示曲面体上一条轮廓素线的投影。

(2)投影图中线框的意义，如图 2-56 所示。由上述可知，投影图中的一个线框，一般也有三种意义：

①可表示形体上一个平面的投影；

②可表示形体上一个曲面的投影；

③可表示形体上孔、洞、槽或叠加体的投影。对于孔、洞、槽，其他投影上必对应有虚线的投影。

（二）读图的基本方法

1. 形体分析法

一般以正投影为主，利用封闭的线框，结合投影规律来联系其他两投影，从大到小，从上往下，从左至右，先想象出组合体中各基本体的形状，再根据组合体中的组合形状及各基本体相对位置，综合想象出组合体的空间立体形状。

2. 线面分析法

主要根据线、面的投影特性，分析投影图中某条线或者某个线框的空间意义，从而想象出组合体中各基本体的形状，最后再根据组合体的相对位置，综合想象出组合体的空间立体形状。

3. 画轴测图法

画轴测图法是通过画出轴测图来想象和确定组合体的空间形状的方法。实践证明，此法是初学者容易掌握的辅助识图方法，同时它也是一种常用的图示形式。

（三）读图与画图的结合——补全第三投影

【任务2-9】 如图2-57(a)所示，根据已知的组合体主、俯视图，作出其左视图。

分析：主视图可以分为四个线框，根据投影规律在俯视图上找出它们的对应投影，可初步判断该物体是由四个部分组成的。下部Ⅰ是底板，其上开有两个通孔；上部Ⅱ是一个圆筒；在底板与圆筒之间有一块支撑板Ⅲ，它的斜面与圆筒的外圆柱面相切，它的后表面与底板的后表面平齐；在底板与圆筒之间还有一个肋板Ⅳ。根据以上分析，想象出该物体的形状，如图2-57(f)所示。

作图：根据上面的分析及想象出的形状，按照各部分的相对位置，依次画出底板、圆筒、支撑板、肋板在左侧立面中的投影图。作图步骤如图2-57(b)、(c)、(d)、(e)所示。最后检查、描深。

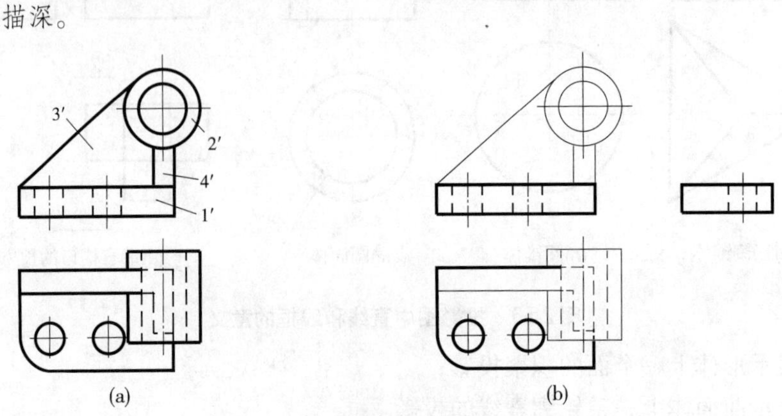

图2-57 组合体读图综合实例

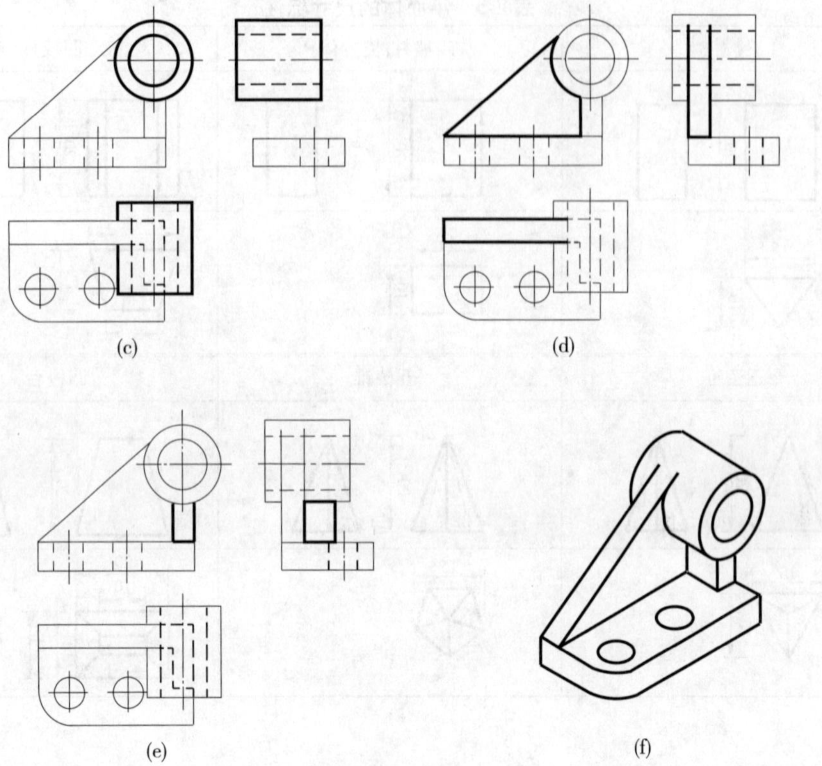

续图 2-57

四、尺寸标注

在实际工程中，任何一个物体除画出它的投影图外，还必须标注出尺寸，否则就无法加工或建造。掌握及看懂投影图的尺寸，首先必须熟悉尺寸的组成及标注方法。尺寸的标注可分为基本体的尺寸标注和组合体的尺寸标注两大类。

（一）基本体的尺寸标注

基本体可分为平面体及曲面体。

1. 平面体的尺寸标注

对于平面体，只要标注出它的长、宽、高尺寸就能确定其大小。尺寸的标注要尽量地集中标注在 1 ~ 2 个投影图上，长、宽一般标注在平面图上，高度尺寸标注在正立面图上，见表 2-5。

2. 曲面体的尺寸标注

曲面体的尺寸标注和平面体的尺寸标注相同，只要标注出曲面体的直径和高即可，见表 2-6。

（二）组合体的尺寸标注

标注组合体投影图的尺寸，首先要熟悉尺寸的组成和标注方法。

表 2-5　平面体的尺寸标注

三棱柱	四棱柱(长方体)	四棱柱
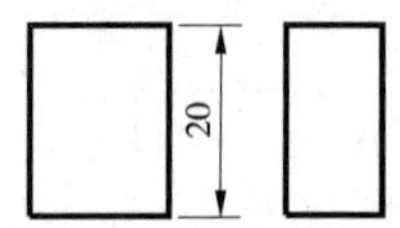	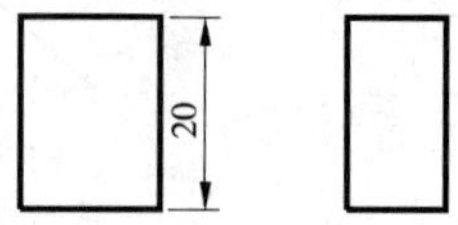	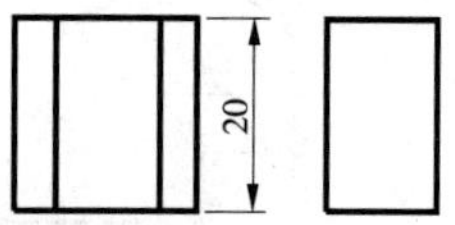
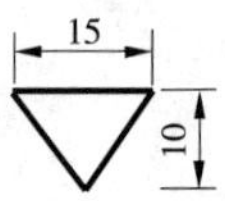	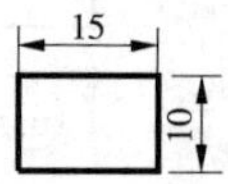	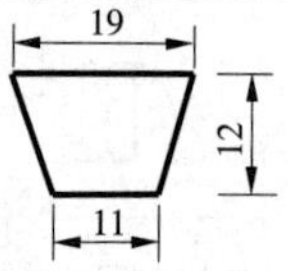
三棱锥	五棱锥	四棱台
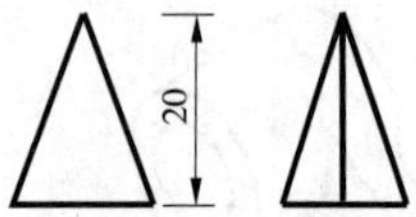	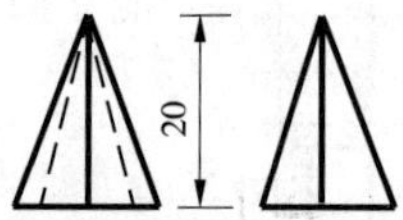	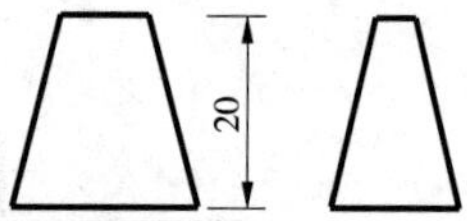
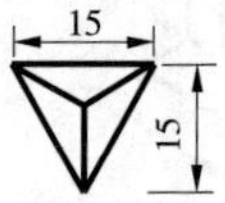		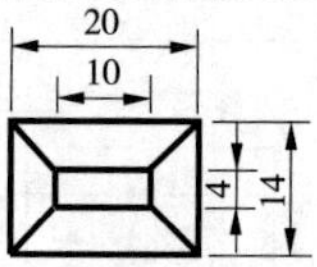

表 2-6　曲面体的尺寸标注

圆柱	圆锥
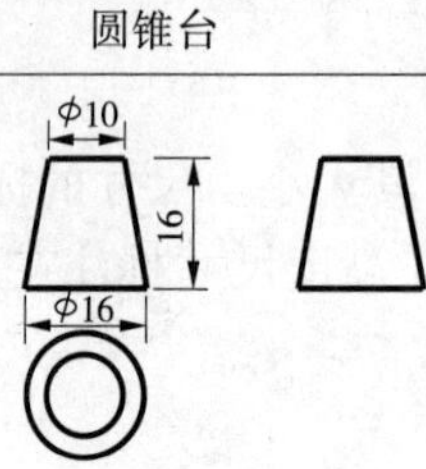	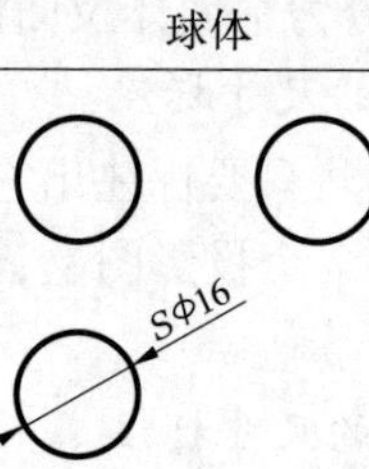
圆锥台	球体
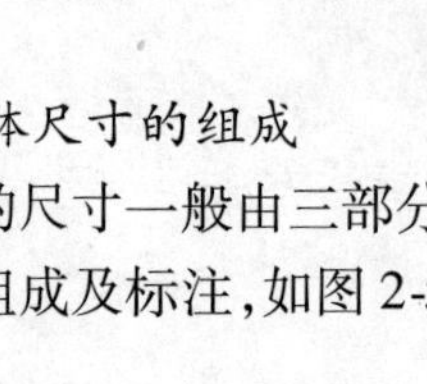	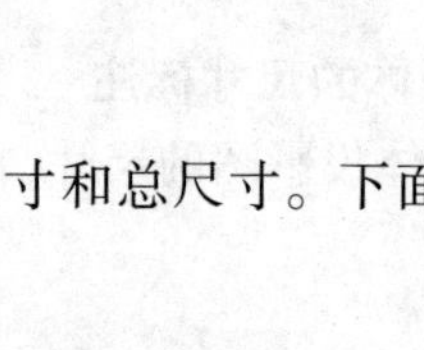

1. 组合体尺寸的组成

组合体的尺寸一般由三部分组成:定形尺寸、定位尺寸和总尺寸。下面以窨井为例,介绍尺寸的组成及标注,如图 2-58 所示。

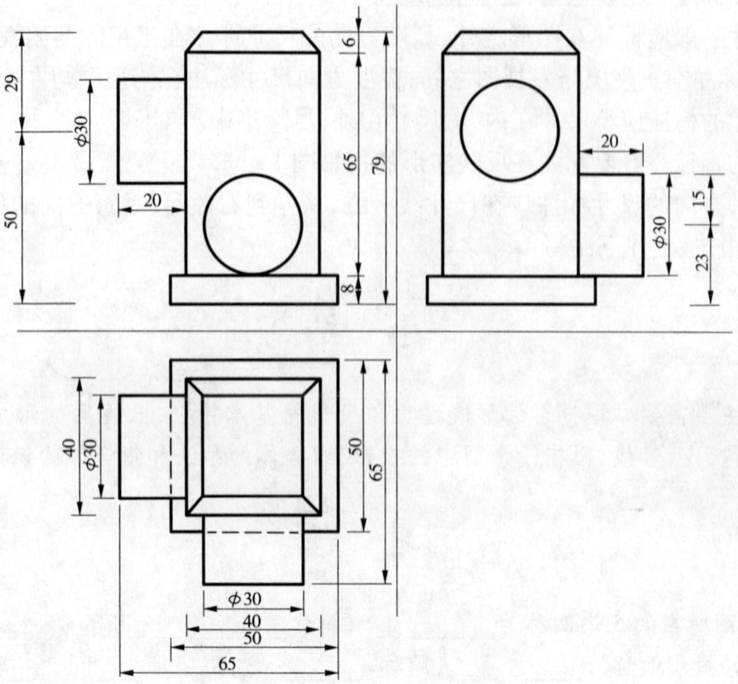

图 2-58　组合体的尺寸标注

(1)定形尺寸。确定组合体中各个基本体自身大小的尺寸,称为定形尺寸。

例如,该窨井投影图中的底板长 50、宽 50、高 8;井身长 40、宽 40、高 65;井盖长 30、宽 30、高 6;圆管直径 30、长 20,皆为定形尺寸。

(2)定位尺寸。确定组合体中基本形体之间相互位置的尺寸,称为定位尺寸。

例如,该窨井投影图中 23、50 即为圆管的中心线到底板之间的定位尺寸。

(3)总尺寸。确定组合体总长、总宽、总高的尺寸,称为总尺寸。

例如,窨井投影的总长为 65,总宽为 65,总高为 79,均为总尺寸。

2. 组合体尺寸的标注

标注组合体的尺寸之前,首先必须对组合体进行形体分析,先标注定形尺寸,再标注定位尺寸,最后标注总尺寸,如图 2-58 所示。

(1)标注定形尺寸。尺寸标注一般按组合体的组合形式,逐个形体依次标注长、宽、高尺寸,以防遗漏及重复。以该窨井为例:先标注底板定形尺寸,长 50、宽 50、高 8;再标注井身尺寸,长 40、宽 40、高 65;然后标注井盖的定形尺寸,长 30、宽 30、高 6;最后标注圆管的定形尺寸,直径 30、长 20。

(2)标注定位尺寸。标注圆管的中心线离地面的尺寸 23、50。

(3)标注总尺寸。标注窨井的总长 65、总宽 65、总高 79。

(4)检查。最后检查尺寸标注是否齐全,有无遗漏、布置是否合理等。

3. 尺寸标注中应注意的事项

(1)尺寸标注要完整、清晰,便于阅读。

(2)尺寸标注既不要遗漏,也不要重复。

(3)尺寸一般应标注在图形之外,长度方向的尺寸标注在正视图与俯视图之间;高度方向的尺寸标注在正视图与左视图之间;宽度方向尺寸标注在俯视图与左视图之间。

(4)尺寸的标注应小尺寸在内,大尺寸在外,尽量集中。

(5)圆的直径一般要标注在反映实形的投影图上。

(6)水平方向的尺寸标注应在尺寸线上方,从左到右注写;垂直方向的尺寸标注应在尺寸线的左边,从上往下注写。

小 结

本项目主要需要掌握投影的形成过程和投影的基本特征,三视图的形成过程和三视图的投影规律,点、直线、面在投影面中的投影,组合体的画法和组合体的识读方法。

习 题

1. 正视图所在的投影面称为__________,简称__________,用字母__________表示。俯视图所在的投影面称为__________,简称__________,用字母__________表示。左视图所在的投影面称为__________,简称__________,用字母__________表示。

2. 三视图的投影规律是,正视图与俯视图__________;正视图与左视图__________;俯视图与左视图__________。

3. 物体有长、宽、高三个方向的尺寸,正视图上只能反映物体的__________和__________,俯视图上只能反映物体的__________和__________,左视图上只能反映物体的__________和__________。

4. 物体有上、下、左、右、前、后六个方位,在正视图上只能反映物体的__________方位,俯视图上只能反映物体的__________方位,左视图上只能反映物体的__________方位。

5. 当直线垂直于 V 面时,则其在 H 面上的投影是(　　)。

A. 一个点　　B. 缩短的直线　　C. 实长直线　　D. 倾斜直线

6. 空间点 A 在点 B 的正上方,这两个点为(　　)。

A. H 面的重影点　　B. V 面的重影点

C. W 面的重影点　　D. V 面和 H 面的重影点

7. 当直线与投影面平行时,该投影面上的投影具有(　　)。

A. 积聚性　　B. 真实性　　C. 类似收缩性　　D. 收缩性

8. 直线 AB 的正视图与 OX 轴倾斜,俯视图与 OX 轴平行,则直线 AB 是(　　)。

A. 水平线　　B. 正平线　　C. 侧垂线　　D. 一般位置直线

9. 当平面在 V 面上的投影为一条直线时,则平面与 H 面的位置关系是(　　)。

A. 平行　　B. 倾斜　　C. 垂直　　D. 平行或倾斜

10. 当一个矩形平面在 V 面上的投影为一个缩小的矩形时,则矩形平面与 V 面的位置关系是(　　)。

A. 平行　　B. 垂直　　C. 倾斜　　D. 以上都不是

11. 当平面与投影面平行时,该投影面上的投影具有(　　)。

A. 积聚性　　B. 真实性　　C. 类似收缩性　　D. 收缩性

12. 平面的正视图积聚为一条直线并与 OX 轴平行,该平面是(　　)。

A. 正平面　　B. 水平面　　C. 正垂面　　D. 铅垂面

13. 投影法有哪几类？其应用特点是什么？

14. 正投影法有哪些特性？

15. 组合体的构成方式大致可归纳为哪几种？

16. 什么是组合体的形体分析？

17. 什么是叠加？

18. 读图的方法通常有哪些？

项目三 立体表面交线

项目介绍

通过对基本体表面取点的空间分析和投影作图方法的学习，理解基本体投影图中点、线的空间意义。大多数工程形体都是基本体通过叠加、切割或交接而成，因此应熟练掌握各类基本体表面求点的方法。通过平面体和曲面体截交线的形成原理、作图方法等基本知识的学习，能针对截断体进行正确的分析、判断，熟练地运用求解方法作出正确的投影图。

任务一 立体表面取点

【任务分析】 平面体的投影可以看作是构成基本几何体的各个平面按其相对位置关系投影的组合，求平面体表面上点的投影就是求平面上点的投影。曲面体上求点的基本方法有素线法、纬圆法。投影的实质是点、线、面投影的集合，因此要能准确识读各类基本体的投影图，具备分析基本体及各个表面与投影面相对位置关系的能力。

【相关知识】 平面内取点、取线。

一、平面体表面取点

（一）棱柱表面取点

在正棱柱表面取点，求作点的三面投影时，一般情况下各棱面均为投影面的垂直面，棱面在其垂直投影面上的投影积聚成直线，则棱面上点的投影也积聚在该直线上。

若已知该点的一面投影和所在的表面位置，利用上述的积聚性和投影规律可作出点的三面投影。

若点在某个视图中不可见，则在表示点的符号时加上括号。

棱柱体表面求线实际上是棱柱体表面求点方法的运用，只要求出直线两端点的投影，连线即为该直线的投影。

（二）棱锥表面取点

在棱锥表面取点，需要知道点的一面投影和所在表面位置，如果点所在的棱面是投影面的垂直面（特殊平面），依据特殊平面具有积聚性的特点求点的三面投影；如果点所在平面为一般位置平面，利用作辅助线的方法求出该点的三面投影。根据具体情况辅助线又分为过已知点和锥顶连线与过已知点作底边的平行线。

二、曲面体表面取点

(一)圆柱表面取点

在圆柱表面上取点,一般可以利用圆柱表面对某一面的积聚性进行作图。圆柱表面求线的方法实际上是圆柱表面求点方法的运用。

(二)圆锥表面取点

根据圆锥的形成可知,圆锥面上的任意一条素线通过圆锥顶点、圆锥面的三面投影都没有积聚性,在圆锥表面上取点时应采用素线法或纬圆法。

所谓素线法,是用素线作为辅助线作图求点的方法。

所谓纬圆法,是用垂直于轴线的圆作为辅助圆作图求点的方法。

圆锥表面求线的方法实际上也是圆锥表面求点方法的运用。

(三)圆球表面取点

在圆球表面上取点,因为表面的投影不具有积聚性,也不存在直线段,但有无数条圆线,凡是平行于投影面的圆线都具有实形性,所以可以采用纬圆法,即利用球面上平行于投影面的辅助圆进行作图。

圆球表面上求线同圆柱、圆锥一样,也是圆球表面求点方法的运用。

【任务3-1】如图3-1(a)所示的三棱柱,点 H 在棱线 EB 上,点 M 在侧面 $ABED$ 上。已知该三棱柱的三视图及点 H 和 M 的正视图 h' 与 m',如图3-1(b)所示,求点 H 与 M 的另外两视图。

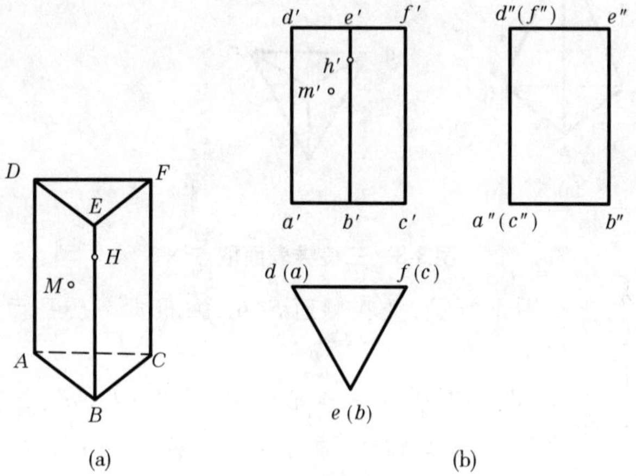

图3-1 三棱柱表面取点

分析:点 H 在棱线 EB 上,棱线 EB 的俯视图积聚为一点,所以 e、b、h 三点重合。点 M 在侧面 $ABED$ 上,侧面 $ABED$ 的俯视图积聚为直线,所以 m 也位于该直线上。

作图:(1)过点 m' 向下作垂直于 OX 的垂线,交于侧面 $ABED$ 的积聚性投影上,即得点 M 的俯视图;已知点 M 的两视图,根据投影规律即可求出点 m''。

(2)棱线 EB 的俯视图积聚为一点,e、b、h 三点重合,且 h 点不可见。

(3)过点 h' 向右作水平线与 $e''b''$ 相交,交点即为 h'',如图3-2所示。

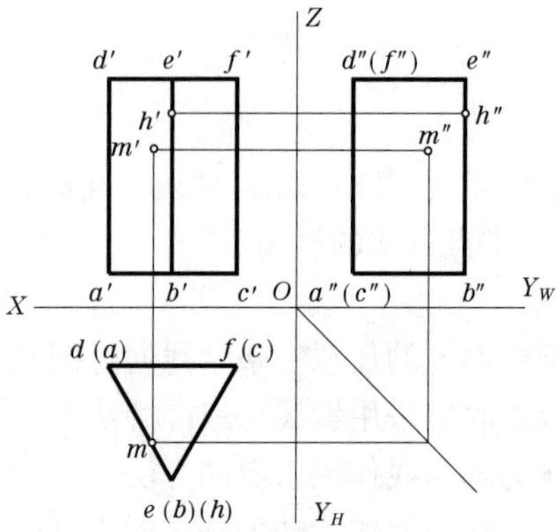

图 3-2　三棱柱表面取点的投影

【任务 3-2】　如图 3-3 所示的三棱锥，点 K 在侧面 SAB 上，已知其正视图 k'，求点 K 的另外两视图。

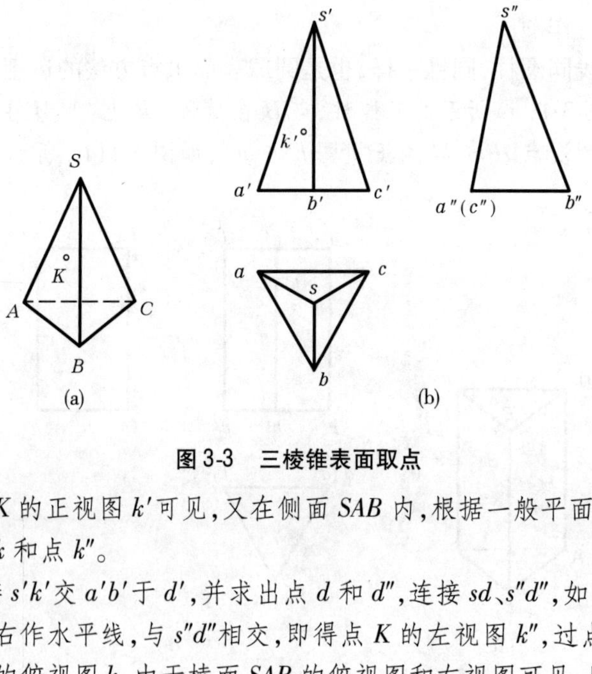

图 3-3　三棱锥表面取点

分析：因为点 K 的正视图 k' 可见，又在侧面 SAB 内，根据一般平面内用辅助线的方法取点，即可求出点 k 和点 k''。

作图：(1) 连接 $s'k'$ 交 $a'b'$ 于 d'，并求出点 d 和 d''，连接 sd、$s''d''$，如图 3-4(a) 所示。

(2) 过点 k' 向右作水平线，与 $s''d''$ 相交，即得点 K 的左视图 k''，过点 k' 向下作垂线，与 sd 相交，即得点 K 的俯视图 k，由于棱面 SAB 的俯视图和左视图可见，所以 k 和 k'' 均可见，如图 3-4(b) 所示。

【任务 3-3】　如图 3-5 所示，点 M、N、A 在圆柱面上，已知三点的正视图，求 M、N、A 三点的另外两面投影。

作图：(1) 点 m' 在圆柱面的最左素线上，则其俯视图 m 和左视图 m'' 都在圆柱面最左素线的同面投影上，根据点的投影规律，可直接作出点 M 的俯视图 m 和左视图 m''。n' 不可见，说明点 N 在后半个圆柱面上。点 N 俯视图 n 在圆的上方，n'' 位于圆柱左视图的左侧边线上，如图 3-6(a) 所示。

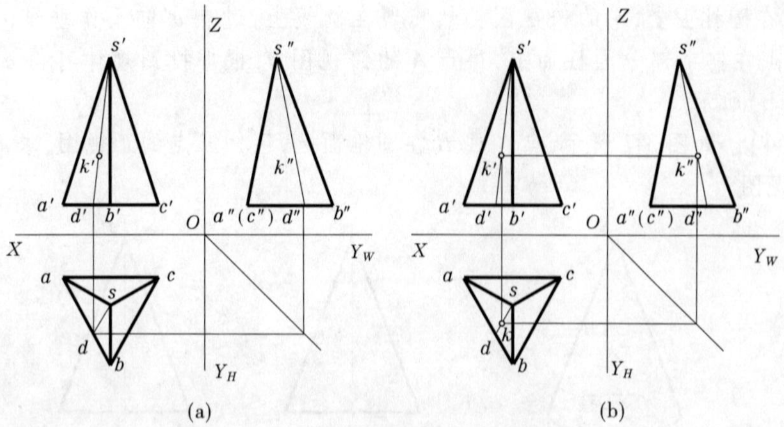

图 3-4　三棱锥表面取点的投影

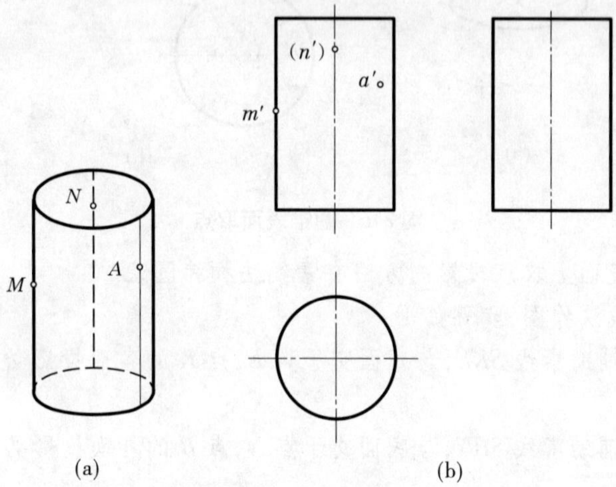

图 3-5　圆柱表面取点

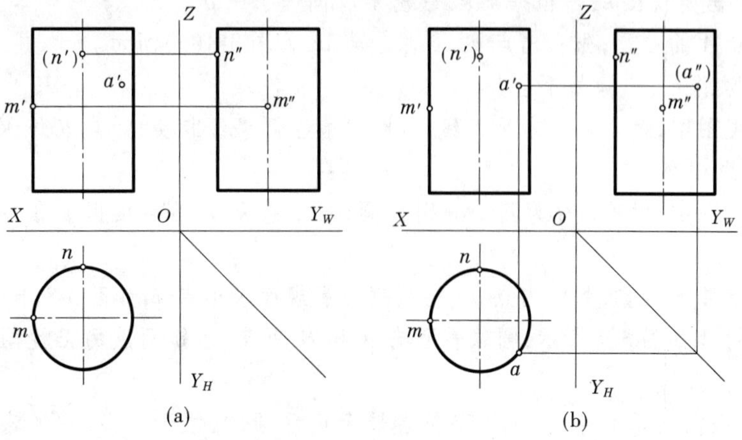

图 3-6　圆柱表面点的投影

(2) A 点在圆柱面上，它的俯视图必然积聚在圆线上，过点 a' 向下作垂线，与俯视图圆周相交，A 点在前半部分圆柱面上，得点 A 的俯视图 a，根据投影规律可得 a''，且不可见，如图 3-6(b) 所示。

【任务 3-4】 如图 3-7 所示，点 K、A、B 在圆锥面上，已知三点的正视图，求 K、A、B 三点的另外两视图。

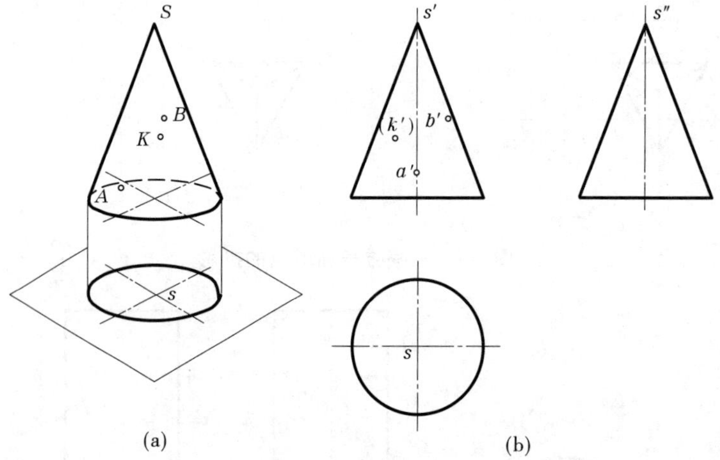

图 3-7　圆锥表面取点

分析：在圆锥表面上求点投影的方法有素线法和纬圆法。

作图：采用素线法作图，步骤如下：

(1) 过点 K 作辅助素线 SKE，与底面交于点 E，点 K 的各面投影必在 SKE 的相应投影上。

(2) 过点 B 作辅助素线 SBN，与底面交于点 N，点 B 的各面投影必在 SBN 的相应投影上。

(3) 连接 $s'k'e'$ 和 $s'b'n'$，然后求出各自的俯视图。根据点在直线上的从属性质可知，k 必在 se 上，求出俯视图 k，再根据 k、k' 求出 k''。同理求出 b''。

(4) 根据点 A 的位置，先求出点 a''，再求出点 a，如图 3-8(a) 所示。

采用纬圆法作图，步骤如下：

(1) 在正视图中，过点 k' 作水平直线，与圆锥最左侧素线相交；过点 b' 作水平直线，与圆锥最右侧素线相交。

(2) 在俯视图中，以顶点 s 为圆心分别作圆，求出点 k、b，然后根据投影规律，求出点 k''、b''。

(3) 根据点 A 的位置，先求出点 a''，再根据投影规律求出点 a，如图 3-8(b) 所示。

【任务 3-5】 如图 3-9 所示，圆球表面有 A 和 B 两点，已知两点的正视图，求 A 和 B 两点的另外两视图。

作图：(1) 根据已知条件，已知 A 点属于最大正平圆，且位于上半、左半球面上，其俯视图和左视图均可见，利用点、线从属关系，在最大正平圆的俯视图和左视图上，分别求得 a 和 a''，如图 3-10(a) 所示。

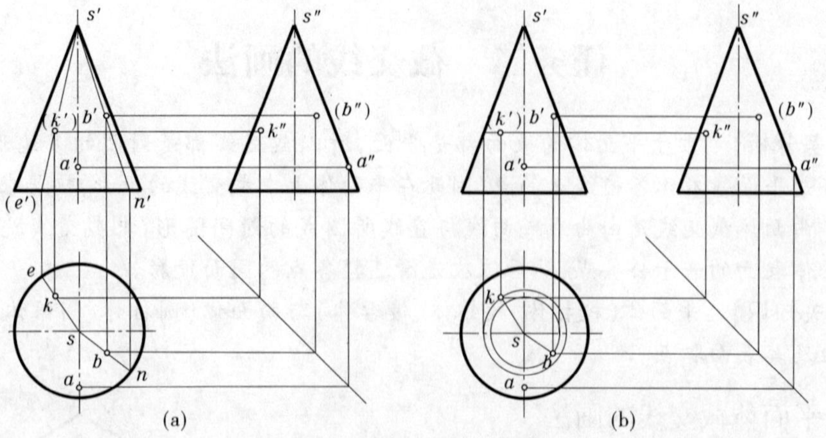

图 3-8 圆锥表面点的投影

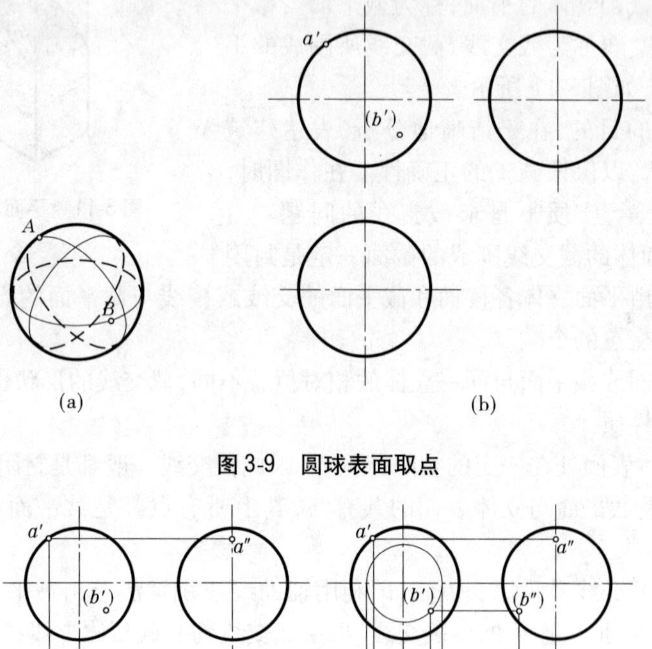

图 3-9 圆球表面取点

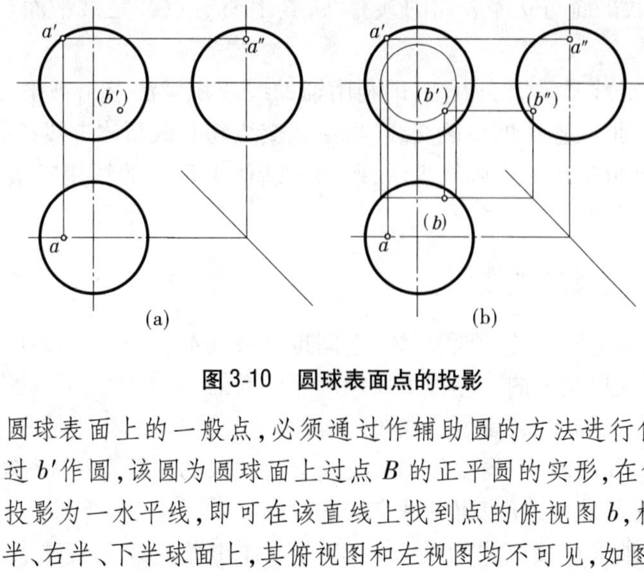

图 3-10 圆球表面点的投影

(2)B 点为圆球表面上的一般点,必须通过作辅助圆的方法进行作图。在正视图上以球心为圆心,过 b' 作圆,该圆为圆球面上过点 B 的正平圆的实形,在俯视图中作出该圆的积聚性投影,投影为一水平线,即可在该直线上找到点的俯视图 b,根据投影规律可求得 b'',B 点在后半、右半、下半球面上,其俯视图和左视图均不可见,如图 3-10(b)所示。

任务二 截交线的画法

【任务分析】 由于平面体的表面都是平面,所以截交线都是封闭的多边形,多边形的各顶点是平面基本体各棱线上的点,因此在平面体上求截交线的投影,就是求直线上点的投影。曲面体截交线是由曲线或曲线与直线所围成的封闭图形,求截交线就是求截平面和曲面体表面的若干公共点,然后依次光滑连接各点的同面投影。

【相关知识】 平面体(棱柱体、棱锥体、棱台体)与曲面体(圆柱体、圆锥体、球体)的投影特性及其表面取点。

一、平面体截交线的画法

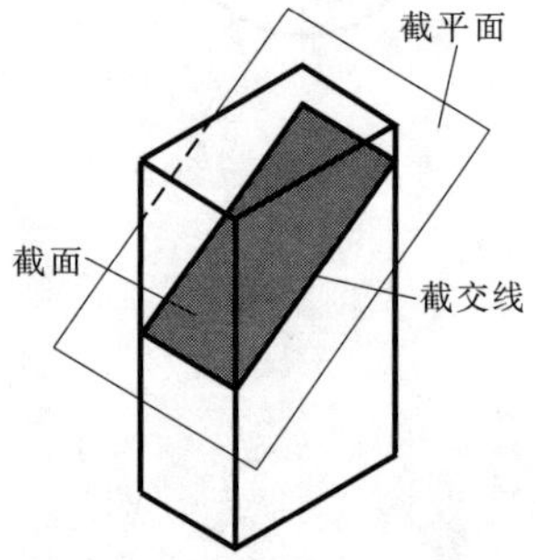

图 3-11 平面与立体相交

平面与立体相交,可视为立体被平面截割,该立体称为截断体。截割立体的平面,称为截平面。截平面与立体表面的交线称为截交线,截交线所围成的平面图形称为截面,如图 3-11 所示。

研究截交线的目的,在于清晰地分析、表达建筑物、构配件的形状,以保证施工的正确性。在作图时,要求得截面的投影,实质上是求截交线的问题。由图 3-11可知,平面体的截交线围成的截面一定是封闭的多边形。它是由平面立体各棱面和截平面的交线或棱线与截平面的交点连接而成,多边形的边数即为交点的个数。

立体形状不同或截平面与同一立体的相对位置不同,截交线的形状也不同,但任何截交线都具有以下性质:

(1)由于立体表面处在一定的空间范围内,因此截交线一般都是封闭的平面图形。

(2)截交线是截平面与立体表面的共有线,其上所有点都是截平面与立体表面的公共点。

求平面体的截交线常采用交点法,即利用辅助线或积聚法求出截平面与形体棱线或底面边线上的交点,依次连接即得截交线,再由截交线判断截断体上线条的可见性。立体被截断后,截去的部分应用双点画线表示,剩余截断体上可见的线用粗实线表示,不可见的线用虚线表示。

二、曲面体截交线的画法

最常见的曲面体有圆柱、圆锥和球体,它们也是最基本、最简单的曲面体。

曲面体的截交线也是由曲面体被平面切割后形成的,一般情况下,截交线是由曲线围成,或者由曲线与直线围成,或者由直线段围成的封闭线框。截交线是截平面与曲面体表面公共点的集合,在作图时,只需要作出截交线上直线段的两端点和曲线段上若干点的投影,并连成直线和光滑曲线,便可得到截交线的投影。

为了比较准确地求得截交线的投影,一般要求作出截交线上特殊点的投影,如最高

(低)点、最前(后)点、最左(右)点、可见与不可见的分界点以及截交线本身固有的特殊点(如椭圆长、短轴端点,抛物线的顶点等)。

截交线的公共点一般可用表面取点法求出,当曲表面不具有积聚性时,表面取点的方法可采用素线法和纬圆法。

(一)平面与圆柱体的截交线

根据截平面与圆柱体相对位置不同,圆柱面上的截交线有矩形、圆形和椭圆三种形状,见表3-1。

表3-1　圆柱体的截交线

截平面的位置	平行于轴线	垂直于轴线	倾斜于轴线
截交线	矩形	圆形	椭圆
直观图	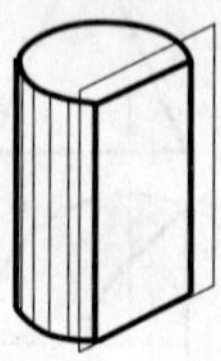	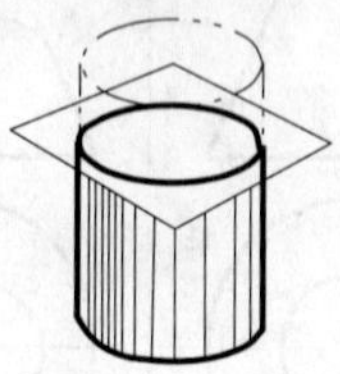	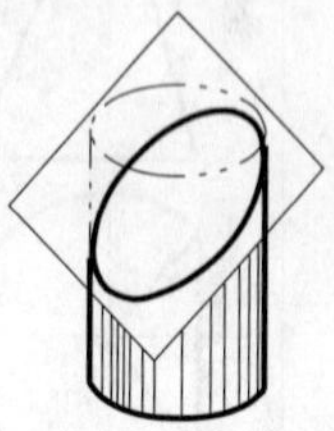
投影图	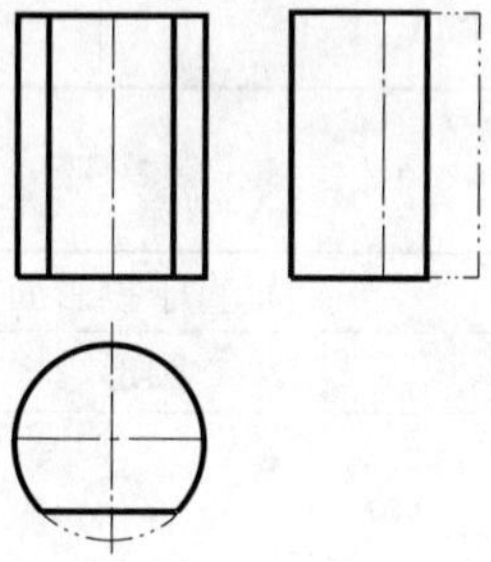	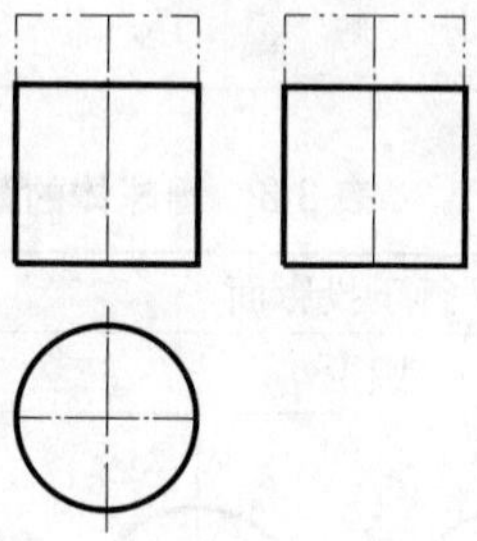	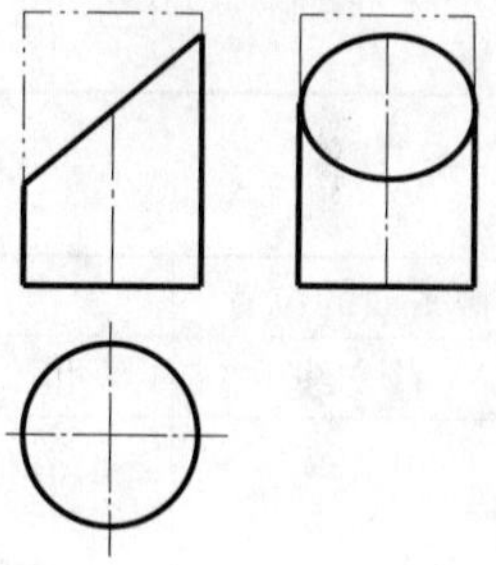

(二)平面与圆锥体的截交线

平面与圆锥体相交时,根据截平面与圆锥体的相对位置不同,其截交线可以是圆形、椭圆、抛物线或双曲线,这4种曲线总称为圆锥曲线。当截平面通过圆锥顶点时,其截交线为过锥顶的两直线,见表3-2。

(三)平面与圆球体的截交线

平面与圆球体相交,不论平面与圆球体的相对位置如何,截交线都是圆。但由于截切平面对投影面的相对位置不同,所得截交线的投影有所不同。当截平面与投影面平行时,截交线在该投影面上的投影反映圆的实形,其余两个投影为直线,长度等于圆直径;当截平面与投影面垂直时,则截交线在该投影面上的投影是直线,长度等于圆的直径,其余两个投影为椭圆,见表3-3。

表 3-2 圆锥体的截交线

截平面的位置	过锥顶	垂直于轴线	倾斜于轴线	平行于素线	平行于轴线
截交线	两相交直线	圆形	椭圆	抛物线	双曲线
直观图	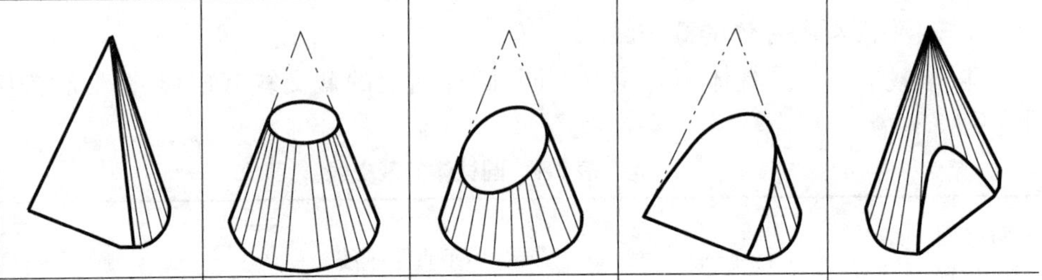				
投影图	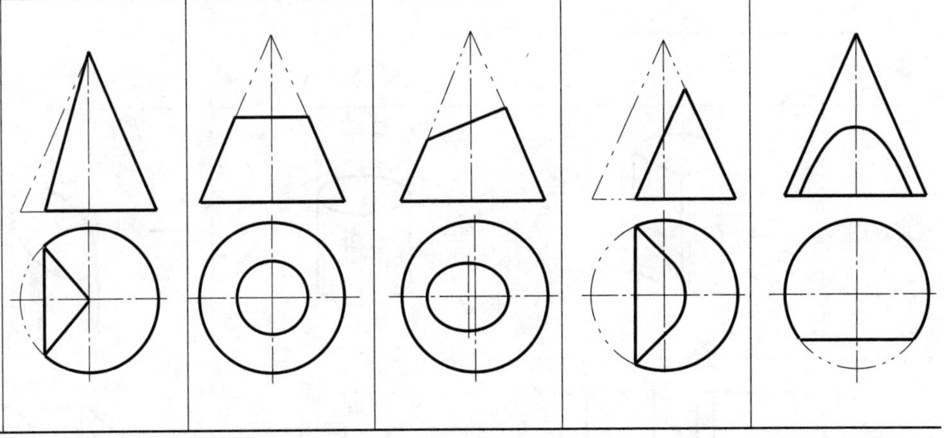				

表 3-3 圆球体的截交线

截平面的位置	平行于投影面	垂直于投影面
截交线	圆形	圆形
投影图	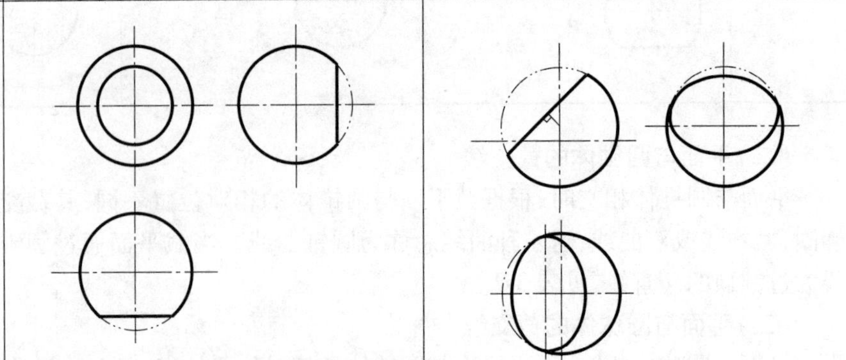	

【任务3-6】 已知五棱柱被与水平面成45°的正垂面所截，如图3-12所示，求五棱柱被斜切后的三视图。

作图：(1)截平面的积聚性投影。先绘制出完整五棱柱的三视图，在正视图上根据截平面的倾斜位置画出截平面的积聚性投影，投影为一斜直线，如图3-13(a)所示。

(2)在截平面的积聚性投影上,确定截交线上所有点的投影位置,如图3-13(b)所示,截平面在正视图上的积聚性投影为斜直线,首先可以确定棱线和斜直线的交点1′、2′、3′、4′、5′,从而可以确定截交线有五个点构成,其图形为封闭的五边形。

(3)作出截交线上各点的其余投影,确定1、2、3、4、5点的俯视图,根据点、线的从属关系和投影规律,求出各点的左视图,如图3-13(c)所示。

(4)连接截交线上各点的同面投影,得截交线的投影,如图3-13(d)所示。

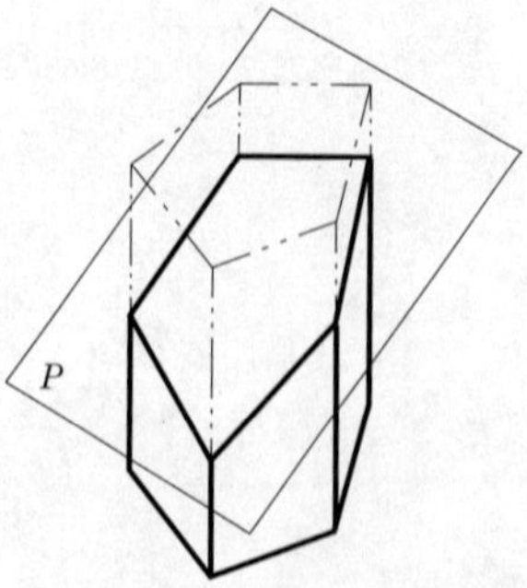

图3-12　五棱柱的截切

(5)擦除多余的图线,补上虚线,完成作图,如图3-13(e)所示。

【任务3-7】　三棱锥被一正垂面P截断,且已知截断体的V面投影,如图3-14所示,求被斜切后的其余两面投影。

作图:(1)求三棱锥与平面P交点的V面投影,利用平面P的正视图积聚成线的特性,求出其与棱线SC、SB、SA的三个交点的正视图1′、2′、3′。

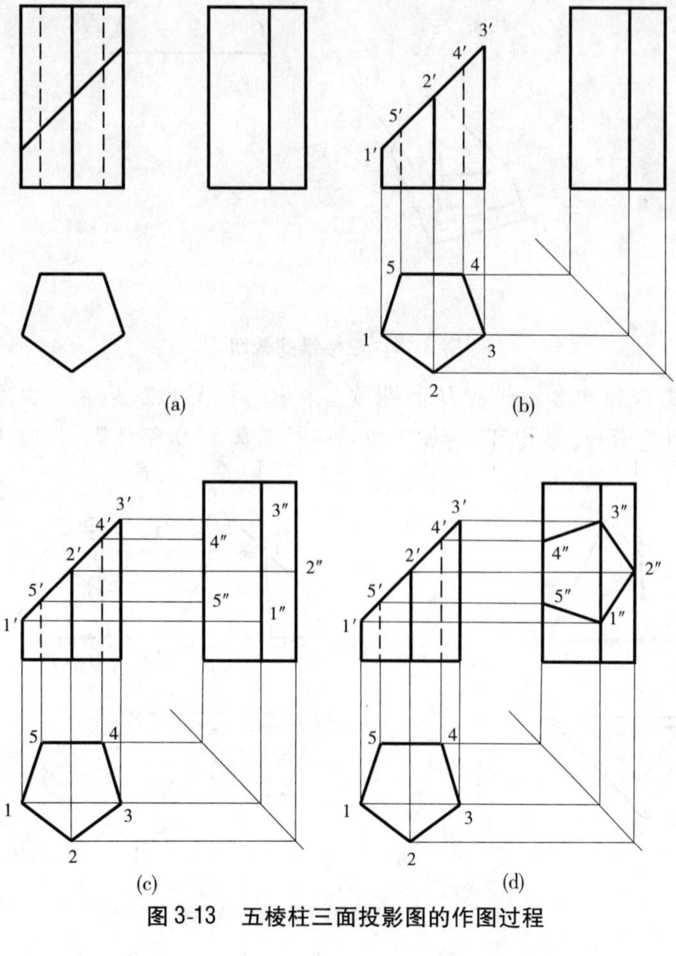

图3-13　五棱柱三面投影图的作图过程

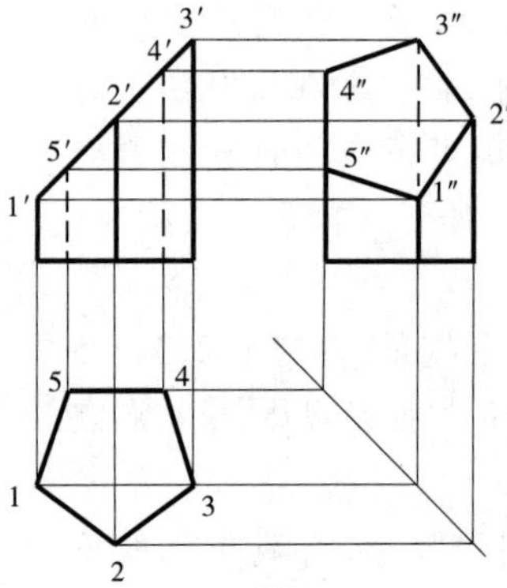

(e)

续图 3-13

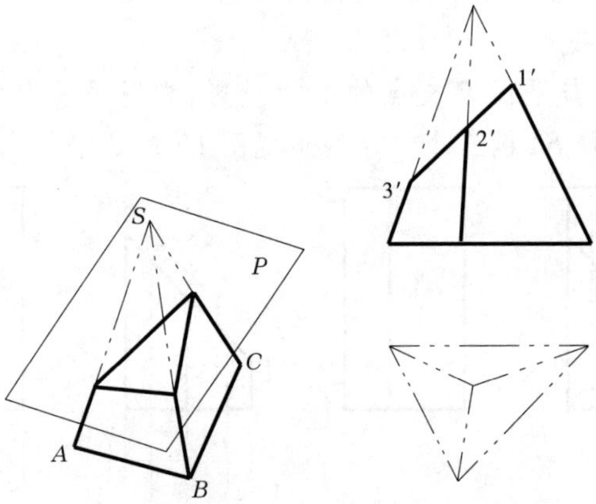

(a) (b)

图 3-14 三棱锥的截切

(2)利用投影规律在各棱线的 H 面投影上求出俯视图 1、2、3，并依次连接即得截交线 12、23、31 的 H 面投影，投影均可见，加粗即可得截断体的 H 面投影，如图 3-15(a)所示。

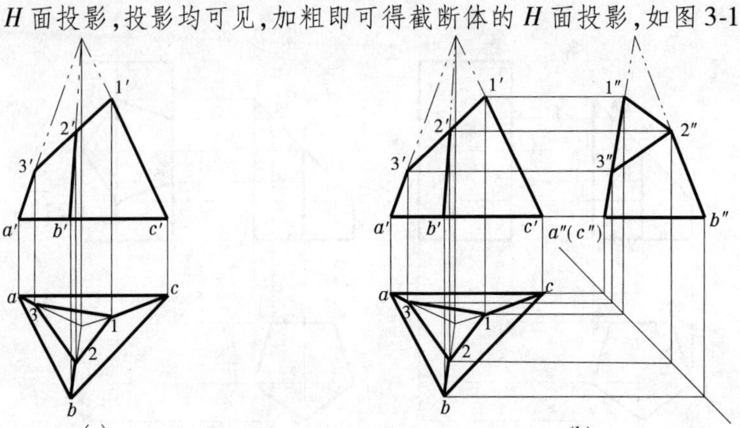

(a) (b)

图 3-15 三棱锥截切后的投影图

(3)依据投影规律求出交点的 W 面投影 1″、2″、3″,依次连接求出截断面的 W 面投影,如图 3-15(b)所示。

【任务3-8】 已知三棱锥被正垂面 P 和水平面 Q 切割后的 V 面投影,如图 3-16 所示,求截断体的另外两面投影。

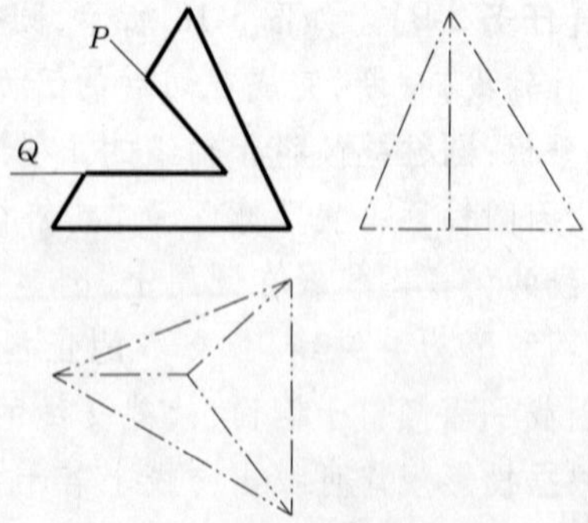

图 3-16 带缺口的三棱锥

分析:缺口由两个平面形成,截平面 P 为正垂面,它的 V 面投影具有积聚性,截平面 Q 为水平面,它的 V、W 面投影均具有积聚性,截平面 P 和截平面 Q 一样与棱锥的三个棱面相交,并截断一条棱线,但并未完全切断形体,同时这两个截平面相交产生一条交线。故从 V 面着手,找出截交线的正投影,再由投影关系即可求出截交线的 H、W 面投影。连线成面,即可求得截断体的 H、W 面投影。

作图:(1)由 d'、g' 分别在 sa、$s''a''$ 上作出 d、d'' 和 g、g'',如图 3-17(a)所示。

(2)过 d 作 $de//ab$,$df//ac$,再分别由 e'、f' 在 de、df 上作出 e、f,由 e、e' 和 f、f' 分别作出 e''、f'',如图 3-17(b)所示。

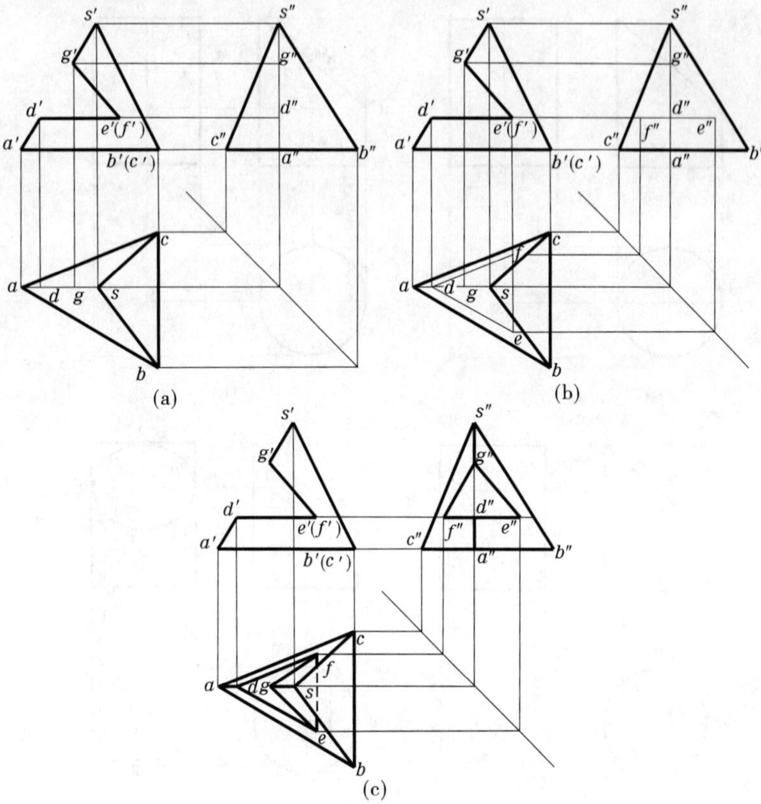

图 3-17 带缺口三棱锥的三面投影

(3)依次连接各点的同面投影,在俯视图中,因为 *ef* 被三个棱面 *SAB*、*SBC*、*SCA* 的俯视图所遮,所以不可见,画成虚线,如图 3-17(c)所示。

【任务 3-9】 如图 3-18 所示,圆柱体被一正垂面(倾斜于圆柱轴线)截断,完成截切后的三面投影图。

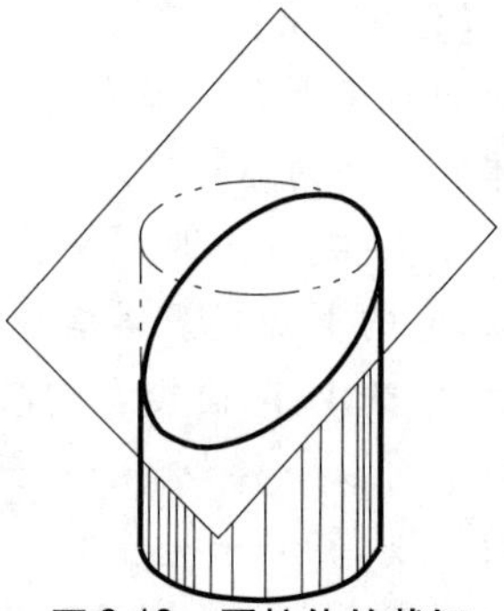

图 3-18 圆柱体的截切

分析:圆柱被倾斜于轴线的正垂面所截切,截交线为一椭圆,因圆柱面垂直于水平面,其俯视图具有积聚性,所以截交线的俯视图积聚在圆周上,因截平面垂直于正立面,其正视图积聚为一斜线,故交线的正视图也积聚在这条斜线上;因截平面倾斜于侧面,故截交线的左视图为椭圆。作图时,根据投影规律可找出交线上若干点的三视图,然后将各点光滑地连成椭圆。

作图:(1)作出完整的圆柱三视图,在正视图上作出截平面的积聚投影,如图 3-19(a)所示。

(2)求特殊点。截平面的正视图与圆柱面上最前、最后、最左、最右素线的交点称为特殊点,由正视图可求出特殊点的左视图 *a″*、*b″*、*c″*、*d″*,如图 3-19(b)所示。

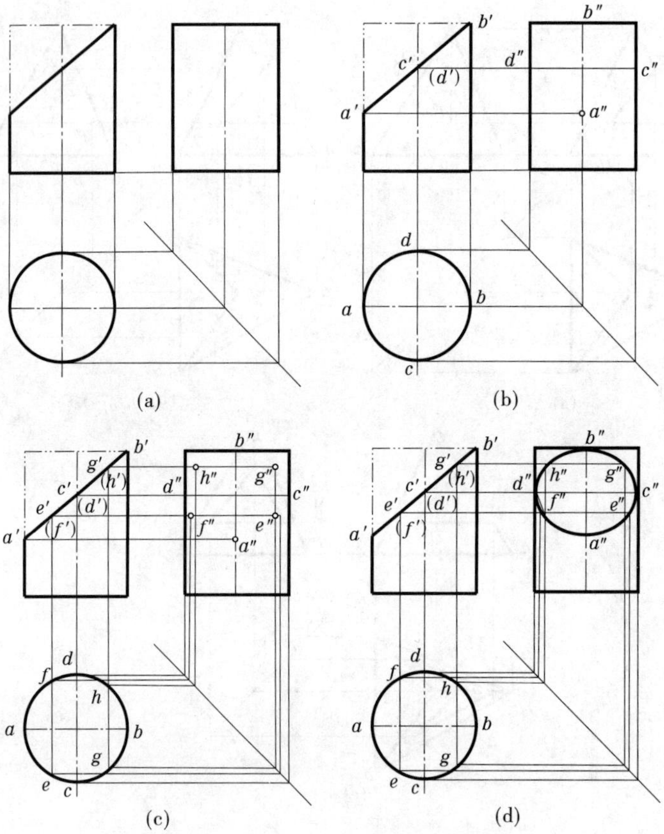

图 3-19 圆柱体被截切的三面投影

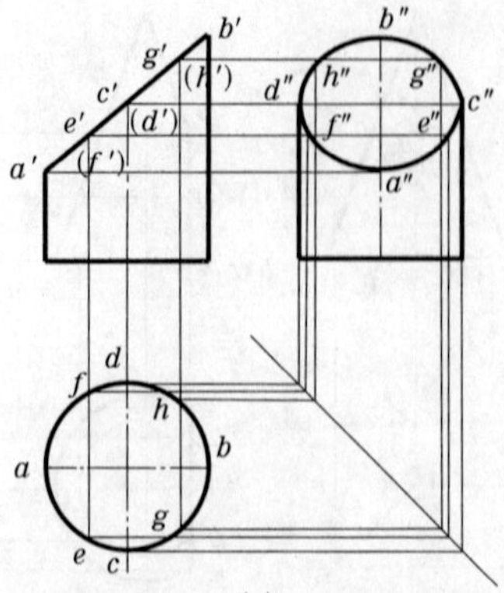

(e)

续图 3-19

(3)求一般点。在交线正视图上取 e'、f',利用积聚性求出俯视图 e、f,再根据投影规律求出左视图 e''和 f'',同理可以得到点 g''、h'',如图 3-19(c)所示。

(4)依次光滑连接各点,形成一个椭圆,如图 3-19(d)所示。

(5)擦除被切掉部分的图线,加深轮廓,完成作图,如图 3-19(e)所示。

【任务 3-10】 如图 3-20 所示,圆锥被一侧平面截切,求作截断体的三面投影图。

分析:截平面为侧平面,与圆锥面的轴线平行,确定截交线形状为双曲线,其俯视图和正视图分别积聚为一直线,左视图反映实形。

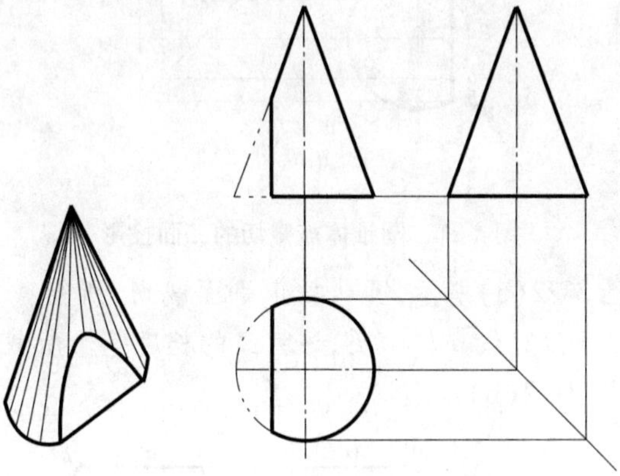
(a) (b)

图 3-20 圆锥体的截切

作图:(1)作特殊点。最高点是圆锥最左素线上的点,最低点为圆锥底面棱线圆上的点,根据点的从属性作图,如图 3-21(a)所示。

(2)求作一般点。在俯视图中作一辅助圆,与截交线的积聚投影相交于 e、d 两点,然后作出辅助圆线的正视图,再根据点线的从属性和投影规律求出正视图 e'、d'和左视图 e''、d'',如图 3-21(b)所示。

(3)用光滑曲线连接 c''、e''、a''、d''、b'',即得截交线的左视图,如图 3-21(c)所示。

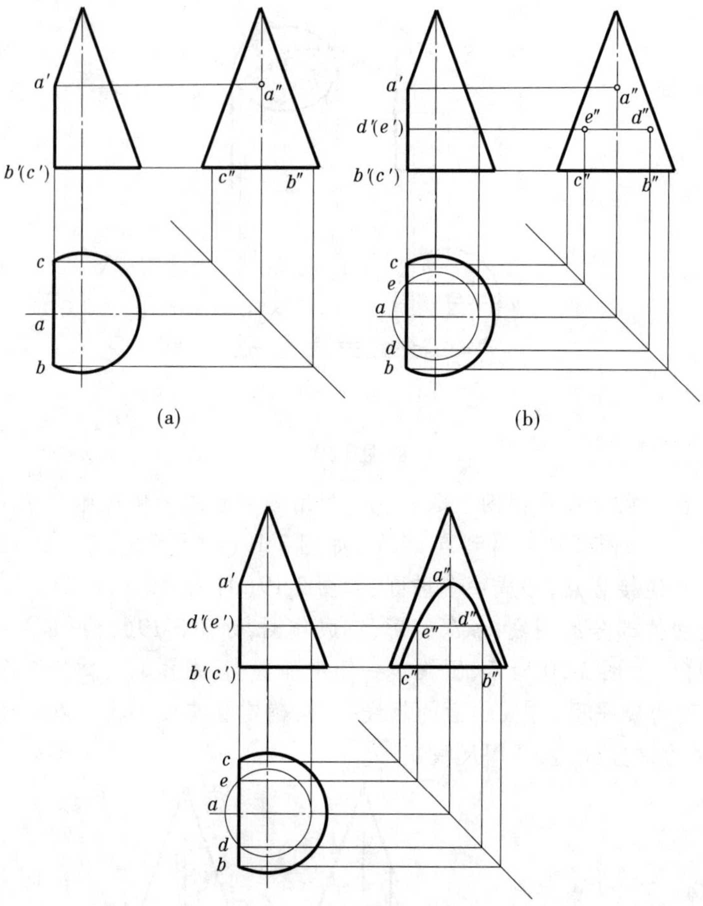

图 3-21　圆锥体被截切的三面投影

【任务 3-11】　如图 3-22(a)所示，圆球被水平面截切，所得截交线为水平圆，该圆的正视图和左视图分别积聚为直线 $a'b'$、$c''d''$，该直线的长度等于所截水平面的直径，其俯视图反映该圆的实形，如图 3-22(b)所示。

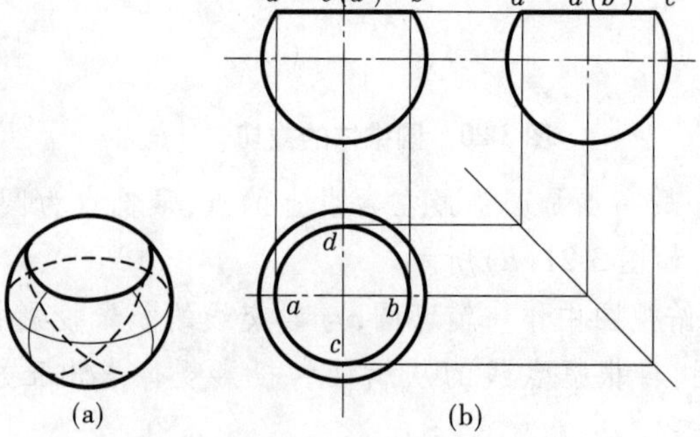

图 3-22　圆球体的截切

小　结

本项目主要讲解了立体表面取点和截交线的求法，要求掌握立体表面取点和截交线的作法。求作立体表面上的点，必须根据已知投影分析该点属于哪条线或哪个表面，然后利用在表面上求作点的原理和方法进行作图。求取截平面与立体表面的公共点，再按相应顺序，根据可见性采用正确线型，依次连接公共点，即可得截交线。

习　题

1. 什么是素线法、纬圆法？

2. 如何根据基本体表面上的点的一个视图作出其余两视图？其可见性如何判断？

3. 求作截断体截交线的基本思路是什么？

4. 圆柱体、圆锥体和球体分别被截平面所截，各有哪几种截交线？

5. 如图 3-23 所示，已知正五棱柱面上两点 A、B 的正视图 a、b，求 A、B 两点的其余两视图。

6. 如图 3-24 所示，圆柱体被一正垂面（倾斜于圆柱轴线）截断，试完成截切后的三视图。

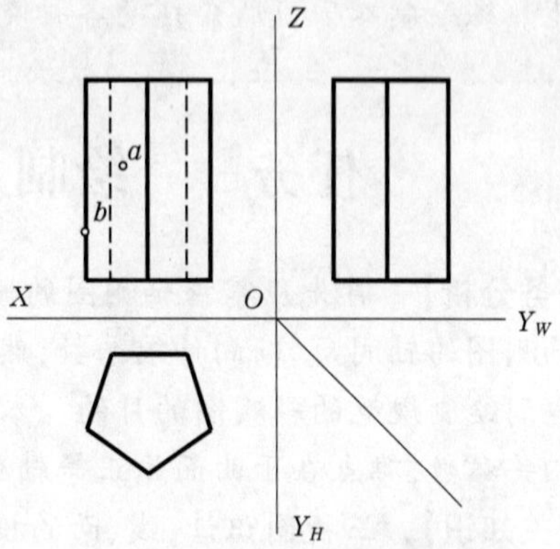

图 3-23　五棱柱表面取点

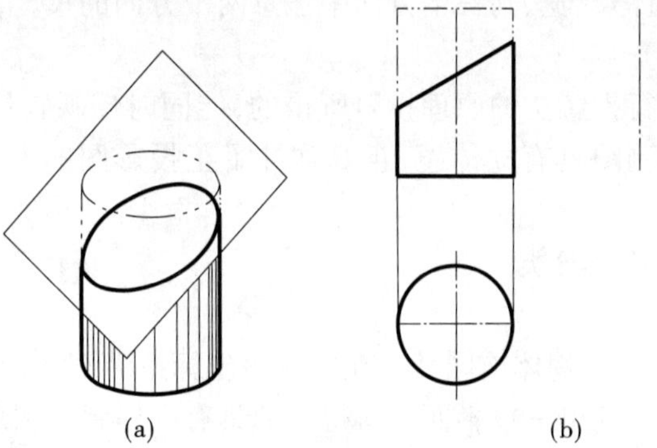

(a)　(b)

图 3-24　圆柱体的截切

项目四 绘制轴测图

项目介绍

本项目将介绍工程上常用的轴测图的基本知识和平面体轴测图的画法、曲面体轴测图的画法等。通过本项目学习，应熟练理解和掌握轴测图的基础知识，并能熟练绘制本项目所介绍的各种类型立体的轴测图。

任务一 绘制立体的正等轴测图

【任务分析】 首先应掌握轴测图的概念、分类、基本性质等基础知识，其次应熟练掌握正等轴测图的轴间角、轴向伸缩系数，然后通过绘制平面体和曲面体轴测图的常规绘图方法来达到绘制规范的轴测图的目的。本任务的重点是掌握轴测图的基本性质、正等轴测图的相关参数，难点在于曲面体正等轴测图的绘制。

【相关知识】 三视图识读，线、面的投影规律。

一、轴测图的基本知识

正投影图虽然能够准确、完整地表达出物体的形状和大小，但是多面正投影中每个方向的视图只能表达物体长、宽、高三个方向中任意两个方向的尺度，且缺乏立体感，不容易理解。

轴测图是根据平行投影法的原理投射所得的，能同时反映物体长、宽、高三个方向尺度的单面投影图。轴测图具有立体感，正好弥补了正投影图的不足，可以有效地辅助读图。

（一）轴测图的形成及分类

1. 轴测图的形成

如图4-1所示，将空间物体连同其所在的直角坐标系沿不平行于任一坐标面的方向，用平行投影法将其投射到单一投影面上所得到的具有立体感的图形就是轴测图。轴测图是单面投影图，即只需一个投影面，但物体相对于投影面必须处于倾斜位置，这样物体的长、宽、高三个方向的尺寸在投影图上才能都有所反映，得出的图形才会具有立体感。换言之，三视图的投影是垂直于投影面进行观察的，而轴测图是不垂直于投影面进行观察的，看到的物体自然就具有立体感了，如图4-2所示。

2. 轴测图的相关概念及分类

轴测图的相关概念：

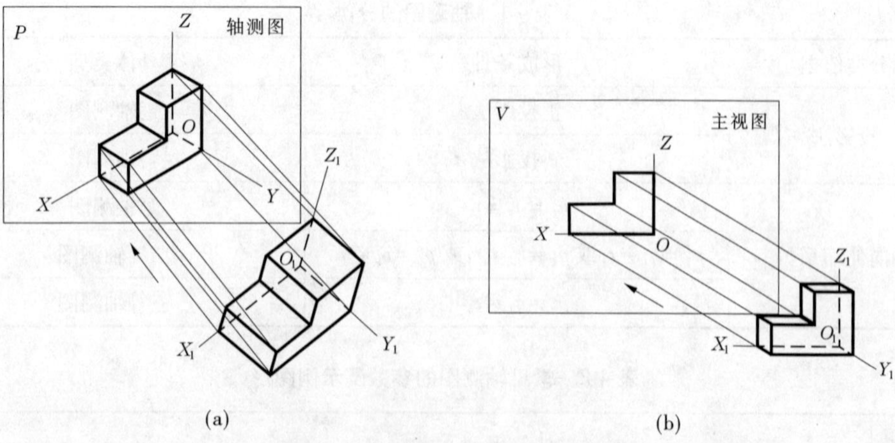

图 4-1　轴测图与正投影图的形成

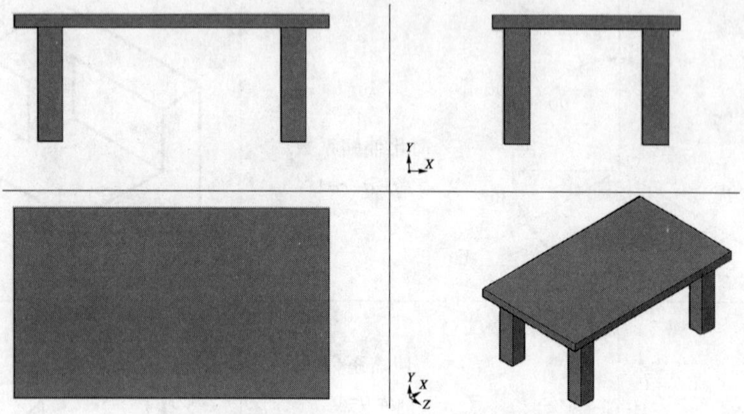

图 4-2　三视图与轴测图视觉效果

(1)轴测投影面:用于投影形成轴测图的投影面 P。

(2)轴测轴:空间中的三条投影轴 O_1X_1、O_1Y_1、O_1Z_1 投影到轴测投影面上后所得到的投影 OX、OY、OZ。

(3)轴间角:相邻的两条轴测轴之间的夹角。

(4)轴向伸缩系数:线段在轴测图中沿轴测轴方向的投影长度与其真实长度之比。OX、OY、OZ 三条轴测轴的轴向伸缩系数分别用 p_1、q_1、r_1 表示,由于部分轴测图的真实伸缩系数不是整数,不方便计算和绘图,因此实际工作中会用简化伸缩系数 p、q、r 来代替。

轴测图的分类具体见表 4-1。

斜轴测图中由于轴测投影面一般都平行于某个投影面,所以在命名时会加上该投影面的名称,如正面斜二轴测图、水平斜二轴测图等。工程中常见轴测图的相关参数见表 4-2。

表4-1 轴测图的分类

分类依据	形成条件	具体类型
投影法	正投影法	正轴测图
	斜投影法	斜轴测图
轴向伸缩系数	$p_1 = q_1 = r_1$	等轴测图
	$p_1 = q_1 \neq r_1$ 或 $p_1 \neq q_1 = r_1$ 或 $p_1 = r_1 \neq q_1$	二等轴测图
	$p_1 \neq q_1 \neq r_1$	三等轴测图

表4-2 常见轴测图的参数及示例图形

种类	轴间角及伸缩系数	示例图形
正等轴测图	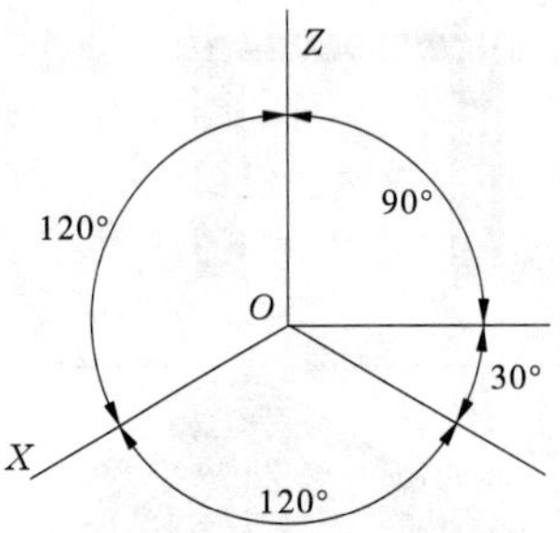 简化伸缩系数 $p=q=r=1$	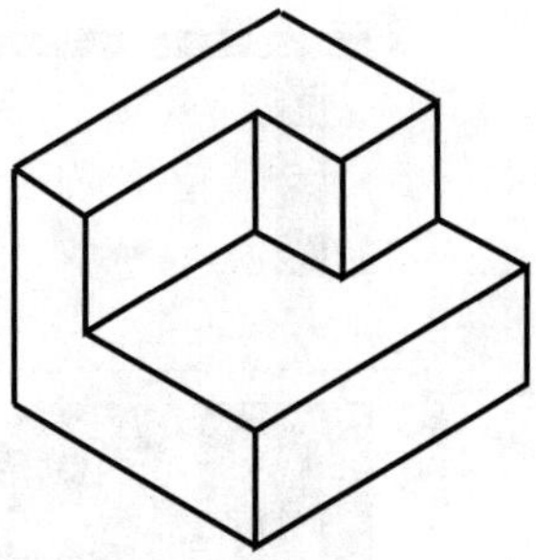
正面斜二轴测图	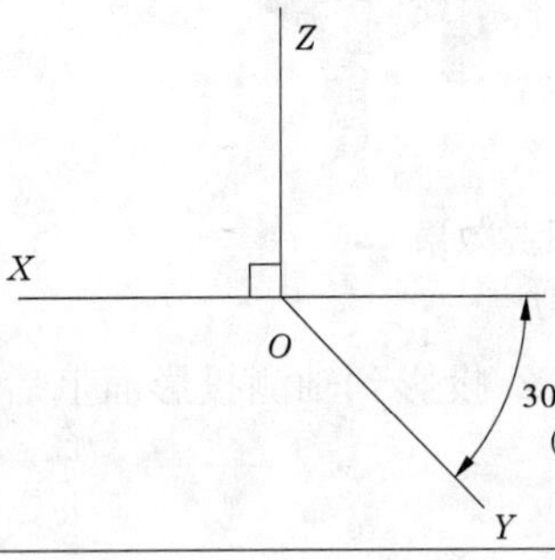 伸缩系数 $p=q=1$ $r=0.5$	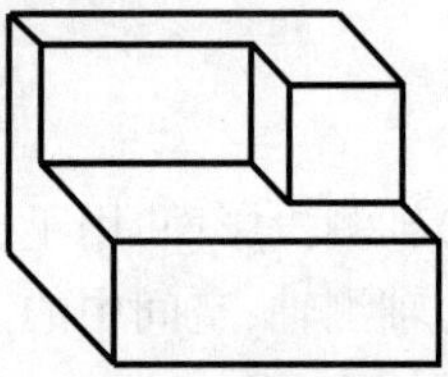
水平斜二轴测图	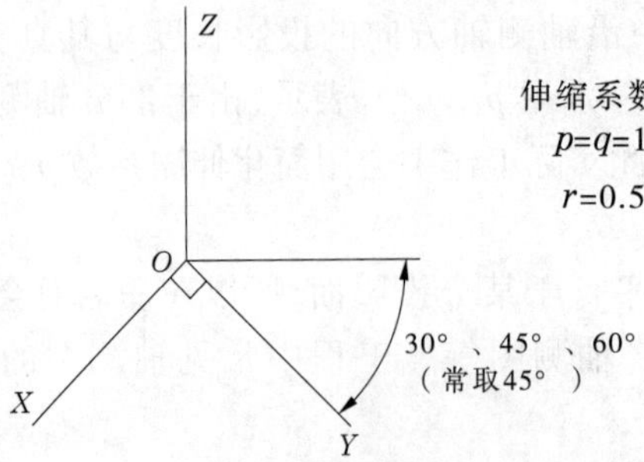 伸缩系数 $p=q=1$ $r=0.5$	

通过对本任务的学习，应熟练掌握立体的正等轴测图的绘制方法和步骤。

（二）轴测图的基本性质

由于轴测图是用平行投影法得到的，所以具有平行投影的性质。

1. 平行性

物体上互相平行的线段，在轴测图上也互相平行；物体上平行于投影轴的线段，在轴测图中平行于相应的轴测轴。

2. 等比性

物体上互相平行的线段，在轴测图中具有相同的伸缩系数；物体上平行于投影轴的线段，在轴测图中与相应的轴测轴有相同的轴向伸缩系数。

值得注意的是，如果物体上有不平行于任何投影轴的斜线，绘制其轴测图时，应先找到其两个端点的轴测图位置，然后连接成直线即可。

二、绘制立体的正等轴测图

（一）绘制平面体的正等轴测图

1. 棱柱体

根据柱体的形状特征，一般应先绘制其可见特征面，再绘制可见棱线，然后连接不可见特征面的可见轮廓线，这样的方法称为特征面绘图法。

【任务4-1】 绘制图4-3所示形体的正等轴测图。

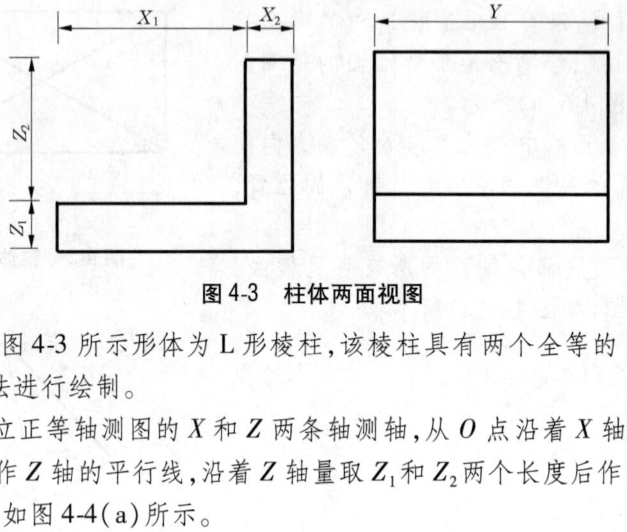

图4-3 柱体两面视图

分析：应读懂图4-3所示形体为L形棱柱，该棱柱具有两个全等的L形线框特征面，可用特征面绘图法进行绘制。

作图：(1)建立正等轴测图的X和Z两条轴测轴，从O点沿着X轴方向分别量取X_1和X_2两个长度后作Z轴的平行线，沿着Z轴量取Z_1和Z_2两个长度后作X轴的平行线，绘制出L形特征面，如图4-4(a)所示。

(2)从特征面的各个顶点处沿着Y轴方向量取Y长度绘制可见的棱线，如图4-4(b)所示。

(3)连接所画棱线的端点，得出不可见特征面的可见轮廓线，并且加粗，完成作图，如图4-4(c)所示。

2. 棱锥体

根据棱锥体的形状特征，一般应先绘制其特征面，再定出其锥顶的位置，然后连接锥顶到特征面的所有可见棱线。

【任务4-2】 绘制如图4-5所示形体的正等轴测图。

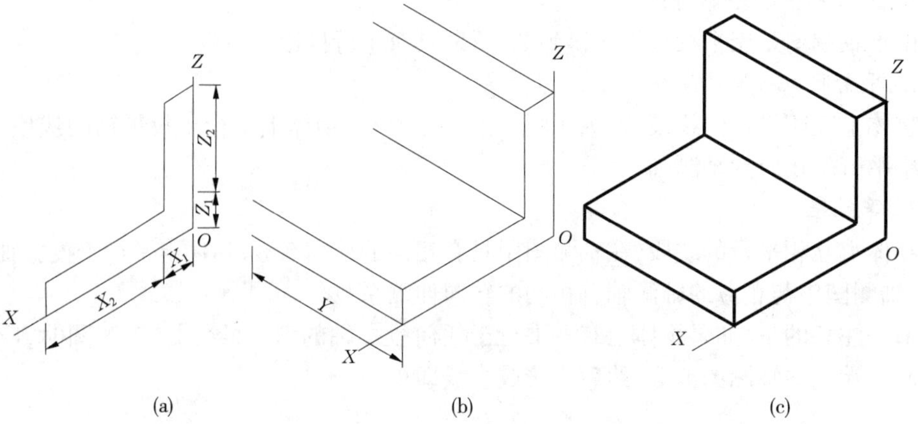

图 4-4　L 形棱柱作图过程

分析：应读懂图 4-5 所示形体为四棱锥，其特征面为矩形，应先绘制其特征面，再定出锥顶，然后连接可见棱线。

作图：(1) 建立正等轴测图的 X 和 Y 两条轴测轴，从 O 点沿着 X 轴方向分别量取 X_1 和 X_2 两个长度后作 Y 轴的平行线，沿着 Y 轴量取 Y_1 和 Y_2 两个长度后作 X 轴的平行线，绘制出矩形特征面的轴测图及其中心位置，如图 4-6(a) 所示。

(2) 从矩形特征面的中心位置沿着 Z 轴方向向上量取锥顶到底面的高度值 Z_1，定出锥顶的位置，如图 4-6(b) 所示。

(3) 连接锥顶到底部特征面的所有可见棱线，并且加粗，完成作图，如图 4-6(c) 所示。

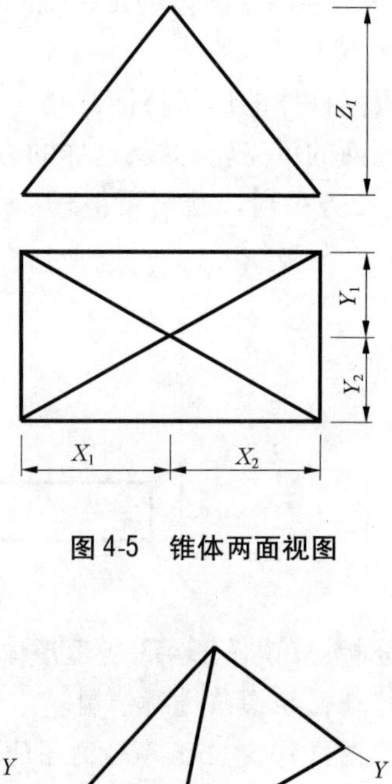

图 4-5　锥体两面视图

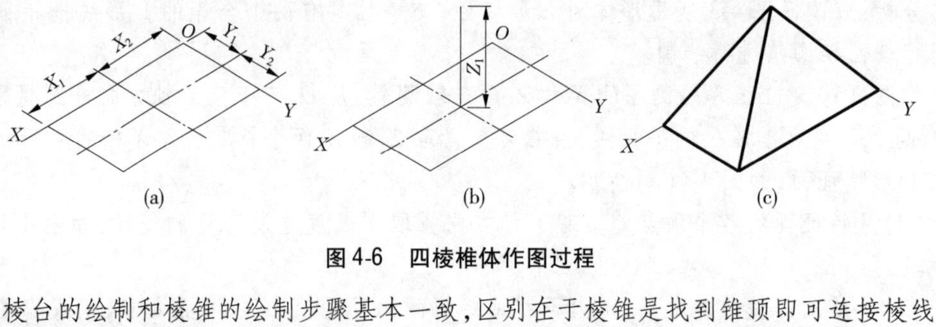

图 4-6　四棱椎体作图过程

棱台的绘制和棱锥的绘制步骤基本一致，区别在于棱锥是找到锥顶即可连接棱线，而棱台是找到上底面中心点后，再继续绘制出上底面特征面后，才能连接各条可见的侧棱。

3. 平面组合体

平面组合体一般可以看成是由基本体或简单体经过叠加或切割的方式变形而成的，因此在绘制此类形体的轴测图时也可以按照其假想的形成过程来绘制。无论是叠加形成，还是切割形成，进行叠加或切割时，首先应对叠加部分或切割部分进行定位，然后确定其形状和尺寸。

【任务4-3】 绘制如图4-7所示形体的正等轴测图。

分析：该形体可以看成是以一个L形棱柱作为原体，在立板的左上角部位切割了一个四棱柱，在L形棱柱偏右侧部位叠加了一个三棱柱。因此，作图时应该是先绘制L形棱柱，然后确定四棱柱切割的位置，绘制切割的四棱柱，再确定三棱柱叠加的位置，绘制叠加的三棱柱。

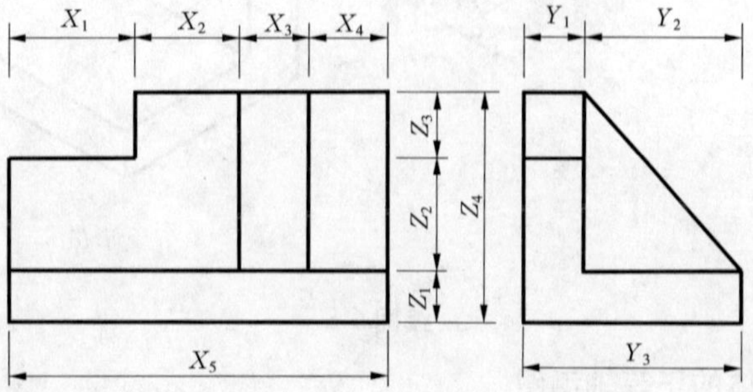

图4-7 组合体两面视图

作图：(1)按特征面绘图法绘制出L形棱柱的正等轴测图。从三视图中量取X_5、Y_3和Z_4三个长度，绘制出L形棱柱体的正等轴测图，如图4-8(a)所示。

(2)因为X_1和Z_3两个尺寸既是定形尺寸，又是定位尺寸，所以只需量取X_1和Z_3两个长度值即可确定所切四棱柱的位置及其长、高值，其宽度值就等于L形棱柱立板的厚度，如图4-8(b)所示。

(3)量取X_4，以确定三棱柱叠加位置。再量取X_3确定其长度，而其特征面三角形的宽度和高度可在L形棱柱体上直接找到，根据所量取尺寸绘制三棱柱部位，如图4-8(c)所示。

(4)擦掉多余的线条，将轮廓线加粗，完成作图，如图4-8(d)所示。

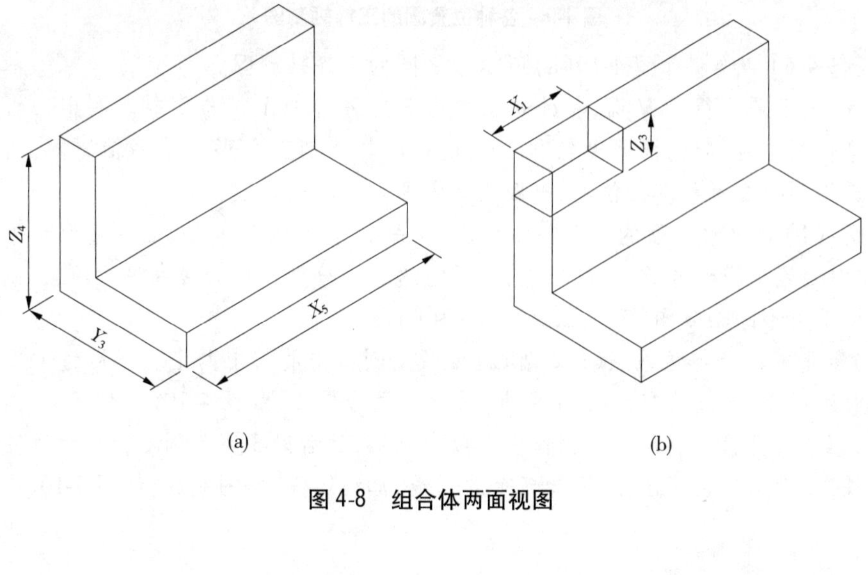

(a) (b)

图4-8 组合体两面视图

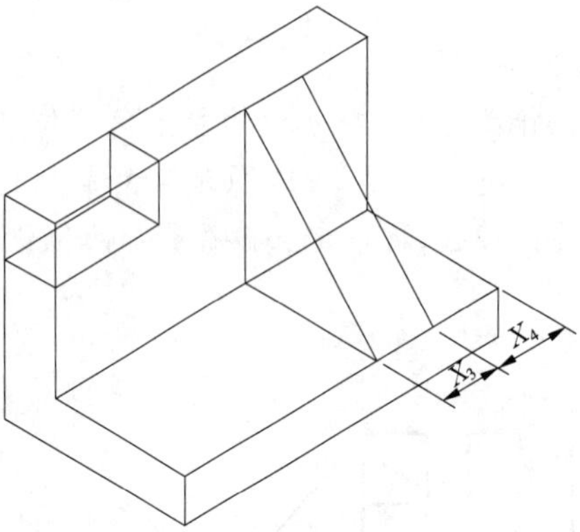

(c)

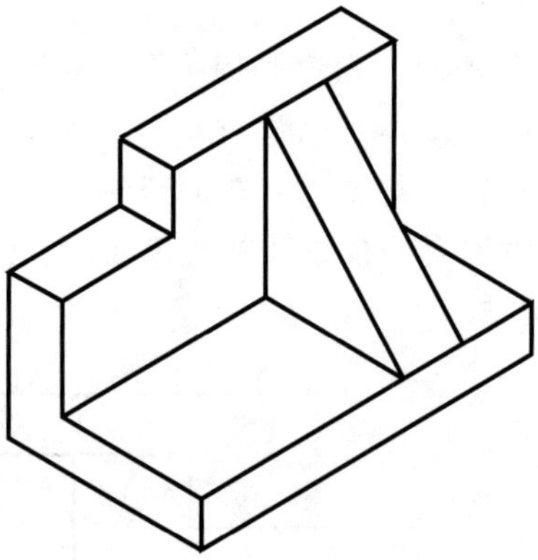

(d)

续图 4-8

(二)绘制曲面体的正等轴测图

1. 绘制圆的正等轴测图

平行于坐标面的圆的正等轴测图都是椭圆,如图 4-9 所示,作图时一般用四段圆弧来近似代替,这种绘制近似椭圆的方法称为四心圆法。

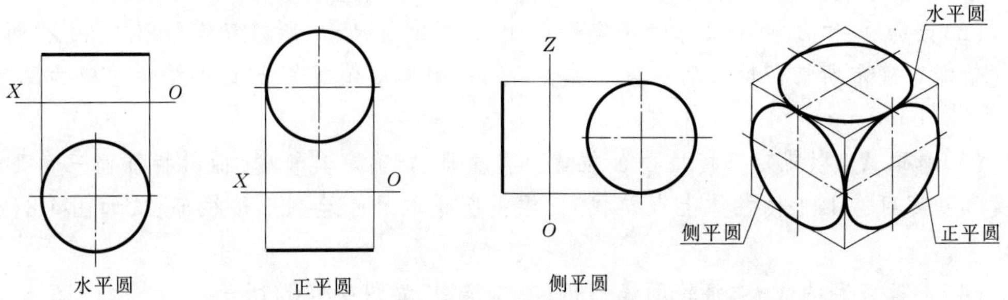

图 4-9 各种位置圆的正等轴测图

【任务 4-4】 绘制如图 4-10(a)所示水平圆的正等轴测图。

分析:水平圆平行于 H 面,其外切正方形分别平行于 X 轴与 Y 轴。利用四心圆法绘制其正等轴测图时,应先根据 X 轴和 Y 轴绘制出其外切正方形的正等轴测图,然后找到四个圆弧的圆心位置和半径值,作出四段圆弧即可。

作图:(1)画出水平圆的两条中心线,分别平行于 X 轴与 Y 轴,然后量取水平圆的半径值,在中心线上找到 A、B、C、D 四点,然后过这四点分别作中心线的平行线,绘制出水平圆的外切正方形的轴测图(菱形),如图 4-10(b)所示。

(2)菱形的两个钝角顶点(1、2 两点)为四个圆心中的其中两个。然后过 1、2 两点分别连接对边中点,连线的交点(3、4 两点)为另外两个圆心,如图 4-10(c)所示。

(3)以 1、2 为圆心,1B 为半径作出两段大圆弧,然后以 3、4 为圆心,3B 为半径作出两段小圆弧,四段圆弧相切连接,擦掉多余的弧线,加粗图线,作图完成,如图 4-10(d)所示。

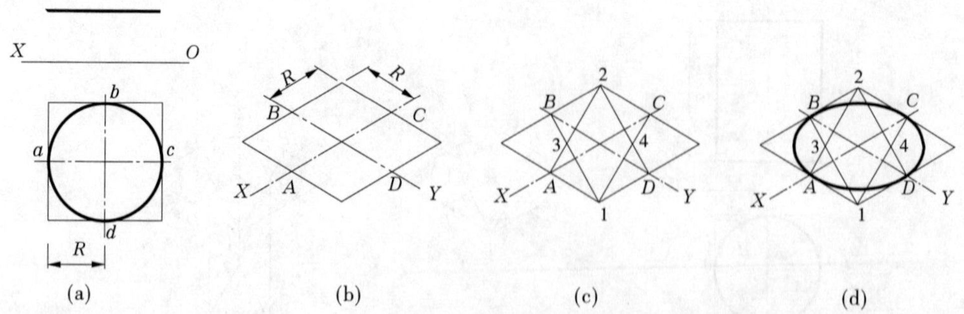

图 4-10 水平圆的正等轴测图作图过程

2. 绘制立放圆柱体的正等轴测图

圆柱体有两个全等的圆形底面,两底面间应用公切线进行连接。当按步骤绘制出一个底面的正等轴测图后,可以用移心法将关键的圆心向另一个底面的方向移动柱体高度值,继续绘制另外一个底面的正等轴测图。

【任务 4-5】 绘制如图 4-11(a)所示立放圆柱体的正等轴测图。

分析:先用四心圆法绘制其可见的上底面圆的正等轴测图,然后用移心法将关键圆心移动到下底面位置,绘制出下底面圆的正等轴测图,连接上公切线即可。

作图:(1)根据四心圆法绘制出圆柱体上底面水平圆的正等轴测图,如图 4-11(b)所示。

(2)分别将 2、3、4 三个圆心沿着 Z 轴方向向下移动柱体高度值 Z,得到 2_1、3_1、4_1三个点,即为下底面水平圆正等轴测图的三个圆心,并且连接 2_1 与 3_1,2_1 与 4_1 并且延长以作为圆弧分界线,如图 4-11(c)所示。

(3)以 2_1为圆心,$2A$ 长度值为半径绘制大圆弧,以 3_1和 4_1为圆心,$3A$ 长度值为半径绘制两段小圆弧,如图 4-11(d)所示。

(4)连接上底面位置菱形的两个锐角,与上底面的两段小圆弧相交,分别过两个交点作 Z 轴的平行线与下底面小圆弧相切得到公切线,如图 4-11(e)所示。

(5)擦掉多余的线条,加粗图线,作图完成,如图 4-11(f)所示。

3. 绘制带圆角组合体板的正等轴测图

组合体中的圆角部位就是四分之一圆柱体与棱柱体组合而成,而绘制四分之一圆正等轴测图可以简化作图过程,即只找该段圆弧对应的圆心以绘制其正等轴测图。

【任务 4-6】 绘制如图 4-12(a)所示带圆角组合体板的正等轴测图。

分析:首先根据特征面法绘制出无圆角的四棱柱板,然后根据四心圆法演变出的简化作图方法作出圆角部位的正等轴测图。

作图:(1)根据特征面绘图法作出四棱柱的正等轴测图,如图 4-12(b)所示。

(2)在俯视图中量取圆角部位的半径值 R,在四棱柱圆角部位量取 R 值找到圆弧切点位置 A、B、C、D 四点,分别过 A、B、C、D 四点作所在轮廓的垂线,相交得到 1、2 两点,即为圆心位置,然后以 1 点为圆心,$1A$ 为半径作大圆弧,以 2 为圆心,$2D$ 为半径作小圆弧,如图 4-12(c)所示。

(3)将 1、2 两点以及 A、B、C、D 四点沿着 Z 轴方向向下移动板厚值 Z,得到圆角部位下底面的圆心和切点位置,再作出下底面的两段圆弧,如图 4-12(d)所示。

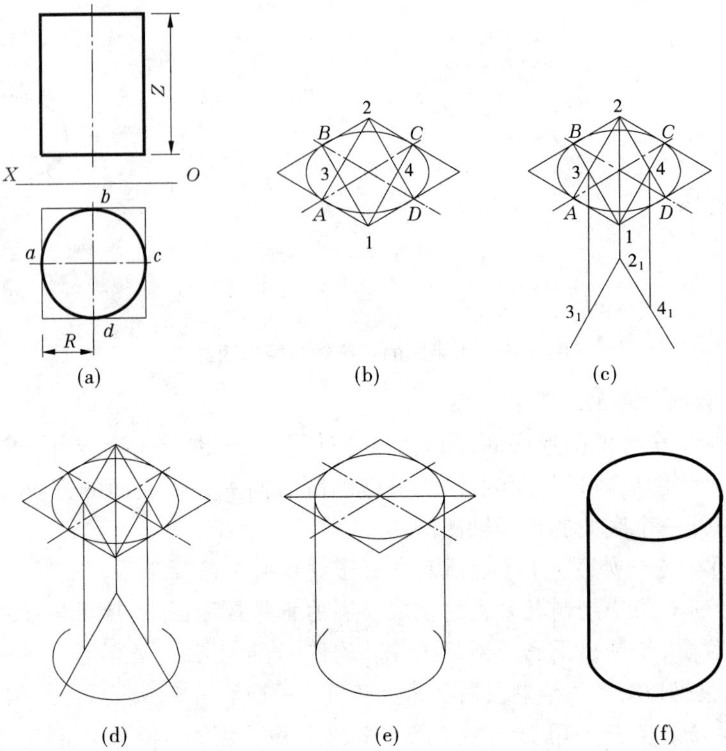

图 4-11　立放圆柱体正等轴测图作图过程

(4)作四棱柱右侧圆角的公切线,如图 4-12(e)所示。

(5)擦掉多余的线条,加粗图线,作图完成,如图 4-12(f)所示。

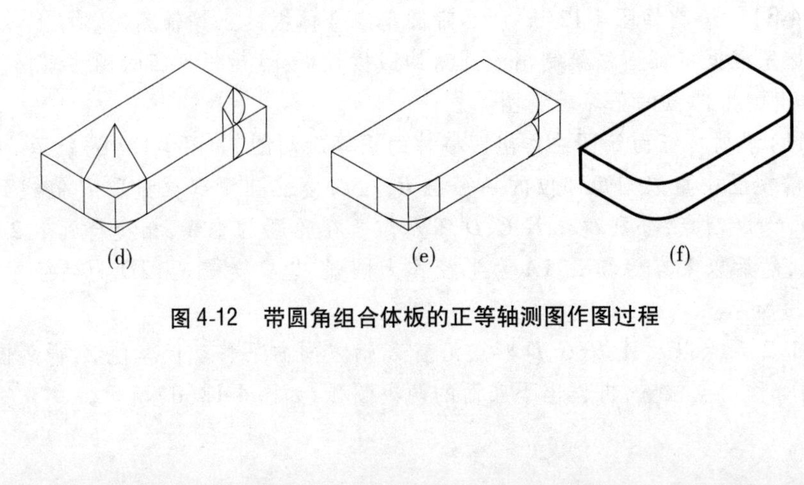

图 4-12　带圆角组合体板的正等轴测图作图过程

任务二　绘制立体的正面斜二轴测图

【任务分析】 应掌握正面斜二轴测图的轴测轴方向、轴间角、轴向伸缩系数等基本参数。绘制正面斜二轴测图的具体方法和正等轴测图的绘制方法完全一样(圆的斜二轴测图绘制方法有区别)。本任务的重点就是掌握正面斜二轴测图的各项参数,重视其与正等轴测图的区别之处。通过本任务的学习,应掌握各种立体的正面斜二轴测图的作图过程。

【相关知识】 三视图识读,线、面的投影规律。

一、绘制平面体的正面斜二轴测图

正面斜二轴测图与正等轴测图的轴测轴方向不相同,最关键的是 Y 轴方向的伸缩系数为0.5,而 X 轴和 Z 轴的都为1,并且 X 轴和 Z 轴的轴间角为90°,因此凡是平行于 V 面的立体表面在绘制正面斜二轴测图时,其形状和投影到 V 面的形状完全相同。绘图方法也可以采用特征面绘图法、叠加法和切割法。

【任务4-7】 绘制如图4-13(a)所示组合体的正面斜二轴测图。

分析:该图所示组合体可看成原体为四棱柱,在左前方切割掉一个小四棱柱,在右后方叠加一个梯形棱柱。因此,绘制该形体的具体步骤可与形体构成分析的步骤相同,先绘制原体四棱柱,然后找到小四棱柱切割位置,绘制小四棱柱,再确定梯形棱柱的具体位置并按尺寸绘制其斜二轴测图。

作图:(1)量取 X、$Y/2$ 和 Z_1 三段距离,根据正面斜二轴测图的三条轴测轴的方向,绘制出原体四棱柱的正面斜二轴测图,如图4-13(b)所示。

(2)量取 X_1 和 $Y_1/2$ 两段距离,在原体左前部位绘制出要切割掉的四棱柱,如图4-13(c)所示。

(3)量取 X_3、$2X_3$、$Y_3/2$、Z_2 四段距离,在原体右后部位绘制出叠加的梯形棱柱,如图4-13(d)所示。

(4)擦掉多余的线条,加粗图线,作图完成,如图4-13(e)所示。

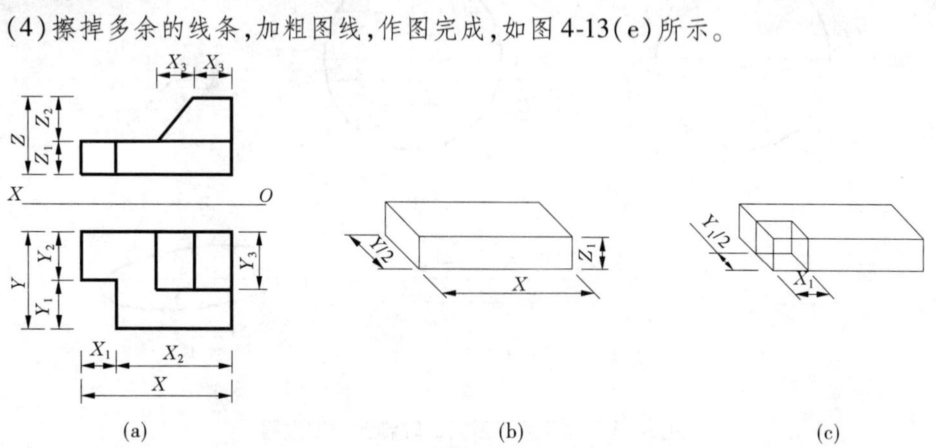

图4-13　组合体的正面斜二轴测图作图过程

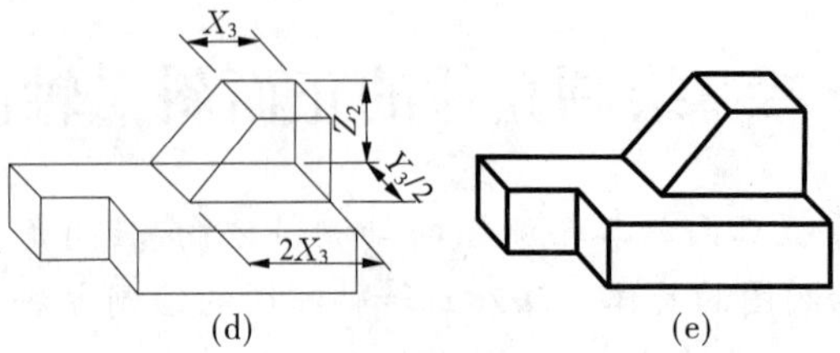

续图 4-13

二、绘制曲面体的正面斜二轴测图

(一)绘制圆的正面斜二轴测图

在正面斜二轴测图中,正平圆反映实形,可以直接用圆规画出,而水平圆和侧平圆却是椭圆。需要注意,斜二轴测图中,Y 轴的伸缩系数是 0.5,所以在画近似椭圆时,不能再用四心圆法,可采用坐标法绘制。

【任务 4-8】 绘制如图 4-14(a)所示水平圆的正面斜二轴测图。

分析:坐标法的原理,就是在圆周上找到若干个点,然后在斜二轴测图中将这些点的位置绘制出来,然后将各个点连接成曲线。

作图:(1)等分圆周的竖直直径。此处应注意等分数量越多,所找到的点越多,作图越精确,但是作图就相对越麻烦,因此应该选择合适的数量。本任务中,将竖直直径八等分,然后过每个等分点作水平直径的平行线交于圆周,如图 4-14(b)所示。

(2)按斜二轴测图的 X 轴和 Y 轴方向绘制出水平直径和竖直直径。注意竖直直径的长度应为原长的 1/2,并将竖直直径八等分找到等分点,如图 4-14(c)所示。

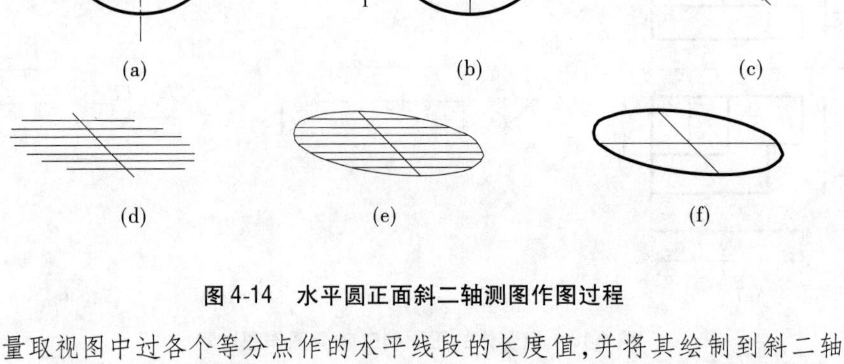

图 4-14 水平圆正面斜二轴测图作图过程

(3)量取视图中过各个等分点作的水平线段的长度值,并将其绘制到斜二轴测图中的对应位置上，如图 4-14(d)所示。

(4)用曲线将各条线段的端点依次连接得到水平圆的正面斜二轴测图，如图 4-14(e)所示。擦掉多余线条，加粗图线，如图 4-14(f)所示。

(二)绘制带圆角组合体的正面斜二轴测图

在实际应用中，往往不是用到完整的圆，而是圆弧，因此在绘制其正面斜二轴测图时，应考虑只找该部分圆弧所对应的坐标点，这样可以简化绘图过程。

【任务 4-9】 绘制如图 4-15(a)所示带圆角组合体的正面斜二轴测图。

分析：该组合体有两部分曲面体。立板为半圆柱，其底面为正面半圆，可直接用圆规绘制斜二轴测图；底板为四棱柱带一圆角，圆角部分的底面为四分之一水平圆，这部分应该采用坐标法绘制斜二轴测图。注意：由于只需要四分之一水平圆，因此坐标法中的坐标点不用全部找出，只需要找到该部分圆弧对应的坐标点即可。

作图：(1)在视图中将圆角部分的圆弧段的竖直半径进行四等分，然后过等分点绘制水平线段与圆周相交找到 4 个交点，如图 4-15(a)所示。

(2)量取 X、$Y/2$、Z 三个长度值，绘制出底板四棱柱的斜二轴测图，并在左前方的顶面上，找出圆角圆心位置，并绘制水平及竖直半径，然后将竖直半径四等分，并将俯视图中过等分点作的 4 条水平线段长度量取到斜二轴测图中，作出 4 条平行于水平半径的线段，并将各线段的端点依次连接起来，绘制出四分之一水平圆的斜二轴测图，如图 4-15(b)所示。

(3)将曲线上各坐标点竖直向下移动 Z，得到下底面的各坐标点，然后用曲线将各个坐标点依次连接起来得到下底面曲线，如图 4-15(c)所示。

(4)量取 $Y_1/2$ 长度值，在四棱柱后侧棱线中点处沿 Y 轴方向找到正平半圆柱前底面

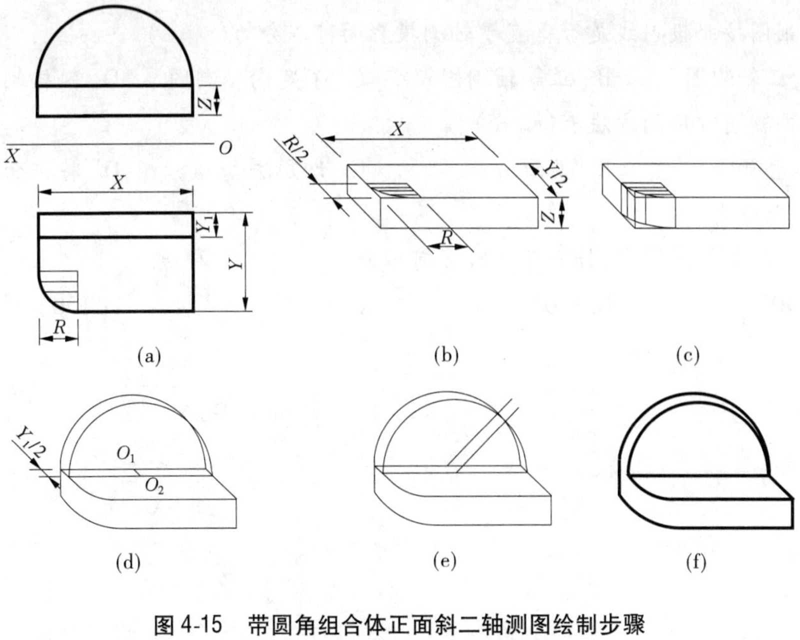

图 4-15　带圆角组合体正面斜二轴测图绘制步骤

的圆心 O_2，O_1 是其后底面圆心。以 $X/2$ 长度值为半径，绘制出两个正平半圆，如图 4-15(d)所示。

(5)从 O_1 和 O_2 分别沿 45°方向作斜线，与圆弧产生两个交点，连接起来即为公切线，如图 4-15(e)所示。

(6)擦掉多余线条，加粗图线，完成作图，如图 4-15(f)所示。

小　结

本项目主要介绍正等轴测图及正面斜二轴测图的绘制，轴测图绘制过程中应首先注意各种类型轴测图的相关参数。平面基本体主要用特征面绘图法进行绘制，平面组合体根据组合体组合形式可以选用叠加法、切割法等进行绘制，而绘制曲面立体轴测图的关键在于掌握圆的轴测图绘制方法。

习　题

1. 轴测图是用平行投影法得到的吗？它只能反映物体任意两个方向的尺寸吗？

2. 正等轴测图的轴间角是多少？轴向伸缩系数(简化系数)是多少？

3. 正面斜二轴测图的轴间角是多少？轴向伸缩系数是多少？

4. 轴测图的基本性质是什么？在作图时是否一定会满足这些性质？

5. 平行于 H 面、V 面和 W 面的圆的正等轴测图各是什么形状？斜二轴测图又各是什么形状？

6. 轴测图按照投射线是否垂直于轴测投影面可以分为(　　)。

A. 正轴测图　B. 正等轴测图　C. 不定向轴测图　D. 斜轴测图

7. 画轴测图常用的方法有(　　)。

A. 叠加法　B. 换面法　C. 切割法　D. 特征面绘图法

E. 坐标法

8. 正面斜二轴测图中，轴间角 $\angle YOZ$ 可以是(　　)。

A. 90°　B. 120°　C. 135°　D. 150°

项目五　工程形体的表达方法

项目介绍

本项目将介绍工程上常用的剖视图和断面图的基本知识及画法与识图等。通过本项目学习，应熟练理解和掌握基本视图的画法及位置关系，掌握剖视图和断面图的画法及识图方法。

任务一　视图的表达方式

【任务分析】 本任务主要是绘制基本视图及局部视图。通过本任务的学习，应理解基本视图及局部视图。

【相关知识】 三视图的形成及投影特点。

一、基本视图

视图是物体向投影面投射所得到的图形。物体向基本投影面投影所得到的图形称为基本视图。制图标准规定用正六面体的六个面作为基本投影面，即在原有的 H、V、W 三个投影面的正对面对应地增加三个投影面，将物体放在其中，分别向这六个基本投影面投影，可得六个基本视图，如图 5-1 所示。

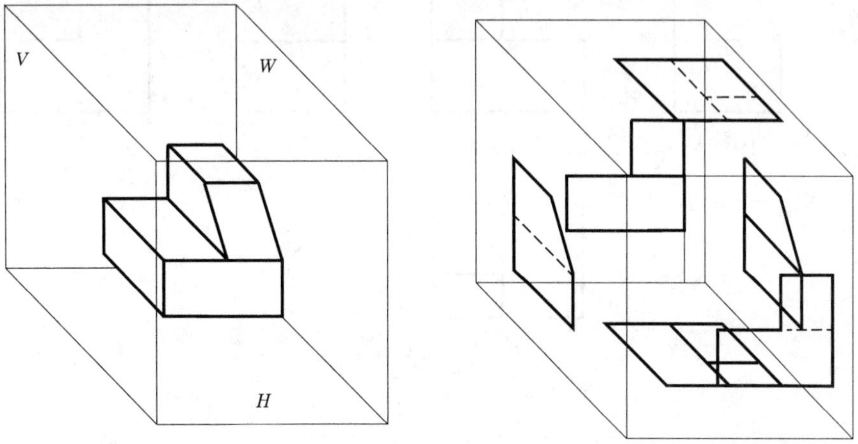

图 5-1　基本视图的形成

六个基本视图的名称和展开方法如图5-2所示,六个投影面均按箭头方向旋转展开在同一平面内。展开后六个视图的名称及其配置如图5-3(a)所示。

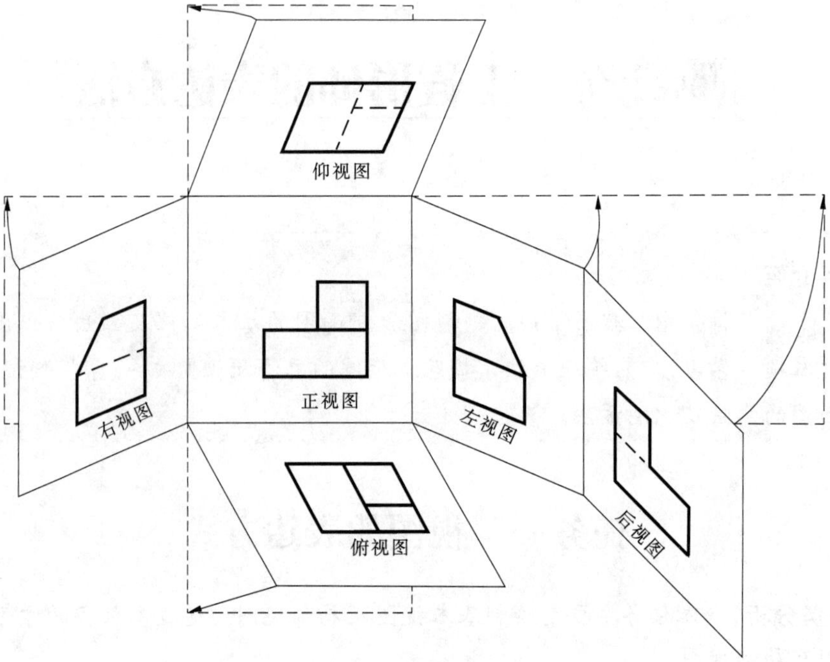

图5-2 基本视图的展开

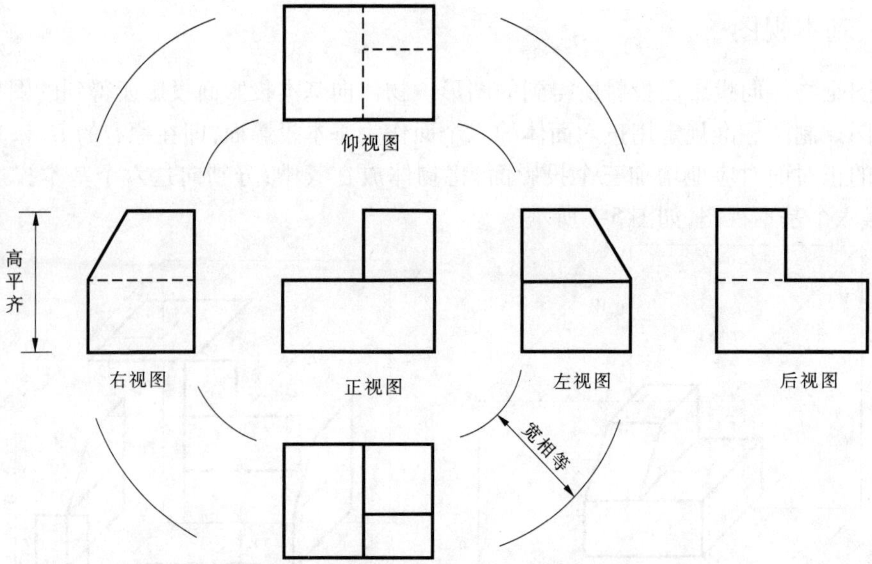

(a)

图5-3 基本视图的配置

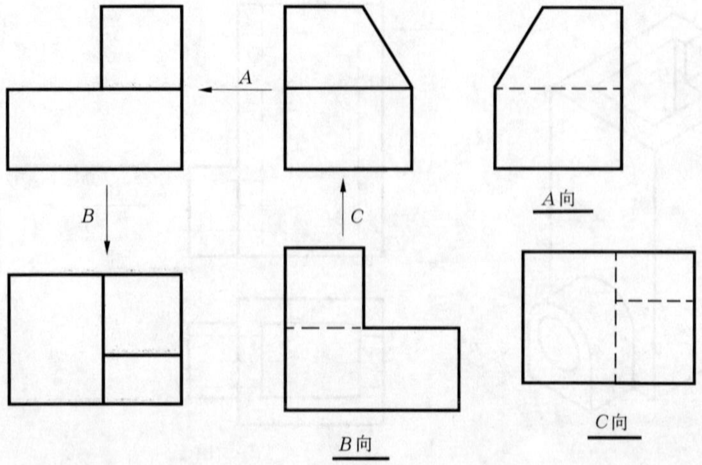

(b)

续图 5-3

六个基本视图之间与三视图一样，仍然符合“长对正、高平齐、宽相等”的投影规律，即：

(1)正、俯、仰视图之间满足“长对正”。

(2)正、左、右、后视图之间满足“高平齐”。

(3)俯、左、右、仰视图之间满足“宽相等”。

应当注意，由于基本视图的展开特点，正视图和后视图反映物体的上下位置关系是一致的，但左右位置恰恰相反。除后视图外，其他视图靠近正视图的一侧是物体的后面，远离正视图的一侧是物体的前面。

六个基本视图按图 5-3(a)所示的投影关系配置，可省略标注视图名称。如果不能按投影关系配置，则应当进行标注，方法如下：在视图的下方用大写字母标出“×向”，并在图名下方加绘一粗实线，其长度以图名所占长度为准，在相应的其他视图旁用箭头指明投影方向，并注上相同的字母，如图 5-3(b)所示。

按照完整、清晰和简便的图示原则，在实际图示表达中，应根据物体的形状特点和需要，选择基本视图的数量和类型。

二、局部视图

局部视图是将物体的某一部分向基本投影面投影所得的视图。如图 5-4 所示形体，有了主视图和俯视图，形体的形状大部分已表达清楚，只有箭头所指的局部形状还没有表示清楚，这时可不画出整个形体的左视图，而只需画出没有表示清楚的那一部分。

局部视图不仅可提高图示表达效率，而且重点突出，表达灵活。局部视图图示表达时应注意以下几点：

(1)局部视图必须依附于一个基本视图，不能独立存在。

(2)局部视图的断裂边界用波浪线表示。波浪线不能穿空而过，也不能超出视图的轮廓线且波浪线不能与图上的其他图线重合。但当所表达的局部视图是完整的，且外形

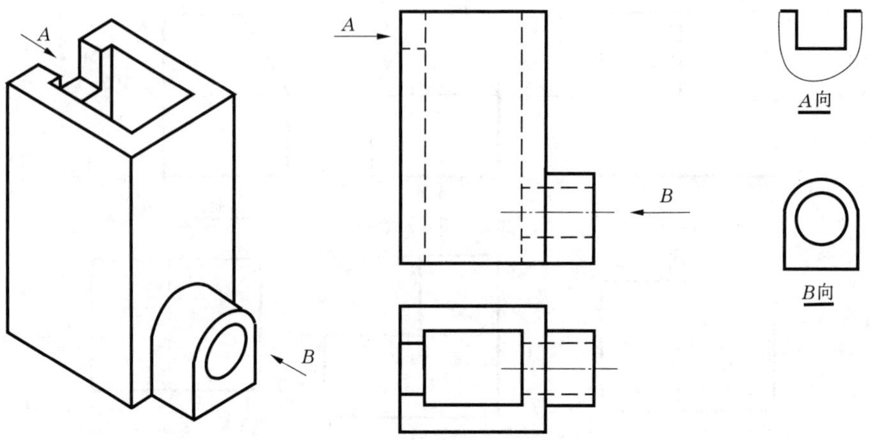

(a) (b)

图 5-4 局部视图

轮廓线封闭时,波浪线可省略不画。

(3)局部视图应尽量按投影关系配置,如需要也可配置在其他位置。

(4)局部视图必须进行标注,标注的方法是:在基本视图上画一个箭头指明投影部位和投影方向,并注写大写字母“×”,在局部视图的上方或下方用相同的字母标出视图的名称“×向”。

三、斜视图

斜视图是物体向不平行于基本投影面的平面投影所得的视图。如图 5-5 所示,为了表示形体上倾斜表面(不平行于基本投影面的表面)的真实形状,可以把它投影在和倾斜表面平行的辅助投影上,画出其视图。

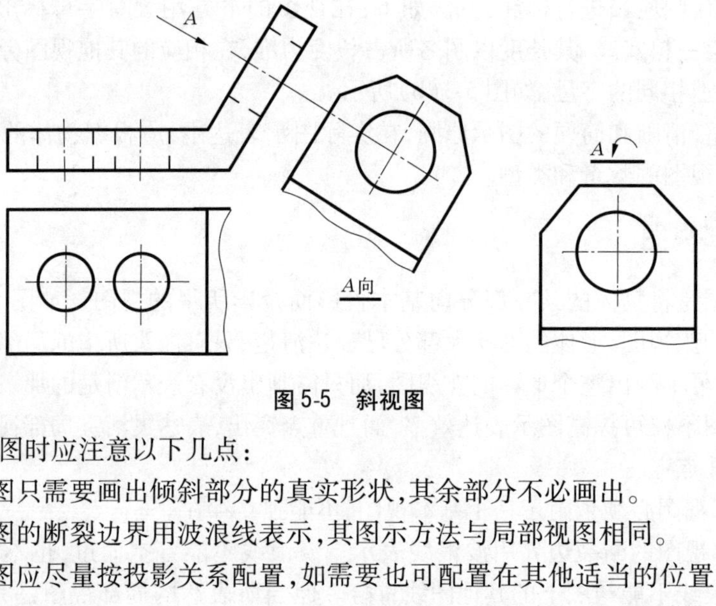

图 5-5 斜视图

绘制斜视图时应注意以下几点:

(1)斜视图只需要画出倾斜部分的真实形状,其余部分不必画出。

(2)斜视图的断裂边界用波浪线表示,其图示方法与局部视图相同。

(3)斜视图应尽量按投影关系配置,如需要也可配置在其他适当的位置。必要时,允许将视图旋转配置,但标注时应在斜视图上方标注“×⌒”字样。

(4)斜视图必须进行标注。标注的方法是:在基本视图的倾斜局部用一个箭头指明投影部位和投影方向,并注写上大写字母“×”,在斜视图的上方或下方用相同的字母标出视图的名称“×向”。

注意:在斜视图中标注的字母和文字都必须水平书写。

任务二 绘制剖视图、断面图

【任务分析】 本任务主要是绘制剖视图和断面图。通过本任务的学习,应掌握剖视图和断面图的画法及识图方法。

【相关知识】 三视图的形成及投影特点,材料图例的表示方法。

一、绘制剖视图

在绘制物体的视图时,可见轮廓线画为实线,不可见轮廓线画为虚线。在工程实践中,许多工程结构的形体不仅外形复杂,而且内部结构也很复杂,这样视图中就会出现较多的虚线,给作图、读图和标注尺寸都带来不便。因此,在工程上常采用剖视的方法来表达内部结构复杂的物体。

(一)剖视图的形成

假想用剖切平面将物体剖开,将处在观察者和剖切平面之间的部分移去,其余部分向基本投影面投影所得的图形称为剖视图,简称剖视,如图5-6所示。

绘制剖视图时,为了区分物体的空心部分和实心部分,使其层次分明,以便读图,应在剖切面与物体接触部分画上剖面材料符号。

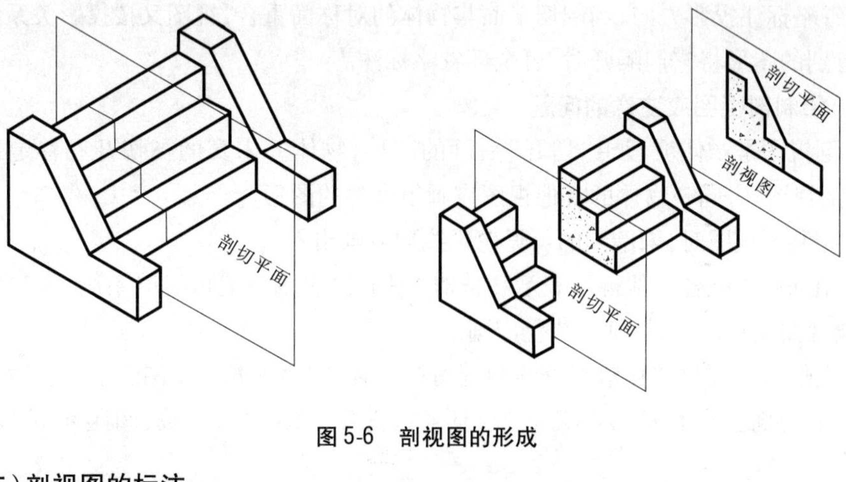

图5-6 剖视图的形成

(二)剖视图的标注

为了表明剖视图与有关视图之间的投影关系,便于看图,剖视图一般均应加以标注,即注明剖切位置、投影方向和剖视图的名称,如图5-7所示。

1. 剖切位置

用剖切位置线表示。在剖切平面起始和转折位置画出长为5~10 mm的短粗实线,

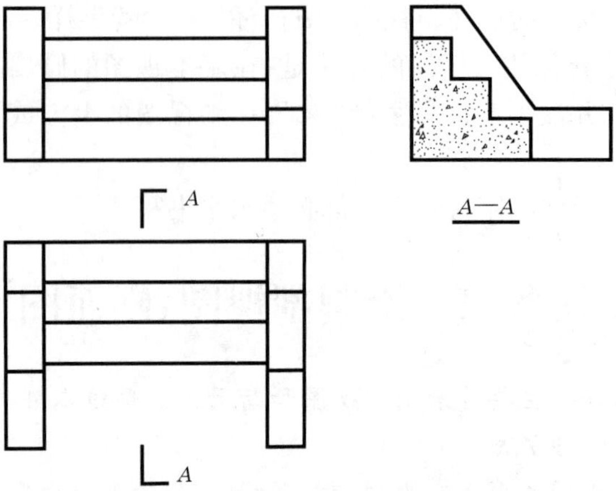

图 5-7 剖视图的标注与画法

此线尽可能不与物体的轮廓线相交。

2. 投影方向

用投影方向线表示。在剖切位置线外端画出与剖切位置线垂直的两段粗实线,其长度应短于剖切位置线,长为 4 ~ 6 mm,它表示了形体剖切后剩余部分的投射方向。

3. 剖视图的名称

用相同的数字或字母注写在剖切位置线的一侧,并一律水平书写,而在相应剖视图的下方(或上方)用相同的数字或字母,注写出视图名称“ ×— × ”。在工程中剖视图也可采用其他命名形式,如“纵剖视图”“横剖视图”等。

剖视图一般都需要标注。但当视图按投影关系配置,且中间没有别的图形将它们隔开时,可省略标注投影方向;当剖切平面与物体的对称面重合,视图又按投影关系配置,且中间没有别的图形将它们隔开时,可全部省略标注。

(三)绘制剖视图应注意的问题

(1)剖视图是物体被假想“切开”后画的图形,物体并未真的被切开和移走一部分。因此,除剖视图外,同一物体的其他视图应画出完整的图形。

(2)绘制剖视图时,未剖到的可见轮廓线均应画出。

(3)用剖视图配合其他视图表示物体时,图上的虚线一般可省略不画。但当省略虚线将影响视图完整表达时,则虚线仍应画出。

(4)在剖切面与物体接触部分绘制剖面符号时,应注意同一张图纸上,同一物体的所有剖视图上的剖面材料符号必须一致,且各视图中斜线方向一致,间距相同,如图 5-8 所示。

(四)剖视图的种类

1. 全剖视图

用剖切平面完全地剖开物体所得的剖视图称为全剖视图,如图 5-9 所示。全剖视图一般用于表达外形简单、内部结构比较复杂且不对称的物体,或主要为了表达物体内部结

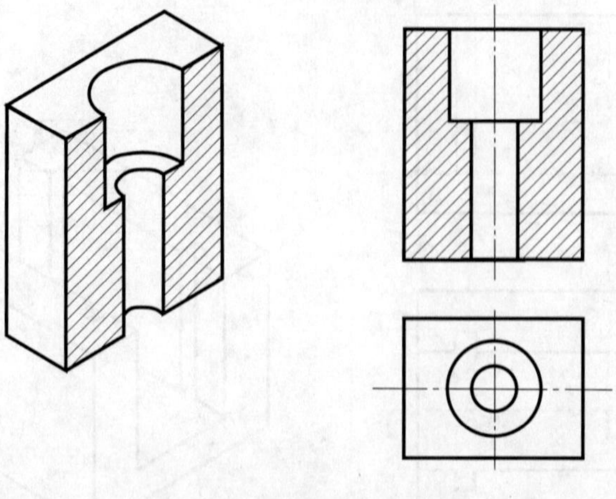

图 5-8　正确绘制剖面材料符号

构时采用。

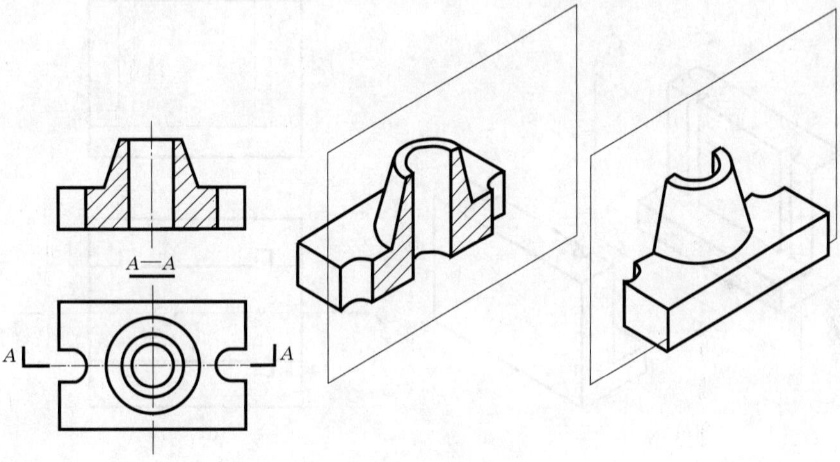

图 5-9　全剖视图

【任务 5-1】　将正视图改为全剖视图，材料为钢筋，如图 5-10(a) 所示。

分析：根据物体的三视图，分析得出物体的形状，假想用一个正平面在前后正中间将物体切开，去掉前半部分，将后半部分作投影，画上剖面材料，如图 5-10(b)、(c) 所示。

作图：(1) 剖。用一个正平面切开物体，如图 5-10(d) 所示。

(2) 去。去掉前半部分物体。

(3) 看。正视图中的虚线变成可见轮廓线，如图 5-10(e) 所示。

(4) 剖面材料。在切到物体的部分画上材料符号，即得剖视图，如图 5-10(f) 所示。

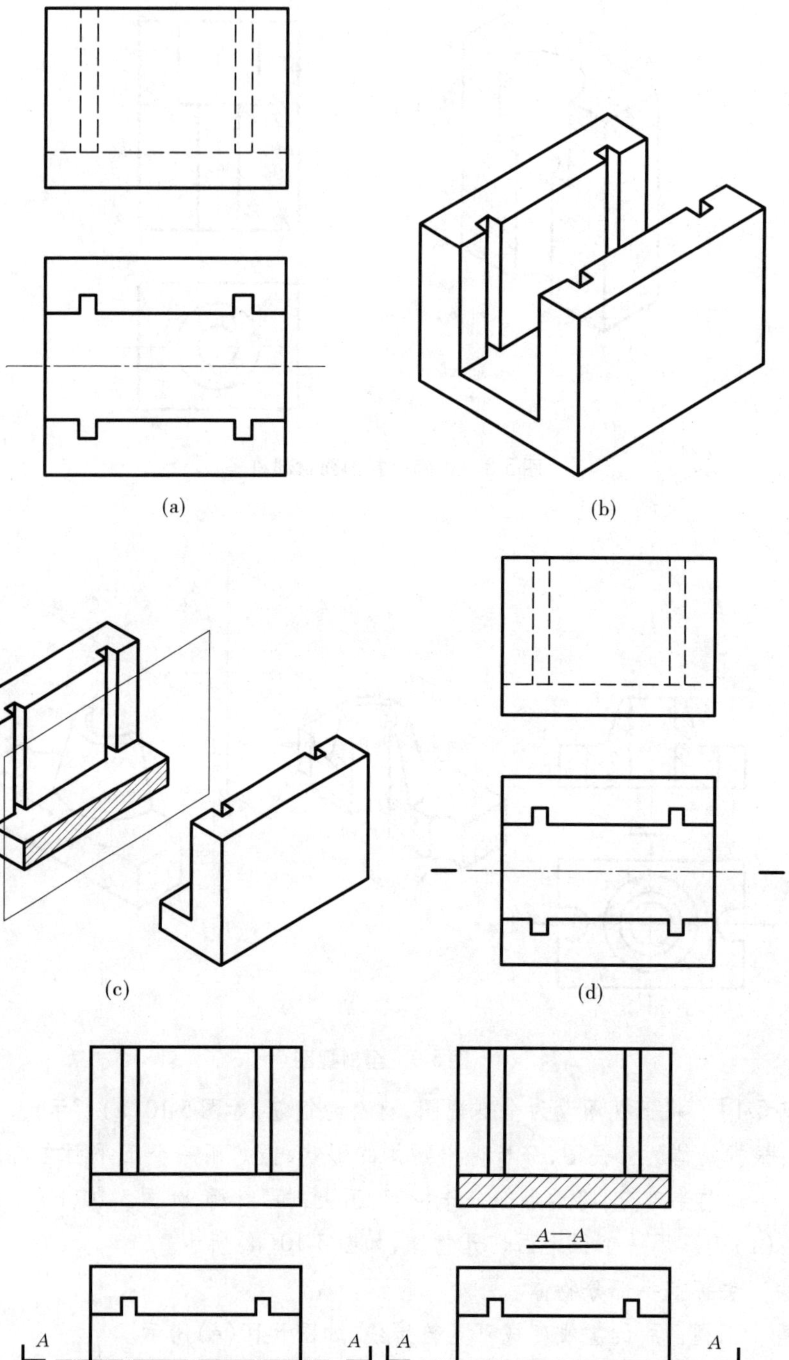

(a) (b) (c) (d) (e) (f)

图5-10 画全剖视图

2. 半剖视图

当工程结构具有对称平面时，可在其形状对称的视图上，以对称线为分界，一半画成剖视图，表达内部结构，另一半画成视图，表达外部结构形状，这样合成的视图称为半剖视图。

半剖视图一般用于内、外形状均复杂的对称的或基本对称的物体。下面以图 5-11 所示杯形基础结构图为例说明半剖视图的画法。

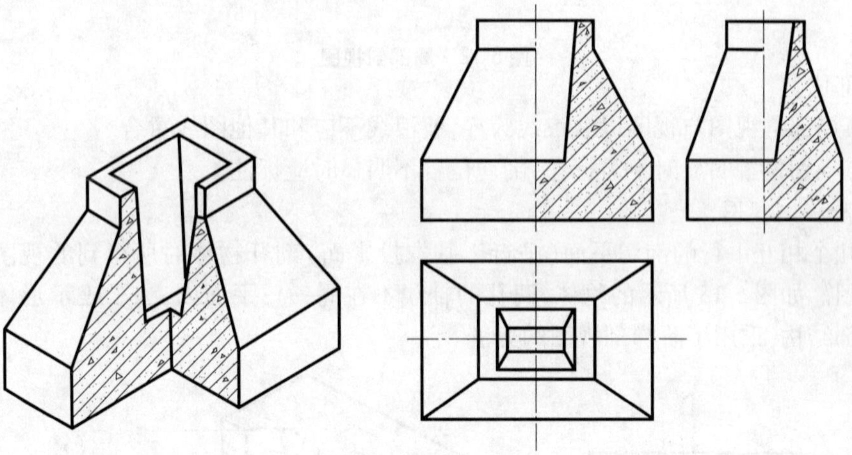

图 5-11 半剖视图

由于杯形基础前后、左右均对称，所以正视图和左视图都可以采用半剖视图来表达。因基础前后、左右均对称，视图和剖视图之间按投影关系配置，中间又无其他图形隔开，所以剖切标注可省略。

绘制半剖视图时应注意：

(1)半个剖视图与半个视图的分界线应是图形的对称线，用点画线表示。

(2)剖视部分习惯上画在物体对称线的右边(正剖视图和左剖视图)或下边(俯剖视图)。

(3)由于半剖视图的图形是对称的，所以对已表达清楚的内、外轮廓线，在其另一半视图中应省略虚线。

(4)由于半剖视图的剖切方法与全剖视图相同，所以半剖视图的标注方法与全剖视图相同。

3. 局部剖视图

用剖切平面局部地剖开物体所得到的剖视图称为局部剖视图。局部剖视图一般用于物体主体结构已表达清楚，而内部的细部或物体内部的局部没有表达清楚的物体。

如图 5-12 所示钢筋混凝土水管，为了表达其接头处的内外形状，且保留外形轮廓，正视图采用了局部剖视图，在被剖切开的部分画出管子的内部结构和剖面材料符号，其余部分仍画外形视图。

绘制局部剖视图时应注意：

(1)局部剖视图的剖切范围用波浪线表示，波浪线不应超出视图的轮廓线，也不应画

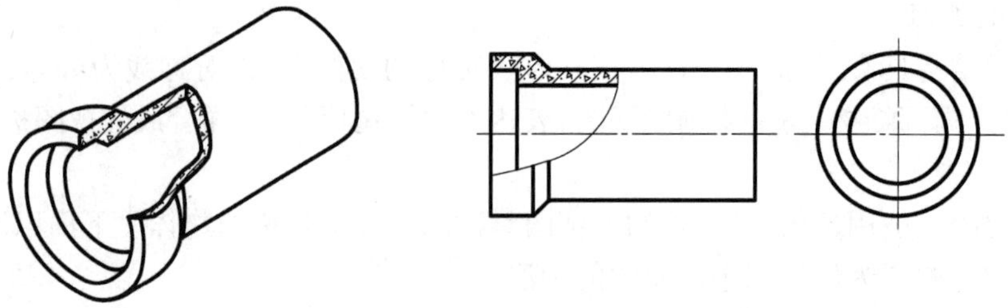

(a) (b)

图5-12 局部剖视图

在空心部位。

(2)局部剖视图与视图以波浪线为界,波浪线不应和其他图线重合。

(3)剖切位置明显时不需标注,剖切位置不明显时应标注。

4. 阶梯剖视图

用几个相互平行的剖切平面(平行于基本投影面)剖开物体时所得到的视图称为阶梯剖视图。如图5-13所示的物体,两孔的轴线不在同一正平面内,为了表示形体和两个孔的内部结构,采用了阶梯剖视图的方法。

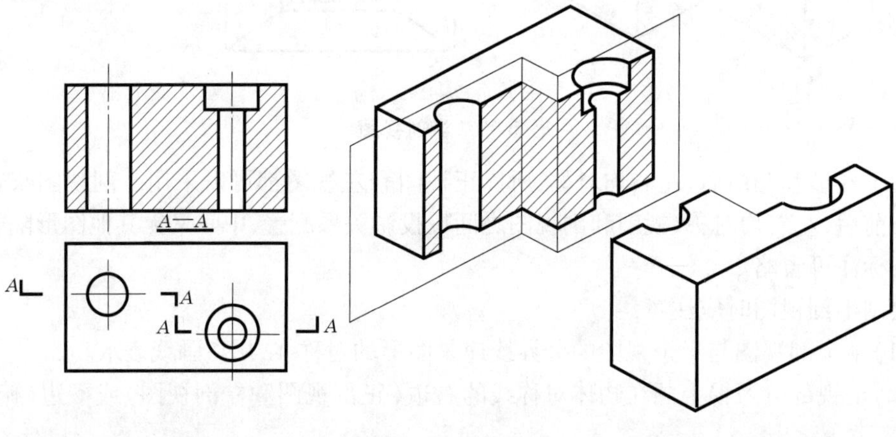

图5-13 阶梯剖视图

绘制阶梯剖视图时应注意:

(1)剖切平面的转折处不应与视图中的轮廓线重合。

(2)由于阶梯剖视图是把结构形体假想"切开"后所画的图形,所以在剖视图上不应画出两剖切平面转折处的分界线。

(3)阶梯剖视图必须进行标注。标注方法是:在剖切平面的起始和转折处标出剖切符号,进行编号,并在起始处标出投影方向,在阶梯剖视图下方标出"×—×",进行剖视图的命名。

5. 旋转剖视图

用交线垂直于基本投影面的两相交剖切平面剖切结构形体所形成的剖视图称为旋转剖视图,如图5-14所示。

绘制旋转剖视图时应注意:

(1)被剖开的倾斜结构必须旋转到与投影面平行后再投影。

(2)旋转剖视图必须标注。

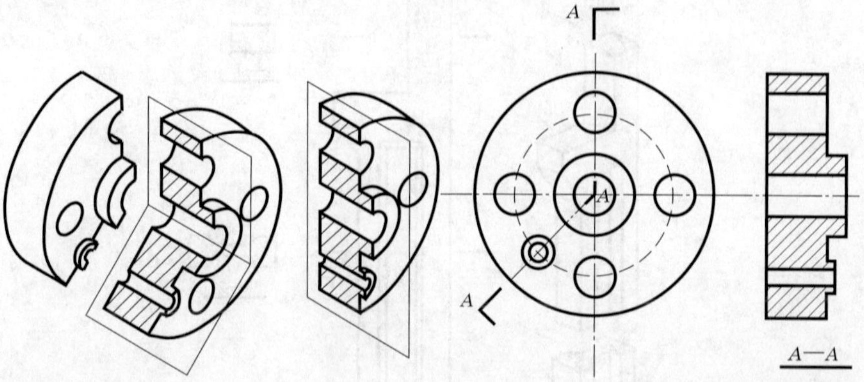

图 5-14 旋转剖视图

二、绘制断面图

(一)断面图的概念

在工程结构的图示表达中,对于形体简单的结构,一般采用断面图的形式来表达。断面图常用来表达水工建筑物上的一些形体简单的结构,如大坝的纵横断面、翼墙、挡土墙、梁和柱等。

假想用剖切平面在适当的位置将形体剖切,仅画出断面形状和断面处的材料符号,这种图形称为断面图。它与剖视图的区别:虽然断面图的形成原理与剖视图相同,但断面图只表达剖切断面。

(二)断面图的种类

根据断面图的配置位置不同,可分为移出断面图和重合断面图两种。

1. 移出断面图

画在图形之外的断面图称为移出断面图,如图 5-15 所示。

移出断面图画在视图之外,断面图的轮廓线用粗实线绘制。移出断面图的标注方法与剖视图相同,只是编号所在的一侧表示剖切后的投影方向,如图 5-15(a)所示。如果结构等截面,移出断面图对称并按投影关系配置或配置在视图断开处,可省略标注。

当移出断面图配置在剖切位置的延长线上且断面图形对称时,可省略标注,如图 5-15(b)所示。当结构为变截面或移出断面图不对称时,则应标注出剖切位置、投影方向和编号,如图 5-15(a)所示。

2. 重合断面图

画在图形内部的断面图称为重合断面图,如图 5-16 所示。

重合断面图的轮廓线规定用细实线绘制。对称的重合断面图可省略标注,如图 5-16(a)所示。不对称的重合断面图则应标注出剖切位置并用编号表示投影方向,如图 5-16(b)所示。

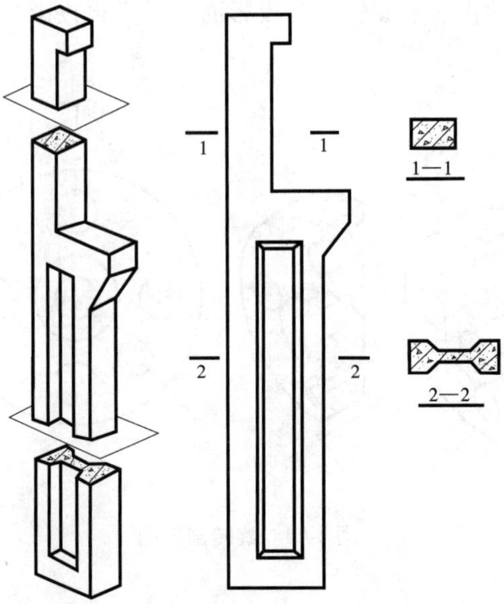

(a)不对称的移出断面

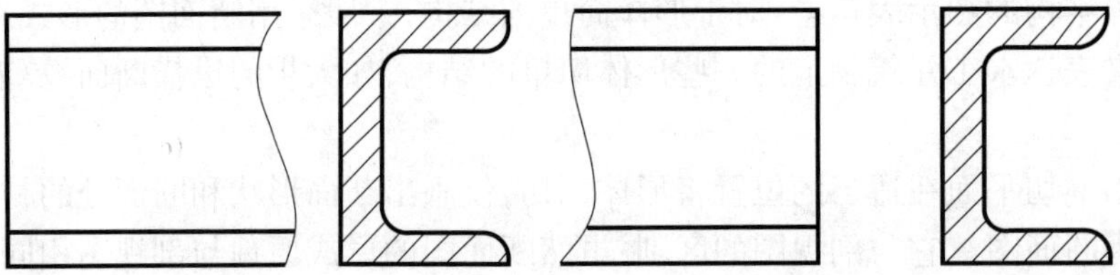

(b)对称的移出断面

图5-15　移出断面图

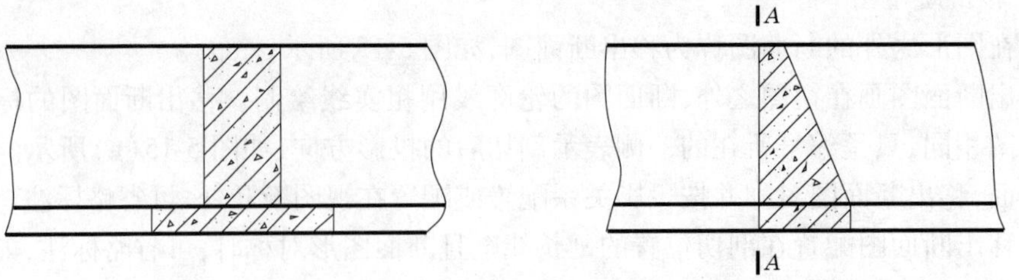

(a)对称的重合断面　　(b)不对称的重合断面

图5-16　重合断面图

【任务5-2】 绘制如图5-17(a)所示物体的A—A移出断面图和重合断面图。

分析:根据两面视图,可分析出物体的形体,将物体从剖切位置切开,切开的面即为断面图,如图5-17(b)所示。

作图:(1)作移出断面图。将切开的断面画在正视图的旁边,断面轮廓线用粗实线画

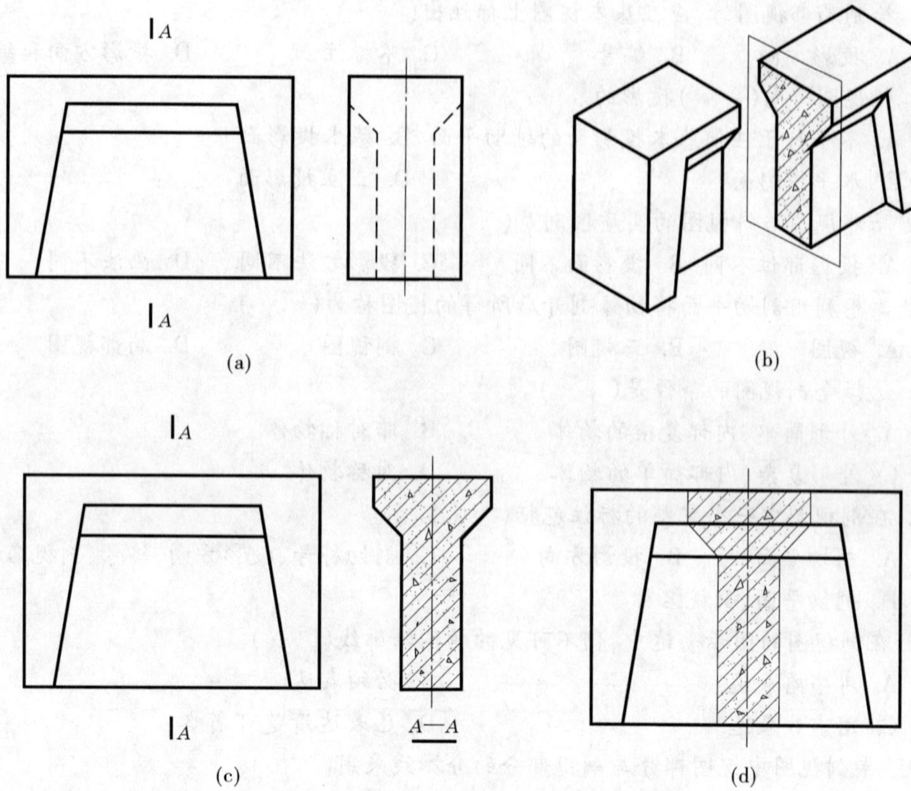

图 5-17　绘制断面图

出，并标注上名称 $A—A$，如图 5-17(c)所示。

(2)作重合断面图。将切开的断面画在正视图的里面，断面轮廓线用细实线画出，如图 5-17(d)所示。

小　结

本项目主要讲解了基本视图、剖视图和断面图的画法，掌握基本视图的画法及位置关系，掌握剖视图和断面图的规定画法。

习　题

1. 六个基本视图任意配置时(　　)。

A. 只标注后视图的名称　　B. 标出全部未按投影关系配置视图的名称

C. 都不标注名称　　D. 不标注正视图的名称

2. 能表示出物体左右和前后方位的投影图是(　　)。

A. 正视图　　B. 后视图　　C. 左视图　　D. 仰视图

3. 绘制局部视图时，应在基本视图上标注出(　　)。

A. 投影方向　B. 编号　C. 不标注　D. 投影方向和编号

4. 斜视图是向(　　)投影的。

A. 不平行于任何基本投影面的辅助平面　B. 基本投影面

C. 水平投影面　D. 正立投影面

5. 局部视图与斜视图的实质区别是(　　)

A. 投影部位不同　B. 投影面不同　C. 投影方法不同　D. 画法不同

6. 假想利用剖切平面将物体剖开后所得的视图称为(　　)。

A. 视图　B. 正视图　C. 剖视图　D. 局部视图

7. 选择全剖视图的条件是(　　)。

A. 外形简单、内部复杂的物体　B. 非对称物体

C. 外形复杂、内部简单的物体　D. 对称物体

8. 在剖视图中一个完整的标注包括(　　)。

A. 剖切平面　B. 投影方向　C. 剖切符号、投影方向、编号、剖视名称

D. 剖切平面、剖视名称

9. 在剖视图的图示表达中，仍不可见的物体轮廓线(　　)。

A. 可省略表达　B. 必须表达

C. 用虚线表达　D. 已表达清楚可省略

10. 半剖视图中视图部分与剖视部分的分界线采用(　　)。

A. 点画线　B. 波浪线　C. 任意图线　D. 虚线

11. 重合断面图应画在(　　)。

A. 视图轮廓线以外　B. 剖切位置线的延长线上

C. 视图轮廓线以内　D. 按投影关系配置

项目六　绘制物体的标高投影

【项目介绍】

本项目主要介绍标高投影的表示形式，要求能够理解标高投影的概念。掌握点、直线、平面标高投影的表示方法。熟悉建筑物与地面交线的绘制方法。

任务一　绘制点、直线、平面的标高投影

【任务分析】 通过学习标高投影的基本概念，掌握点、直线、平面的标高投影绘制方法。

【相关知识】 点、直线、平面的投影规律，三视图的投影规律。

一、标高投影概述

用两个视图表示物体时，俯视图确定之后，物体的高度由正视图提供。若能在物体的俯视图中标明各部分的高度，只用一个俯视图就可以完全确定物体的空间形状和位置。如图 6-1 所示，画出四棱台的平面图，在其俯视图上注出其上、下底面的高程数值 2.000 和 0.000，为了增强图形的立体感，斜面上画上示坡线，为度量其俯视图的大小，再给出绘图比例或画出图示比例尺。这种用俯视图加注高程数值来表示空间物体的单面正视图称为标高投影。

标高投影图包括俯视图、高程数值、绘图比例三要素。

标高投影中的高程数值称为高程或标高，它是以某水平面作为计算基准的，标准规定基准面高程为零，基准面以上高程为正，基准面以下高程为负。在水工图中一般采用与测量一致的基准面（青岛市黄海平均海平面），以此为基准标出的高程称为绝对高程，以其他面为基准标出的高程称为相对高程。标高的常用单位是 m，一般不需注明。

二、点的标高投影

如图 6-2（a）所示，首先选择水平面 H 为基准面，规定其高程为零，点 A 在 H 面上方 3 m 处，点 B 在 H 面下方 2 m 处，点 C 在 H 面上。若在 A、B、C 三点俯视图的右下角注上其高程数值即 a_3、b_{-2}、c_0，再加上图示比例尺，就得到了 A、B、C 三点的标高投影，如图 6-2（b）所示。

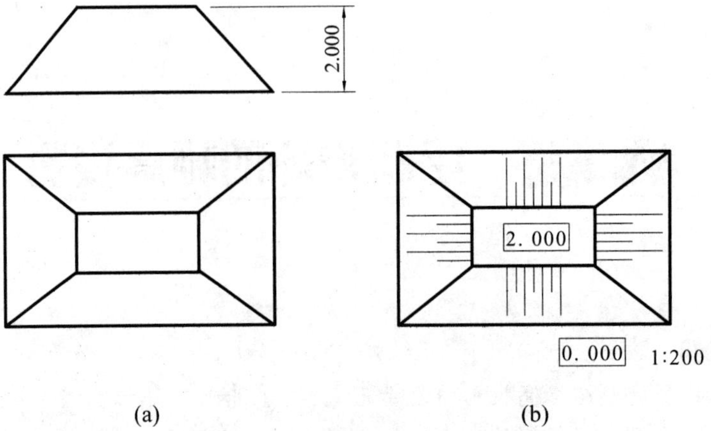

图6-1　四棱台的两面正投影图和标高投影图

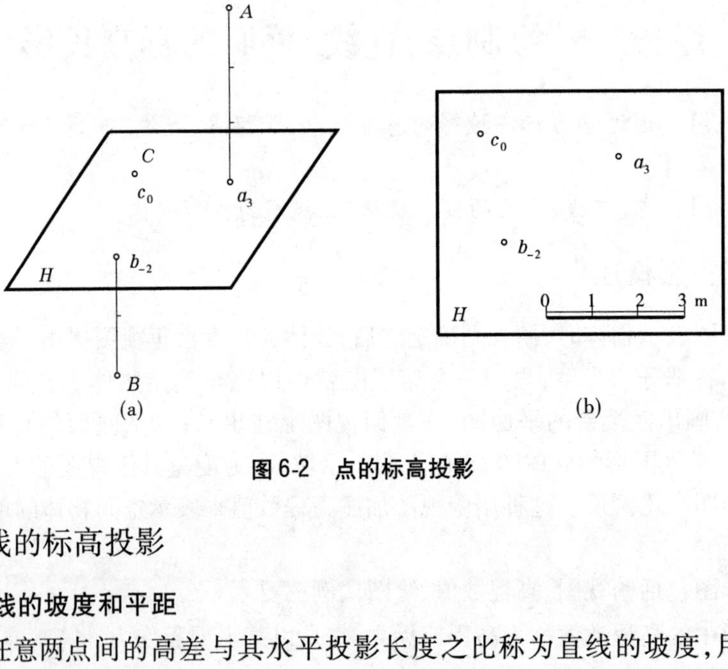

图6-2　点的标高投影

三、直线的标高投影

(一)直线的坡度和平距

直线上任意两点间的高差与其水平投影长度之比称为直线的坡度,用 i 表示。如图6-3(a)所示,直线两端点 A、B 的高差为 ΔH,其水平投影长度为 L,直线 AB 对 H 面的倾角为 α,则得:

$$坡度\ i = \frac{高差\ \Delta H}{水平投影长度\ L} = \tan\alpha \tag{6-1}$$

如图6-3(b)所示,直线 AB 的高差为1 m,其水平投影长4 m(用比例尺在图中量得),则该直线的坡度 $i = 1/4$,常写为1∶4的形式。

在以后作图中还常常用到平距,平距用 l 表示。直线的平距是指直线上两点的高度差为1 m时水平投影的长度数值。即:

$$平距\ l = \frac{水平投影长度\ L}{高差\ \Delta H} = \cot\alpha = \frac{1}{i} \tag{6-2}$$

由此可见,平距与坡度互为倒数,它们均可反映直线对 H 面的倾斜程度。

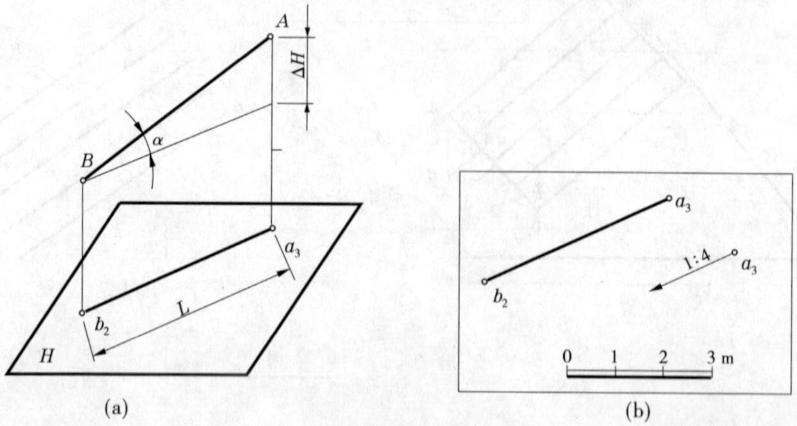

图 6-3 直线的标高投影

(二)直线的表示方法

直线的空间位置可由直线上的两点或直线上的一点及直线的方向来确定,相应的直线在标高投影中也有两种表示法:

(1)用直线上两点的高程和直线的俯视图表示,如图 6-4(a)所示。

(2)用直线上一点的高程和直线的方向来表示,直线的方向规定用坡度和箭头表示,箭头指向下坡方向,如图 6-4(b)所示。

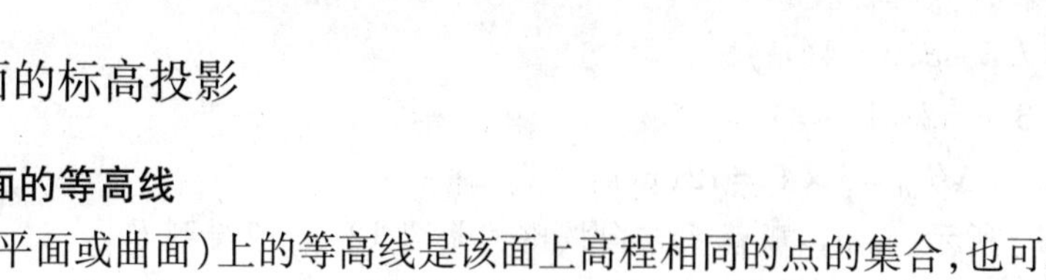

图 6-4 直线标高投影的表示方法

四、平面的标高投影

(一)平面的等高线

某个面(平面或曲面)上的等高线是该面上高程相同的点的集合,也可看成是水平面与该面的交线。

平面上的等高线就是平面上的水平线,如图 6-5 中的直线 BC、Ⅰ、Ⅱ、Ⅲ、Ⅳ。它们是平面 P 上一组互相平行的直线,其投影也相互平行;当相邻等高线的高差相等时,其水平距离也相等,如图 6-5(b)所示。图中相邻等高线的高差为 1 m,它们的水平距离即为平距 l。

(二)平面的坡度线

坡度线是平面上对 H 面的最大斜度线,如图 6-5(a)中直线 AB,它与等高线 BC 垂直,它们的投影也互相垂直,即 $ab \perp bc$。坡度线 AB 对 H 面的倾角 α 就是平面 P 对 H 面的倾

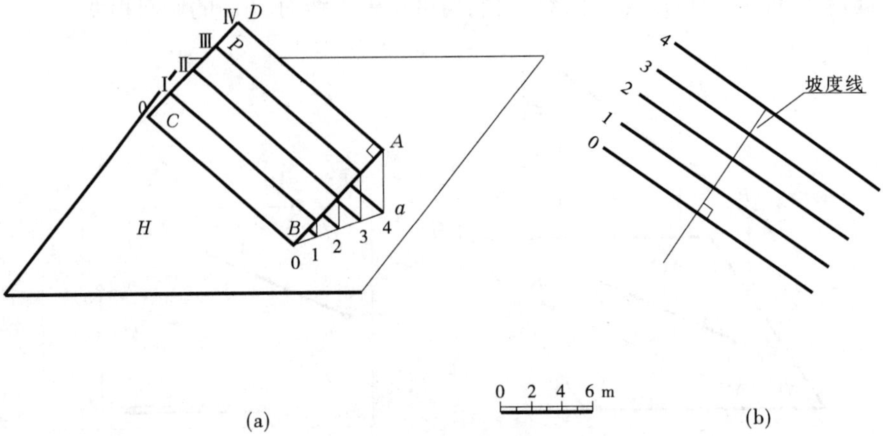

图 6-5 平面上的等高线和坡度线

角，因此坡度线的坡度就代表该平面的坡度。

【任务 6-1】 求如图 6-6(a)所示直线上高程为 3.3 m 的点 B 的标高投影，并定出该直线上各整数标高点。

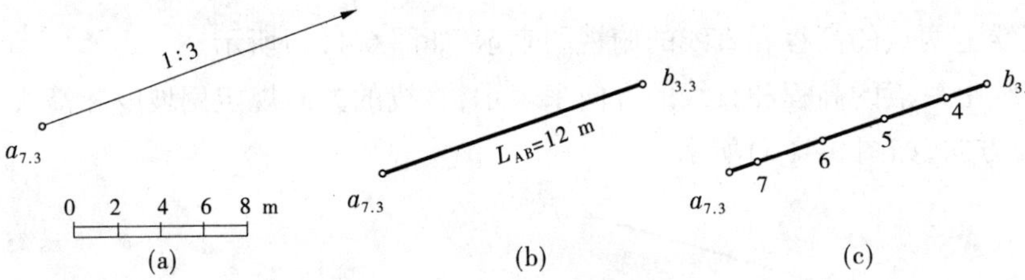

图 6-6 直线上求点法

分析：已知坡度和两点的高程，利用坡度公式求出 $a_{7.3}b_{3.3}$ 的水平距离，量取投影长度可得 B 点投影。利用坡度公式求各整数点之间的水平距离，量取长度即可求得。

作图：(1) 求 B 点标高投影。

$\Delta H_{AB} = 7.3 - 3.3 = 4(\mathrm{m})$

因为 $i = 1:3$ $l = 1/i = 3$

所以 $L_{AB} = l \times \Delta H_{AB} = 3 \times 4 = 12(\mathrm{m})$

如图 6-6(b)所示，自 $a_{7.3}$ 顺箭头方向按比例量取 12 m，即得到 $b_{3.3}$。

(2) 求整数标高点。由 $l = 3, L = l \times \Delta H$ 可知高程为 4 m、5 m、6 m、7 m 各点间的水平距离均为 3 m。高程 7 m 的点与高程 7.3 m 的点 A 之间的水平距离 $= \Delta H \times l = (7.3 - 7) \times 3 = 0.9(\mathrm{m})$。自 $a_{7.3}$ 沿 ab 方向依次量取 0.9 m、3 m、3 m、3 m，就得到高程为 7 m、6 m、5 m、4 m 的整数标高点。

【任务 6-2】 已知直线 AB 的标高投影为 a_3b_7，如图 6-7 所示，求直线 AB 的坡度与平距，并求直线上 C 点的标高。

分析：求坡度和平距，先求 ΔH 和 L，ΔH 可由直线两点的标高计算取得，L 可按比例度量取得，然后利用公式确定。

作图：(1)求直线 AB 的坡度。

因为 $\Delta H_{AB}=7-3=4(\mathrm{m})$，$L_{AB}=8\ \mathrm{m}$(用比例尺在图上量得)

所以 $i=\Delta H_{AB}/L_{AB}=4/8=1/2$

(2)求平距。直线 AB 的平距 $l=1/i=2$。

(3)求 C 点的标高。因量得 $L_{AC}=2\ \mathrm{m}$，则 $\Delta H_{AC}=i\times L_{AC}=1/2\times2=1\ (\mathrm{m})$，即点 C 的高程为 4 m。

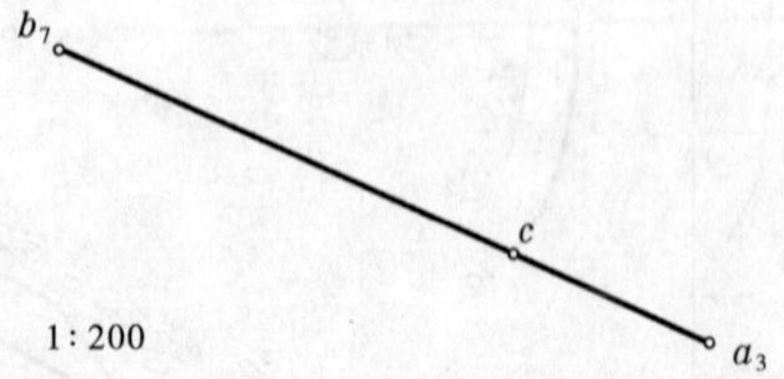

图 6-7　直线上点高程的求法

任务二　绘制建筑物与地面交线

【任务分析】 了解建筑物与地面交线的类型，通过点的标高投影的绘制，掌握建筑物与地面交线的绘制方法。

【相关知识】 点、直线的标高投影。

修建在地面上的建筑物必然与地面产生交线，即坡脚线(或开挖线)，建筑物本身相邻的坡面也会产生坡面交线。由于建筑物表面一般是平面或圆锥面，所以建筑物的坡面交线一般是直线和规则曲线，这些坡面交线可用前面所讲的方法求得，而建筑物上坡面与地形面的交线，即坡脚线(或开挖线)则是不规则曲线，需求出交线上一系列的点获得。求作一系列点的方法有两种：

(1)等高线法。作出建筑物坡面上一系列的等高线，这些等高线与地面上同高程等高线相交的交点，是坡脚线(或开挖线)上的点，依次连接即可。

(2)断面法。用一组铅垂面剖切建筑物和地形面，在适当位置作出一组相应的断面图，这些断面图中坡面与地面的交点就是坡脚线(或开挖线)上的点，把其画在标高投影图相应位置上，依次连接即可。

等高线法是常用的方法，只有当相交两面的等高线近乎平行，公共点不易求得时，才用断面法。

【任务 6-3】 如图 6-8(a)所示为坝址处的地形图和土坝的坝轴线位置，图 6-8(b)所示为土坝的最大横断面，试完成该土坝的标高投影图，并作出 A—A 断面图。

分析：坝顶、马道以及上游坡面与地面都要产生交线即坡脚线，这些交线均为不规则的曲线，如图 6-8(c)所示。要作出这些交线，应首先在地形图上作出土坝坝顶和马道的投影，然后求出土坝各面上等高线与同高程地面等高线的交点，依次连接这些交点即得坡脚线的标高投影。同时剖切地形面和土坝，作出相应的地形断面图和土坝横断面图即为 A—A 断面图。

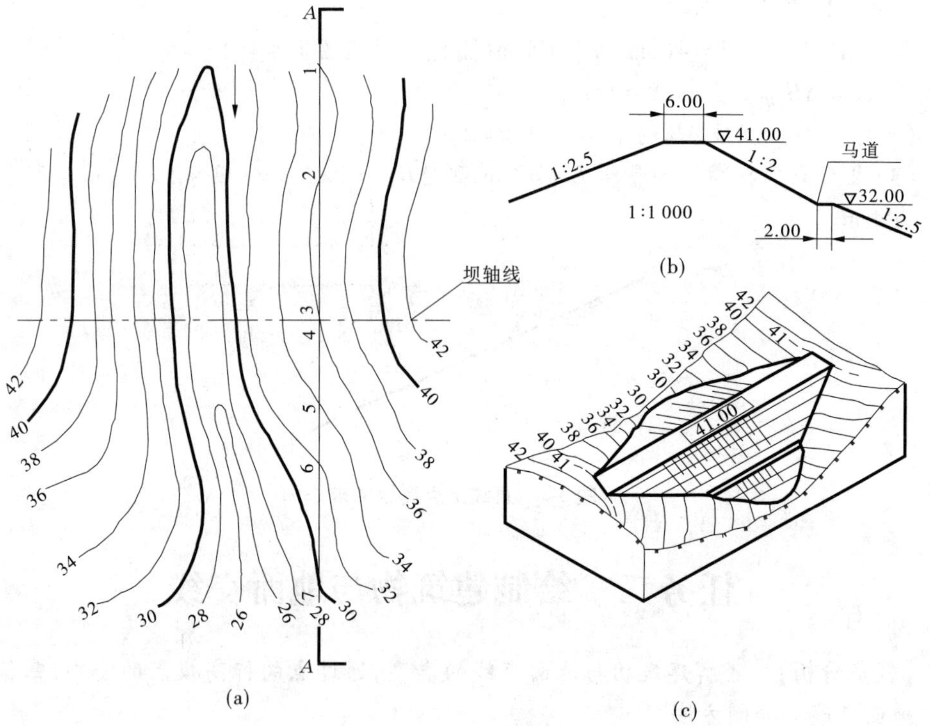

图6-8 土坝的地形图

作图:(1)画出坝顶和马道投影。因为坝顶的高程为41 m,所以应先在地形图上插入一条高程为41 m的等高线(图中用虚线表示),根据坝轴线的位置与土坝最大剖面中的坝顶宽度,画出坝投影,其边界线应画到与地面高程为41 m的等高线相交处,下游马道的投影是从坝顶靠下游坡面的轮廓线沿坡度线向下量 $L=\Delta H\times l=(41-32)\times 2=18(\mathrm{m})$,作坝轴线的平行线即为马道的内边线,再量取马道的宽度,画出外边线,即得马道的投影。同理,马道的边界线应画到与地面高程为32 m的等高线相交处,如图6-9(a)所示。

(2)求土坝的坡脚线。土坝的坝顶和马道是水平面,它们与地面的交线是地面上高程分别为41 m、32 m的两段等高线;上下游坝坡与地面的交线是不规则曲线,应先求出坝坡上的各等高线,找到与同高程地面等高线的交点,连点即得坡脚线,如图6-9(a)所示。

(3)画出坡面示坡线并标注各坡面坡度及水平面高程,即完成土坝的标高投影图,如图6-9(b)所示。

(4)作 *A—A* 断面图。在适当位置作一直角坐标系,横轴表示各点水平距离,纵轴表示各点高程,将 *A—A* 断面与地形图和土坝各轮廓线的交点1、2、3…依次移到横轴上,并从各点作铅垂线,确定点Ⅰ、Ⅱ、Ⅲ…的空间位置,连接各点即得地形断面图,然后以Ⅲ点为基准作出土坝断面图,即为 *A—A* 断面图,如图6-9(c)所示。

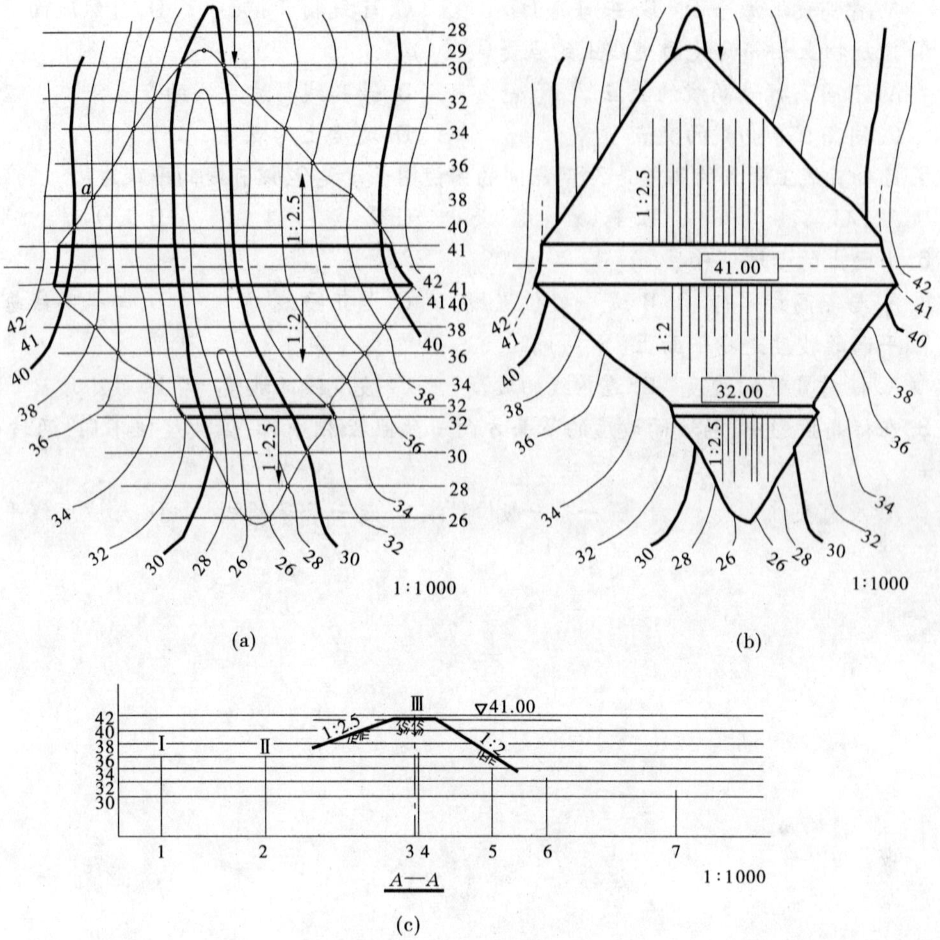

图6-9　土坝的标高投影图和断面图

小　结

本项目主要介绍了标高投影的形成，点、线、面的标高投影以及建筑物和地面的交线画法。重点掌握点、直线的标高投影的绘制方法。

习　题

1. 标高投影是(　　)。

　A. 多面投影　　B. 单面正投影　　C. 平行投影　　D. 中心投影

2. 标高投影图的要素不包括(　　)。

　A. 俯视图　　B. 绘图比例　　C. 高程数值　　D. 高差数值

3. 水工图中的标高常用的基准面是(　　)。

A. 青岛黄海海平面　B. 东海海面　C. 建筑物开挖面　D. 自然地面

4. 建筑物上相邻两坡面交线上的点是(　　)。

A. 不同高程等高线的交点　B. 等高线与坡度线的交点

C. 同高程等高线的交点　D. 坡度上的点

5. 已知直线上两点的高差是3,两点间的俯视图长度是9,该直线的平距为(　　)。

A. 1/3　B. 3　C. 9　D. 1/9

6. 平面上的示坡线(　　)。

A. 与等高线平行　B. 是一般位置线　C. 是正平线　D. 与等高线垂直

7. 平面的坡度是指平面上(　　)。

A. 任意直线的坡度　B. 边界线的坡度　C. 坡度线的坡度　D. 最小坡度

8. 在标高投影中,两坡面坡度的箭头方向一致且互相平行,但坡度值不同,两坡面的交线(　　)。

A. 没有交线　B. 是一条一般位置线　C. 是一条等高线　D. 与坡度线平行

项目七 水利工程图的识读

项目介绍

本项目主要介绍了水利工程图的分类与特点，水利工程图的表达方法和尺寸标注方法；水利工程图的绘制方法和步骤，水利工程图的识读方法和步骤。通过水利工程图的学习，掌握水利工程图的识读方法。

任务一 水利工程图概述

【任务分析】 通过对水利工程图分类和特点进行学习，为水利工程图的识读打下坚实的基础。

【相关知识】 标高投影的画法，三视图的投影。

为了利用或控制自然界的水利资源而修建的工程设施称为水工建筑物。一项水利工程，常从综合利用水资源出发，同时修建若干个不同类型、不同功能的水工建筑物，这一多种水工建筑物组成的综合体称为水利枢纽。其中常见的建筑物有：

(1)挡水建筑物：用以拦截河流，抬高上游水位，形成水库和落差。

(2)发电建筑物：利用上、下游水位差及流量进行发电的建筑物。

(3)泄水建筑物：用以宣泄洪水，以保证挡水建筑物和其他建筑物的安全。

(4)输水建筑物：为满足灌溉、发电、城市供水或工业给水等需要，将水从水源或某处送至另一处的建筑物。

(5)通航建筑物：用以克服水位差产生的通航障碍的建筑物。

一、水利工程图的分类

表达水工建筑物及其施工过程的图样称为水利工程图，简称水工图。水工图的内容包括水工图种类、视图、尺寸标注、图例符号和技术说明等，它是反映设计思想、指导工程施工的重要技术资料。

水利工程的兴建一般需要经过勘测、规划、设计、施工、验收等几个阶段，每个阶段都要绘制出相应的图样，水工图主要有工程位置图(包括流域规划图和灌区规划图)、枢纽布置图、结构图、施工图和竣工图。

(一)规划图

规划图主要表示水利枢纽所在的地理位置，与枢纽有关的河流、公路、铁路、重要的建筑物和居民区等。

规划的特点是：表示范围大，图形比例小，一般采用比例为 1∶5 000 ~ 1∶10 000 甚至更小，建筑物则一般用示意图表示，如图 7-1 所示。

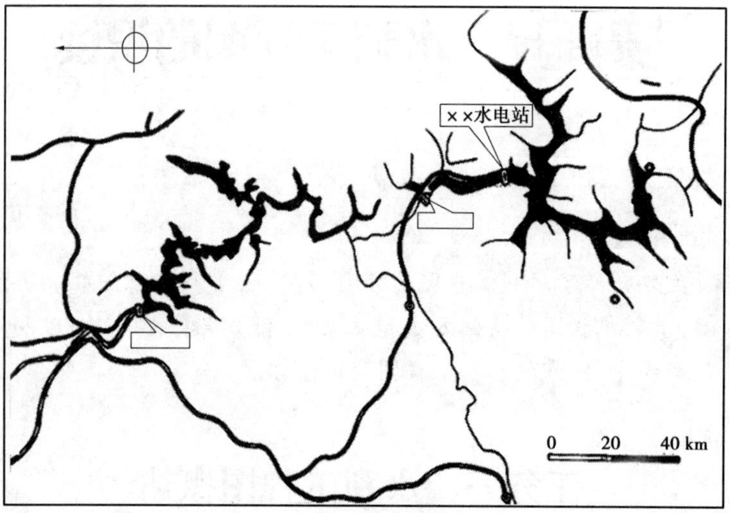

图 7-1 规划图

（二）枢纽布置图

枢纽布置图主要表示整个水利枢纽在平面和立面的布置情况，它是各建筑物定位、施工放线、土石方施工以及绘制施工总平面图的依据，如图 7-2 所示。

枢纽布置图一般包括以下内容：

（1）水利枢纽所在地区的地形、河流名称及流向、地理方位（指北针）、测量坐标网和拟建建筑物的控制点坐标、绘图比例等。

（2）各建筑物的平面形状、相应位置关系及对外交通。

（3）建筑物与地面的交线、填挖方坡边线。

（4）建筑物的主要高程和主要轮廓尺寸。

枢纽布置图的特点主要有：

（1）枢纽布置图必须画在地形图上。

（2）为了使图形主次分明，结构上的细部构造和次要轮廓线一般均省略不画，或采用示意图表示这些构造的位置、种类和作用。

（3）图中尺寸一般只标注建筑物的外形轮廓尺寸以及定位尺寸、主要部位的高程、填挖方坡度等。

（三）建筑物结构图

建筑物结构图是表达建筑物形状、大小、结构及建筑材料的工程图样。

建筑物结构图一般包括以下内容：

（1）建筑物整体和各组成部分的结构、形状、尺寸和材料。

（2）建筑物基础的地质情况及建筑物与地基的连接方式。

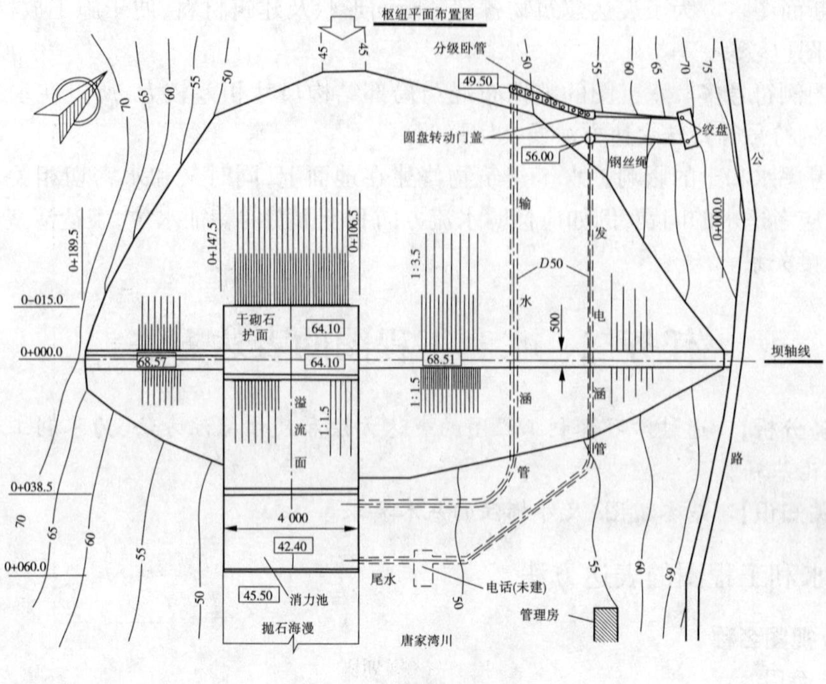

图 7-2　枢纽布置图

(3) 建筑物的工作条件,如上下游设计水位、水面曲线等。

(4) 与相邻建筑物的连接方式及附属设备的位置。

建筑物结构图的特点主要有:清楚表达建筑物的结构形状、尺寸的大小、建筑材料以及与相邻结构的连接方式等,比例一般采用 1:5 ~ 1:200,可用详图表达一些细部构造。

(四) 施工图

施工图是按照设计要求,用于指导施工所画的图样,主要表达水利工程施工组织和施工方法等。常用的施工图有施工场地布置图、建筑基础开挖图、混凝土分期分块浇筑图以及表示建筑物内部钢筋配置的钢筋图等。

(五) 竣工图

工程完工验收后要绘出完整反映工程全貌的图样称为竣工图。竣工图详细记载着建筑物在施工过程中经过修改后的有关情况,以便汇集资料、交流经验、存档查阅以及供工程管理之用。

二、水利工程图的特点

水利工程图的绘制,除遵循制图的基本原理外,还根据水工建筑物的特点制定了一系列的表达方法。主要有以下特点:

(1) 比例小。水工建筑物形体庞大,制图时常用缩小比例。在水平方向和铅垂方向尺寸相差较大时,允许在同一个视图中的铅垂和水平方向采用不同的比例。

(2) 详图多。因画图采用的比例小,细部结构不容易表达清楚,因此常用较多的详图来表达建筑物的细部结构。

(3)断面图多。为了表达建筑物各部分断面形状及建筑材料,便于施工放样,水工图中的断面图也较多。

(4)图例符号多。水工图的整体布局与局部结构尺寸相差较大,所以在水工图中经常采用图例符号等特殊表达方法及文字说明。

(5)考虑水和土的影响。水工建筑物修建在地面上,同时又和水密切相关。在绘制水工图时应考虑水的问题,例如应标明水流方向和上下游的特征水位,表达清楚建筑物与地面的连接关系。

任务二 水利工程图的表达方法

【任务分析】 通过学习水利工程图的表达方法和尺寸标注方法,为水利工程图的识读打好理论基础。

【相关知识】 基本视图、尺寸标注的基本要求。

一、水利工程图的表达方法

(一)视图名称

1. 平面图

六个基本视图中的俯视图在水工图中称为平面图。平面图表达建筑物的平面形状及布置,表明建筑物的平面尺寸(长、宽)及平面高程、剖视(面)图的剖切位置及投影方向,如图7-3所示。

2. 立面图

六个基本视图中的主视图、左视图、右视图、后视图称为立面图(或立视图)。视向顺水流方向的视图称为上游立面图(或立视图);视向逆水流方向的视图称为下游立面图(或立视图)。立面图表达建筑物的立面外形,如图7-3所示。

3. 剖视图

剖切平面平行于建筑物轴线或顺河流方向时所得的视图称为纵剖视图(或纵剖面图)。剖切平面垂直于建筑物轴线或河流方向时所得的视图称为横剖视图(或横剖面图)。剖视图表达建筑物的内部结构形状及位置关系,表达建筑物的高度尺寸及特征水位,表达地形、地质情况及建筑材料,如图7-4所示。

4. 详图

将物体的部分结构用大于原图形所采用的比例画出的图形称为详图。详图一般应标注,其形式为:在被放大部分用细实线画小圆圈,标注字母,详图用相同的字母标注其图名,并注写比例,如图7-5所示。详图可以画成视图、剖视图、剖面图,它与被放大部分的表达方式无关。必要时,详图可用一组(两个或两个以上)视图来表达同一个被放大部分的结构。

(二)视图配置和标注

为了方便看图,每个视图一般均应标注图名,图名统一标注在视图的上方,并在图名的下边画一条粗实线,长度以图名长度为准。

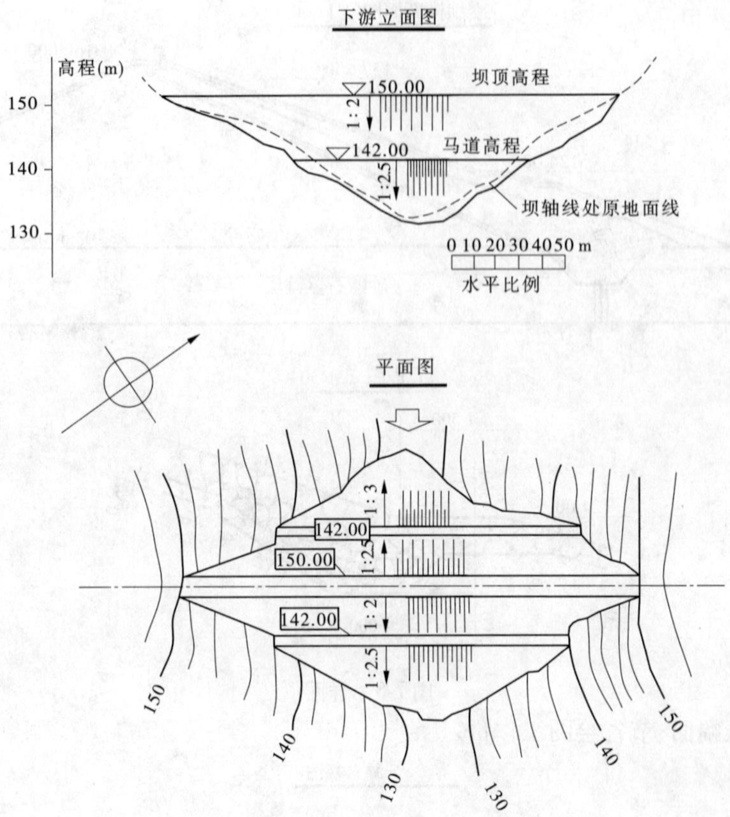

图7-3　平面图和立面图

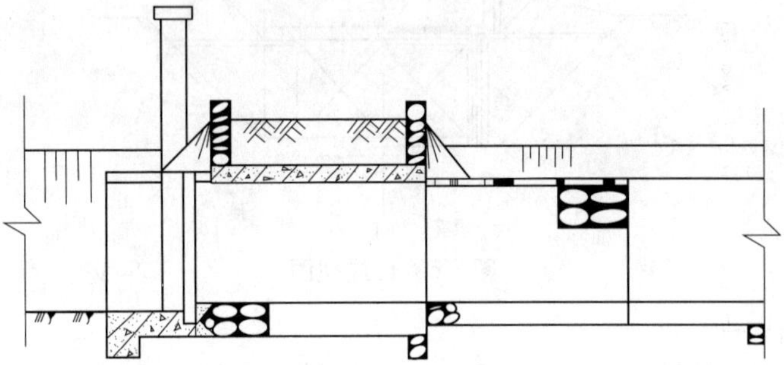

图7-4　剖视图

在布置视图时，对于过水建筑物（如水闸、溢洪道、输水洞等）一般使水流方向由左向右。对于挡水建筑物（如挡水坝、水电站等）一般水流自上而下，并用箭头表示水流方向，以便区分河流的左右岸。视向顺水流方向时，左边称为左岸，右边称为右岸。

（三）规定画法和习惯画法

1. 合成视图

两个视向相反的视图（或剖视图、剖面图），如果是对称或基本对称的图形，可采用各画一半，并用点画线为界限，合成一个图形，并分别注写相应的图名，如图7-6所示。其优

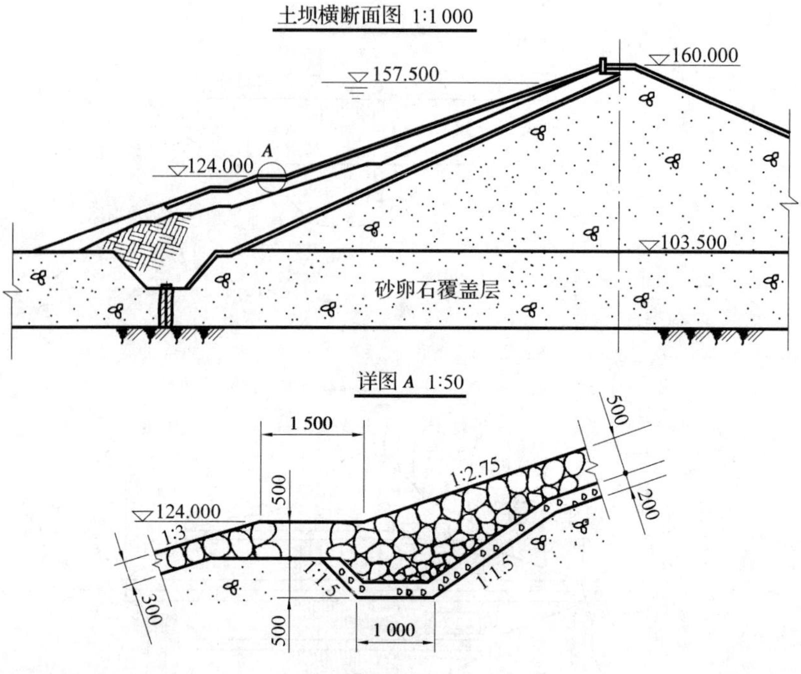

图 7-5 详图

点是减少图纸幅面、节省绘图工作量。

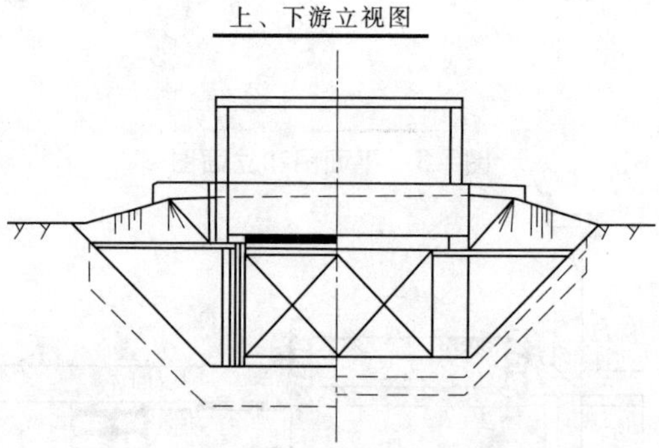

图 7-6 合成视图

2. 展开画法

当构件或建筑物的轴线(或中心线)为曲线时,可以将曲线展开成直线后,绘制成视图(或剖视图、剖面图)。这时,应在图名后注写“展开”二字,或写成“展视图”,如图 7-7 所示。

3. 分层画法

当结构有层次时,可按其构造层次分层绘制。相邻层用波浪线分界,并用文字注写各层结构的名称,如图 7-8 所示。

4. 省略画法

当图形对称时,可以只画对称的一半,但须在对称线上加注对称符号,对称符号为对称线两端与之垂直的平行线(细实线)各两条,如图 7-9 所示。

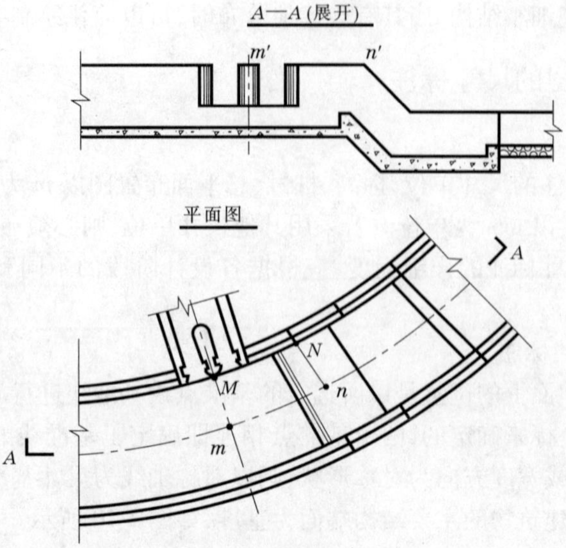

图 7-7 展开画法

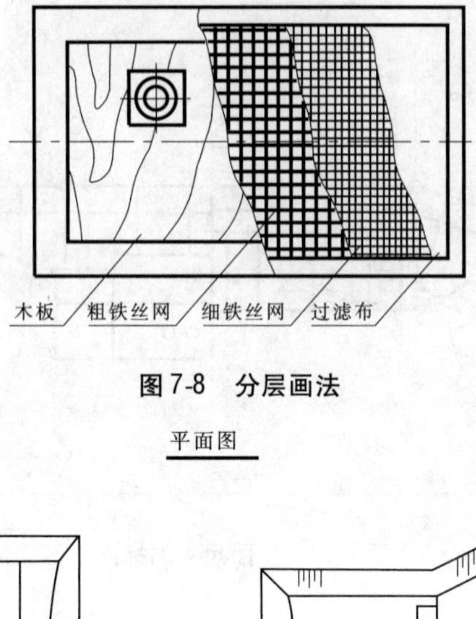

图 7-8 分层画法

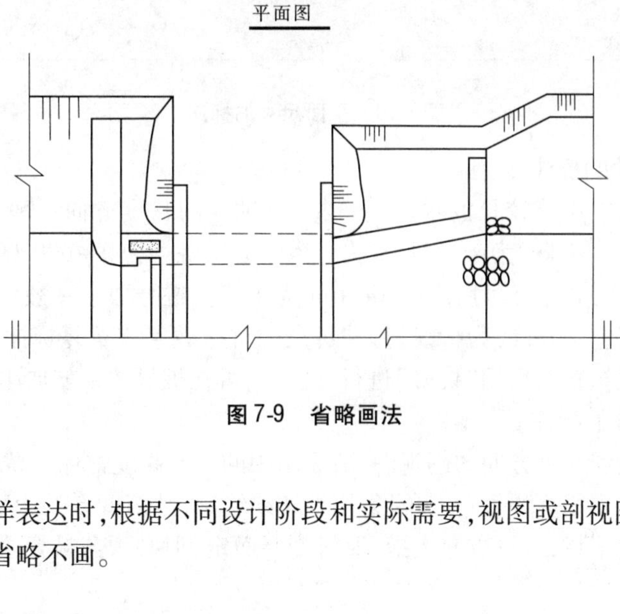

图 7-9 省略画法

5. 简化画法

当不影响图样表达时，根据不同设计阶段和实际需要，视图或剖视图中某些次要结构和附属设备可以省略不画。

对图样中的一些细小结构，当其有规律地分布时，可以简化绘制。

二、水利工程图的尺寸标注

（一）一般规定

（1）水工图中标注的尺寸单位，标高、桩号、总平面布置图以 m 为单位，流域规划图以 km 为单位，其余尺寸以 mm 为单位。若采用其他尺寸单位，则必须在图纸中加以说明。

（2）水工图中尺寸标注的详细程度，应根据各设计阶段的不同和图样表达内容的不同而定。

（二）平面尺寸的标注

水工建筑物在地面上的位置是以所选定的基准点或基准线进行放样定位的。基准点的平面是根据测量坐标来确定的，两个基准点相连即确定了基准线的平面位置。一般来说，若建筑物在长度或宽度方向为对称形状，则以对称轴线为尺寸基准。若建筑物某一方向无对称轴线，则以建筑物的主要结构端面为基准，如图 7-10 所示。

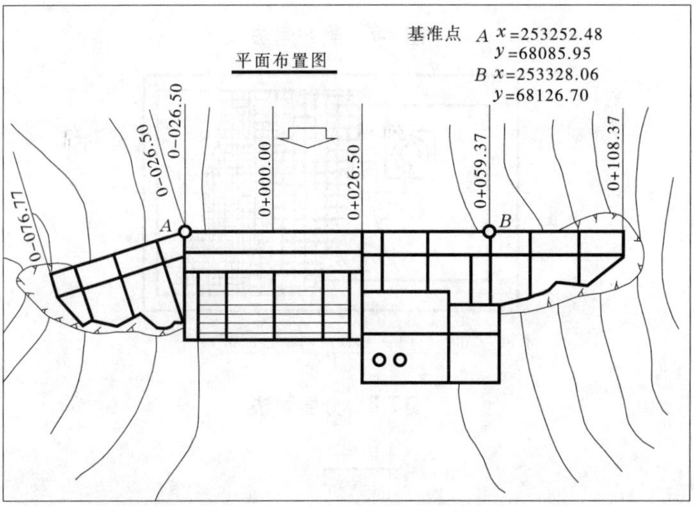

图 7-10 平面尺寸的标注

（三）长度尺寸的标注

对于坝、隧洞、渠道等较长的水工建筑物，沿轴线的长度方向一般采用“桩号”的注法，标注形式为 km ± m，km 为千米数，m 为米数。起点桩号为 0 + 000. 000，起点桩号之前注成 km − m 为负值，起点桩号后注成 km + m 为正值。桩号数字一般垂直于轴线方向注写，且标注在同一侧。当轴线为折线时，转折点的桩号数字应重复标注，如图 7-11 所示。当同一图中几种建筑物均采用“桩号”进行标注时，可在桩号数字前加注文字以示区别。

（四）高度尺寸的标注

建筑物立视图和垂直方向的剖视图、断面图中的主要高度常标注高程。

高程符号一般采用等腰直角三角形，用细实线绘制，其高度 h 约为数字高的 2/3。标高符号尖端可以向下指，也可以向上指，根据需要而定，但必须与被标注高度的轮廓线或

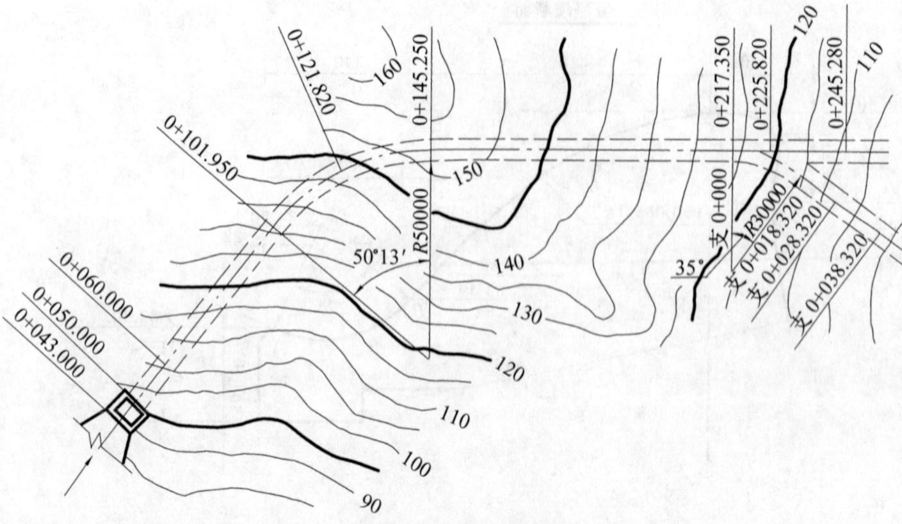

图 7-11　桩号标注

引出线接触，如图 7-12 所示。标高数字一律注写在标高符号右边，单位以 m 计，注写到小数点后第三位。在总布置图中，可注写到小数点后第二位。零点标高注成 ±0.000，正数标高数字前一律不加“+”号，负数标高数字前必须加注“-”号，如 -0.300。在平面图中，高程符号为细实线线框，在其内注写标高数字，其形式如图 7-12 所示。

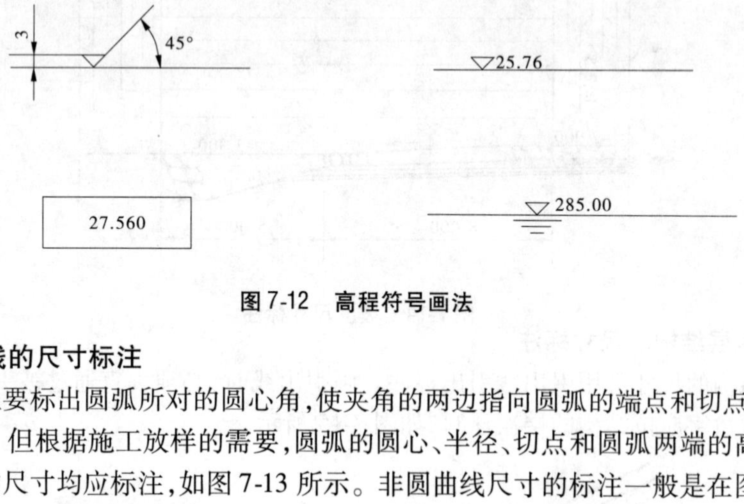

图 7-12　高程符号画法

(五)曲线的尺寸标注

连接圆弧要标出圆弧所对的圆心角，使夹角的两边指向圆弧的端点和切点，如图 7-13 中的 B、A 点。但根据施工放样的需要，圆弧的圆心、半径、切点和圆弧两端的高程以及它们长度方向的尺寸均应标注，如图 7-13 所示。非圆曲线尺寸的标注一般是在图中给出曲线的方程式，画出方程的坐标轴，并在图附近列表给出非圆曲线上一系列的坐标值，如图 7-13所示溢流坝面的标注。

(六)坡度尺寸的标注

坡度是指直线上两点的高度差与水平距离的比值。坡度的标注方式一般采用 $1:l$ 表示。当坡度较缓时，坡度可用百分数表示，如 $i=n\%$ 。此时在相应的图中应画出箭头，以表示下坡方向，如图 7-14 所示。

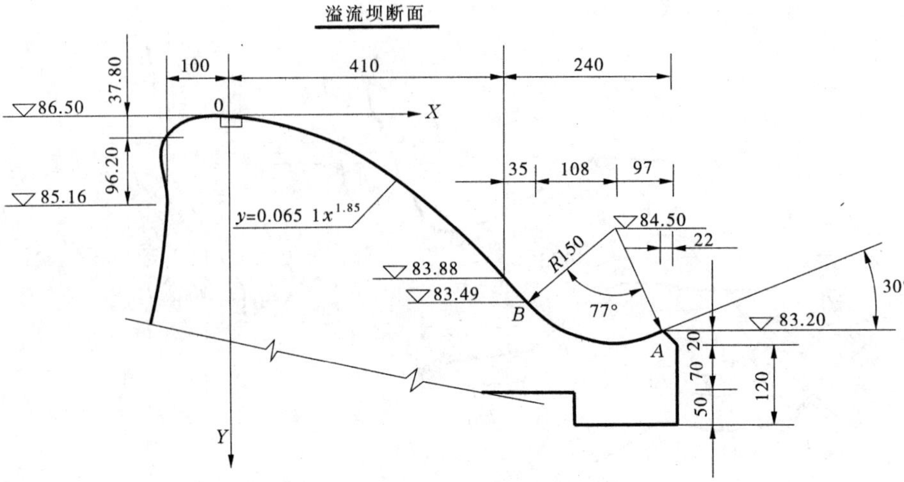

溢流坝面坐标值表

X	1	2	3	4	5	6	7	8	9	10	11
Y	0.062	0.235	0.496	0.846	1.270	1.790	2.315	3.040	3.790	5.490	6.475

图7-13　曲线尺寸标注

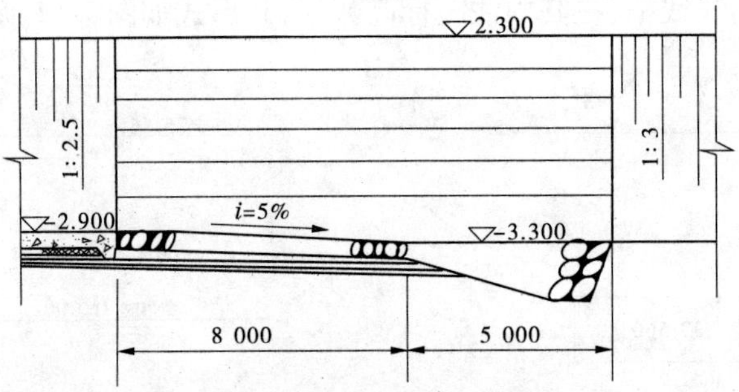

图7-14　坡度尺寸标注

(七)多层结构的尺寸标注

多层结构的尺寸常用引出线引出标注。画引出线时,必须垂直通过被引的各层,文字说明和尺寸数字应按结构的层次注写,如图7-15所示。

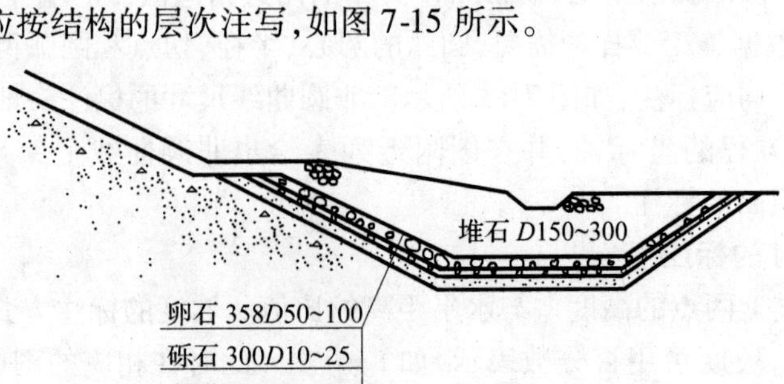

图7-15　多层结构标注

(八)均匀分布的相同构件尺寸标注

均匀分布的相同构件或构造,其尺寸可按图 7-16 所示方法标注,尺寸数字和孔的数量直接注在图上。

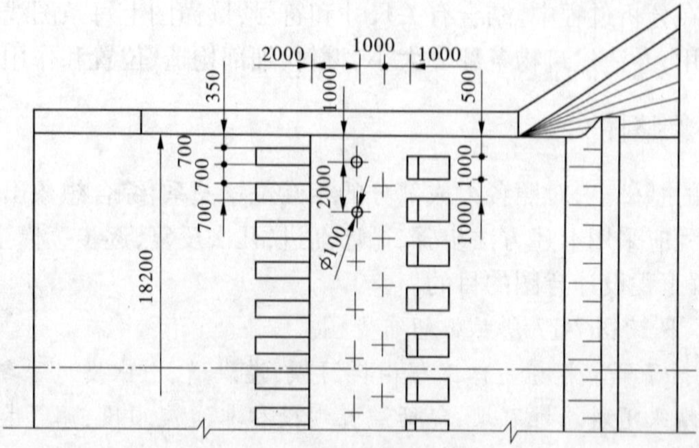

图 7-16 相同构造、构件尺寸标注

必须指出:把水工建筑物某一方向的分段尺寸全部注出,又标注出总尺寸,这样就形成了封闭尺寸,为了施工方便,水工图中允许标注封闭尺寸。

当一个建筑物的几个视图不能画在同一张图纸上,或在同一张图纸上但几个视图离得很远,不易找到其相应的尺寸时,为了读图方便,允许标注重复尺寸。总之,水工建筑物的尺寸标注必须满足施工要求。

任务三 水利工程图的识读

【任务分析】 掌握水利工程图的读图方法和步骤,能够熟练地对水利工程图进行识读。要求平时多看多读相关的水利工程图。

【相关知识】 水利工程图的分类、水利工程图的表达方法、水利工程图的尺寸标注。

识读水工图的顺序一般是由枢纽布置图到建筑结构图,按先整体后局部,先看主要结构后看次要结构,先粗后细、逐步深入的方法进行。

一、概括了解

(1)了解建筑物的名称、组成及作用。识读任何工程图样时都要从标题栏开始,从标题栏和图样上的有关说明中了解建筑物的名称、作用、比例、尺寸单位等内容。

(2)了解视图表达方法。分析各视图的视向,弄清视图中的基本表达方法、特殊表达方法,找出剖视图和断面图的剖切位置及表达细部结构详图的对应位置,明确各视图所表达的内容,建立起图与图及物与图的对应关系。

二、形体分析

根据建筑物组成部分的特点和作用,将建筑物分成几个主要组成部分,可以沿水流方向将建筑物分为几段,也可沿高程方向将建筑物分为几层,还可以按地理位置或结构来划分。然后运用形体分析的方法,以特征明显的一两个重要视图为主结合其他视图,采用对线条、找投影、想形体的方法,想出各组成部分的空间形状,对较难想象的局部,可运用线面分析法识读。在分析过程中,结合有关尺寸和符号,读懂图上每条图线、每个符号、每个线框的意义和作用,弄清建筑物各部分大小、材料、细部构造、位置和作用。

三、综合想象整体

在形体分析的基础上,对照各组成部分的相互位置关系,综合想象出建筑物的整体形状。整个读图过程应采用上述方法步骤,循序渐进,几次反复,逐步读懂全套图纸,从而达到完整、正确理解工程设计意图的目的。

【任务 7-1】 阅读图 7-17 所示枢纽布置图。

分析:(1)概括了解。枢纽主体工程由拦河坝、溢洪道、引水发电系统、输水建筑物等部分组成。拦河坝采用斜墙堆石坝,包括溢流坝段和非溢流坝段,用于拦截河流、蓄水抬高上游水位。溢流坝位于河床上,溢流坝坝顶高程为 64. 10 m,没有设置闸门。

引水发电系统是利用形成的水位差和流量,通过水轮发电机组进行发电的专用工程。此枢纽坝下游左岸设有厂房,引水管将水引进水轮机发电后,尾水进入消力池消能,再进入下游渠道。

输水建筑物是利用挡水坝蓄水后,进行灌溉的专用工程。输水管进口设有闸门,可控制闸门开启、关闭和流量大小。

(2)深入阅读(图形表达)。该工程图由枢纽平面图、溢流坝横剖视图、溢流坝与侧墙连接详图、非溢流坝顶与黏土斜墙连接详图等表达其总体布置情况。图中较多地采用了示意、简化、省略的表达方法。

枢纽平面布置图表达了地形、河流、指北针、坝轴线位置、道路、各建筑物的位置、建筑物与地面的交线及主要高程和主要轮廓尺寸。

从溢流坝横剖视图可以看出,溢流坝为宽顶堰,陡槽下接消力池,其后接海漫。黏土斜墙下游面设置反滤层,下游筑坝材料是干砌块石,陡槽用 M10 水泥砂浆条石护面。

从非溢流坝顶与黏土斜墙连接详图可以看出,防浪墙基础伸到斜墙反滤层下,基础下端宽,上端变小,建筑材料是 M10 水泥砂浆砌块石。坝顶宽 4 m,坝顶高程为 68. 51 m,防浪墙高 1. 20 m,上下游坡都是干砌块石。

从溢流坝与侧墙连接详图可以看出,侧墙是阶梯形,下面大,上面小,使用的建筑材料是 M10 水泥砂浆砌块石。溢流坝面是 M10 水泥砂浆砌块石护面。

输水建筑物及电站厂房详图情况应另有结构图表示。

【任务 7-2】 阅读图 7-18 所示水闸设计图。

分析:(1)概括了解(水闸的功能及组成)。水闸是防洪、排涝、灌溉等方面应用很广的一种水工建筑物。通过闸门的启闭,可使水闸具有泄水和挡水的双重作用。改变闸门的开启高度,可以起到控制水位和调节流量的作用。

水闸由三部分组成。上游段的作用是引导水流平顺地进入闸室, 并保护上游河岸及

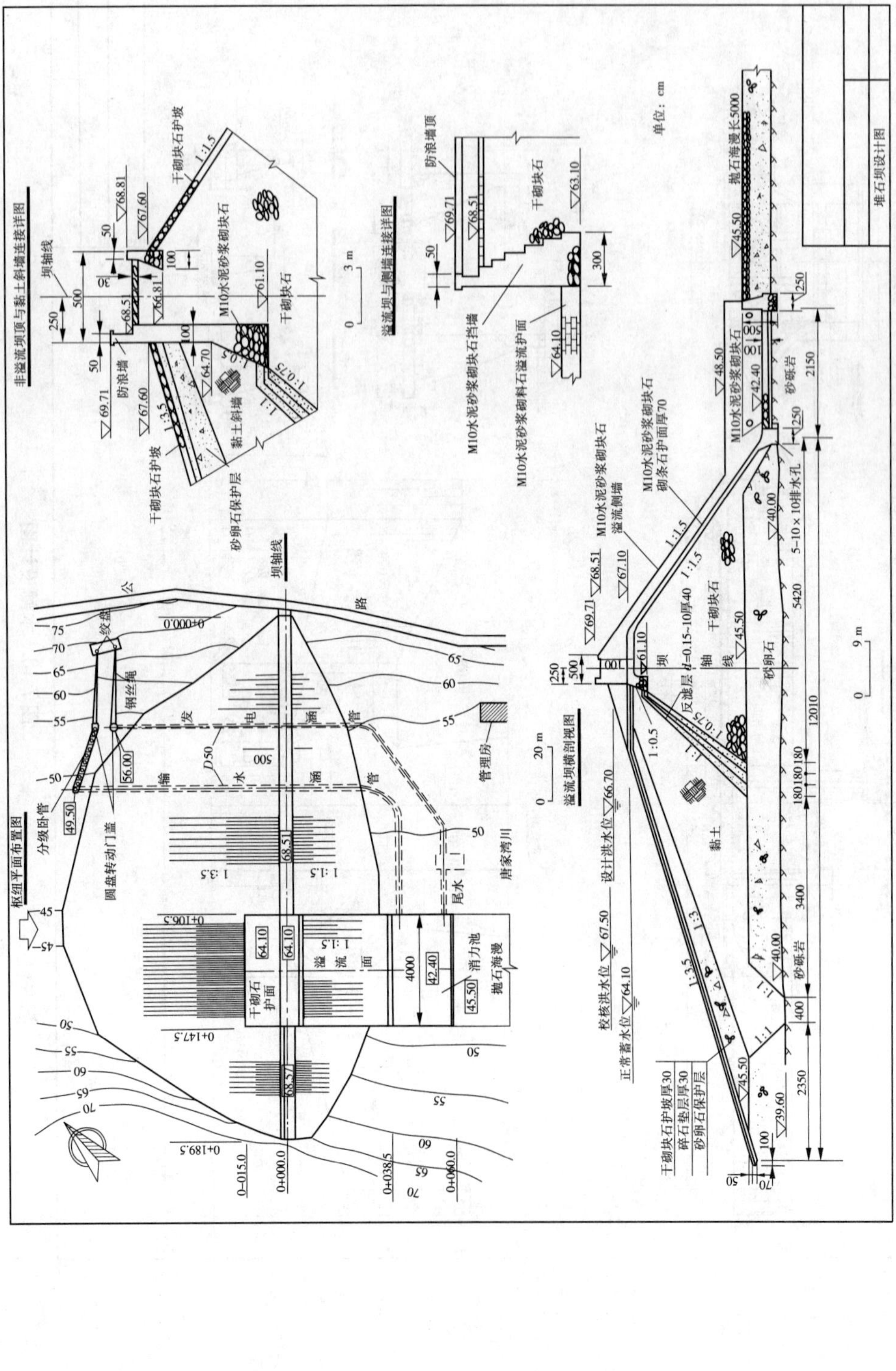
枢纽平面布置图
分级卧管
圆盘转动门盖
钢丝绳
绞盘
输水涵管
安电涵管
管理房
尾水
唐家湾川
消力池
抛石海漫
干砌石护面
溢流面
坝轴线
公路
溢流坝横剖视图
校核洪水位
设计洪水位
正常蓄水位
溢流侧墙
M10水泥砂浆砌块石
M10水泥砂浆砌条石护面厚70
反滤层
干砌块石
砂卵石
黏土
砂砾岩
5-10×10排水孔
干砌块石护坡厚30
碎石垫层厚30
砂卵石保护层
抛石海漫长5000
非溢流坝顶与黏土斜墙连接详图
防浪墙
干砌块石护坡
黏土斜墙
砂卵石保护层
溢流坝与侧墙连接详图
防浪墙顶
M10水泥砂浆砌块石挡墙
M10水泥砂浆砌料石溢流护面
单位：cm
堆石坝设计图

图 7-17　枢纽布置图

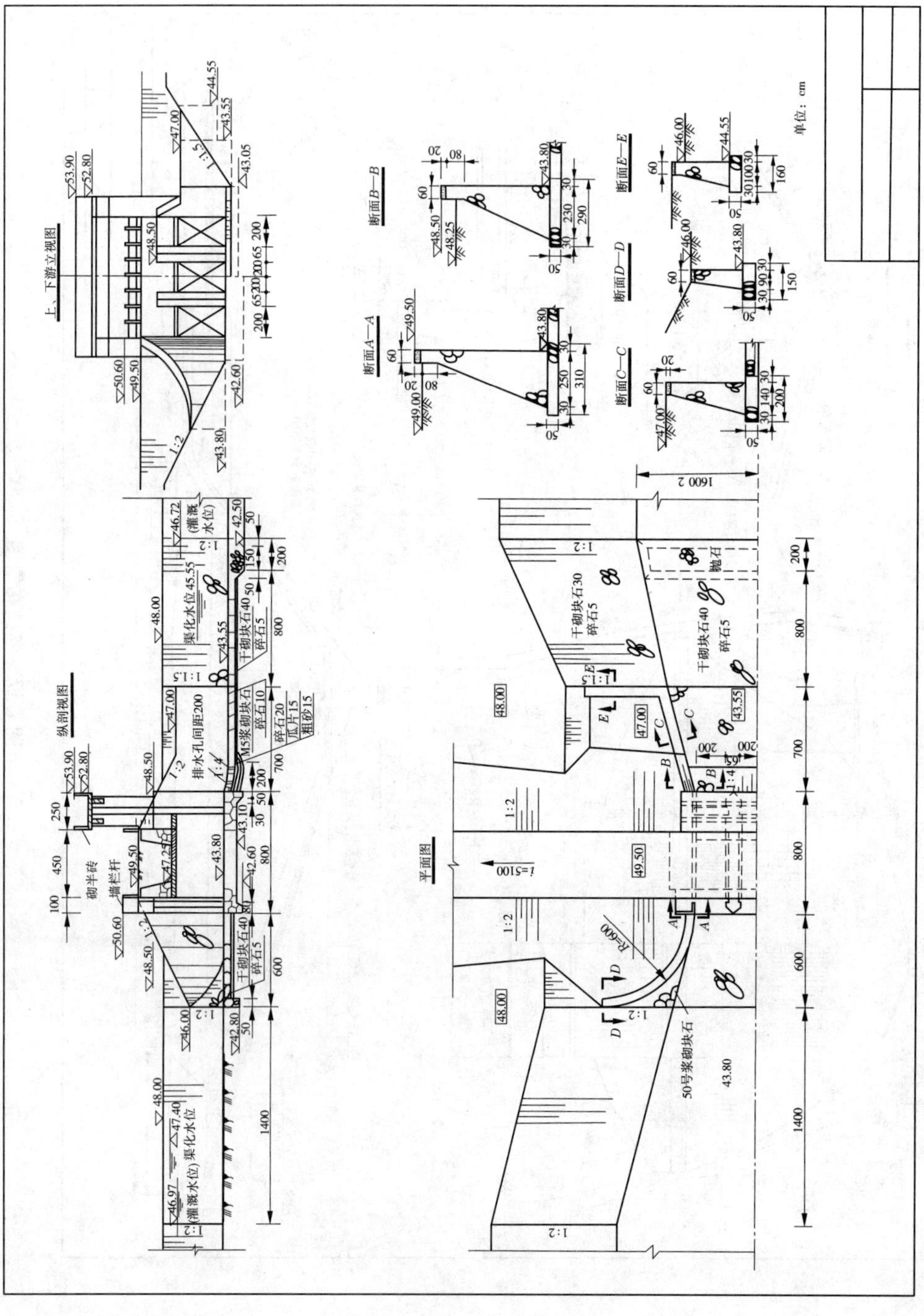

图 7-18 水闸设计图

河床不受冲刷。一般包括上游齿墙、铺盖、上游翼墙及两岸护坡等。闸室段起控制水流的作用。它包括闸门、闸墩(中墩及边墩)、闸底板,以及在闸墩上设置的交通桥、工作桥和闸门启闭设备等。下游段的作用是均匀地扩散水流,消除水流能量,防止冲刷两岸及河床,其包括消力池、海漫、下游防冲槽、下游翼墙及两岸护坡等。

(2)深入阅读(图形表达)。本图采用了三个基本视图(平面图、纵剖视图、上下游立视图)及五个断面图。

平面图:表达了水闸各组成部分的平面布置、形状、材料和大小。水闸左右对称,采用简化画法,图中只画出一半。

纵剖视图:是通过建筑物纵向轴线的铅垂面剖切得到的剖视图。它表达了水闸高度与长度方向的结构形状、大小、材料、相互位置以及建筑物与地面的联系等。

上下游立面图:表达了水闸上游面和下游面的结构布置。由于视图对称,故采用各画一半的合成视图表达。

五个断面图用以表示上下游翼墙的断面形状、材料与尺寸大小。

图中闸门启闭设备采用了拆卸画法,底板排水孔采用了简化画法,消力池反滤层为多层结构,标注方法见纵剖视图。

小　结

本项目主要介绍了水利工程图的特点、水利工程图的分类、水利工程图的表达方法和尺寸标注方法,通过学习这些基本的知识,来对水利工程图进行识读。要求能够看懂基本的水利工程图,能够绘制简单的水利工程图。

习　题

1. 水工图有哪些特点?
2. 水工图有哪些表达方法?
3. 水工图的尺寸标注有什么特点?
4. 简述识读水工图的一般步骤。

小结

习题

重庆市骨干高等职业院校建设项目规划教材
重庆水利电力职业技术学院课程改革系列教材

水利工程制图与CAD

（下册）

（修订版）

主　编　李　影　付文艺　向　杰
副主编　权　凤　向业凤　胡孝彭　林　旭
主　审　徐宗永

黄河水利出版社
·郑州·

前言

按照“重庆市骨干高等职业院校建设项目”规划要求，水利水电建筑工程专业是该项目的重点建设专业之一，由重庆市财政支持、重庆水利电力职业技术学院负责组织实施。按照子项目建设方案和任务书，通过广泛深入的行业、市场调研，与行业、企业专家共同研讨，不断创新基于职业岗位能力的“三轮递进，两线融通”的人才培养模式，以水利水电建设一线的主要技术岗位核心能力为主线，兼顾学生职业规划和可持续发展需要，构建基于职业岗位能力分析的教学一体化课程体系，优化课程内容，进行精品资源共享课程与优质核心课程的建设。经过三年的探索和实践，已形成初步建设成果。为了固化骨干建设成果，进一步将其应用到教学之中，最终实现让学生受益，经学院审核，决定正式出版系列课程改革教材，包括优质核心课程和精品资源共享课程等。

为了不断提高教材质量，编者于 2019 年 7 月对全书进行了认真细致的修订完善，改正了在教学实践中发现的问题和错误。

水利工程制图与 CAD 是高职院校水利工程专业学生的一门专业基础课，课程设置包含两门课程，即水利工程制图和 CAD 基础教程。不论是建造房屋、桥梁、道路，还是修建水利工程枢纽，都离不开工程图样。工程图样是按照国家制定的统一标准绘制的，是工程技术人员沟通技术思想的“语言”，因此绘制和阅读工程图样是工程技术人员必须具备的一项基本功。本课程的教学任务就是培养学生掌握绘制和阅读工程图样的基本能力。

计算机绘图是近年来发展最迅速、最引人注目的技术之一。随着计算机技术的迅速发展，计算机绘图技术已被广泛应用于水利、建筑、道路、桥梁、港口、机械、电子、航天、造船、石油化工、冶金、农业、气象、纺织及轻工等多个领域，并发挥着越来越重要的、不可替代的作用。目前，尽管一些优秀的三维设计软件不断推陈出新，其功能也日益加强，但 AutoCAD 所具备的二维平面绘图的优势，是其他三维设计软件所无法比拟的，该软件仍深受广大工程技术人员的青睐。

本书根据高职教育人才培养模式，配合教材改革，以项目化教学为载体，分上、下两册。上册介绍水利工程制图，下册介绍 AutoCAD 软件绘图。上册分为七个大的项目，分别介绍制图的基本知识、物体的投影、立体表面交线、绘制轴测图、工程形体的表达方法、绘制物体的标高投影、水利工程图识读等方面的知识。下册结合工程行业一线的实际情况，没有编写最新版本，而是对目前行业中使用率最高的 AutoCAD 2008 版进行了介绍。编者十分注重 AutoCAD 的快速入门和绘图速度的快速提高，以项目任务为导向，在编写形式上与传统的 AutoCAD 教程有很大的区别。读者通过本书可以快速掌握 AutoCAD 绘图的前期准备及绘图完成后的处理工作、二维绘图命令和技巧、二维编辑命令、三维模型的创建等几个模块的知识。

本书编写时重点突出专业特色、能力培养，注重实践应用性等要求，以编者多年教学经验和行(企)业一线工作人员建议为主导，摒弃泛泛之谈，按照绘制专业工程图纸的顺序和步骤讲解知识点和技能，以“图多话精”的方式展现给读者，让读者感觉“简单易懂”，最终达到“快速入门”。全书内容循序渐进，避免了单纯的概念讲解和抽象描述，忽略枝节，抓住重点，能使读者快速达到融会贯通、灵活运用的目的，适合高职院校的学生学习。

本书由重庆水利电力职业技术学院李影、付文艺、向杰担任主编，由重庆水利电力职业技术学院权凤、向业凤、胡孝彭、林旭担任副主编，中国电建集团华东勘察设计研究院有限公司陈平和重庆水利电力职业技术学院程昌明、王晓琴、王文鑫，石河子大学金瑾参与编写。本书由招商局重庆交通科研设计院有限公司徐宗永高级工程师担任主审，通过对本书的审阅提出了不少建设性意见，编者谨此表示衷心的感谢！

由于编者的水平和能力有限，加之时间仓促，本书难免有不尽完善之处，存在的缺点和错误之处恳请广大读者及同行批评、指正。

编　者

2019 年 7 月

目录

下 册

项目八　AutoCAD 的基础知识及参数设置

项目介绍

本项目主要介绍 AutoCAD 的基础知识和参数设置等。通过本项目的学习，应该达到以下要求：了解 AutoCAD 的工作界面，掌握 AutoCAD 的运行，命令和坐标的输入，图形文件的管理，参数、状态栏和图层的设置，并能熟练运用，为之后的绘图做好准备工作。

任务一　认识 AutoCAD 的工作界面及命令的输入

【任务分析】 若要使用 AutoCAD 软件绘图，首先要熟悉 AutoCAD 的工作界面及命令的输入方法。

【相关知识】 AutoCAD 的工作空间及界面，命令和坐标的输入方法。

一、AutoCAD 2008 的工作空间

（一）“二维草图与注释”工作空间

在默认情况下，启动 AutoCAD 2008 后，打开的是“二维草图与注释”工作空间，如图 8-1所示。该空间主要用于绘制带有注释的二维草图。

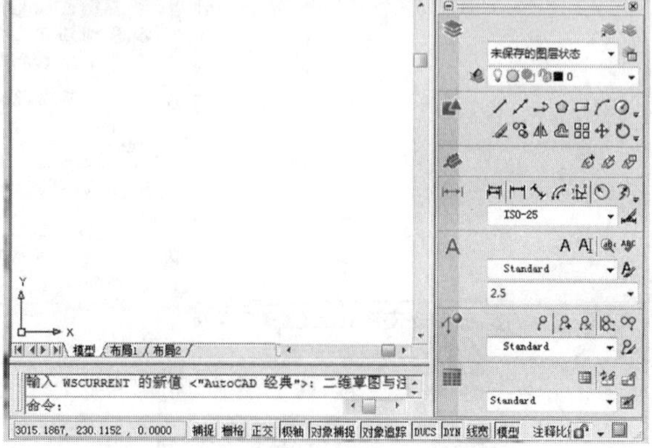

图 8-1　“二维草图与注释”工作空间

(二)“AutoCAD 经典”工作空间

对于习惯 AutoCAD 传统界面的用户来说,可以使用“AutoCAD 经典”工作空间,如图 8-2 所示。该空间延续了过去版本的 AutoCAD 传统界面,既可用于绘制二维图形,也可用于绘制三维图形。

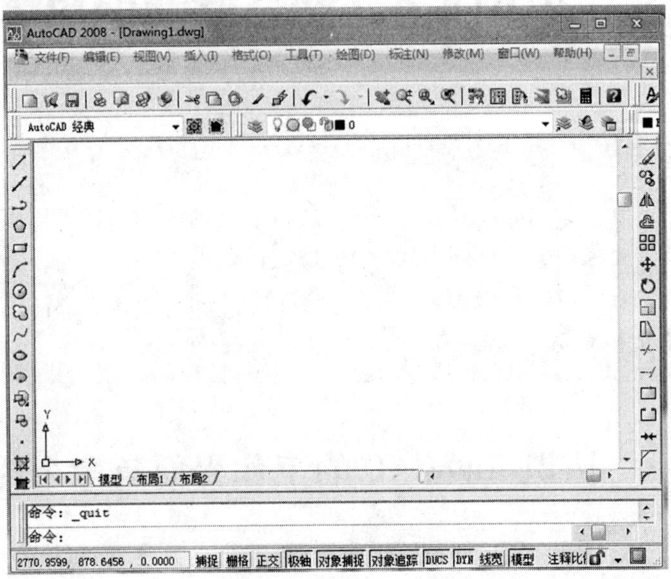

图 8-2 “AutoCAD 经典”工作空间

(三)“三维建模”工作空间

在 AutoCAD 中,使用“三维建模”工作空间,如图 8-3 所示,可以创建用户设计的实体、线框和网络模型。该空间主要用于绘制三维图形。

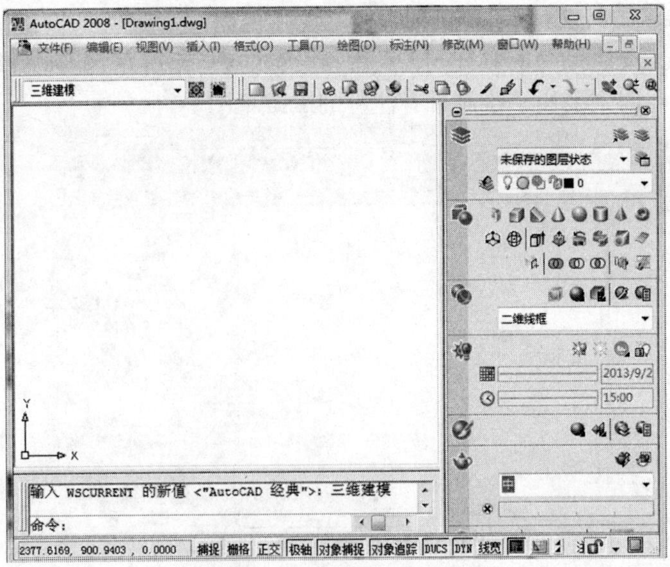

图 8-3 “三维建模”工作空间

二、工作界面组成

AutoCAD 的工作界面由标题栏、菜单栏、工具栏、绘图窗口、命令行、状态栏等组成。

(一)标题栏

标题栏位于工作界面的最上方,和一般软件的标题栏相似,其左端显示应用程序的名称、版本级别以及当前图形的文件名称,右端的按钮,可以用来最小化、最大化或者关闭程序窗口。刚启动时,图形没有保存,会显示默认名称 Drawing1. dwg,再次打开新的文件,会显示 Drawing2. dwg,依次类推,如图 8-4 所示。

图 8-4　标题栏

(二)菜单栏

菜单栏是调用命令的一种方式。菜单栏可执行大部分功能命令,并以下拉菜单的形式逐级显示。在 AutoCAD 2008 中有 11 个一级菜单,具体内容如图 8-5 所示。

图 8-5　菜单栏

在每个一级菜单下都有下拉菜单。用鼠标左键单击一级菜单就会有对应显示,如图 8-6所示。

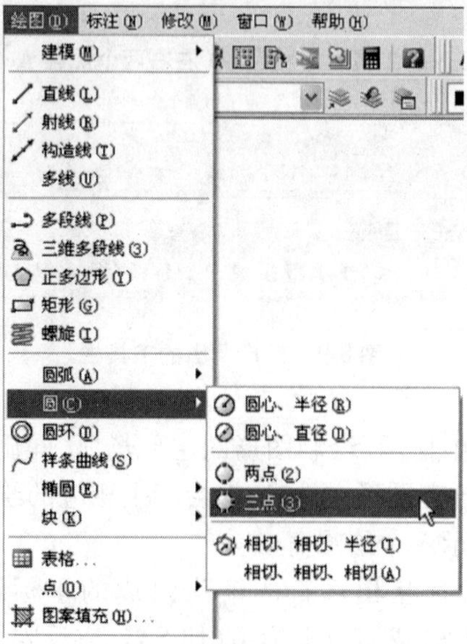

图 8-6　打开的菜单栏

(三)工具栏

AutoCAD 2008 提供了 30 多个工具栏,用户除可以用下拉菜单输入命令外,还可以通过工具栏来输入某些常用命令。图 8-7 是 AutoCAD 2008 经典模式中通常显示的工具栏。利用这些工具栏的按钮,可以很直观、很快捷地执行相应的命令。同时用户也可以自行选择一些需要的工具栏放在界面上。

图 8-7 AutoCAD 经典模式中通常显示的工具栏

用鼠标右键调用工具栏的方法是,将鼠标放在任意工具栏的空白处,点击右键,系统将弹出所有工具栏的下拉菜单,如图 8-8 所示,用户需要哪一个工具栏,就可以点击前面的单选框,显示"√"表示该工具栏处于打开状态,没有显示则表示该工具栏处于关闭状态。一般情况下,用户调出的工具栏是悬浮在绘图区域上的,如图 8-9 所示。用户可以根据自己的需要,将工具栏放在相应的位置。

图 8-8 单击鼠标右键后打开的工具栏下拉菜单(左右两个图在 AutoCAD 中是显示在一起的)

图 8-9 用户调出的工具栏

(四)绘图窗口

绘图窗口是 AutoCAD 中显示、绘制图形的主要场所,同制图中的图纸。在 AutoCAD 中创建新图形文件或打开已有图形文件时,都会产生相应的绘图窗口来显示和编辑其内容。在 AutoCAD 中可以显示多个绘图窗口。

绘图窗口左下角有两个互相垂直的箭头组成的坐标系,如图 8-10 所示。它是 AutoCAD的世界坐标系(WCS)或用户坐标系(UCS)。它反映了当前坐标系的原点和 X、Y、Z 轴正向。鼠标在绘图区域变为十字光标形状。

绘图窗口下部还包括一个模型选项卡和多个布局选项卡,分别用于显示图形的模型空间和图纸空间,如图 8-11 所示。

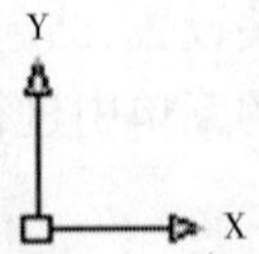

图 8-10　坐标系图标

图 8-11　模型与布局选项卡

(五)命令行

命令行提供了调用命令的另一种方式,即直接用键盘输入命令。用户可以在系统的提示下输入各种命令,如图 8-12 所示。

图 8-12　命令行

当命令行的提示内容较多时,可以按 F2 键激活 AutoCAD 文本窗口,在这个窗口可以查阅更多的命令历史记录,如图 8-13 所示。再次按 F2 键,AutoCAD 文本窗口可隐藏。

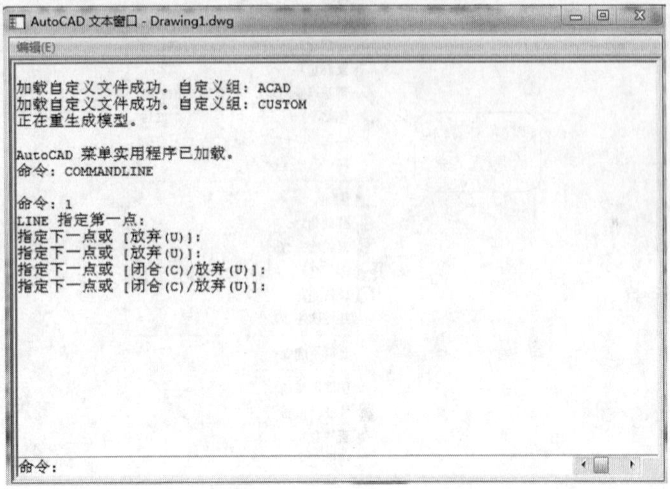

图 8-13　文本窗口

(六)状态栏

状态栏位于绘图区域的底部,用于显示坐标、提示信息等,同时还提供了一系列的控制按钮,如图 8-14 所示。

图 8-14　状态栏

状态栏的各项内容可以用鼠标单击该内容按钮的方法进行开/关设置,凸起表示关闭状态,凹下表示打开状态;也可以用鼠标右键单击某项内容,从弹出的菜单中进行开/关设置。

在AutoCAD 2008中,状态栏新增了"注释比例"按钮、工具栏/窗口位置锁定按钮、全屏显示按钮。

注释比例是与模型空间、布局视口和模型视图一起保存的设置。用户可以在不同的布局视口和模型空间中自动完成缩放注释的过程,从而使注释能够以正确的大小在图纸上显示或打印。按钮可迅速将工具栏或窗口进行锁定,以方便绘图工作。按钮可扩展图形显示区域,扩大绘图窗口,再次单击可恢复原设置。

(七)右键快捷菜单

在绘图区域单击选中某一对象后,单击鼠标右键,会显示如图8-15所示的右键快捷菜单。用户也可以在这个菜单中选择对应的命令执行。

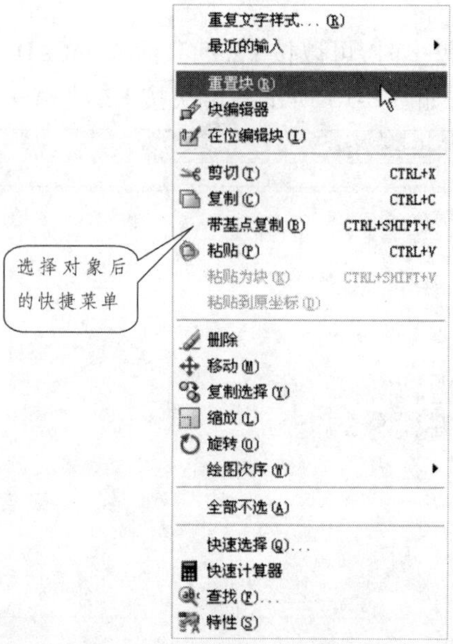

图8-15 右键快捷菜单

三、命令的输入方法

(一)功能按钮

如图8-16所示为绘图工具栏,用户需要执行何命令,用鼠标单击对应的按钮即可。

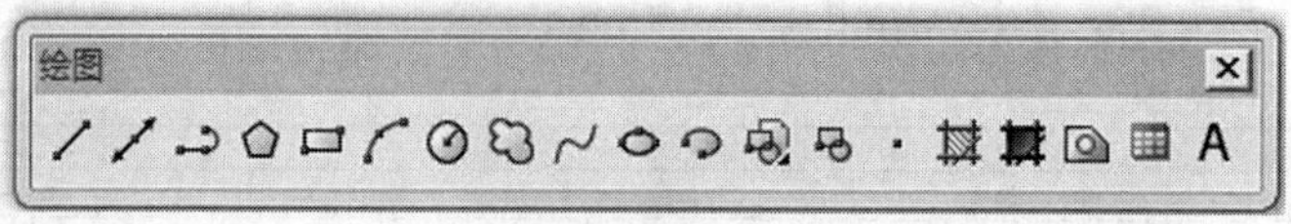

图8-16 绘图工具栏

例如绘制直线,用鼠标单击直线按钮,在命令行中就会出现如图8-17所示的提示。

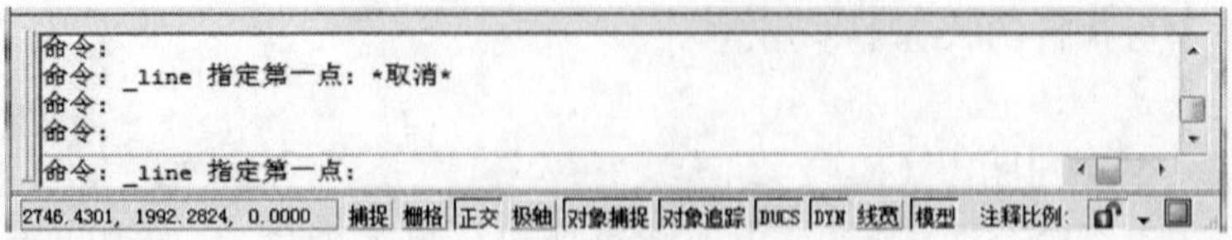

图 8-17　直线命令的命令行提示

(二)菜单操作

如图 8-18 所示,要用三点绘制圆,可在菜单栏的绘图菜单的下拉菜单中选择圆中的三点,便可执行对应的命令,如图 8-19 所示。

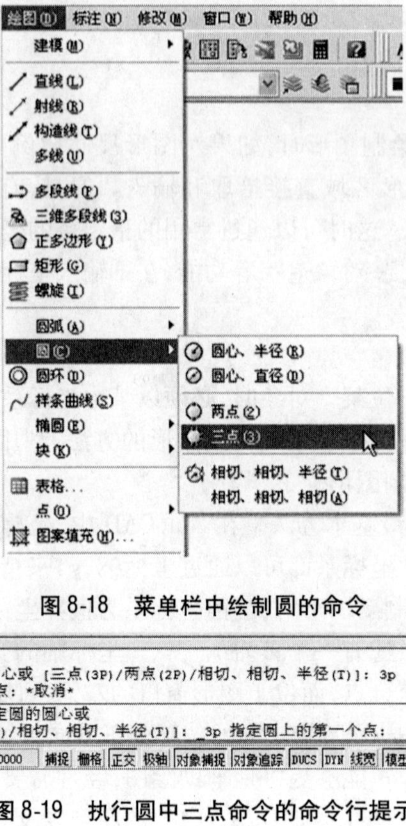

图 8-18　菜单栏中绘制圆的命令

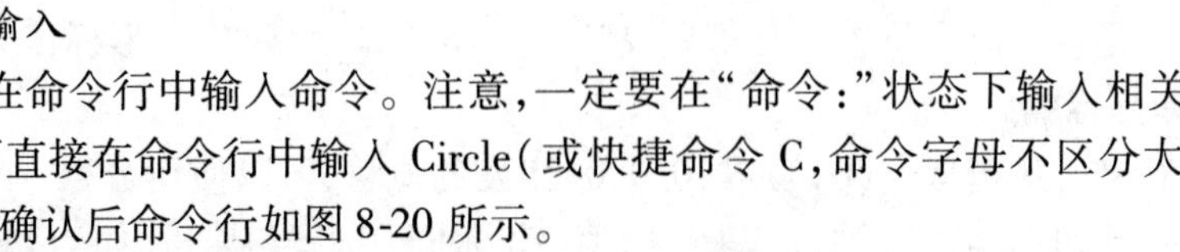

图 8-19　执行圆中三点命令的命令行提示

(三)命令输入及退出

1. 命令输入

可直接在命令行中输入命令。注意,一定要在“命令:”状态下输入相关的命令。例如绘制圆,可直接在命令行中输入 Circle(或快捷命令 C,命令字母不区分大小写),按回车键(Enter)确认后命令行如图 8-20 所示。

图 8-20　在命令行中输入圆命令

以上三种执行命令的方法中,经常采用功能按钮和命令输入的方法,菜单操作的方法多在前两种都不可执行的状态下采用。

2. 命令退出

结束执行命令,按退出键(Esc)。

例如执行了直线命令后,需要结束或者重新执行另一个命令,按退出键(Esc),命令行就会出现如图 8-21 所示的提示。这时,可以在"命令:"之后继续执行新的命令。

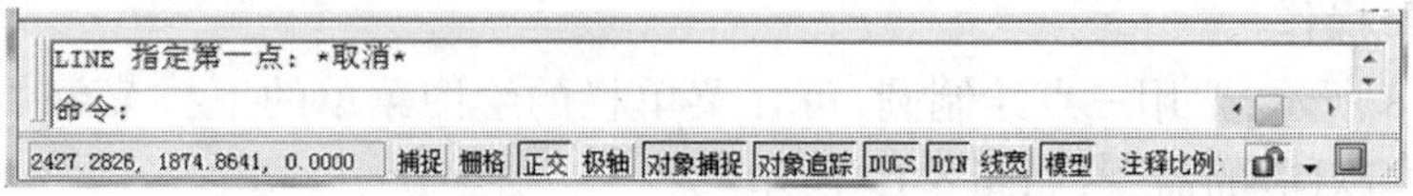

图 8-21 直线命令退出

四、坐标输入

在 AutoCAD 中设计和绘制图形时,如果对图形尺寸比例要求不太严格,可以大致输入图形的尺寸,用鼠标在图形区域直接拾取和输入。但是,有的图形对尺寸要求比较严格,必须按给定的尺寸绘图。这时可以通过常用的指定点的坐标法来绘制图形,还可以使用系统提供的捕捉、对象捕捉、对象追踪等功能,在不输入坐标的情况下快速、精确地绘制图形。

(一)坐标系

在绘图过程中要精确定位某个对象时,必须以某个坐标系作为参照,以便精确拾取点的位置。AutoCAD 的坐标系提供了精确绘制图形的方法,利用坐标系可以按照非常高的精度标准,准确地设计并绘制图形。

坐标(x,y)是表示点的最基本方法。在 AutoCAD 中,坐标系分为世界坐标系(WCS)和用户坐标系(UCS)。两种坐标系都可以通过坐标(x,y)来精确定位点。

默认情况下,在开始绘制新图形时,当前坐标系为世界坐标系即 WCS,它包括 X 轴和 Y 轴(如果在三维空间工作,还有一个 Z 轴)。WCS 坐标轴的交会处显示"口"形标记,但坐标原点并不在坐标系的交会点,而位于图形窗口的左下角,所有的位移都是相对于原点计算的,并且规定沿 X 轴正向及 Y 轴正向的位移为正方向。

在 AutoCAD 2008 中,为了能够更好地辅助绘图,经常需要修改坐标系的原点和方向,这时世界坐标系将变为用户坐标系即 UCS。UCS 的原点以及 X 轴、Y 轴、Z 轴方向都可以移动和旋转,甚至可以依赖于图形中某个特定的对象。尽管用户坐标系中 3 个轴之间仍然互相垂直,但是在方向及位置上却都更灵活。另外,UCS 没有"口"形标记。

(二)直角坐标输入

绝对直角坐标:是指从点(0,0)或(0,0,0)出发的位移,可以使用分数、小数或科学记数等形式表示点的 X 轴、Y 轴、Z 轴坐标值,坐标间用逗号隔开,如点(8.5,15.2)、(5.0,1.8,12.3)等。

相对直角坐标:是指相对于某一点的 X 轴和 Y 轴位移。它的表示方法是在绝对坐标表达方式前加上符号"@",如(@ -21,9)、(@10,20)等。

(三)极坐标输入

绝对极坐标:是指从点(0,0)或(0,0,0)出发的位移,但给定的是距离和角度,其中距离和角度用"<"分开,"<"号左端表示距离,右端表示角度,且规定 X 轴正向角度为 0,Y 轴正向角度为 90,如(20 <50)、(15 <25)等。

相对极坐标:是指相对于某一点的距离和角度。它的表示方法是在绝对极坐标表达方式前加上符号"@",如(@20 <45)、(@10 <20)等。其中,相对极坐标中的角度是新点和上一点连线与 X 轴的夹角。

在 AutoCAD 中,系统默认的是相对坐标,相对坐标与绝对坐标之间可以通过状态栏中的 DYN 按钮进行切换。

任务二 管理图形文件与图形的显示控制

【任务分析】 本任务重点介绍在 AutoCAD 中新建文件、打开文件、保存文件,辅助工具中的显示控制等。AutoCAD 在绘图过程中一旦遇到断电等异常情况就会丢失图形文件信息而造成损失,因此保存文件是绘图过程中非常重要的操作环节。

【相关知识】 新建文件、打开文件、保存文件,辅助工具中的显示控制等。

一、新建图形文件

在 AutoCAD 工作界面中绘制图形之前,应新建图形文件,这样才能保证有一个新的绘图区域。AutoCAD 2008 支持多文档操作,用户可在不关闭当前图形文件的情况下,使用新建图形文件命令建立新的图形文件。

a. 下拉菜单:【文件】/【新建】;

b. 命令行:New;

c. 工具栏:;

d. 快捷键:Ctrl + N。

执行完以上四种方法中的任意一种之后,会弹出【选择样板】对话框,如图 8-22 所示。此对话框列出了所有可供绘图使用的样板文件,供用户选择。选择不同的图形样板,在右上角的预览区域中的显示是不一样的,建立的绘图区域也不一样,如图 8-23 所示。

样板文件中包含下列设置和图形元素:单位类型、精度和图形界限,尺寸标注样式,线型设置,标题栏和边框等。

二、打开已保存的图形文件

在继续绘图之前,需要打开已保存的图形文件。

a. 下拉菜单:【文件】/【打开】;

b. 命令行:Open;

c. 工具栏:;

d. 快捷键:Ctrl + O。

执行完上面任意一种操作方法后,会弹出【选择文件】对话框,如图 8-24 所示,通过浏览选择需要打开的文件,然后单击"打开"按钮,就可以实现对电脑中已保存图形文件的打开。

图 8-22 【选择样板】对话框

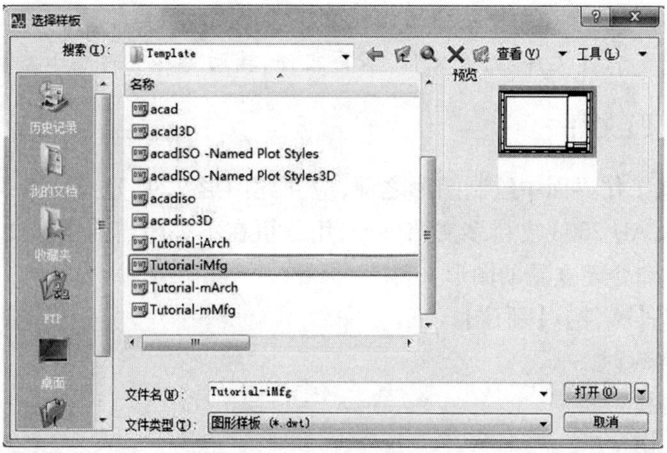

图 8-23 不同的图形样板展示

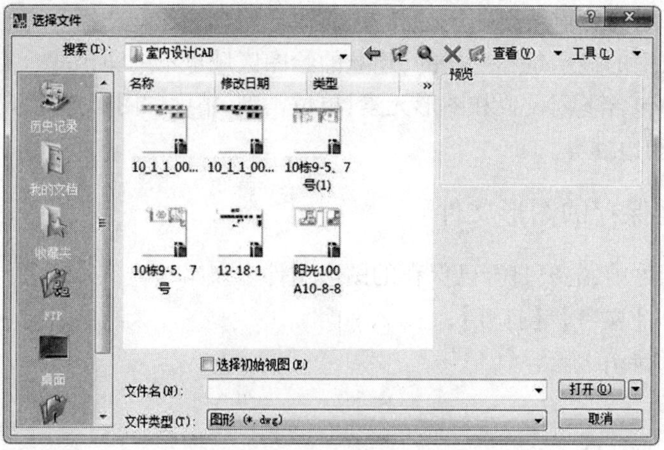

图 8-24 【选择文件】对话框

（一）一般打开文件

（1）可以打开的文件类型包括 dwg、dwt、dws、dxf。

（2）选取要打开的文件，单击“打开”按钮。

（二）局部打开

单击“打开”按钮右边的黑三角，会显示出“打开”、“以只读方式打开”、“局部打开”、“以只读方式局部打开”。选择“局部打开”可选择要开启的图层，在需要加载的图层名后面的方框内勾上对号，即完成操作，而不必将整个图形载入，执行速度较快，如图 8-25 所示。

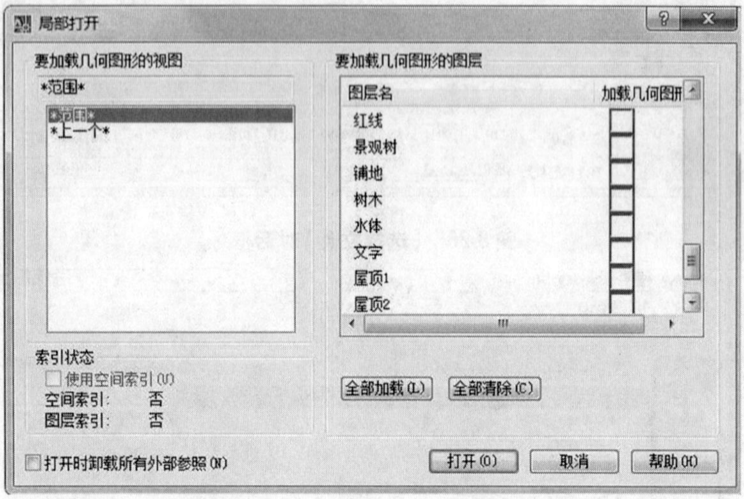

图 8-25 【局部打开】对话框

（三）同时打开多个图形文件

（1）按住 Ctrl 键可以逐一加选图形文件。

（2）按住 Shift 键可以一次性选取多个图形文件（如按住 Shift 键点击第 1 个图形文件后，再点击第 3 个图形文件，那么第 1 ~ 3 三个图形文件将全部被选择）。

（3）在右下角点击一下，按着鼠标左键不动，拖动出一个矩形框，变蓝色的文件就是被选中的文件，如图 8-26 所示。

注意：对于打开的多个文件，点击下拉菜单【窗口】，可根据不同的需要选择不同的排列效果，如图 8-27 所示。

三、保存图形文件

文件的保存在所有的软件操作中是最基本和最常用的操作。在绘图过程中，为了防止电脑死机丢失或损坏文件，或者不小心关闭了当前文件，必须随时将已绘制的图形文件存盘。这样做可以防止绘制的图形丢失，便于以后再次编辑。使用者在完成或者部分完成图形绘制之后，需要对现有图形进行保存。

a. 下拉菜单：【文件】/【保存】；

b. 命令行：Save；

c. 工具栏：；

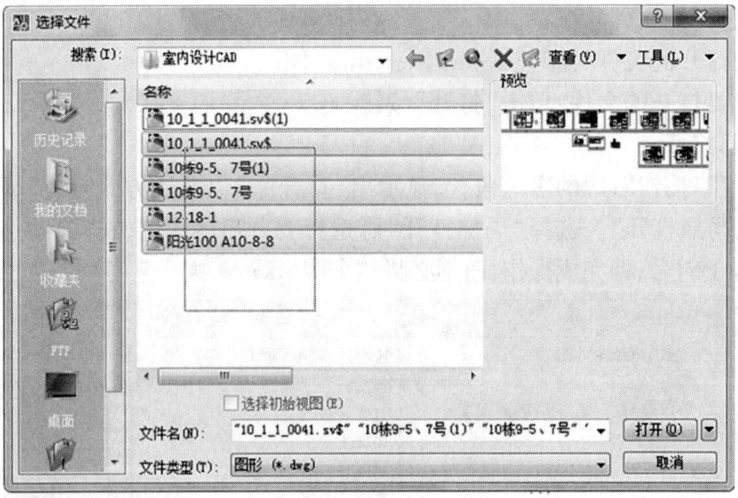

图 8-26 【选择文件】对话框

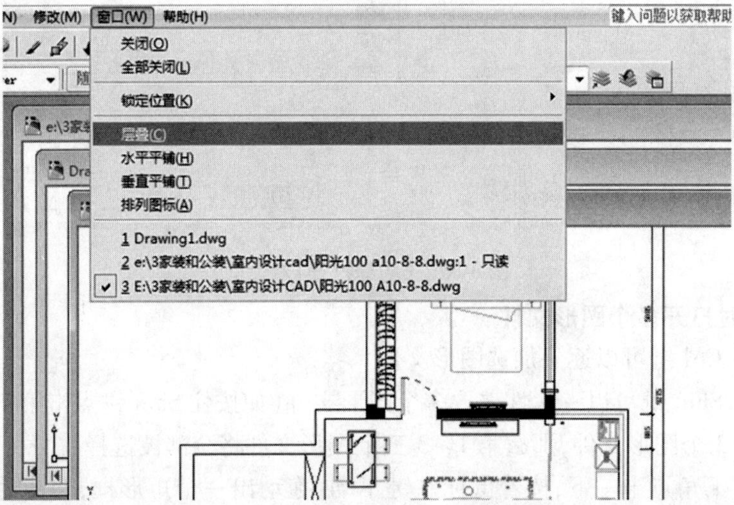

图 8-27 【窗口】菜单对话框

d. 快捷键:Ctrl + S。

若当前文件还没有保存过,执行完上面任意一种操作方法后,则就会弹出【图形另存为】对话框,如图 8-28 所示。

若图形文件已经保存过,执行上述操作方法的任意一种时,不会弹出对话框,而是直接保存。

提示:在 AutoCAD2008 中,可以点击【工具】中的【选项】,在弹出的【选项】对话框中点击“打开和保存”,可以看到“自动保存”字样,勾选“自动保存”字样,同时输入保存间隔分钟数,AutoCAD 就可以按照输入的保存间隔分钟数自动保存文件。

图 8-28 【图形另存为】对话框

四、图形的显示控制

(一)缩放视图

在 AutoCAD 中,可以通过缩放视图,放大或缩小图形的屏幕显示,而图形的真实尺寸保持不变。通常,在绘制图形的局部细节时,需要使用缩放工具放大该绘图区域,当绘制完成后,再使用缩放工具缩小图形来观察整体效果。

a. 命令行:Zoom;

b.【缩放】工具栏:如果界面上没有,在界面灰色区域选择鼠标右键快捷菜单【缩放】,【缩放】工具栏如图 8-29 所示;

c. 下拉菜单:【视图】/【缩放】,如图 8-30 所示。

图 8-29 【缩放】工具栏

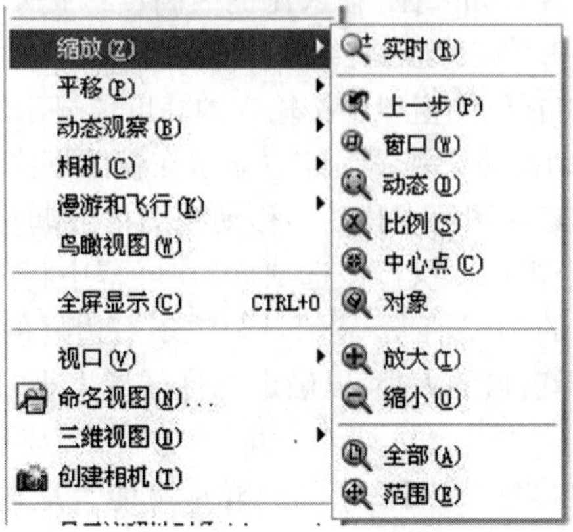

图 8-30 【缩放】子菜单

➢ 命令:_Zoom

➢ 指定窗口的角点,输入比例因子(nX 或 nXP),或者[全部(A)/中心(C)/动态(D)/范围(E)/上一个(P)/比例(S)/窗口(W)/对象(O)]<实时>:

(此时可以在窗口中指定一个点;也可通过执行【全部(A)】或【中心(C)】或【动态(D)】或【范围(E)】或【上一个(P)】或【比例(S)】或【窗口(W)】或【对象(O)】进行不同类型的视图缩放)

➢ 指定对角点:

(在窗口中指定另外一个点,使其与前一个点形成一个矩形窗口,放大矩形窗口内的图形)

(1)【指定窗口的角点】是 AutoCAD 的默认选项之一,称为窗口缩放,主要用于放大绘图窗口内的局部图形。移动光标,在屏幕的绘图窗口内拾取用于确定矩形的两个对角点,AutoCAD 将用户确定的矩形充满整个绘图窗口,矩形内的部分图形即被放大。

(2)【比例因子(nX 或 nXP)】可以通过输入精确的比例因子来放大或缩小视图。例如,当输入比例因子 2 时,所显示的图形就是原图大小的 2 倍;当输入 0.5 时,则所显示的图形为原图大小的一半。当输入比例因子 2X 时,表示在当前视图的基础上放大 2 倍;当输入 0.5X 时,则新视图将显示为当前视图大小的一半。若输入比例因子 nXP,则表示相对于图纸空间进行缩放。

(3)【全部(A)】可以将全部图形显示在屏幕上。不管图形是否超出绘图界限,图形都全部显示在屏幕上,同时对图形进行视图重生成操作。

(4)【中心(C)】是以指定点为屏幕中心缩放对象,同时输入新的缩放比例或高度。执行该选项后,AutoCAD 提示:

➢ 指定中心点:

(指定放大中心位置)

➢ 输入比例或高度:

(输入缩放比例或高度值)

按提示执行操作后,AutoCAD 将图形中新指定的位置作为绘图窗口的中心位置,并对图形进行相应的放大或缩放。如果在"输入比例或高度:"提示下输入的是"2X",图形将放大 2 倍;如果输入的是"0.5X",图形将缩小一半。如果在"输入比例或高度:"提示下输入的是高度值,AutoCAD 将在绘图窗口中按输入的高度值显示图形。

(5)【动态(D)】可以动态缩放视图。缩放显示在视图框中的部分图形。视图框表示视口,可以改变它的大小,或在图形中移动。移动视图框或调整它的大小,可将其中的图像平移或缩放,以充满整个视口。执行该选项后,在屏幕中将显示一个带"×"的矩形方框,单击鼠标,矩形方框中的"×"消失,显示一个位于右边框的方向箭头"→",如图 8-31 所示,拖动鼠标可改变选择窗口的大小,以确定选择区域大小,最后按下 Enter 键,即可缩放图形。

(6)【范围(E)】可以将当前视图框中的图样尽可能大地显示在屏幕上,并对图形进行重生成操作。

(7)【上一个(P)】用于显示上一次的图形状态。执行该选项后,AutoCAD 将绘图窗

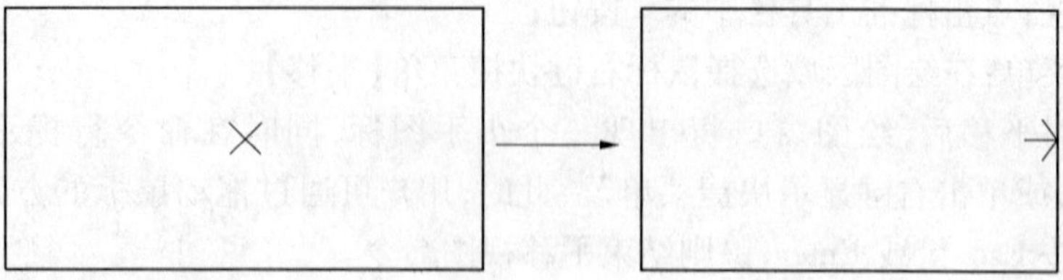

图 8-31 动态缩放

口恢复到上一次图形显示的状态。

(8)【比例(S)】是以指定比例因子缩放图形显示。执行该选项后，AutoCAD 提示：

➢ 输入比例因子(nX 或 nXP)：

(指定值)

如果输入的是具体的数，图形将按该比例值进行缩放，即相对于图形的实际尺寸缩放；如果输入的数后面加上 X，图形进行相对缩放，即相对于当前所显示图形的大小进行缩放；如果输入的数后面加上 XP，图形则相对于图纸空间进行缩放。

(9)【窗口(W)】是通过移动光标，在屏幕的绘图窗口内拾取用于确定矩形的两个对角点，AutoCAD 将用户确定的矩形充满整个绘图窗口，矩形内的部分图形即被放大。执行该选项后，AutoCAD 提示：

➢ 指定第一个角点：

(指定一点)

➢ 指定对角点：

(指定另一点)

在上面的提示下确定窗口的角点位置即可。

(10)【对象(O)】用于将选定的图形对象在绘图窗口最大限度地显示出来。执行该选项后，AutoCAD 提示：

➢ 选择对象：

(选择要放大的图形)

选择对象后按 Enter 键，所选择的图形对象将最大限度地显示在图形窗口。

(二)实时缩放和实时平移

(1)实时缩放是鼠标指针呈一带有加号和减号的放大镜图形。

a. 命令行：Zoom；

b. 工具栏：点击标准工具栏中的按钮；

c. 下拉菜单：【视图】/【缩放】/【实时】；

d. 快捷菜单：在绘图区域选择鼠标右键快捷菜单【缩放】。

此时，按住鼠标左键由下向上拖动图形，即可动态放大图形显示；按住鼠标左键由上向下拖动图形，则可动态缩小图形显示；如果想退出实时缩放状态，可按 Enter 或 Esc 键，或右击鼠标，从弹出的快捷菜单中选择“退出”选项。

(2)实时平移是在不改变屏幕缩放比例及绘图极限的条件下，移动屏幕窗口，从而使图样中的特定部分位于屏幕中间，便于观察。它比使用屏幕滚动条更为方便。

a. 命令行：Pan；

b. 工具栏：点击标准工具栏中的按钮；

c. 快捷菜单：在绘图区域选择鼠标右键快捷菜单【平移】。

启动实时平移后，绘图窗口将出现一个小手图标，同时在命令行提示："按 Esc 或 Enter键退出，或单击右键显示快捷菜单"。此时，用户可通过拖动鼠标的方式动态地平移视图。如果按 Esc 键或 Enter 键则结束平移视图命令。

（三）重画、重生成及全部重生成命令

在绘图和编辑过程中，往往会留下一些无用的临时标记，这些临时标记并不是图形中的对象，有时会使当前图形画面显得混乱，这时就可以使用 AutoCAD 中的重画与重生成图形等命令清除这些临时标记。

（1）重画命令可以刷新当前视窗中的显示，清除残留的点痕迹。

a. 命令行：Redraw；

b. 下拉菜单：【视图】/【重画】。

（2）重生成命令可重生成屏幕，此时从磁盘中调用当前图形的数据。

a. 命令行：Regen；

b. 下拉菜单：【视图】/【重生成】。

（3）全部重生成命令可以同时更新多重视区。

a. 命令行：Regenall；

b. 下拉菜单：【视图】/【全部重生成】。

任务三　设置参数

【任务分析】 本任务重点介绍 AutoCAD 绘图参数的具体作用和设置方法。用户首先应了解绘图参数的用途，其次应掌握其设置方法及在实际工作中的具体设置技巧。绘图前的准备工作将直接影响到绘图的速度、质量及后期的管理效率。

【相关知识】 参数选项设置的具体内容及方法。

一、设置图形界限及图形单位

在后面的绘图过程中如果需要用到栅格点进行辅助绘图，那么可以通过对图形界限的设置来控制栅格点显示的范围，有助于栅格点运用的管理。

不同的专业或工作可能需要显示不同的长度和角度格式及精度，可以通过对图形单位的设置来控制软件对话框、命令行等位置的数据显示精度及格式，还可以对软件角度计量的起始位置和方向进行设置，以方便不同情况下的绘图工作。

用户即使没有需要特殊设置的地方，也应该对图形界限和图形单位的相关参数的含义非常熟悉，在绘图工作中才能够对软件的默认设置做到了然于胸，提高绘图速度，提高操作的正确率。

（一）图形界限设置

图形界限设置是对模型空间中的绘图界限进行设定，设定后栅格点将只能在该范围内显示。其设定界限只能是一个矩形范围，一般通过矩形的对角点选取进行设定。

a. 菜单栏:【格式】/【图形界限】;

b. 命令行:Limits。

➢ 命令:_Limits

➢ 指定左下角点或[开(ON)/关(OFF)] <0.0000,0.0000 >: 0,0

(确定第一个对角点位置)

➢ 指定右上角点 <420.0000,297.0000 >: 594,420

(确定第二个对角点位置)

提示:只设置界限还不能使用图形界限功能,必须打开这项功能,即在确定第一个对角点前应该先执行【开/(ON)】,如果要关闭该功能,则应该执行【关/(OFF)】,当该功能被打开时,在确定的图形界限以外的区域不允许绘图。软件默认的图形界限为(0,0)~(420,297)。

(二)图形单位设置

图形单位控制长度和角度的表达格式、表达精度及角度计量起始方位、角度计量方向等参数的设定。【图形单位】对话框如图 8-32 所示。

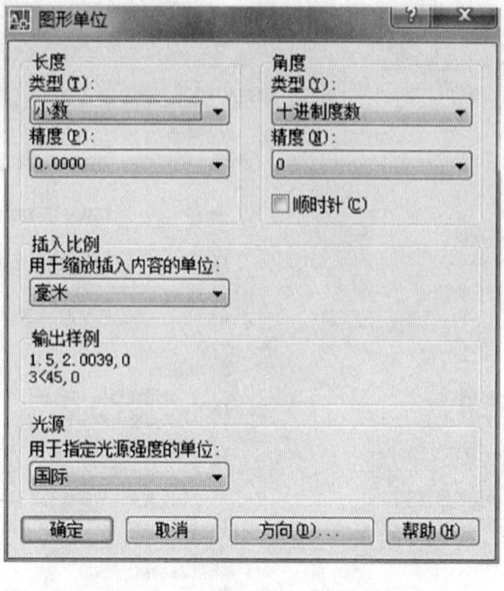

图 8-32 【图形单位】对话框

a. 菜单栏:【格式】/【图形单位】;

b. 命令:Units。

(1)【长度】控制长度计数类型和显示精度。

"类型"——设定长度计数的类型,可以选择的类型有"分数"、"工程"、"建筑"、"科学"和"小数",默认类型为"小数",实际工作中常用"小数"。

"精度"——设定长度显示的精度,可以在 0~0.00000000 之间选择,默认精度为 0.0000,实际工作中根据需要设定。

(2)【角度】控制角度计数类型和显示精度。

"类型"——设定角度计数的类型,可以选择的类型有"百分度"、"十进制度数"、"度/分/秒"、"弧度"和"勘测单位",默认类型为"十进制度数",实际工作中常用"十进制度数"。

“精度”——设定角度显示的精度，可以在 0～0.00000000 之间选择，默认精度为 0，实际工作中根据需要设定，常常设定到 0.00 以上。

“顺时针”——控制角度测量的方向是逆时针还是顺时针。

(3)【方向】控制角度测量时的起始方向，即 0°的方向，可以分别设置“东 0°”、“北 90°”、“西 180°”、“南 270°”或“其他”任意角度为 0°方向。

二、设置参数选项

用 AutoCAD 开始绘图之前，应该对整个软件的系统参数进行设置，这样才能有助于提高绘图的速度和质量。参数【选项】设置就是其中一项非常重要的准备工作。

a. 菜单栏：【工具】/【选项】；

b. 命令行：Options；

c. 快捷菜单：没有执行命令的状态下，在绘图区域选择鼠标右键快捷菜单最后一项【选项】。

进入【选项】对话框，共有 10 个选项卡，如图 8-33 所示。

图 8-33 【选项】对话框

(一)【文件】选项卡设置

【文件】选项卡中主要对各类文件的存储路径进行设置，其中常用到的设置为“自动保存文件路径”的修改。双击路径显示位置，在弹出的对话框中进行路径选择，如图 8-34 所示。

(二)【显示】选项卡设置

【显示】选项卡中主要对软件窗口界面和图形效果的显示进行设置，其中常用到的设置为颜色、字体、显示精度、十字光标大小的设置，如图 8-35 所示。

(1)绘图窗口背景颜色默认为黑色，用户可以根据自己的习惯选择合适的背景颜色，

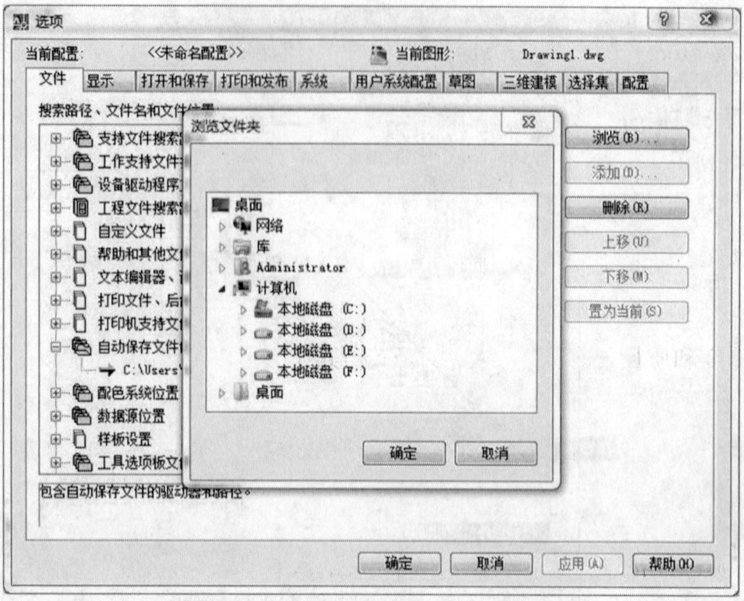

图 8-34　修改自动保存文件路径

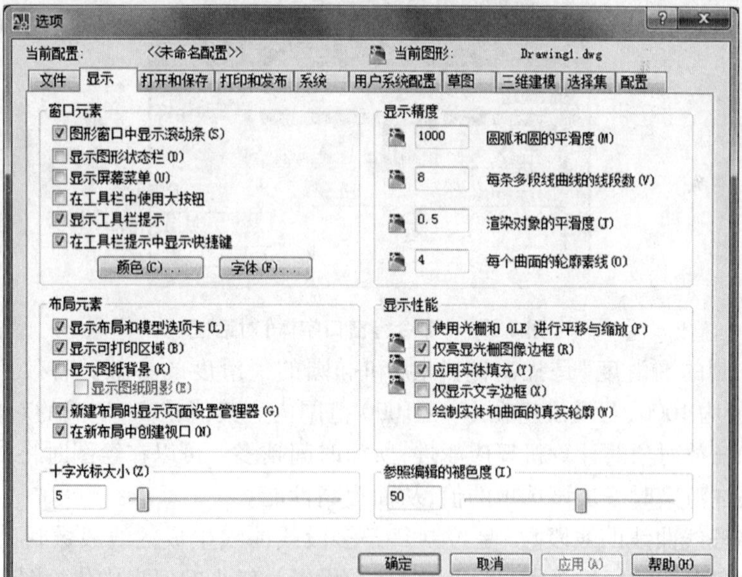

图 8-35　【显示】选项卡

常用黑色和白色两种。点击【窗口元素】中的“颜色”按钮，进入如图 8-36 所示的【图形窗口颜色】对话框，在右上角位置点击箭头下拉列表可以选择需要的颜色。

(2)可以根据自己的习惯设定命令行中显示文字的字体效果。点击【窗口元素】中的“字体”按钮，进入如图 8-37 所示的【命令行窗口字体】对话框，在【字体】、【字形】、【字号】几项中分别设定文字的样式和大小。

(3)可以在如图 8-35 所示的【显示精度】中设定相关图形显示的效果。

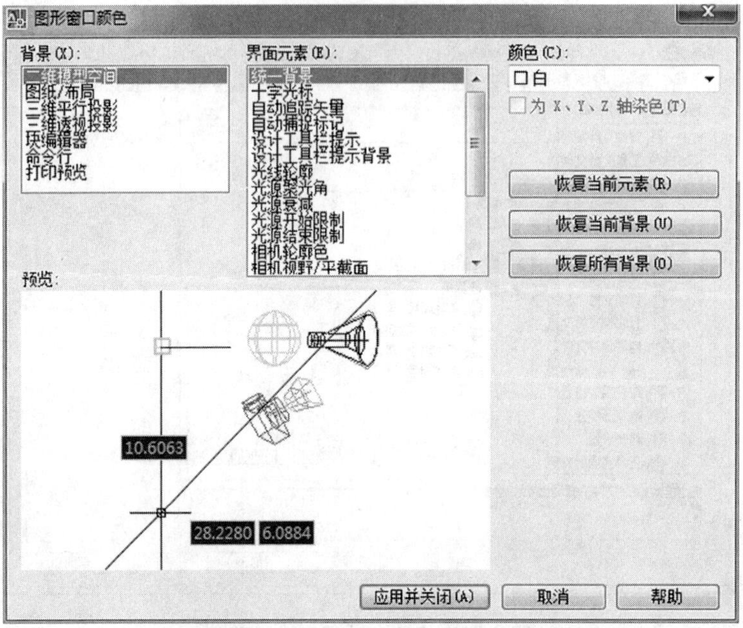

图 8-36 【图形窗口颜色】对话框

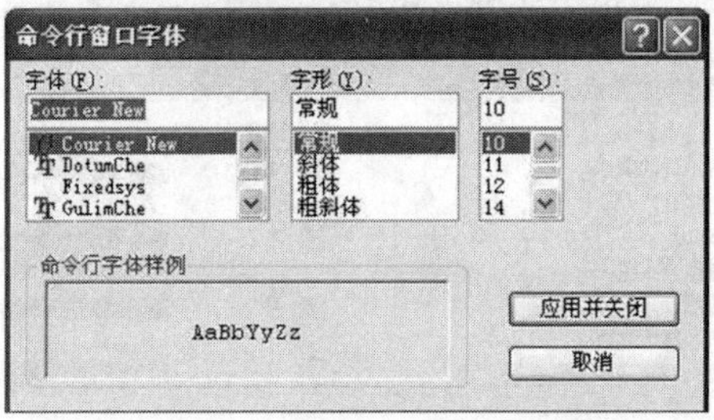

图 8-37 【命令行窗口字体】对话框

"圆弧和圆的平滑度"是控制圆、圆弧和椭圆的平滑度的参数。有效值范围为 1 ~ 20000,默认值为 1000,习惯设定在 100 ~ 1000 范围内。其值越高,生成的对象越平滑,重生成、平移和缩放对象时计算机反应越慢,所需时间越多。可以在绘图时将该选项设置为较低的值,而在渲染时增加该选项的值,从而提高性能。

"每条多段线曲线的线段数"是控制每条多段线曲线生成的线段数目的参数。数值越高,对计算机性能的影响越大,可以将此选项设置为较小的值来优化绘图性能。有效值范围为 -32767 ~ 32767。默认值为 8,习惯设定为 4 ~ 8。

"渲染对象的平滑度"是控制着色和渲染曲面实体的平滑度的参数。将"渲染对象的平滑度"的输入值乘以"圆弧和圆的平滑度"的输入值来确定如何显示实体对象。有效值范围为 0.01 ~ 10,默认值为 0.5。习惯在绘图时设定在 1 ~ 3 之间以保证计算机性能,渲染时设定为较大值以保证渲染出优质效果。

"每个曲面的轮廓素线"是控制曲面对象的轮廓线数目的参数。有效值范围为 0 ~ 2047,默认值为 4,数值越大,渲染时间越长。

(4)【十字光标大小】用于控制十字光标的尺寸,有效值范围为 1 ~ 100(全屏幕的

1%～100%)，默认尺寸为5。当设定为100时，看不到十字光标的末端，当尺寸减小为99或更小时，十字光标才有有限的尺寸，应该根据绘图习惯进行参数设定。直接在图8-35所示的【十字光标大小】调节轴上选定参数的大小。

(三)【打开和保存】选项卡设置

【打开和保存】选项卡主要控制保存文件的相关参数设置，其中常用到的设置为"文件保存"中的"另存为"，"文件安全措施"中的"保存间隔分钟数"、"临时文件的扩展名"和"安全选项"等，如图8-38所示。

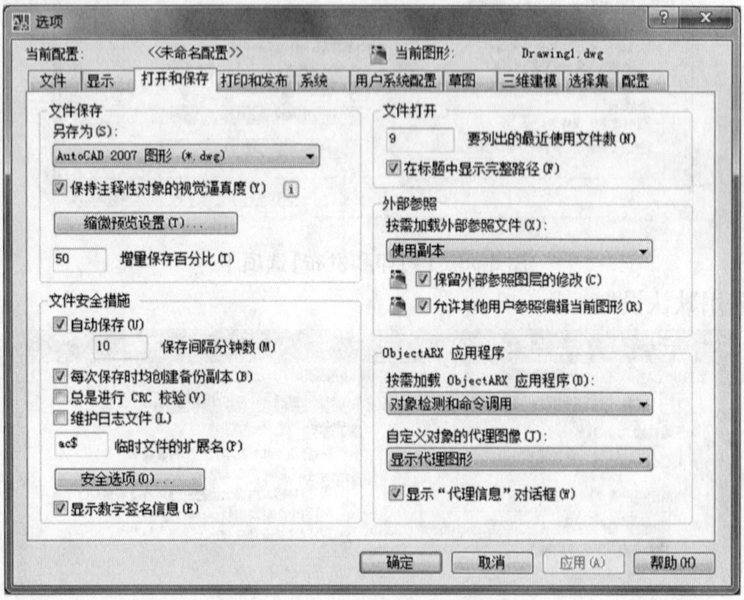

图8-38 【打开和保存】选项卡

"另存为"用于设定Save、Saveas、Qsave和Wblock命令保存文件时将要采用的有效文件格式。

"保存间隔分钟数"用于设定软件自动保存时间间隔，默认值为10分钟，可根据需要设定自动保存的时间间隔。

"临时文件的扩展名"用于设定软件自动保存文件时的唯一扩展名，默认扩展名为".ac $"。若需要取回上一个自动保存时间间隔内的绘图成果，可在自动保存文件路径中找出扩展名为".ac $"的文件，将其扩展名更改为".dwg"就可以得到需要的图形文件。

"安全选项"用于对图形文件进行加密，以保证文件的安全性。

(四)【打印和发布】选项卡设置

【打印和发布】选项卡主要控制与打印和发布相关的参数设置，其中常用到的设置为"打印到文件"，如图8-39所示。

"打印到文件"用于设定打印到文件时文件的输出路径。

(五)【系统】选项卡设置

【系统】选项卡主要控制三维图形性能及其他相关系统参数设置，如图8-40所示，实

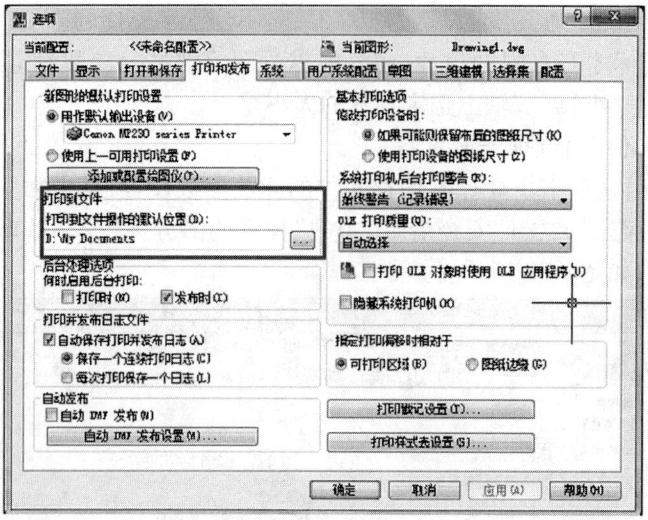

图 8-39 【打印和发布】选项卡

际工作中常采用默认设置。

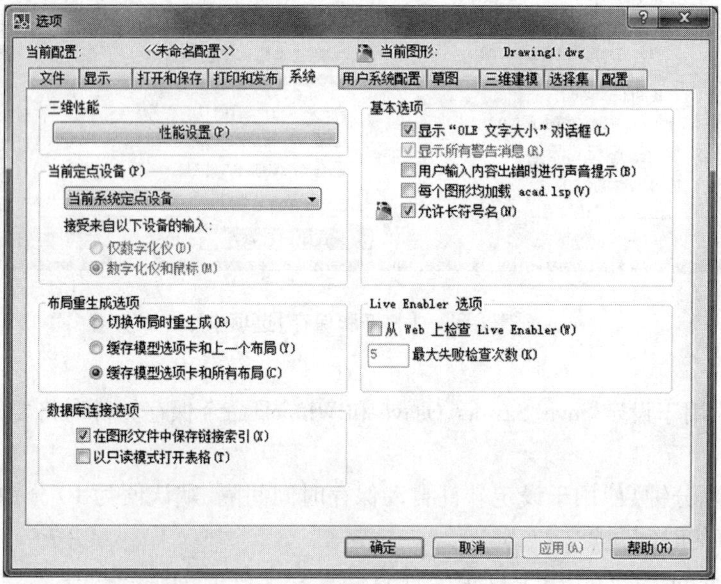

图 8-40 【系统】选项卡

(六)【用户系统配置】选项卡设置

【用户系统配置】选项卡主要控制工作方式的设置。这些设置会一定程度地影响到操作过程的便捷性和绘图速度,实际工作中常用到的设置为【Windows 标准操作】、【编辑比例列表】和【关联标注】,如图 8-41 所示。

【Windows 标准操作】用以控制鼠标点击操作和鼠标右键单击操作对应功能。勾选"双击进行编辑"就代表双击要进行编辑,实际工作中常采用默认值,即勾选。"绘图区域中使用快捷菜单"控制在绘图区域中是否使用右键快捷菜单,默认设置为勾选,即单击右键将出现快捷菜单。若取消勾选,则默认单击右键为重复上一次命令。"自定义右键单

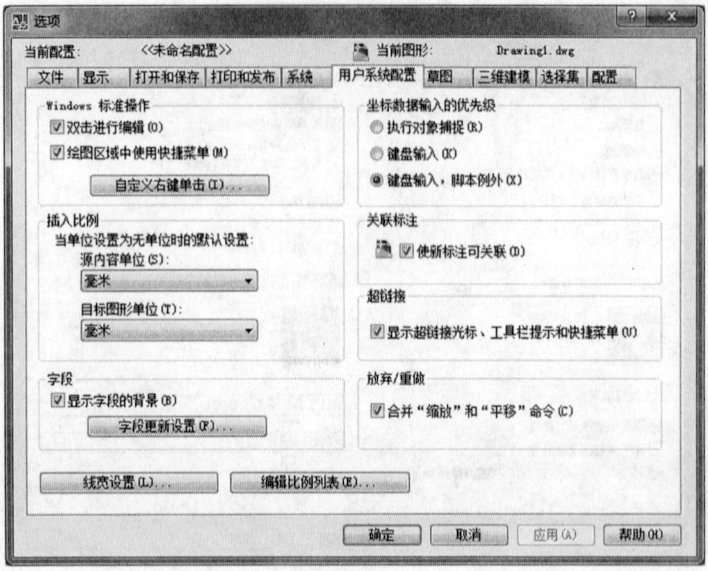

图 8-41　【用户系统配置】选项卡

击”按钮用以控制鼠标右键单击具体参数设置。

【编辑比例列表】用于管理与布局视口和打印相关联的几个对话框中所显示的比例缩放列表。

【关联标注】用以控制标注是否与被标注对象关联，即控制对象外形发生变化时标注是否受到影响而发生变化。默认设置为关联，实际工作中常采用关联。

(七)【草图】选项卡设置

【草图】选项卡主要控制自动捕捉和自动追踪等多个编辑功能的设定，实际工作中常用到的设置为【自动捕捉设置】、【自动捕捉标记大小】、【对齐点获取】和【靶框大小】，如图 8-42 所示。

【自动捕捉设置】控制使用对象捕捉时显示的形象化辅助工具(称作自动捕捉)的相关设置。“标记”控制自动捕捉标记的显示。该标记是当十字光标移到捕捉点上时显示的几何符号。“磁吸”控制打开或关闭自动捕捉磁吸。磁吸是指十字光标自动移动并锁定到最近的捕捉点上。“显示自动捕捉工具栏提示”控制自动捕捉工具栏提示的显示。工具栏提示是一个标签，用来描述捕捉到的对象部分。“显示自动捕捉靶框”控制自动捕捉靶框的显示。靶框是捕捉对象时出现在十字光标内部的方框。“颜色”用以激活【图形窗口颜色】对话框，然后可以对自动捕捉靶框的颜色进行设定。

【自动捕捉标记大小】控制自动捕捉标记显示尺寸的设置。

【对齐点获取】控制对象追踪对起点的获取方式，默认为自动，实际工作中也采用自动方式。

【靶框大小】设置自动捕捉靶框的显示尺寸，须在【自动捕捉设置】中勾选“显示自动捕捉靶框”后才有效，靶框的大小用以确定光标到达与捕捉点多近的位置时，磁吸会将靶框锁定到捕捉点上，其取值范围为 1 ~ 50 像素。

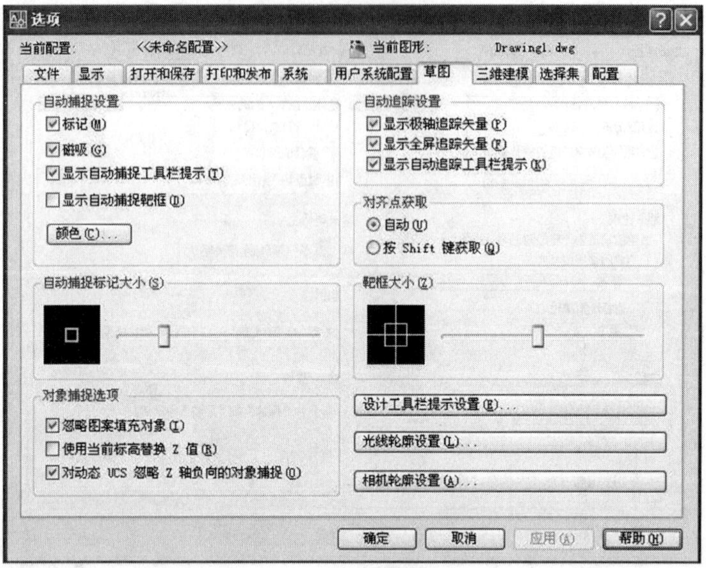

图 8-42 【草图】选项卡

(八)【三维建模】选项卡设置

【三维建模】选项卡控制在三维建模中使用实体和曲面的相关参数的设置,在实际工作中基本采用默认值,要根据需要进行设置的主要是【三维对象】,如图 8-43 所示。

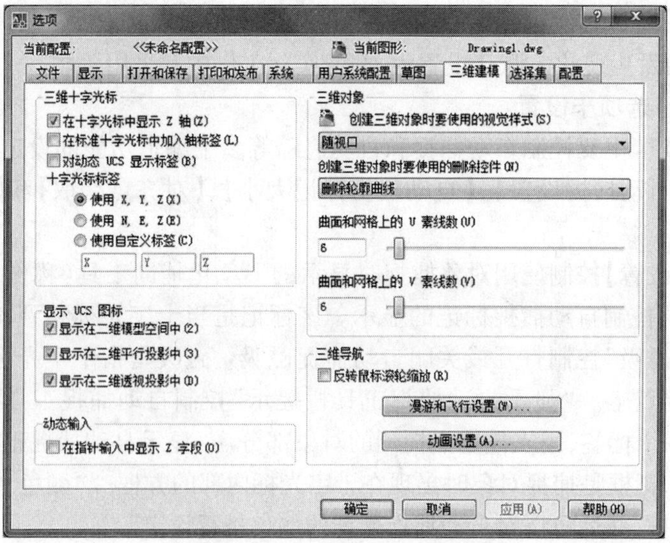

图 8-43 【三维建模】选项卡

【三维对象】控制三维实体和曲面的显示效果。“创建三维对象时要使用的视觉样式”指定创建三维实体图元时的视觉样式。“创建三维对象时要使用的删除控件”指定三维对象创建后,是自动删除创建实体和曲面时使用的定义几何体,还是提示用户删除该对象。

“曲面和网格上的 U 素线数”设置曲面和网格在 U 方向上的素线数量,有效值为 0 ~ 200,默认值为 6。

（九）【选择集】选项卡设置

【选择集】选项卡控制选择对象操作的相关属性和方式的设定，实际工作中主要根据个人操作习惯进行设定，如图 8-44 所示。

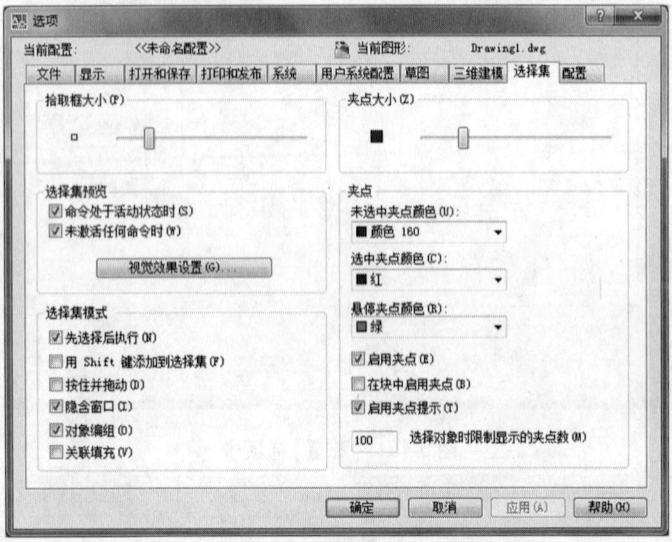

图 8-44 【选择集】选项卡

【拾取框大小】控制拾取框的大小，拾取框是指在编辑命令中出现的对象选择工具。

【选择集模式】控制对象选择方法的相关设定。"先选择后执行"控制是否允许在启动命令之前选择对象。"用 Shift 键添加到选择集"控制多次选择多个对象时是否需要按住 Shift 键。"按住并拖动"控制选择窗口的绘制方式。"隐含窗口"控制是否能用鼠标拉出矩形的选择区域。"对象编组"控制当选中编组中的一个对象时是否选中编组中的所有对象。"关联填充"控制选中关联图案填充时是否将填充边界一起选中。

【夹点大小】控制对象夹点的显示大小。

【夹点】控制夹点各状态的显示颜色等相关设置。夹点的状态一共分为未选中、悬停和选中三种。

（十）【配置】选项卡设置

【配置】选项卡控制配置文件的使用，其中配置是由用户定义的。常用的功能为【重置】，如图 8-45 所示。

【重置】用于将选定配置中的值重置为系统默认设置，即恢复到系统的默认状态。初学者可以在遇到一些不知名的错误设置或操作后又不知道如何更改正确的情况下执行该设定。

三、设置对象特性

AutoCAD 中对象的特性包括几何特性和基本特性两方面。几何特性是指图形对象的几何特征、数据等方面的特性，不同类型的几何图形具有不同的几何特性。基本特性主要包括颜色、线型、线宽等基本的特性，不同类型的对象也可以具有相同的基本特性，其设置一般通过【特性】工具栏完成，如图 8-46 所示。

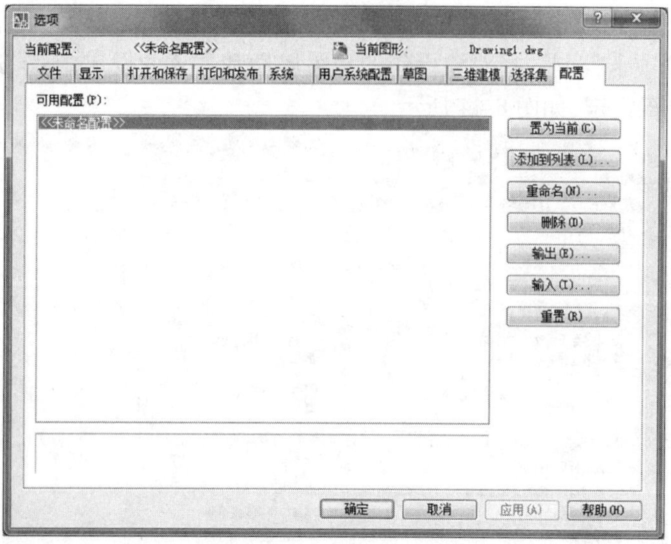

图 8-45 【配置】选项卡

图 8-46 【特性】工具栏

虽然工程图纸都是黑白输出，不需要表示颜色，但是在用 AutoCAD 绘图时，为了方便电子版文件的阅读，都会将不同类型的对象用不同的基本特性区别显示。因此，用户必须熟练地掌握基本特性的设置方法，绘制出的图才能既美观又规范。

(一)随层(Bylayer)、随块(Byblock)特性

颜色、线型、线宽 3 个基本特性中有 2 个共有的特性设置，即随层(Bylayer)和随块(Byblock)特性，统称为逻辑特性。随层(Bylayer)特性是 3 个基本特性的默认设置参数，如图 8-46 所示。

若对象特性设置为随层(Bylayer)，改变该对象所在图层的特性时，该对象的基本特性会跟随图层的变化而发生变化。实际工作中绝大多数情况下都将基本特性设置为随层(Bylayer)特性，以方便使用图层进行批量管理。

若对象特性设置为随块(Byblock)，并将该对象作为元素创建到图块中后，在改变图块的特性时，该对象的基本特性也会跟随图块的变化而发生变化。实际工作中一般不采用随块(Byblock)特性，只有在尺寸标注、定义图块等情况下才使用。

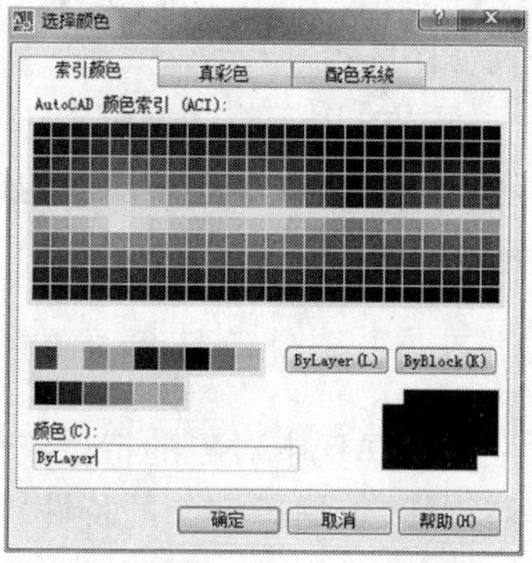

图 8-47 【索引颜色】

(二)颜色设置

除了随层(Bylayer)和随块(Byblock)以外，用户还可以设置【索引颜色】和【真彩色】。【索引颜色】共有 256 种，每种都对应一个索引编号，如图 8-47 所示。

实际工作中往往不会给对象设置固定的某种颜色，

而是设置随层(Bylayer)颜色,再通过将不同图层设置为不同颜色来达到控制对象颜色属性的目的。

(三)线型设置

除了随层(Bylayer)和随块(Byblock)以外,用户还可以通过【线型管理器】对话框加载多种常用线型,在对话框下部显示的是已经加载的线型,即可以直接用的线型,如图8-48所示。如果其中没有需要的线型,点击右上角的“加载”按钮会出现【加载或重载线型】对话框,可选择需要的线型。

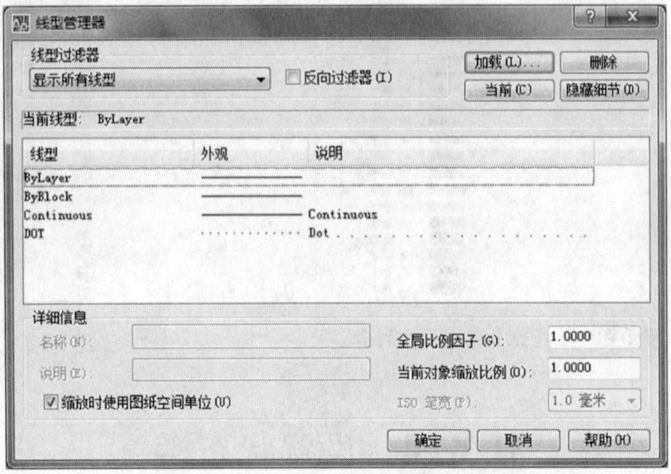

图 8-48　【线型管理器】对话框

【线型管理器】对话框中还有一个重要操作,就是调整线型的显示比例,即调整虚线、点划线等非连续线型的显示效果。

【显示细节】可在下部“详细信息”中调整“全局比例因子”来改变非连续线型的显示效果。“全局比例因子”的调整会影响到整个图形文件中所有的非连续线型,而不是只对某类线型有效,若要单独调整某些线条的显示效果,应该通过【特性】窗口进行操作。

(四)线宽设置

除了随层(Bylayer)和随块(Byblock)以外,用户还可以通过【特性】工具栏中的第三个下拉列表选定0.00~2.11mm范围内的各线宽值及默认线宽,如图8-49所示。默认线宽控制图层线宽的初始值,新建的图层的线宽都是默认线宽。软件在【线宽设置】对话框中将默认线宽的初始值定为0.25mm,可以根据需要进行更改。在【线宽设置】对话框中还可以对线条宽度的显示效果进行设置,通过改变【调整显示比例】调节轴上滑块的位置来实现。

(五)【特性】窗口

【特性】窗口即特性管理器,可以通过它对对象的几何特性及基本特性非常方便地进行管理和编辑,使之满足用户的需要。不同的对象具有不同的几何特性及其他的属性,但其都具有基本特性,这些特性是由对象的类型确定的。

在【特性】窗口中可编辑的主要项目包括【颜色】、【线型】、【图层】、【线型比例】(可对选中的目标对象的线型比例进行调整,即如果目标对象为非连续线型,则可以调整其显示效果)、【线宽】、【材质】等,再加上各类对象自身的几何特性,基本每类目标对象都可以用【特性】窗口进行全方位的、快捷的编辑操作,如图 8-50 所示。

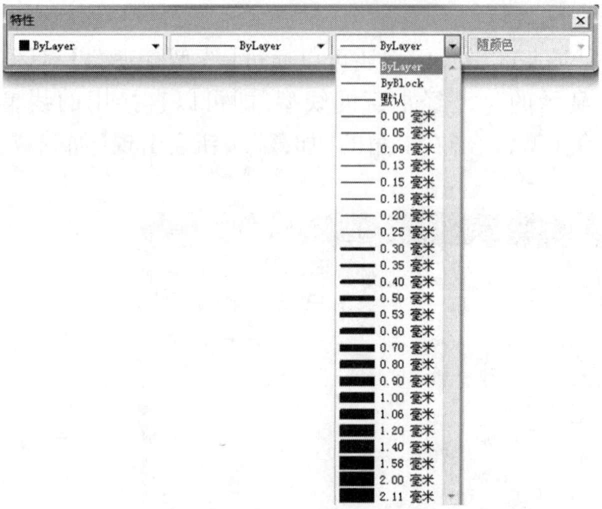

图 8-49 【线宽】箭头下拉列表

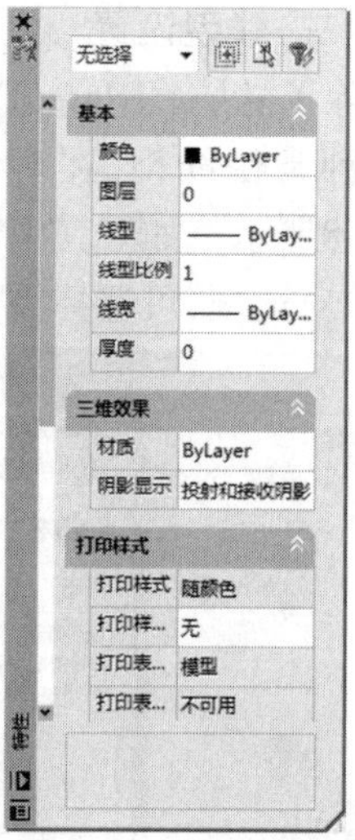

图 8-50 【特性】窗口

任务四 设置状态栏

【任务分析】 本任务重点介绍 AutoCAD 状态栏中参数的具体作用和设置方法。用户应该掌握其设置的方法及在实际工作中的具体设置技巧。绘图前的准备工作将直接影响到绘图的速度、质量。

【相关知识】 状态栏中各项参数设置的方法和技巧。

状态栏中包括【捕捉】、【栅格】、【正交】、【极轴】、【对象捕捉】、【对象追踪】、【线宽】、【DUCS】和【DYN】等参数设置选项,但在实际工作中常用到的设置只有【正交】、【极轴】、【对象捕捉】、【对象追踪】、【线宽】、【DYN】6 项。这些设置主要解决绘图过程中的特定方向捕捉、特定点捕捉、快速追踪对齐、线宽显示等问题。如果不进行合理的设置,绝大部分的图形绘制都不容易完成,大大影响绘图的效率。因此,初学者应该在开始绘图之前熟练地掌握状态栏中的相关设置。状态栏中所有功能的打开和关闭都可以通过直接点击按钮来实现,按钮凸出表示关闭该功能,按钮凹进表示打开该功能,如图 8-51 所示。

图 8-51 状态栏设置

一、设置捕捉和栅格

在状态栏中可以显示当前十字光标所处位置的坐标,仅用该坐标显示来进行精确定位非常困难,可以打开【草图设置】对话框中的【捕捉和栅格】选项卡,通过对十字光标移动步长(增量)的指定来控制十字光标移动的位置(键盘输入坐标值不受影响),即十字光标总是停留在移动步长的整数倍位置上，如图8-52所示。

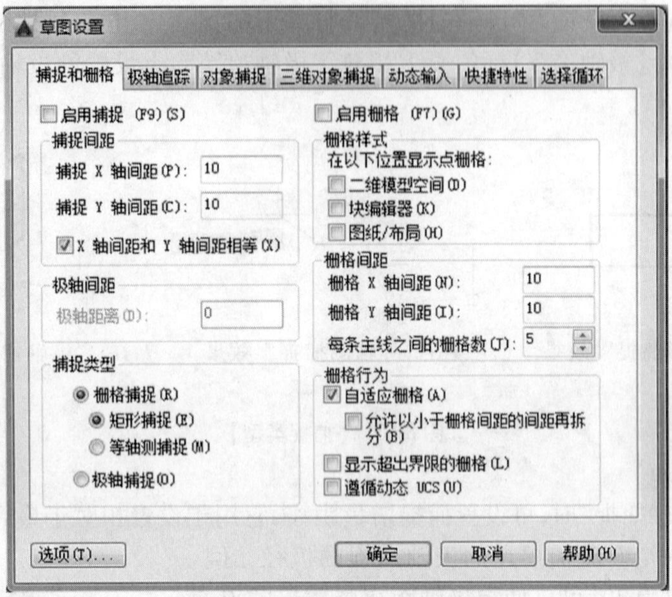

图8-52 【捕捉和栅格】选项卡

（一）栅格

栅格是指图形界限内的可见点矩形阵列。使用栅格类似于在图形下放置一张坐标纸。利用栅格可以对齐对象并直观显示对象之间的距离，这样使绘图中确定输入点坐标值时更直观准确，定位更方便，且该点阵不会被打印机等设备输出。

（二）捕捉

捕捉是与栅格配合使用的一个功能。只设置栅格点阵还无法保证光标每次都能准确移动到栅格点上，而对捕捉进行间距的设置后，使捕捉间距等于栅格间距，或两者互成倍数关系，才能有效利用栅格点进行绘图定位。通过十字光标捕捉与栅格区域的角度，同时设定十字光标与栅格的旋转角度和基点，用户可以绘制倾斜部分的结构。

在【捕捉和栅格】选项卡中可以对【捕捉间距】、【捕捉类型】、【极轴间距】、【栅格间距】等主要参数进行设置。

1.【捕捉间距】

“捕捉X轴间距”——指定X方向的捕捉增量，该值必须为正实数，系统默认为10。

“捕捉Y轴间距”——指定Y方向的捕捉增量，该值必须为正实数，系统默认为10。

“X和Y间距相等”——勾中复选框，表示X和Y间距设置相同，未勾中，则表示X和Y间距可设置成不同的值。

2.【捕捉类型】

设置捕捉类型，包含“栅格捕捉”和“极轴捕捉”的设置。

“栅格捕捉”分为“矩形捕捉”、“等轴测捕捉”。其中，“矩形捕捉”将捕捉模式设置为标准矩形捕捉模式，当打开捕捉模式时，十字光标捕捉矩形捕捉栅格，如图8-53(a)所示。“等轴测捕捉”将捕捉模式设置为等轴测捕捉模式，当打开捕捉模式时，十字光标捕捉等轴测捕捉栅格,如图 8-53(b)所示。

如果将捕捉类型设置为"极轴捕捉",并打开了捕捉模式,在极轴追踪打开的情况下指定点,光标将沿【极轴追踪】标签页上相对于极轴追踪起点设置的极轴角度进行捕捉,如图 8-53(c)所示。

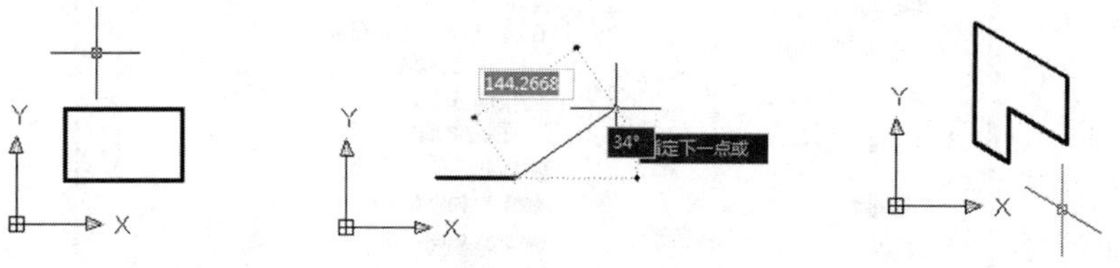

(a)"矩形捕捉"效果　　(b)"等轴测捕捉"效果　　(c)"极轴捕捉"效果

图 8-53 【捕捉类型】

3.【极轴间距】

设定为"极轴捕捉"时,可设置捕捉增量距离,它用于设置相对于最后一个指定点或所获得的最后一个对象捕捉点的极轴捕捉的极径。例如设置极轴距离为 20,可以捕捉极轴距离整数倍的点,即 20、40、60…的点,如图 8-54 所示捕捉线上的小叉位置即为距离 20 的点,以此类推。若极轴距离值设为 0,则极轴捕捉距离自动采用"捕捉 X 轴间距"的值。

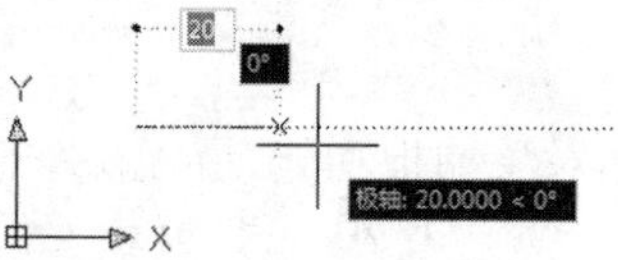

图 8-54 【极轴间距】效果

4.【栅格间距】

"栅格 X 轴间距"——指定 X 方向栅格点的间距。

"栅格 Y 轴间距"——指定 Y 方向栅格点的间距。

二、设置正交和极轴

正交和极轴是准确绘制水平线和竖直线的基本保证,类似于尺规作图中的丁字尺和三角板的功能,再加上极轴的强大角度捕捉功能,能够使用户快速找到需要的角度方向。

(一)正交

正交控制绘图时强制捕捉竖向及横向,以方便竖直线及水平线的绘制。实际工作中一般在需要大量绘制水平线及竖直线的情况下使用该功能。正交打开时不能打开极轴。正交虽然会强制捕捉竖向及横向,但是如果用对象捕捉强制捕捉到定点上也是可以绘制出斜线的。

(二)极轴

极轴控制绘图时辅助捕捉各特定方向,包括竖向、横向及设定的角度方向,以方便绘图过程中捕捉到各需要的方向。实际工作中一般在需要交叉绘制水平线、竖直线与斜线的情况下使用该功能,可以在【草图设置】对话框的【极轴追踪】选项卡中对相关参数进行设置。极轴打开时不能打开正交。

1. 极轴角设置

极轴角设置包括"增量角"和"附加角"两项设置。"增量角"可以控制显示极轴捕捉和极轴追踪方向的角度变化增量，绘图时可以捕捉到 0°～360°范围内所有增量角的整数倍角。所有的角度均按“单位”中设置的测量方向和起始角度进行计算。“附加角”可以设定任意角度，绘图时极轴只会捕捉该角度方向，不会捕捉其整数倍角。

2. 对象捕捉追踪设置

对象捕捉追踪设置包括“仅正交追踪”和“用所有极轴角设置追踪”两个选项，“仅正交追踪”是指对象追踪仅沿水平方向和竖直方向进行追踪；“用所有极轴角设置追踪”是指对象追踪可以追踪到极轴角设置中所设置的所有角度方向。

3. 极轴角测量

极轴角测量包括“绝对”和“相对上一段”两个选项。“绝对”指计算极轴角度时始终以“单位”中设定的 0°方向为起始计算方向，即此时认定极轴角设置的角度均为绝对角度。“相对上一段”指计算极轴角度时以绘制的前一段线条方向为起始计算方向，即此时认定极轴角设置的角度均为相对角度。

三、设置对象捕捉和对象追踪

(一)对象捕捉

在【对象捕捉】中可以设置 13 种类型的点，如图 8-55 所示。在绘图过程中如果不使用对象捕捉功能，就无法准确地捕捉到特定位置的点，绘制出来的图形就不够精确。

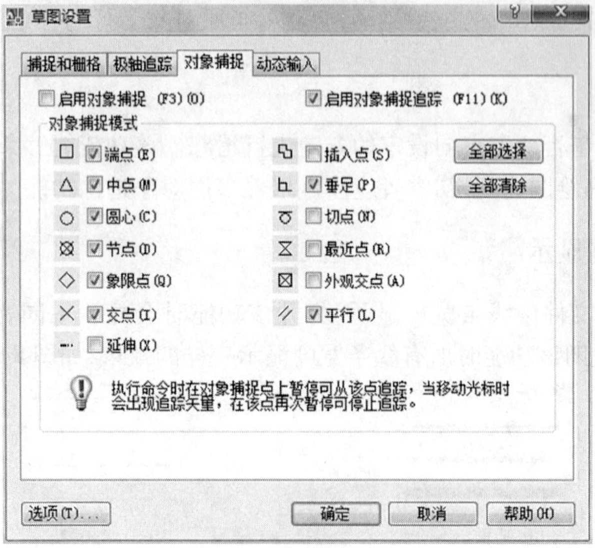

图 8-55 【对象捕捉】中各类型的点

(1)“端点”：捕捉到圆弧、椭圆弧、直线、多线、多段线线段、样条曲线、面域或射线最近的端点，或捕捉宽线、实体或三维面域的最近角点。

(2)“中点”：捕捉到圆弧、椭圆、椭圆弧、直线、多线、多段线线段、面域、实体、样条曲线或参照线的中点。

(3)“圆心”：捕捉到圆弧、圆、椭圆或椭圆弧的圆心或中心。若操作中需要捕捉某个对象的圆心，就应该在该对象的轮廓上晃动光标，出现“圆心”捕捉标记后即可选中。

(4)“节点”:捕捉到点对象、标注定义点或标注文字起点。

(5)“象限点”:捕捉到圆弧、圆、椭圆或椭圆弧的象限点。

(6)“交点”:捕捉到圆弧、圆、椭圆、椭圆弧、直线、多线、多段线、射线、样条曲线等线条之间的交点。

(7)“延伸”:当光标经过对象的端点时,显示临时延长线或圆弧,以便用户在延长线或圆弧上指定点。

(8)“插入点”:捕捉到属性、块、图形或文字的插入点。

(9)“垂足”:捕捉到圆弧、圆、椭圆、椭圆弧、直线、多线、多段线、射线、面域、实体、样条曲线或参照线的垂足。

(10)“切点”:捕捉到圆弧、圆、椭圆、椭圆弧或样条曲线的切点。

(11)“最近点”:捕捉到圆弧、圆、椭圆、椭圆弧、直线、多线、点、多段线、射线、样条曲线或参照线的任意位置,最近点指离线最近的点,即应该是在该线上的点。

(12)“外观交点”:捕捉到不在同一平面但是可能看起来在当前视图中相交的两个对象的外观交点。“延伸外观交点”不能用作执行对象捕捉模式。“外观交点”和“延伸外观交点”不能和三维实体的边或角点一起使用。

(13)“平行”:控制直线段、多段线线段、射线或构造线绘制与其他已知线性对象平行的线条。指定线性对象的第一点后,在要平行对象上悬停光标,出现“平行”捕捉符号后移动光标到大概与对象平行的位置晃动,会显示与原对象平行的一条对齐路径,即可创建出平行线。

(二)对象追踪

对象追踪控制是否从定点向设定的方向进行追踪。该功能能够节省大量的辅助线绘制和删除步骤,提高绘图速度,初学者应注重培养多用对象追踪功能的习惯。

四、设置线宽显示

线宽控制图形文件中线条宽度显示,打开该功能时会显示不同宽度线条的区别,如图8-56(a)所示,关闭该功能时所有线条宽度显示一样的效果,如图8-56(b)所示。

图8-56 线宽

五、设置动态输入

动态输入在光标附近提供了一个命令界面,以帮助用户专注于绘图区域。打开该功能时,工具提示将在光标旁边显示信息,该信息会随光标移动动态更新。当某命令处于活动状态时,工具提示将为用户提供输入的位置,从而极大地方便了绘图。其中,【动态输入】选择卡包括【指针输入】、【标注输入】、【动态提示】三个方面的参数设置,如图8-57

所示。

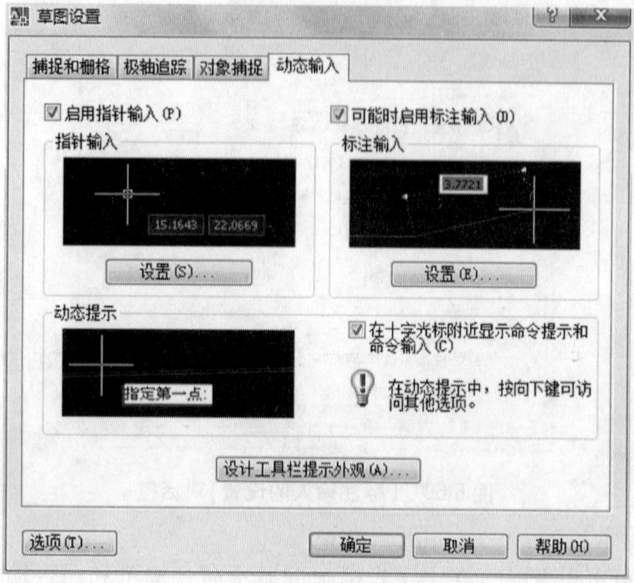

图 8-57 【动态输入】选项卡

(一)【指针输入】

【指针输入】使状态栏提示中的十字光标位置的坐标值显示在光标旁边,如图 8-58 所示。命令提示输入点时,可以在工具栏提示中输入坐标值,而不用在命令行中输入。点击"设置"按钮可以进入【指针输入设置】对话框,对绘图时第二点及之后点的坐标属性进行设置,如可以设置坐标为极轴格式或笛卡儿格式,设置坐标为相对坐标或绝对坐标等,其默认设置如图 8-59 所示。

图 8-58 【指针输入】效果

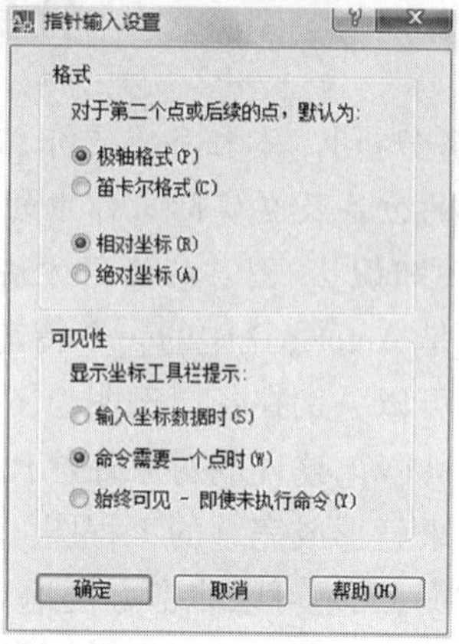

图 8-59 【指针输入设置】对话框

(二)【标注输入】

【标注输入】用于设置当命令提示输入第二个点或距离时,将显示标注和距离值与角度值的工具栏提示。工具栏提示中的值将随光标移动而更改。可以在工具栏提示中输入值,而不用在命令行中输入值。点击"设置"按钮可以进入【标注输入的设置】对话框,设置显示的字段数和种类，如图 8-60 所示。

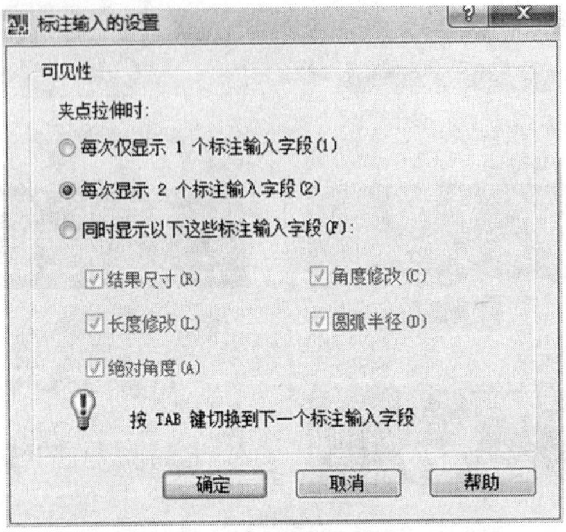

图 8-60 【标注输入的设置】对话框

(三)【动态提示】

【动态提示】可以设置是否在十字光标附近显示命令提示和命令输入，打开该功能的效果如图 8-61 所示，关闭该功能的效果如图 8-62 所示。

图 8-61 打开【动态提示】效果

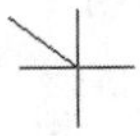

图 8-62 关闭【动态提示】效果

任务五 设置图层

【任务分析】 本任务重点介绍 AutoCAD 图层的具体作用和使用方法。用户应该掌握其设置的方法及在实际工作中的运用。

【相关知识】 图层的使用方法。

图层是 AutoCAD 中的一个特定概念，它相当于一叠坐标对正、没有厚度的透明绘图纸。用户可以分别在各层透明绘图纸上画出复杂工程图的某一类对象，比如轮廓线、中轴线、尺寸标注等，这样的对象往往代表相同的含义或具有某一相同特性。所有的透明绘图纸重叠起来就形成完整的工程图。这样一是可以节约大量的存储空间，有利于计算机高速处理数据，二是可以非常方便地对某一个图层中的所有对象的特性进行批量管理和编辑。实际工作中图层的运用是相当重要的一环，图层设置是否合理将直接影响到工程图的规范性和美观性，也影响到批量管理和编辑对象的便捷性，因此用户在学习具体的绘图知识之前，应该熟练掌握图层的使用方法。

绘图过程中图层的常规操作一般都是通过【图层】工具栏来实现的，如图 8-63 所示。

单击【图层】工具栏左侧的“图层特性管理器”按钮可以进入【图层特性管理器】对话框，图层的建立、删除、特性管理等操作都是在【图层特性管理器】对话框中来实现的。

图 8-63　【图层】工具栏

【图层】工具栏中间的箭头下拉列表,具有“查看当前图层”、“修改当前图层”、“查看对象所在图层”、“修改对象所在图层”4 个基本功能,并且能够对每个图层执行“关闭和打开”、“冻结和解除冻结”、“锁定和解除锁定”等操作。

单击【图层】工具栏右侧的“将对象图层设置为当前”按钮可以将被选中对象所在图层设置为当前图层,具体操作就是要选中一个对象,点击该按钮,则这个对象所在的图层就被设置为当前图层。

单击【图层】工具栏右侧的“上一个图层”按钮可以将当前图层恢复到上一次使用的当前图层。

单击【图层】工具栏右侧的“图层特性管理器”按钮可以进入【图层状态管理器】对话框,对已命名图层状态进行保存、恢复和管理等操作。

在进行以上操作之前一般需要进入【图层特性管理器】对话框进行设置,打开【图层特性管理器】对话框的方法如下:

a. 菜单栏:【格式】/【图层】;

b. 命令行:Layer(La);

c. 工具栏:【图层】工具栏按钮。

一、新建和删除图层

所有创建的对象都会被放置在图层上,用户如果没有新建图层,则创建的对象将被放置在软件默认设置的【0】图层上。如果用户绘制了带有定义点的对象,比如尺寸标注、点对象等,软件还会默认设置一个【定义点(Defpoints)】图层。实际工作中,为了方便进行批量的管理和编辑,以及保持图纸的规范性和美观性,都会新建大量的图层来对图纸的各个部分进行分类管理。

用户根据自己的需要可以在【图层状态管理器】对话框中通过点击图 8-64 所示的 1 号按钮来新建一些图层。新建的图层可以立即进行命名,或者之后以慢速间隔双击图 8-64所示的 4 号位置也可以进行重新命名。当建立了一些多余的图层或者一些图层不再使用的时候,可以将其删除掉,具体操作是先选中要删除的图层,然后点击图 8-64 所示的 2 号按钮。需要注意的是,有些图层是无法删除的,包括“图层 0”、“图层 Defpoints”、“当前图层”、“依赖外部参照的图层”、“包含对象的图层”5 类。

二、设置图层特性

图层也可以设置颜色、线型、线宽、打印等特性,实际工作中,放进各图层的对象的特性一般都设置为随层(Bylayer),因此用户只需要更改对象所在图层的特性即可对该图层内的所有对象进行批量的管理和操作,十分便捷。图层的特性设置非常简单,分别点击图 8-64所示的 5、6、7 号位置即可调出【选择颜色】、【选择线型】和【线宽】3 个对话框,分别设置即可。

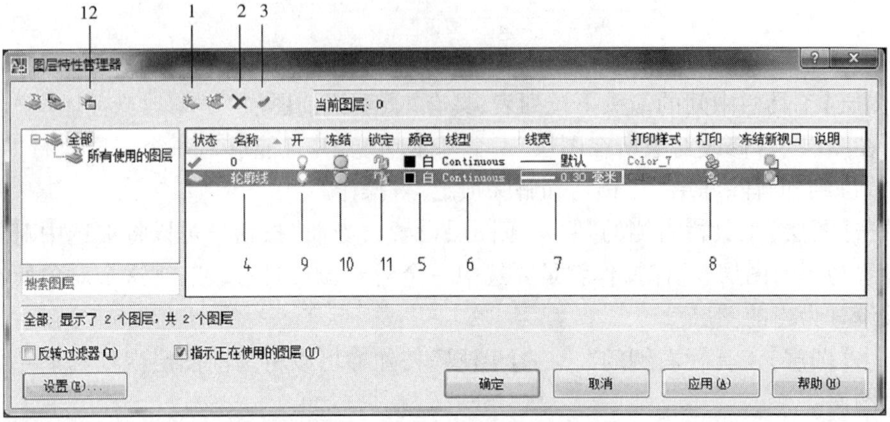

图 8-64 【图层特性管理器】对话框

实际工作中，颜色可以根据用户的习惯进行设定，没有具体要求，但是线型和线宽应根据工程制图的相关规范及标准进行设定。

三、打开、冻结、锁定图层

在绘制复杂的工程图纸的时候，往往由于绘制的对象过多而造成继续绘制时容易受到已绘制对象的影响。【图层特性管理器】中提供了【打开】、【冻结】和【锁定】3 个功能来帮助用户解决这种问题。

【打开】可以控制打开和关闭选定的图层。当图层打开时，该图层中的对象可见并且可以打印。当图层关闭时，该图层中的对象不可见并且不能打印，即使已打开“打印”选项也是不能打印的。通过点击图 8-64 所示的 9 号位置的灯泡形状按钮来切换打开和关闭。

【冻结】可以控制冻结和解除冻结所有视口中选定的图层，包括【模型】选项卡。可以冻结图层来提高 Zoom、Pan 等若干命令的运行速度，提高对象选择性能并减少复杂图形的重生成时间。通过点击图 8-64 所示的 10 号位置的雪花形状按钮来切换冻结和解除冻结。

【锁定】可以控制锁定和解除锁定选定的图层。当图层锁定时，无法修改和编辑该图层上的对象。通过点击图 8-64 所示的 11 号位置的锁状按钮来切换锁定和解除锁定。

四、保存和恢复图层设置

在绘图过程中，可能需要临时更改某些图层的特性，但是在以后有可能使用到原来的特性，这种情况下就可以将这些图层的设置保存起来，需要的时候再恢复这些图层原来的特性。

在【图层特性管理器】中选中需要保存特性的图层，单击鼠标右键，出现快捷菜单后选择【保存图层状态】，如图 8-65 所示，弹出【要保存的新图层状态】对话框，如图 8-66 所示。在其中输入所要保存的图层状态名称及说明，然后点击“确定”按钮即可保存。

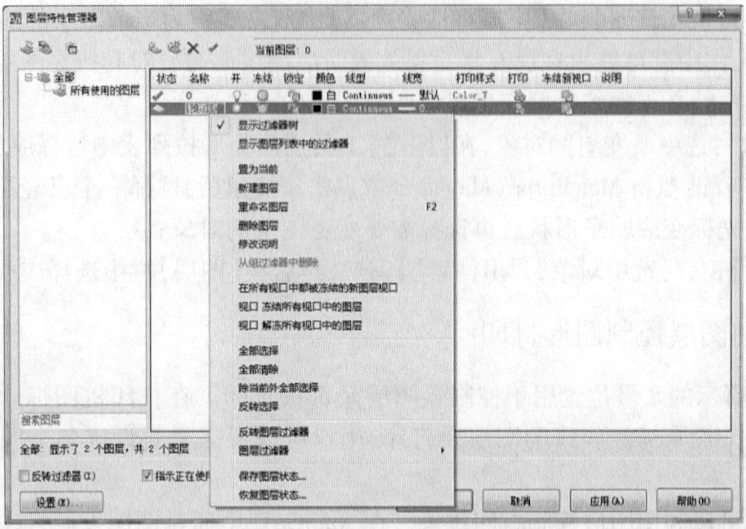

图 8-65 选中图层单击右键快捷菜单

当需要恢复原来的图层特性时，必须通过点击图 8-64 所示的 12 号按钮或是在某个图层上单击鼠标右键，出现快捷菜单后选择【恢复图层状态】，弹出【图层状态管理器】对话框，如图 8-67 所示，然后选中需要恢复的图层状态，再点击下部的“恢复”按钮即可恢复。

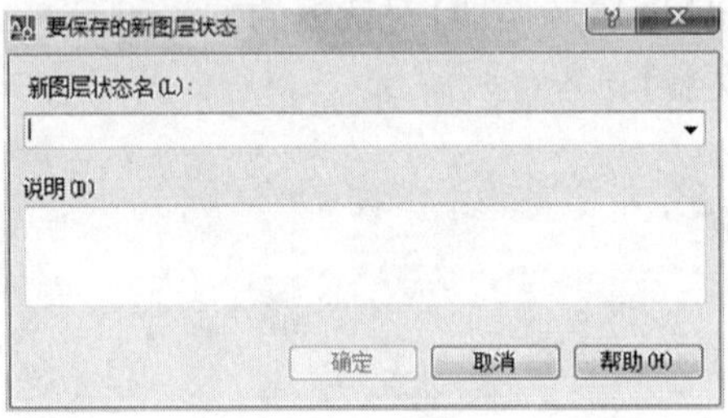

图 8-66 【要保存的新图层状态】对话框

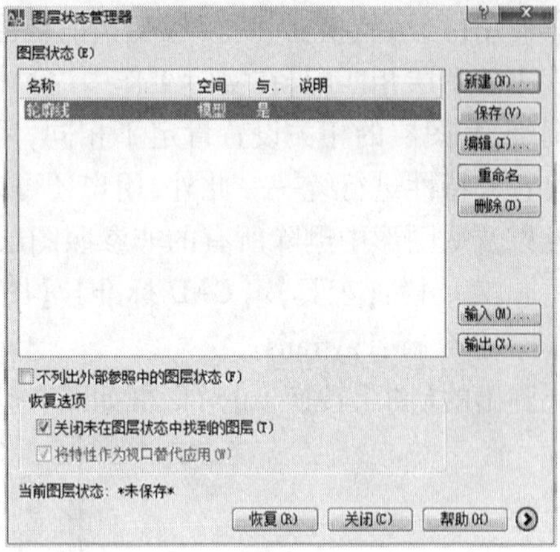

图 8-67 【图层状态管理器】对话框

五、设置当前图层及变更对象所在图层

新绘制的对象，全部都会被放入当前图层。在绘制复杂的工程图纸时往往需要不断地进行当前图层的切换，以保证绘制的图形都被正确地放到对应的图层中。因此，用户必须熟练掌握当前图层的切换方法。

a. 工具栏：在没有执行命令和选中对象的状态下，【图层】工具栏箭头下拉列表中选择某图层；

b. 工具栏：选中要设为当前图层的图层中的某对象，点击【图层】工具栏上的按钮；

c.【图层特性管理器】:在【图层特性管理器】中双击要设为当前图层的图层。

在实际工作中有可能出现没有将对象放入对应图层而需要对其所在图层进行变更的情况,因此用户就必须熟练掌握变更对象所在图层的方法。

a. 工具栏:选中要变更的对象,在【图层】工具栏箭头下拉列表中选择应放入的图层;

b. 特性匹配:执行 Matchprop(Ma)命令或点击按钮后,选择一个已经是应放入图层中的对象,等光标变成刷子形状后再选择需要变更图层的对象;

c.【特性】窗口:选中对象,弹出【特性】窗口,然后在【图层】栏中选择应放入的图层。

六、利用图层控制图形打印

图 8-64 所示的 8 号位置用于控制该图层是否被打印。在打印机图标上标注斜线的图层不打印,没有标注斜线的图层要打印,用户可以根据需要设定各个图层的打印状态。

此外,还可以利用图层控制打印效果。在 AutoCAD 中通过图层控制打印效果的方法有两种,一种是通过图层的线宽来控制打印效果,另一种是通过图层的颜色来控制打印效果。用户在新建图形的时候,一定要把各个图层的颜色和线宽定义清晰,定出区别,在打印的时候即可方便快捷地设置打印样式。

七、图层转换器

使用【图层转换器】可以改变当前图形中的图层,使其与另一个图形中的图层或标准文件中的图层相匹配,在实际工作中这种情况是经常会出现的。比如,两张不同作者绘制的图纸,其图层的相关设置肯定不相同,用户可以使用【图层转换器】将这两张图纸的图层设置及特性进行统一。此外,用户还可以使用【图层转换器】控制绘图窗口中图层的可见性以及从图形中删除所有的非参照图层。弹出【图层转换器】对话框的方法如下:

a. 菜单栏:【工具】/【CAD 标准】/【图层转换器】;

b. 命令行:Laytrans。

弹出的【图层转换器】对话框如图 8-68 所示。

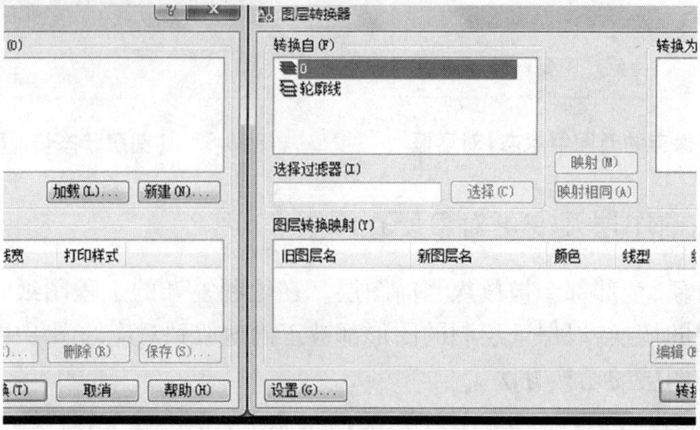

图 8-68 【图层转换器】对话框

下面详细介绍该对话框中各选项的作用：

【转换自】列表：列出当前图形中将要被转换的图层，用户可以在该列表中选择要转换的图层或提供一个选择过滤器。图层名字前的图标颜色显示该图层中是否包含对象，黑色图标表示包含对象，白色图标表示不包含对象，即该图层为空。对于没有包含对象的图层，用户可以通过在该图层上单击鼠标右键，从弹出的快捷菜单中选择【清理图层】来删除它。

【选择过滤器】文本框：用于指定【转换自】列表中显示哪些图层，可以使用通配符。

【选择】按钮：选择那些使用【选择过滤器】指定的图层。

【转换为】列表：列出那些在当前图形中可以被转换的图层。

【转换】按钮：对建立映射的图层进行转换。

【加载】按钮：可以将一个指定的图形、样板或标准文件的图层加载到【转换为】列表中。如果这些文件包含已存储的图层映射，那么这些映射的图层也被显示在【图层转换映射】列表中。

【新建】按钮：用于在【转换为】列表中创建一个新图层。

【映射】按钮：映射【转换自】与【转换为】列表中选择的图层。

【映射相同】按钮：映射两个列表中所有名字相同的图层。

【图层转换映射】列表：列出所有被转换的图层，以及被转换图层的特性。

【编辑】按钮：用户可以在列表中选择图层，并使用该按钮编辑其特性。单击【编辑】按钮将打开【编辑图层】对话框，用户可利用该对话框对选定图层的属性进行修改。

【删除】按钮：用于删除选定的映射。

【保存】按钮：用于存储【图层转换映射】列表中的映射。

【设置】按钮：单击该按钮将打开【设置】对话框，如图 8-69 所示。利用该对话框，用户可以定制图层转换的过程，如是否采用指定给图层的颜色、线型，是否转换块中嵌套的对象等。

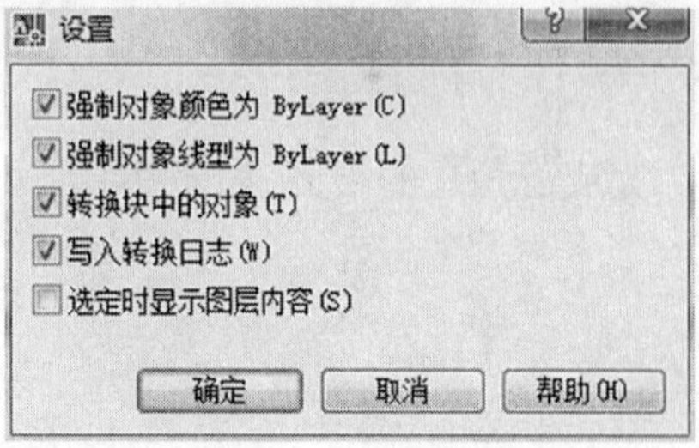

图 8-69 【设置】对话框

【归纳总结】 本项目的主要任务是掌握 AutoCAD 的工作界面及运行，设置环境参数及图层，为之后的绘图做好准备工作。

项目九　绘图与编辑图形

项目介绍

本项目主要介绍AutoCAD软件中绘图命令及编辑命令的操作方法，用户应结合实际的上机操作，熟练掌握绘图命令和编辑命令的使用方法及技巧，能够绘制复杂的平面图形。

任务一　绘制五角星

【任务分析】　本任务重点介绍直线、点、圆、修剪、删除、填充和旋转命令的使用方法。

【相关知识】　直线、点、圆等绘图命令，修剪、删除、填充和旋转等编辑命令。

一、任务内容

完成五角星的绘制，如图9-1所示。

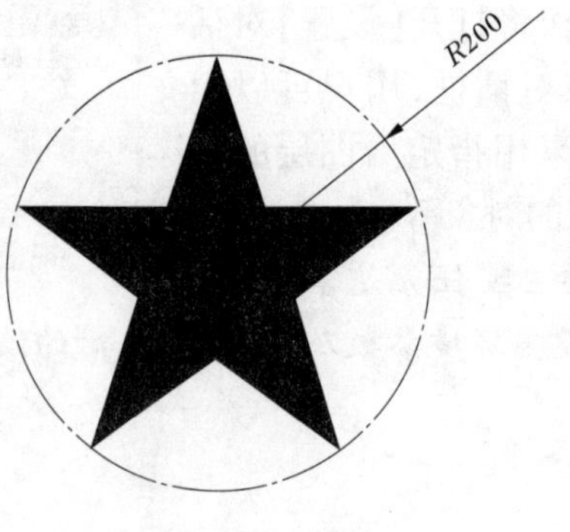

图9-1　五角星

二、作图思路

首先应绘制圆，然后设置点样式，五等分圆周，通过直线连接五个等分点，修剪得到空心五角星的形状，再通过填充命令把五角星的内部填充，最后旋转并删除掉圆和点，即可得到最终结果，如图9-2所示。

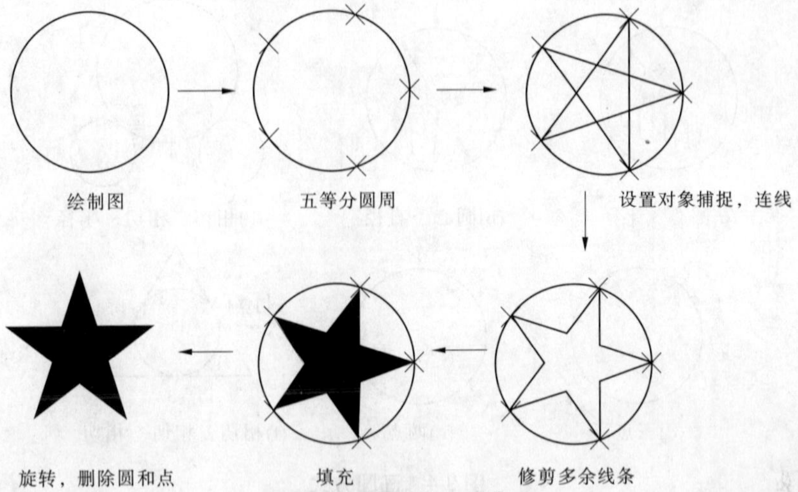

图 9-2　五角星的作图步骤

三、理论基础

(一)圆的绘制

1. 命令的调用方法

a. 菜单栏:【绘图】/【圆】,如图 9-3 所示;

b. 命令行:Circle(C);

c. 工具栏:【绘图】工具栏第 7 个按钮。

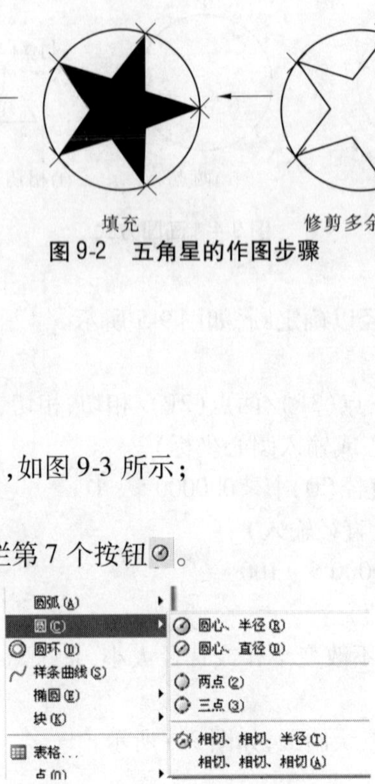

图 9-3　圆的 6 种绘制方式

2. 操作及选项说明

➢ 命令:_Circle

➢ 指定圆的圆心或[三点(3P)/两点(2P)/相切、相切、半径(T)]:

(此处指定圆的圆心位置;或通过【三点(3P)】选项指定 3 个不在同一条直线上的点以确定圆;或通过【两点(2P)】选项指定直径的两个端点以确定圆;或通过【相切、相切、半径(T)】选项指定两个与圆相切的对象和圆的半径以确定圆)

➢ 指定圆的半径或[直径(D)]:

(此处适用于上一个步骤指定圆心的操作,可指定圆的半径;或通过【直径(D)】选项指定圆的直径)

各种画圆方式如图 9-4 所示。

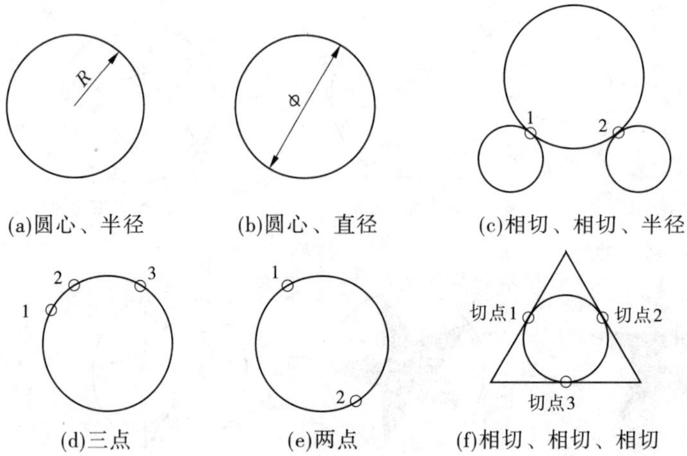

图 9-4 画圆方式

3. 应用举例

(1)通过指定圆心和直径以确定圆,如图 9-5 所示。

➢ 命令: _Circle

➢ 指定圆的圆心或[三点(3P)/两点(2P)/相切、相切、半径(T)]:

(此处在屏幕中指定圆心或输入圆心坐标)

➢ 指定圆的半径或[直径(D)] <0.0000>: D

(此处输入 D 回车,执行直径输入)

➢ 指定圆的直径 <0.0000>: 100

(此处输入直径的长度值)

提示:继续绘制圆时,若不改变半径或直径大小,系统默认绘制与上一次相同大小的圆。

(2)通过直径的两个端点绘制圆,如图 9-6 所示。

➢ 命令: _Circle

➢ 指定圆的圆心或[三点(3P)/两点(2P)/相切、相切、半径(T)]: 2P

(此处输入 2P 回车,执行【两点】方式)

➢ 指定圆直径的第一个端点:

(此处指定直径的第一个端点)

➢ 指定圆直径的第二个端点:

(此处指定直径的第二个端点)

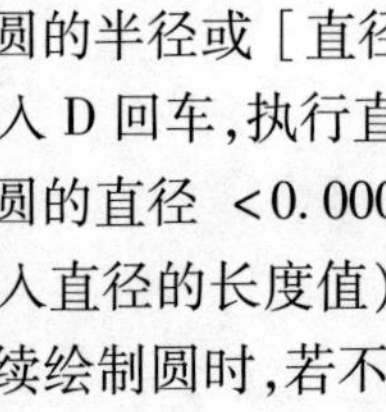

图 9-5 圆心、直径画圆

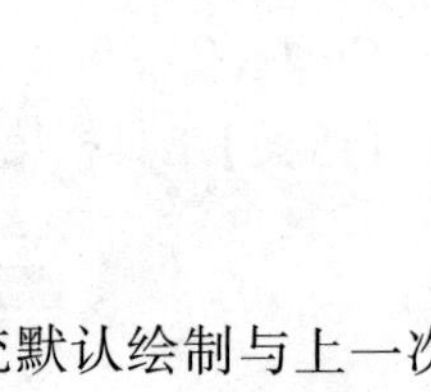

图 9-6 两点画圆

（二）点样式的设置

为了便于观察点的位置，首先修改点的样式。

菜单栏：【格式】/【点样式】。

调用命令后会弹出【点样式】对话框，其中共有20种点样式供用户选择，另外还可以设置点的大小，如图9-7所示。

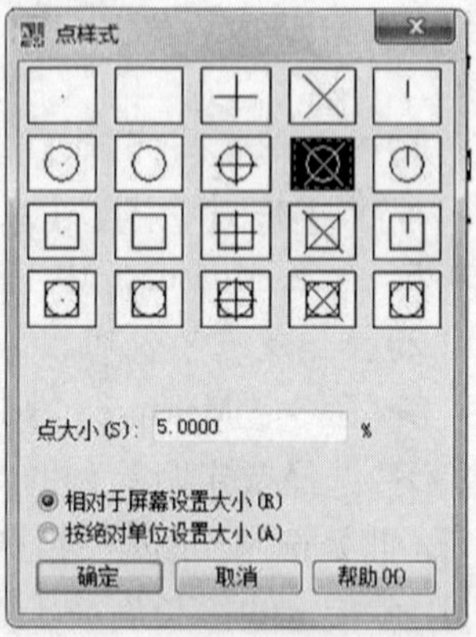

图9-7　【点样式】对话框

（三）点的绘制

绘制图形时，点作为独立的对象存在并不常见，在绘制图形时，点对象往往被用作捕捉或偏移对象的参考点，用户可以通过“单点”、“多点”、“定数等分”、“定距等分”四种方法创建点对象。

1. 绘制单点或多点

可以在绘图窗口中一次指定一个点或一次指定多个点。

2. 定数等分

用于将对象进行等分。该操作会在各等分位置处标记点对象，但是不会将原对象在这些点位置切割断，原对象仍然是一个整体。

1）命令的调用方法

a. 菜单栏：【绘图】/【点】/【定数等分】；

b. 命令行：Divide(Div)。

2）操作及选项说明

➢ 命令：_Divide

➢ 选择要定数等分的对象：

（此处选定要等分的对象，如圆、直线、矩形等）

➢ 输入线段数目或［块(B)］：

（此处输入等分数目，或通过【块(B)】选项设置在定数等分的同时插入某个图块的块名）

3）应用举例

将直线AB等分成6份，并标记点对象，结果如图9-8所示。

➢ 命令：_Divide

➢ 选择要定数等分的对象：

（此处选择直线AB）

➢ 输入线段数目或［块(B)］：6

（此处输入等分数目6并回车，点对象已完成标记并自动退出命令）

3. 定距等分

该操作会要求设置一个长度，然后在某个对象上每隔该长度就标记一个点对象，直到该对象剩余未标记长度小于设置的长度。

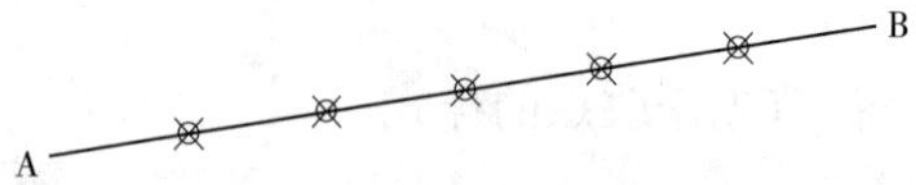

图 9-8　定数等分直线对象

1)命令的调用方法

a. 菜单栏:【绘图】/【点】/【定距等分】;

b. 命令:Measure(Me)。

2)操作及选项说明

➢ 命令:_Measure

➢ 选择要定距等分的对象:

(此处选定要等分的对象)

➢ 指定线段长度或[块(B)]:

(此处指定定距等分的长度并回车,点对象已完成标记并自动退出命令)

3)应用举例

将直线 AB 分成距离为 50 的几段,并标记点对象,结果如图 9-9 所示。

➢ 命令:_Measure

➢ 选择要定距等分的对象:

(此处选定要等分的对象 AB)

➢ 指定线段长度或[块(B)]:50

(此处指定定距等分的长度 50 并回车,点对象已完成标记并自动退出命令)

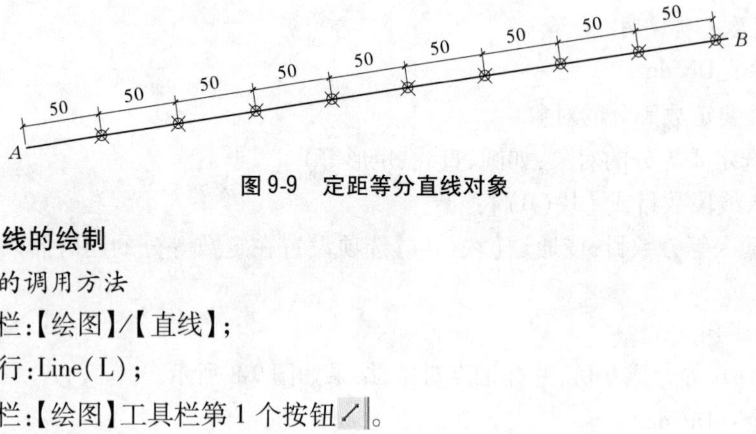

图 9-9　定距等分直线对象

(四)直线的绘制

1. 命令的调用方法

a. 菜单栏:【绘图】/【直线】;

b. 命令行:Line(L);

c. 工具栏:【绘图】工具栏第 1 个按钮 。

2. 操作及选项说明

➢ 命令:_Line

➢ 指定第一点:

(拖动光标到绘图区域第一个点的位置处,单击鼠标左键,或者在命令行输入第一个点的坐标值)

➢ 指定下一点或[放弃(U)]:

(此处在屏幕中通过点击确定直线的端点,或通过输入坐标指定直线的端点)

➢ 指定下一点或[放弃(U)]:

(此处可继续指定直线的端点,或通过【放弃(U)】选项放弃前面已经指定的点)

➢ 指定下一点或[闭合(C)/放弃(U)]:

(此处可继续指定直线的端点,或通过【闭合(C)】选项将指定的第一个端点和最后一个端点连接起来)

➢ 指定下一点或[闭合(C)/放弃(U)]:

(此处若要退出命令可以按 Esc 键,或单击右键,在快捷菜单中选【确定】)

3. *应用举例*

(1)如执行【放弃(U)】选项,放弃已指定的点,如图 9-10 所示。

➢ 命令:_Line

➢ 指定第一点:

(光标指定点 1 位置)

➢ 指定下一点或[放弃(U)]:

(光标指定点 2 位置)

➢ 指定下一点或[放弃(U)]:

(光标指定点 3 位置)

➢ 指定下一点或[闭合(C)/放弃(U)]:

(光标指定点 4 位置)

➢ 指定下一点或[闭合(C)/放弃(U)]:

(光标指定点 5 位置)

➢ 指定下一点或[闭合(C)/放弃(U)]:

(输入 U 回车,放弃点 5)

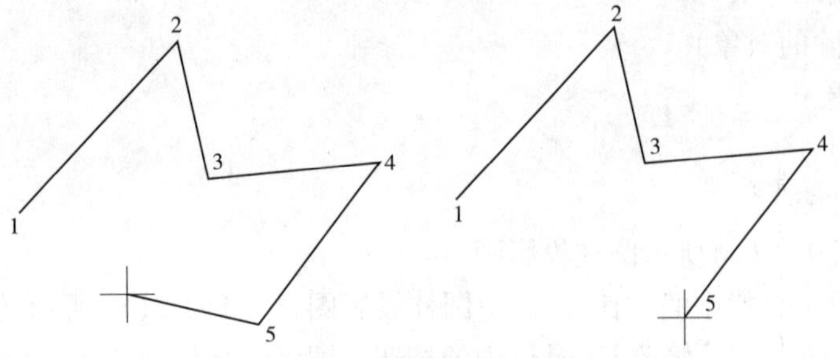

图 9-10 放弃已指定的点

(2)如执行【闭合[C]】选项,将连续绘制出的直线段最后做自动闭合连接,如图 9-11 所示。

➢ 命令:_Line

➢ 指定第一点:

(在绘图区域中用光标任意确定点 1 位置)

➢ 指定下一点或[放弃(U)]:

(输入点 2 坐标【@40,50】)

➢ 指定下一点或[放弃(U)]:
(输入点 3 坐标【@ -40,20】)
➢ 指定下一点或[闭合(C)/放弃(U)]:
(输入点 4 坐标【@ -30, -40】)
➢ 指定下一点或[闭合(C)/放弃(U)]:
(输入 C 回车,点 4 与点 1 将自动连接并且自动结束本次操作)

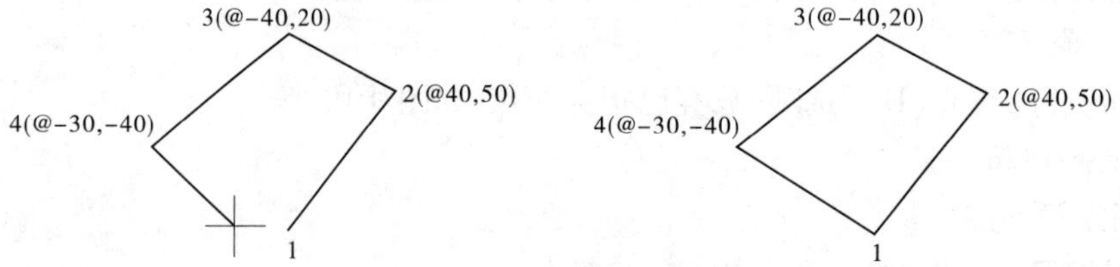

图 9-11 自动闭合

(五)删除

1. 命令的调用方法

a. 菜单栏:【修改】/【删除】;

b. 命令行:Erase(E);

c. 工具栏:【修改】工具栏第 1 个按钮;

d. 快捷菜单:选中要删除的对象,在绘图区域中单击鼠标右键,然后选择【删除】选项。

2. 操作及选项说明

➢ 命令: _Erase
➢ 选择对象:
(选择要删除的对象)
➢ 选择对象:
(回车结束)

3. 应用举例

快速删除图 9-12(a)所示圆柱投影图。

点击【修改】工具栏中的按钮,选中圆柱投影图,如图 9-12(b)所示,按回车键即可;或选中圆柱投影图,点击【修改】工具栏中的按钮即可。结果如图 9-12(c)所示。

(六)修剪

1. 命令的调用方法

a. 菜单栏:【修改】/【修剪】;

b. 命令行:Trim(Tr);

c. 工具栏:【修改】工具栏第 10 个按钮。

2. 操作及选项说明

➢ 命令:_Trim
➢ 当前设置:投影 = UCS,边 = 不延伸

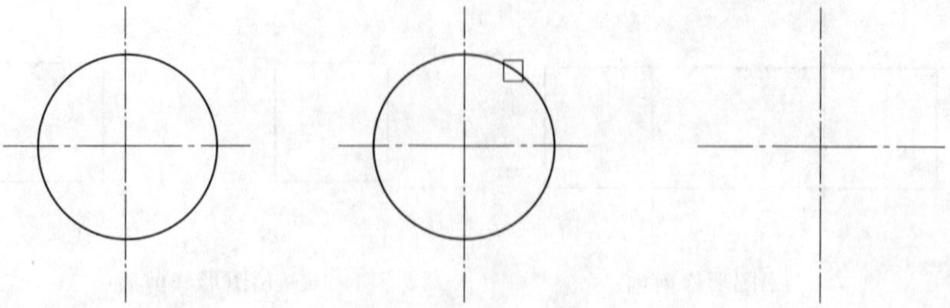

(a)圆柱投影图　　(b)选中圆柱投影图　　(c)删除圆柱投影图

图 9-12　删除命令操作

(此处显示修剪模式当前设置)

➢ 选择剪切边...

➢ 选择对象或 <全部选择>:

(此处选择作为剪切边界的对象,即将对象分为保留部分和删除部分的边界对象,若直接回车则表示绘图区域中所有对象均作为剪切边界)

➢ 选择要修剪的对象,或按住 Shift 键选择要延伸的对象或[栏选(F)/窗交(C)/投影(P)/边(E)/删除(R)/放弃(U)]:

(此处应用光标选择需要删除的部分对象;或按住 Shift 键执行延伸命令操作;或通过【栏选(F)】选项选择与栏选虚线条相交的对象;或通过【窗交(C)】选项选择与选择框边相交或完全被选择框框中的对象;或通过【投影(P)】选项设定修剪对象时的投影方式;或通过【边(E)】选项设定是否将剪切边界的延长线作为延伸对象;或通过【删除(R)】选项删除整个选中对象;或通过【放弃(U)】选项放弃最近一次删除操作)

3. 应用举例

修剪如图 9-13(a)所示的图形,使之变成两个柱子投影图,结果如图 9-13(b)所示。

➢ 命令:_Trim

➢ 选择剪切边...

➢ 选择对象或 <全部选择>:

(实际工作中,一般在此处直接回车或单击右键,将所有对象选择为剪切边界,以方便后续操作)

➢ 选择要修剪的对象,或按住 Shift 键选择要延伸的对象,或[栏选(F)/窗交(C)/投影(P)/边(E)/删除(R)/放弃(U)]:

(用鼠标左键点击多余部分完成修剪,可连续操作)

(七)图案填充

1. 命令的调用方法

a. 菜单栏:【绘图】/【图案填充】;

b. 命令行:Bhatch(Bh 或 H);

c. 工具栏:点击工具栏中的"修改"按钮(【修改】工具栏第 15 个按钮)。

2. 操作及选项说明

➢ 命令:_Bhatch

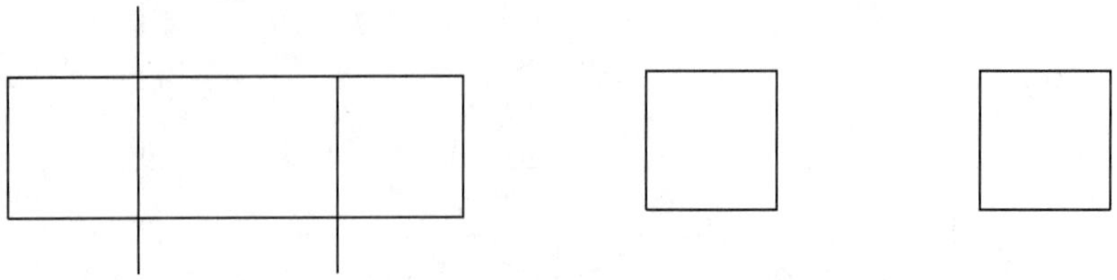

(a)图形修剪前　　　　　　　　(b)图形修剪后

图 9-13　修剪命令操作

调用命令后弹出【图案填充和渐变色】对话框，如图 9-14 所示。

图 9-14　【图案填充和渐变色】对话框

下面对其中的主要操作内容作详细介绍。

1)填充图案的选择

在【图案填充和渐变色】对话框左上角位置的“类型”箭头下拉列表中可以选择“预定义”、“用户定义”和“自定义”三种图案填充类型，其中包含了工程中常用的大部分材料图案。如果用户需要进行渐变色填充，应首先点击左上角“渐变色”按钮，切换到【渐变色】选项卡，然后可以选择需要的渐变色填充类型。

(1)“预定义”填充图案。

即用 AutoCAD 的标准填充图案元件(ACAD. Pat)对图案进行填充。要选择一种预定义的填充图案，可以在“类型”中选择“预定义”类型后单击“图案”右侧的按钮，弹出如图 9-15所示的【填充图案选项板】对话框，用户可以在其中选择需要的图案，点击“确定”按钮。

(2)“用户定义”填充图案。

在“类型”中选择“用户定义”类型之后，将看到【图案填充和渐变色】对话框的内容发生了变化，如图 9-16 所示。用户通过指定角度、比例、间距和确定是否选用双向图案等

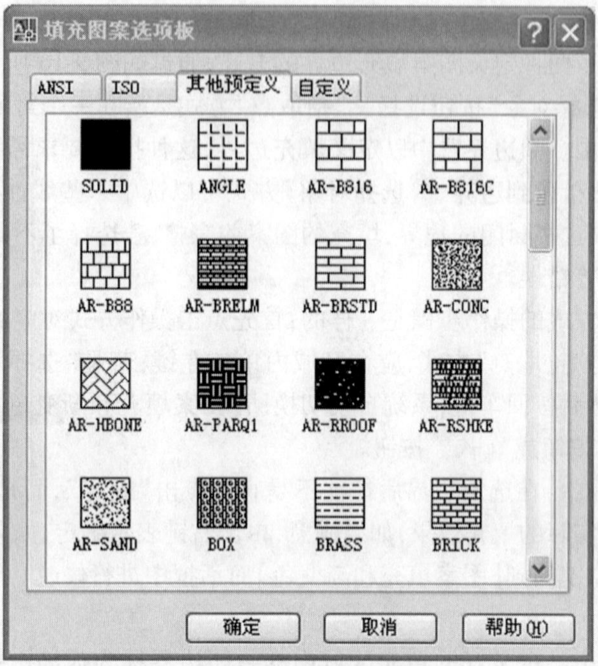

图 9-15 【填充图案选项板】对话框

来定义一个新的图案。其中“角度”是直线条相对于当前坐标系中 X 轴的夹角，“比例”用于控制图案的密度。“间距”用于为用户定义图案设定线间距，“双向”用于为用户定义图案选用垂直于第一组平行线的第二组平行线。

(3)渐变色填充。

如图 9-17 所示，在【渐变色】选项卡中，用户可以设定需要的颜色、渐变类型、是否居中渐变、旋转角度和使用单色渐变或双色渐变等内容。

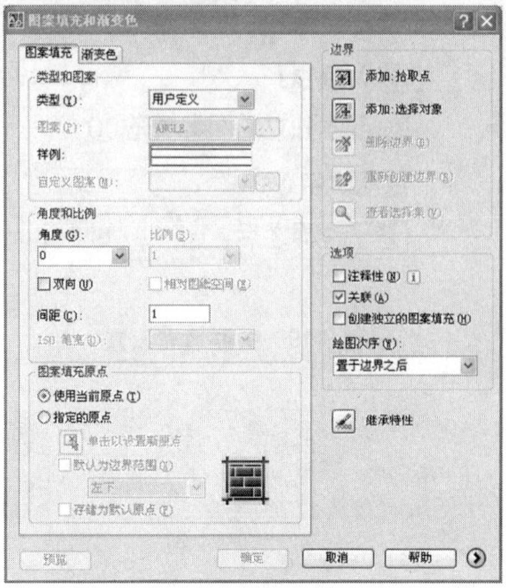

图 9-16 “用户定义”图案填充

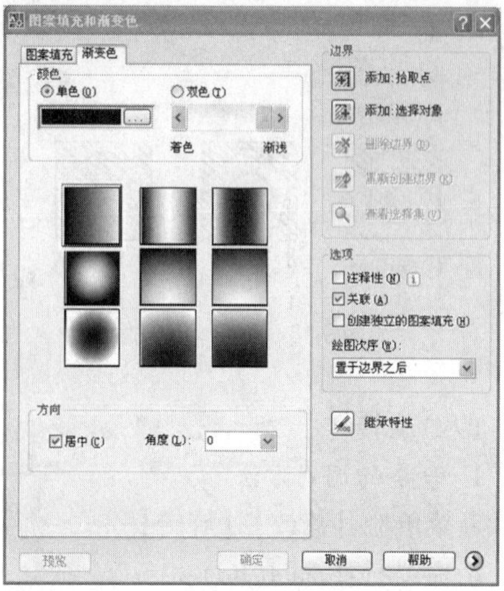

图 9-17 【渐变色】选项卡

2）填充边界的选择

AutoCAD 提供了两种定义图案填充边界的方式，通过如图 9-16 所示右上部的“添加：拾取点”和“添加：选择对象”按钮选择。“拾取点”方式是指在一个封闭区域中单击左键，系统会自动将其周围一圈边界选中以定义填充边界，这种操作要求需要定义的边界必须是封闭的，否则无法拾取到边界。“选择对象”方式可以选中一些线性对象以定义填充边界，这种操作也必须选择封闭的边界，填充的图案才完整，若选择了不封闭的边界，填充图案会出现缺失线条等错误。

两种边界定义方式的操作步骤是一样的：首先点击操作方式对应的按钮，系统自动切换到绘图区域，若是“拾取点”方式，应在区域内单击左键；若是“选择对象”方式，应框选或点选边界对象，然后按回车键，系统自动切换回【图案填充和渐变色】对话框，此时用户就可以点击“预览”按钮或“确定”按钮。

提示：实际操作中，在选定边界后往往不是直接点击“确定”，而是先点击“预览”，进入绘图界面看一下实际的填充效果，如果满意，单击右键表示确定，如果不满意，需要进行修改，则应该单击左键回到【图案填充和渐变色】对话框中进行修改。

3）设置孤岛

通常将位于一个已定义好的填充区域内的封闭边界称为孤岛。执行图案填充命令后，单击【图案填充和渐变色】对话框右下角按钮可以看到【孤岛】选项区域，选择“孤岛检测”复选框，可以指定在最外层边界内的填充方式，其中包括“普通”、“外部”和“忽略”3 种样式，如图 9-18 所示。

4）关联填充

关联是指图案填充是否与其边界相关联。如图 9-19 所示，若勾选“关联”复选框，则表示图案填充与边界相关联，即更改边界外形时，图案填充区域也会随之发生变化。

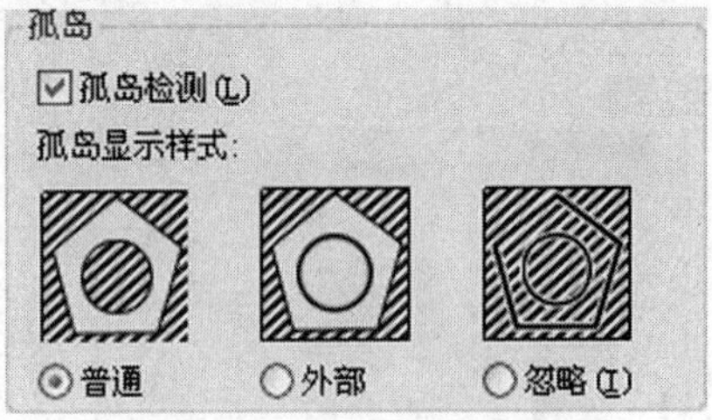

图 9-18　孤岛检测方式

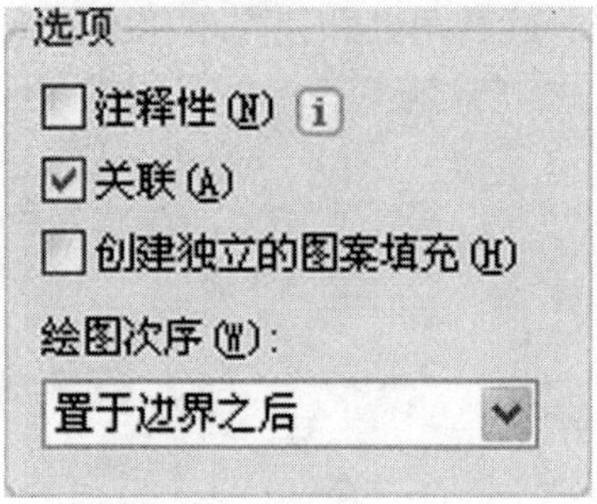

图 9-19　关联填充设置

（八）旋转

1. 命令的调用方法

a. 菜单栏：【修改】/【旋转】；

b. 命令行：Rotate(Ro)；

c. 工具栏：【修改】工具栏第 7 个按钮；

d. 快捷键：选择要移动的对象，并在绘图区域中单击鼠标右键，选择【旋转】选项。

2. 操作及选项说明

➢ 命令:_Rotate

➢ UCS 当前的正角方向: ANGDIR = 逆时针 ANGBASE = 0

➢ 选择对象:

(选择要旋转的对象)

➢ 指定基点:

(指定对象旋转时的中心点位置)

➢ 指定旋转角度或【复制(C)/参照(R)】:

(此处输入对象将要绕基点旋转的角度;或通过【复制(C)】选项在旋转的同时执行复制命令,即多创建一个对象出来后再进行旋转;或通过【参照(R)】选项指定两点以重新指定一个参照方向,并通过该参照方向实现对象的旋转)

3. 应用举例

把如图 9-20(a)所示的盥洗池沿逆时针旋转 90°,到得如图 9-20(b)所示的图形。

➢ 命令:_Rotate

➢ UCS 当前的正角方向:ANGDIR = 逆时针 ANGBASE = 0

➢ 选择对象: 指定对角点: 找到 1 个

(框选盥洗池)

➢ 选择对象:

(单击右键表示对象选择完毕)

➢ 指定基点:

(选择对象中间位置)

➢ 指定旋转角度,或 [复制(C)/参照(R)] <20>:90

(输入旋转角度 90,表示沿逆时针旋转 90°)

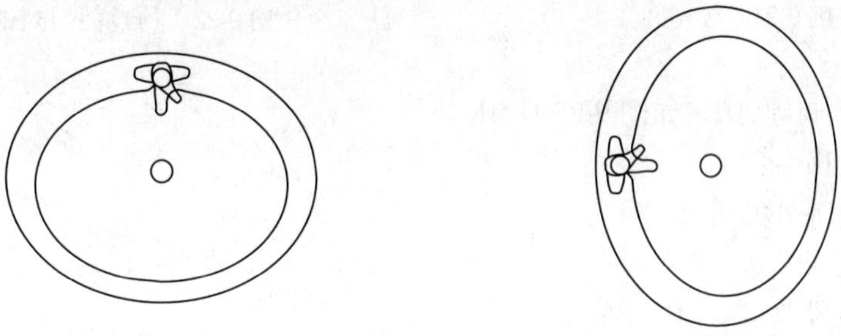

(a)旋转前 (b)旋转后

图 9-20 盥洗池旋转操作

提示:

(1)默认角度测量方向下,输入正数沿逆时针旋转,输入负数沿顺时针旋转。

(2)实际工作中【参照(R)】旋转方式经常使用,因为可以大大节约用户计算旋转角度的时间。

(3)选择【复制(C)】选项时,不删除原来位置的图形对象。

四、作图步骤

(1)绘制圆,如图 9-21 所示。

➢ 命令:_Circle

➢ 指定圆的圆心或[三点(3P)/两点(2P)/相切、相切、半径(T)]:

(在屏幕中指定任一点作为圆心)

➢ 指定圆的半径或[直径(D)]:200

(输入圆的半径 200 回车)

(2)设置点样式。

单击【格式】菜单,选择“点样式”,弹出【点样式】对话框,如图 9-22 所示。在对话框中选择第一行第四个点样式,单击“确定”按钮,完成点样式的设置。

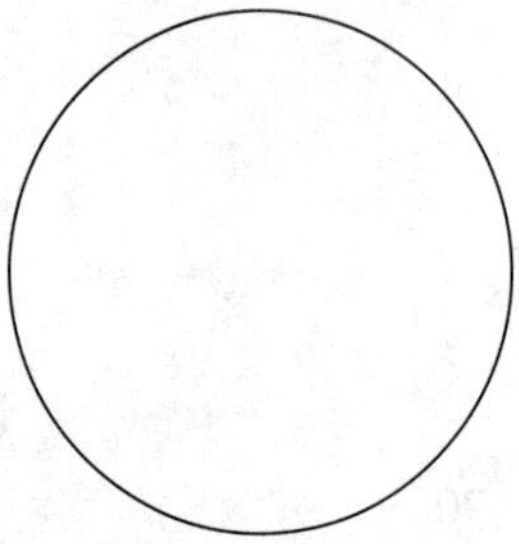

图 9-21　绘制圆

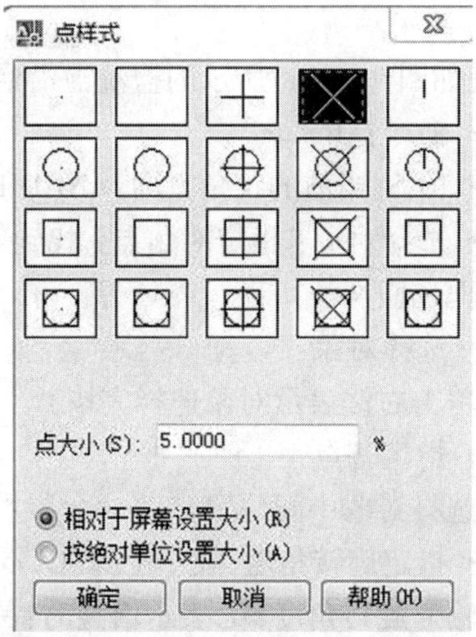

图 9-22　【点样式】对话框

(3)五等分圆周,结果如图 9-23 所示。

➢ 命令:_Div

➢ 选择要等分的对象:

(选择圆对象)

➢ 输入线段数目或[块(B)]:5

(输入等分数目 5)

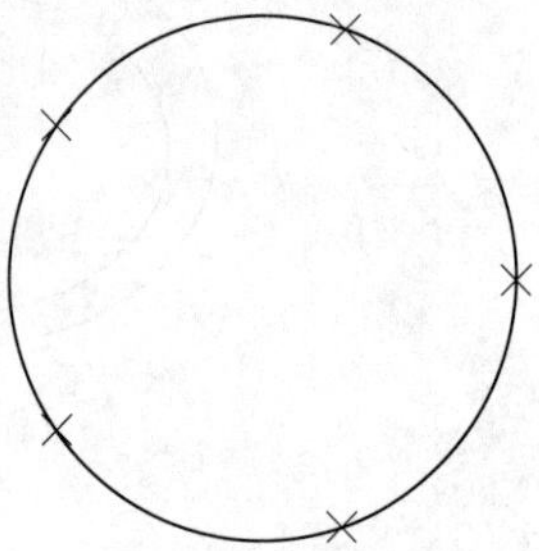

图 9-23　五等分圆周

(4)设置对象捕捉。

右键单击状态栏中的“对象捕捉”按钮,弹出【草图设置】对话框,在【对象捕捉】选项卡中把“节点”选中,如图 9-24 所示,按“确定”按钮。

(5)点的线段连接。连续多次执行直线命令,连接各点,如图 9-25 所示。

➢ 命令:_Line

➢ 指定第一点:

(光标指定点 1 位置)

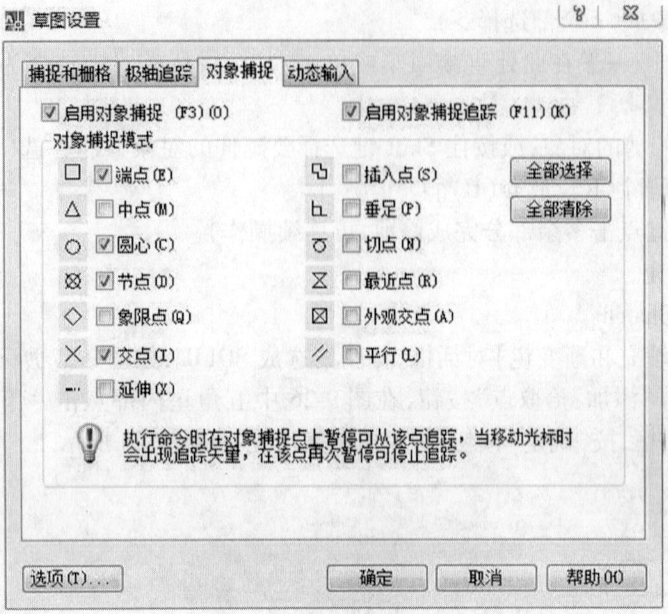

图 9-24 【对象捕捉】选项卡

➢ 指定下一点或[放弃(U)]:
(光标指定点 3 位置)
➢ 指定下一点或[放弃(U)]:
(光标指定点 5 位置)
➢ 指定下一点或[闭合(C)/放弃(U)]:
(光标指定点 2 位置)
➢ 指定下一点或[闭合(C)/放弃(U)]:
(光标指定点 4 位置)
➢ 指定下一点或[闭合(C)/放弃(U)]:C
(输入 C 回车)
(6)修剪多余线条,结果如图 9-26 所示。

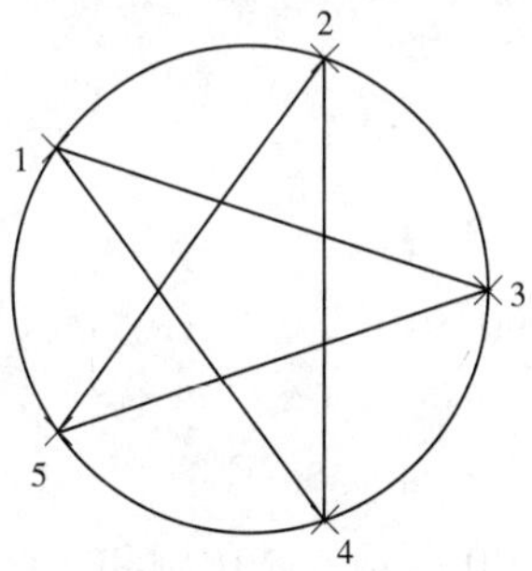

图 9-25 点的连接

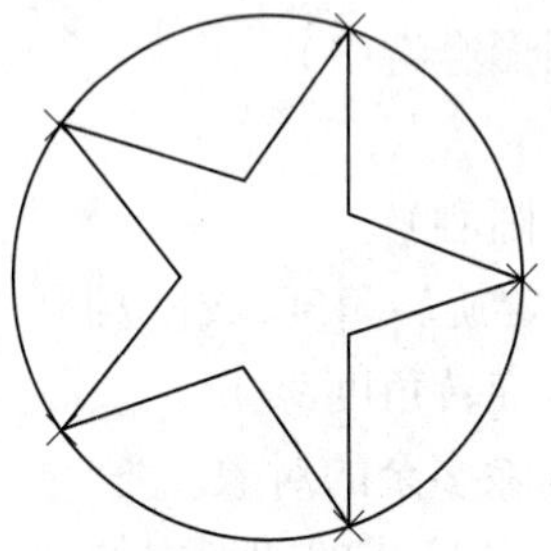

图 9-26 修剪线条

➢ 命令:_Trim
➢ 选择剪切边...

➢ 选择对象或 <全部选择>：

（实际工作中，一般在此处直接回车或单击右键，将所有对象选择为剪切边界，以方便后续操作）

➢ 选择要修剪的对象，或按住 Shift 键选择要延伸的对象，或[栏选(F)/窗交(C)/投影(P)/边(E)/删除(R)/放弃(U)]：

（用鼠标左键点击多余部分完成修剪，可连续操作）

(7)图案填充。

➢ 命令：_Bhatch

弹出【图案填充和渐变色】对话框，将图案选成 SOLID，如图 9-27 所示。在图 9-27 中的"边界"中选择"添加：拾取点"按钮，在图 9-26 中五角星内部点击一下鼠标左键，返回到图 9-27的对话框，按"确定"按钮，即完成图案填充，如图 9-28 所示。

图 9-27 【图案填充和渐变色】对话框

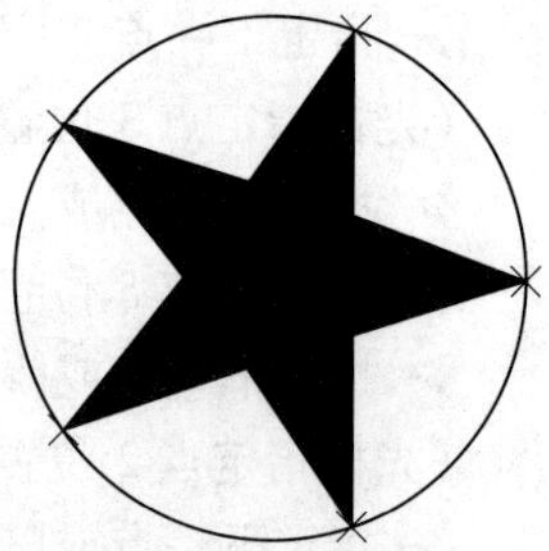

图 9-28 填充五角星

(8)旋转图形，结果如图 9-29 所示。

➢ 命令：_Rotate

➢ 选择对象：

（把图形全选中）

➢ 指定基点：

（指定圆心）

➢ 指定旋转角度，或[复制(C)/参照(R)] <0> :90

（输入旋转角度 90）

(9)删除多余的对象。

将上一步完成的图形中的圆和点全部删除，如图 9-30 所示。选中圆和 5 个点，按 Delete 键即可删除。

图 9-29　旋转后的图形

图 9-30　完成五角星的绘制

五、图形训练

绘制如图 9-31 所示的平面图形。

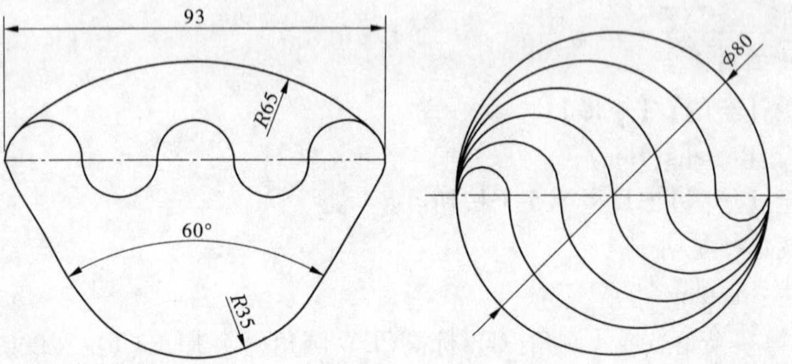

图 9-31　平面图形

任务二　绘制坐便器

【任务分析】　本任务重点介绍矩形、圆弧、偏移、移动、拉伸命令的使用方法。

【相关知识】　矩形、圆弧等绘图命令，偏移、移动、拉伸等编辑命令。

一、任务内容

绘制如图 9-32(a)、(b)所示的坐便器。

二、作图思路

图 9-32(a)所示的坐便器可以利用绘图和编辑命令(直线、矩形、圆弧、修剪等)完成绘制。对比图 9-32(a)，图 9-32(b)中圆弧只是发生了移动，而上部矩形和 4 条直线段均被拉长，且拉长后保持与圆弧相应的位置关系。在执行拉伸命令时，应分清哪些对象要进行移动，哪些对象要进行拉伸。

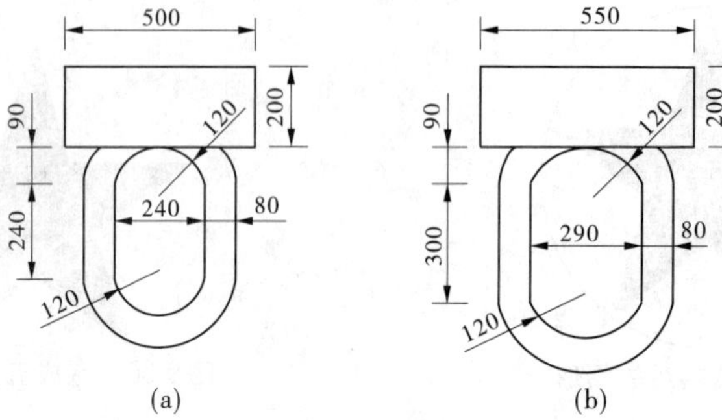

图 9-32 坐便器

三、理论基础

(一)矩形

1. 命令的调用方法

a. 菜单栏:【绘图】/【矩形】;

b. 命令行:Rectang(Rec);

c. 工具栏:【绘图】工具栏第 5 个按钮□。

2. 操作及选项说明

➢ 命令:_Rectang

➢ 指定第一个角点或[倒角(C)/标高(E)/圆角(F)/厚度(T)/宽度(W)]:

(此处用光标确定第一个角点;或通过【倒角(C)】选项预先设置矩形四个角的倒角参数;或通过【圆角(F)】选项预先设置矩形四个角的圆角参数;或通过【厚度(T)】选项预先设置矩形在 Z 轴方向的厚度值;或通过【宽度(W)】选项预先设置矩形的线宽)

➢ 指定另一个角点或[尺寸(D)]:

(拖动光标,确定矩形的另一个点,矩形绘制完成并自动退出命令)

提示:矩形命令所创建的对象属于多段线对象。

3. 应用举例

(1)绘制一个面积为 10000、宽度为 30 的矩形,结果如图 9-33 所示。

➢ 命令:_Rectang

➢ 指定第一个角点或[倒角(C)/标高(E)/圆角(F)/厚度(T)/宽度(W)]:

(此处用光标确定第一个角点)

➢ 指定另一个角点或[面积(A)/尺寸(D)/旋转(R)]: A

(此处输入 A 回车)

➢ 输入以当前单位计算的矩形面积 <0.0000>:10000

(此处输入矩形的面积 10000)

➢ 计算矩形标注时依据[长度(L)/宽度(W)] <长度>: W

(此处输入 W 回车)

➢ 输入矩形宽度 <0.0000>:30

(此处输入矩形的宽度 30,矩形绘制完成并自动退出命令)

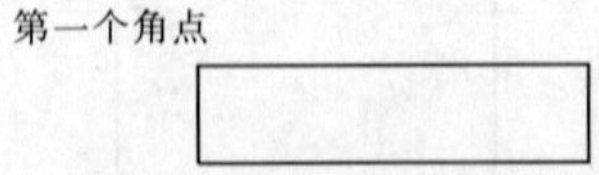

图 9-33　通过指定面积和宽度绘制矩形

提示:若想改变已绘制矩形的线宽,可双击矩形,命令行会有如下显示:

➢ 输入选项[打开(O)/合并(J)/宽度(W)/编辑顶点(E)/拟合(F)/样条曲线(S)/非曲线化(D)/线型生成(L)/放弃(U)]: W

(此处输入 W 回车)

➢ 指定所有线段的新宽度:

(此处输入矩形的新线宽值)

(2)绘制一个倒角的矩形,结果如图 9-34 所示。

➢ 命令:_Rectang

➢ 指定第一个角点或[倒角(C)/标高(E)/圆角(F)/厚度(T)/宽度(W)]:C

(此处输入 C 回车)

➢ 指定矩形的第一个倒角距离 <0. 0000 >: 30

(此处输入第一个倒角距离 30)

➢ 指定矩形的第二个倒角距离 <0. 0000 >: 30

(此处输入第二个倒角距离 30)

➢ 指定第一个角点或[倒角(C)/标高(E)/圆角(F)/厚度(T)/宽度(W)]:

(此处用光标确定矩形的第一个角点)

➢ 指定另一个角点或[面积(A)/尺寸(D)/旋转(R)]:

(拖动光标确定矩形的另一个对角点,矩形绘制完成并自动退出命令)

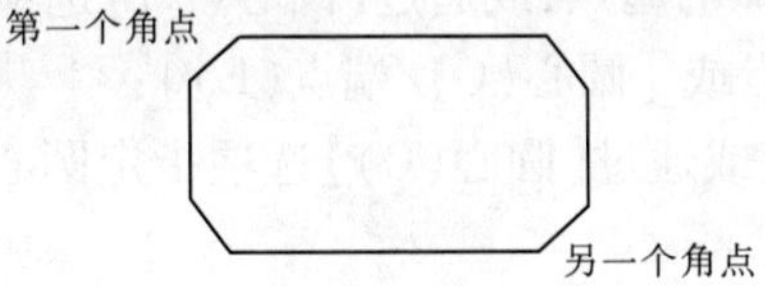

图 9-34　绘制倒角矩形

(3)绘制一个圆角半径为 20 的矩形,结果如图 9-35 所示。

➢ 命令:_Rectang

➢ 指定第一个角点或[倒角(C)/标高(E)/圆角(F)/厚度(T)/宽度(W)]:F

(此处输入 F 回车)

➢ 指定矩形的圆角半径 <0. 0000 >: 20

(此处输入圆角的半径 20)

➢ 指定第一个角点或[倒角(C)/标高(E)/圆角(F)/厚度(T)/宽度(W)]:

(此处用光标确定矩形的第一个角点)

➢ 指定另一个角点或[面积(A)/尺寸(D)/旋转(R)]:

(此处用光标确定矩形的第二个角点,矩形绘制完成并自动退出命令)

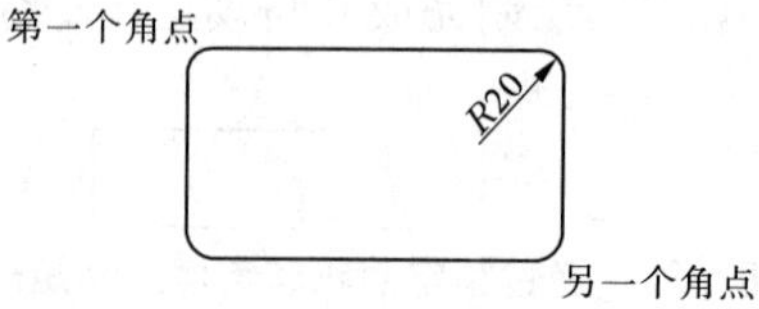

图 9-35 绘制圆角矩形

(二)圆弧

1. 命令的调用方法

圆弧有 10 种绘制方式,如图 9-36 所示。

a. 菜单栏:【绘图】/【圆弧】;

b. 命令行:Arc(A);

c. 工具栏:【绘图】工具栏第 6 个按钮。

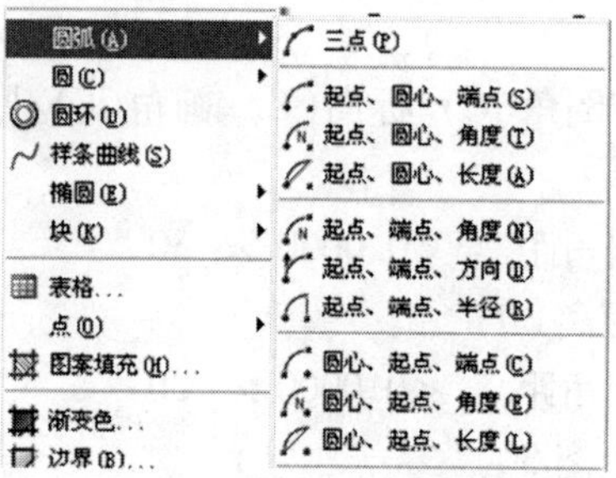

图 9-36 10 种圆弧绘制方式

2. 操作及选项说明

➢ 命令:_Arc

➢ 指定圆弧的起点或[圆心(C)]:

(此处可以直接指定圆弧的起点;或通过【圆心(C)】选项指定圆弧的圆心)

➢ 指定圆弧的第二个点或[圆心(C)/端点(E)]:

(指点圆弧的第二个点;或通过【圆心(C)】选项指定圆心;或通过【端点(E)】选项指定圆弧的端点)

➢ 指定圆弧的端点:

(指定圆弧的端点,结束命令)

3. 应用举例

(1)三点方式绘制圆弧,如图 9-37 所示。

➢ 命令:_Arc

➢ 指定圆弧的起点或[圆心(C)]:

(此处指定圆弧的起点 1)

➢ 指定圆弧的第二个点或[圆心(C)/端点(E)]:

(此处指定圆弧上的第二个点 2)

➢ 指定圆弧的端点:

(此处指定圆弧的端点 3)

(2)起点、圆心、端点(角度或长度)方式绘制圆弧。

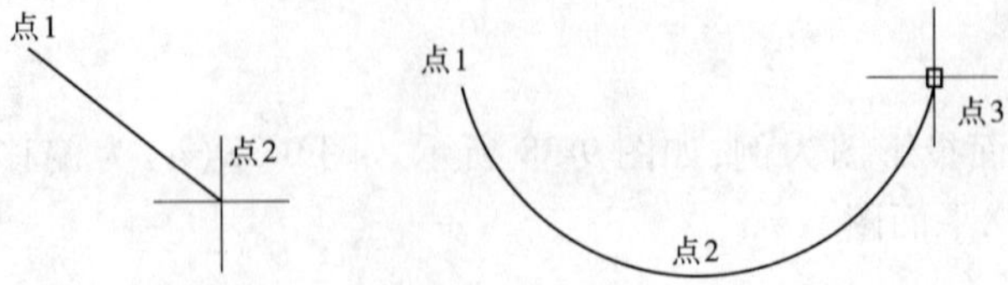

图9-37 圆弧

➢ 命令:_Arc

➢ 指定圆弧的起点或［圆心(C)］:

(此处指定圆弧的起点位置)

➢ 指定圆弧的第二个点或［圆心(C)/端点(E)］:C

(此处输入C回车)

➢ 指定圆弧的圆心:

(此处指定圆心位置)

➢ 指定圆弧的端点或［角度(A)/弦长(L)］:

(此处指定圆弧的端点位置;或通过【角度(A)】选项指定圆弧的包含角度;或通过【弦长(L)】选项指定圆弧的弦长)

(三)偏移

偏移对象可以创建造型与原始对象造型平行的新对象。当等距偏移一个对象时,需指出等距偏移的距离和偏移方向,也可以指定一个偏移对象通过的点。在AutoCAD 2008中,可以使用偏移命令,对指定的直线、圆弧、圆等对象作同心偏移复制。在实际应用中,常利用偏移命令的特性创建平行线或等距离分布图形,如楼梯水平投影图。

1. 命令的调用方法

a. 菜单栏:【修改】/【偏移】;

b. 命令行:Offset(O);

c. 工具栏:【修改】工具栏第4个按钮。

2. 操作及选项说明

➢ 命令:_Offset

➢ 当前设置:删除源 = 否 图层 = 源 OFFSETGAPTYPE = 0

➢ 指定偏移距离或［通过(T)/删除(E)/图层(L)］<通过>:

(此处输入偏移距离或选定两点,以两点间距为偏移距离;或通过【通过(T)】选项让平行对象通过一个定点;或通过【删除(E)】选项设定是否删除源对象;或通过【图层(L)】选项设定新对象所在的图层)

➢ 选择要偏移的对象,或［退出(E)/放弃(U)］<退出>:

(此处选中要平行的对象,然后单击右键表示对象选择完毕)

➢ 指定要偏移的那一侧上的点,或［退出(E)/多个(M)/放弃(U)］<退出或下一个对象>:

(此处需点击对象要偏移一侧的任意位置;或通过【退出(E)】选项退出命令;或通过【多个(M)】选项重复使用当前偏移距离多次进行偏移操作;或通过【放弃(U)】选项恢复

到前一个偏移)

3. 应用举例

以绘制楼梯平面投影图为例,如图 9-38 所示。图 9-38(a)为偏移前的图形,图 9-38(b)为偏移后的楼梯平面图。

(a)偏移前　(b)偏移后

图 9-38　偏移命令操作

➢ 命令:_Offset

➢ 当前设置:删除源 = 否　图层 = 源　OFFSETGAPTYPE = 0

➢ 指定偏移距离或[通过(T)/删除(E)/图层(L)] <通过>:150

(此处输入偏移距离 150)

➢ 选择要偏移的对象,或[退出(E)/放弃(U)] <退出>:

(此处选择下方的水平线对象)

➢ 指定要偏移的那一侧上的点,或[退出(E)/多个(M)/放弃(U)] <退出>:

(此处点击要偏移一侧任意位置,完成一次偏移)

➢ 选择要偏移的对象,或 [退出(E)/放弃(U)] <退出>:

(此处选择新偏移对象)

➢ 指定要偏移的那一侧上的点,或[退出(E)/多个(M)/放弃(U)] <退出>:

(点击偏移一侧任一位置,又完成一次偏移)

➢ 选择要偏移的对象,或[退出(E)/放弃(U)] <退出>:

(选择新偏移对象)

➢ 指定要偏移的那一侧上的点,或[退出(E)/多个(M)/放弃(U)] <退出>:

(点击偏移一侧任意位置,又完成一次偏移)

重复以上操作直到所有偏移完成。

提示:

(1)可偏移的对象包括直线、样条曲线、圆弧、圆、多边形和二维多段线,不能偏移的有面域对象、三维实体(表面除外)及文字。

(2)对直线、构造线、射线执行偏移命令时,实际是得到它们的平行线,长度不会发生变化;对圆和圆弧执行偏移命令后,圆弧的长度会发生变化,圆的半径会发生变化;对椭圆执行偏移命令后其轴长会发生变化。

(3)偏移多段线或样条曲线时,将偏移所有顶点控制点,如果把某个顶点偏移到样条曲线或多段线的一个锐角内，则可能出错。

（四）移动

1. 命令的调用方法

a. 菜单栏：【修改】/【移动】；

b. 命令行：Move（M）；

c. 工具栏：【修改】工具栏第 6 个按钮；

（4）快捷键：选择要移动的对象，并在绘图区域中单击鼠标右键，选择【移动】选项。

2. 操作及选项说明

➢ 命令：_Move

➢ 选择对象：

（选择对象，单击右键表示对象选择完毕）

➢ 指定基点或[位移（D）] < 位移 >：

（指定基点或通过[位移（D）]选项设定移动的间距）

➢ 指定第二点或 < 使用第一点作为位移 >：

（指定要粘贴的点，指定的两个点定义了一个矢量，用于指示选定对象要移动的距离和方向，如果在【指定第二点】提示下按回车键，第一点将被解释为相对 X、Y、Z 位移。例如，如果指定基点为（2,3）并在下一个提示下按回车键，则该对象从它当前的位置开始在 X 方向上移动 2 个单位，在 Y 方向上移动 3 个单位）

3. 应用举例

把如图 9-39（a）所示的窗户投影图的 A 部分移动到图 9-39（b）中 B 的位置。

➢ 命令：_Move

➢ 选择对象：

（选择窗户投影图的 A 部分，见图 9-39（a））

➢ 选择对象：

（单击右键表示对象选择完毕）

➢ 指定基点或[位移（D）] < 位移 >：

（选择矩形 A 顶边中点）

➢ 指定第二点或 < 使用第一点作为位移 >：

（选择矩形 B 顶边中点）

（五）拉伸

1. 命令的调用方法

a. 菜单栏：【修改】/【拉伸】；

b. 命令行：Stretch（S）；

c. 工具栏：【修改】工具栏第 9 个按钮。

2. 操作与选项说明

➢ 命令：_Stretch

➢ 以交叉窗口或交叉多边形选择要拉伸的对象...

（此处应以从右往左拉出的交叉选框选择对象，要拉伸变形的部分应与选框的边相

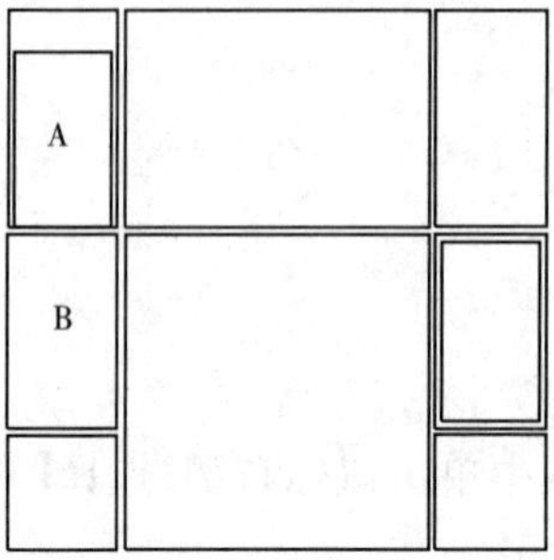

(a)移动前

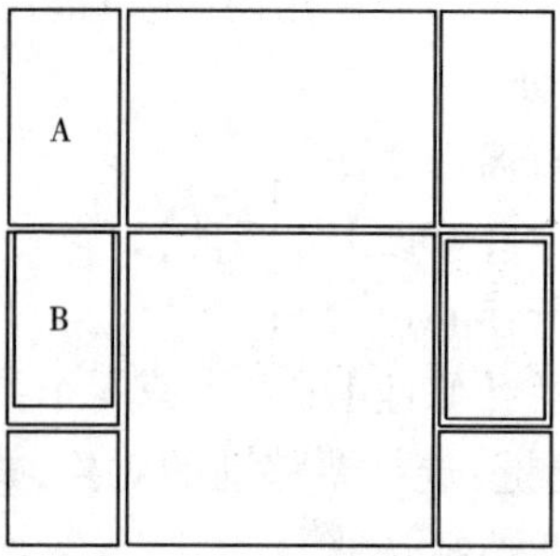

(b)移动后

图 9-39　移动命令操作

交,要移动的部分应完全被选框框中)

➢ 选择对象:

(单击右键表示对象选择完毕)

➢ 指定基点或[位移(D)] <位移>:

(此处可以指定拉伸对象的第一个基点,即起始点;或通过【位移(D)】选项指定要拉伸的距离)

➢ 指定第二点或 <使用第一点作为位移>:

(此处可以指定拉伸对象的第二个基点,即拉伸的终点;或直接回车,将第一点的坐标值作为位移值)

3. 应用举例

把如图 9-40(a)所示的床拉长,结果如图 9-40(b)所示。

➢ 命令:_Stretch

➢ 以交叉窗口或交叉多边形选择要拉伸的对象...

➢ 选择对象: 指定对角点: 找到 4 个

(选定要拉伸的对象,此处仅希望将床向右侧拉长,因此在选中对象时要注意,应按图 9-40(a)所示从右侧拉出虚线的交叉选框,然后完全框中床的最右侧轮廓,并让床的上下轮廓与虚线选框相交)

➢ 选择对象:

(单击右键表示对象选择完毕)

➢ 指定基点或[位移(D)] <位移>:

(选择拉伸基点)

➢ 指定第二点或 <使用第一点作为位移>:

(确定拉伸终点)

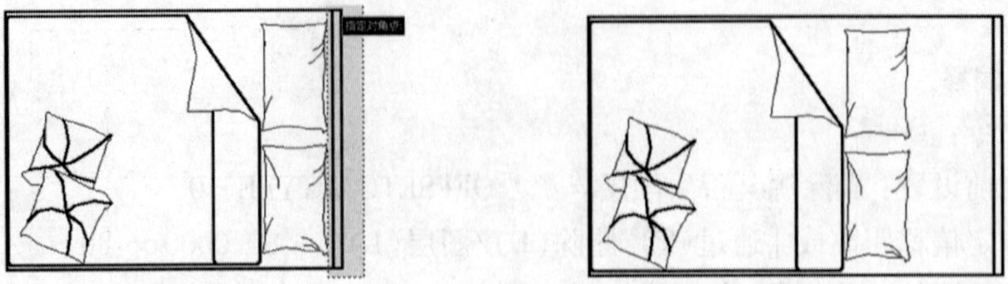

(a) 拉伸前　　(b) 拉伸后

图 9-40　拉伸命令操作

四、作图步骤

(一)绘制矩形

➢ 命令:_Rec

➢ 指定第一个角点或[倒角(C)/标高(E)/圆角(F)/厚度(T)/宽度(W)]:

(任意指定一个点作为矩形的第一个角点)

➢ 指定另一个角点或[面积(A)/尺寸(D)/旋转(R)]:D

(选择【尺寸(D)】选项画矩形)

➢ 指定矩形的长度:240

(输入矩形的长度)

➢ 指定矩形的宽度:240

(输入矩形的宽度)

➢ 指定另一个角点或[面积(A)/尺寸(D)/旋转(R)]:

(任意指定一个点以确定矩形)

(二)绘制圆弧

➢ 命令:_A

➢ 指定圆弧的起点或[圆心(C)]:

(指定矩形的右上角点)

➢ 指定圆弧的第二个点或[圆心(C)/端点(E)]:E

(选择【端点(E)】选项)

➢ 指定圆弧的端点:

(指定矩形的左上角点)

➢ 指定圆弧的圆心或[角度(A)/方向(D)/半径(R)]:

R

(选择【半径(R)】选项)

➢ 指定圆弧的半径:120

(输入圆弧的半径)

图 9-41　矩形和圆弧的绘制

同理,用圆弧命令绘制下半部分圆弧,用修剪命令减掉矩形的上下两条线,如图 9-41

所示。

(三)偏移

➢ 命令:_O

➢ 当前设置: 删除源 = 否　图层 = 源　OFFSETGAPTYPE = 0

➢ 指定偏移距离或 [通过(T)/删除(E)/图层(L)] <80.0000>:80

➢ 选择要偏移的对象,或 [退出(E)/放弃(U)] <退出>:

(选择上面的圆弧)

➢ 指定要偏移的那一侧上的点,或 [退出(E)/多个(M)/放弃(U)] <退出>:

(指定圆弧外侧)

重复使用偏移命令,结果如图 9-42 所示。

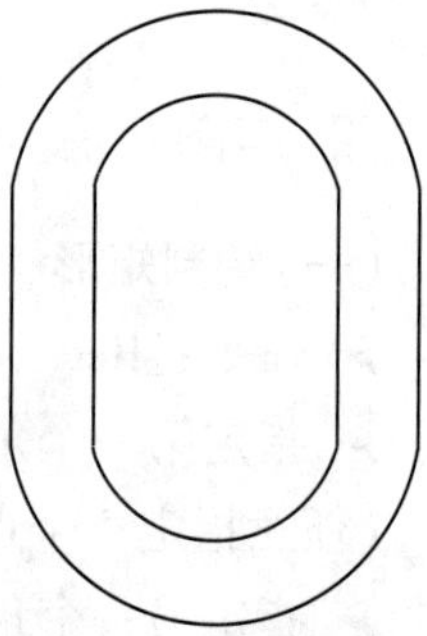

图 9-42　偏移图形

(四)绘制与移动矩形

➢ 命令:_Rec

➢ 指定第一个角点或 [倒角(C)/标高(E)/圆角(F)/厚度(T)/宽度(W)]:

(任意指定一点)

➢ 指定另一个角点或 [面积(A)/尺寸(D)/旋转(R)]: @500,200

➢ 命令:_M

➢ 选择对象:

(选择矩形,回车)

➢ 指定基点或 [位移(D)] <位移>:

(指定矩形下边的中点)

➢ 指定第二点或 <使用第一点作为位移>:

(指定圆弧的中点)

➢ 命令:_Tr

➢ 当前设置:投影 = UCS,边 = 无

➢ 选择剪切边...

➢ 选择对象或 <全部选择>:

(直接按回车键)

➢ 选择要修剪的对象,或按住 Shift 键选择要延伸的对象,或[栏选(F)/窗交(C)/投影(P)/边(E)/删除(R)/放弃(U)]:

(选择要修剪的圆弧)

结果如图 9-43 所示。

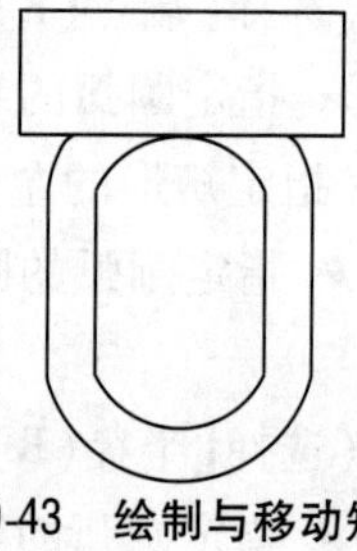

图 9-43　绘制与移动矩形

(五)拉伸

➢ 命令:_S

➢ 以交叉窗口或交叉多边形选择要拉伸的对象...

➢ 选择对象:
(框选图形下面部分,如图 9-44 所示)
➢ 指定基点或[位移(D)]<位移>:
(指定竖直直线的端点)
➢ 指定第二点或<使用第一点作为位移>:60
(追踪竖直向下方向,输入 60,竖直向下拉伸,结果如图 9-45 所示)

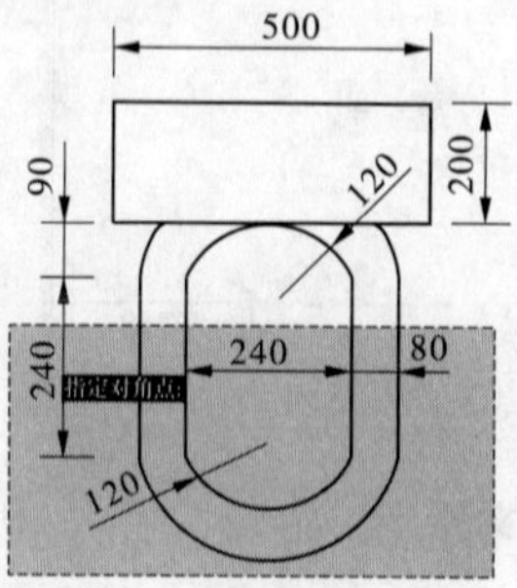

图 9-44　图形对象的选择

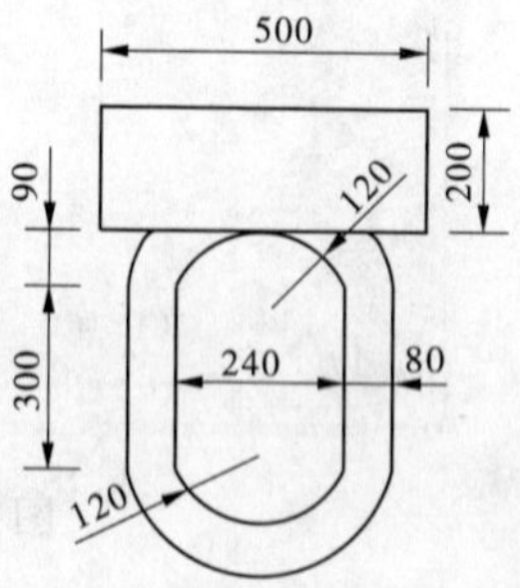

图 9-45　图形的向下拉伸

➢ 命令:_S
➢ 以交叉窗口或交叉多边形选择要拉伸的对象...
➢ 选择对象:
(框选图形右侧部分,如图 9-46 所示)
➢ 指定基点或[位移(D)]<位移>:
(指定水平直线的端点)
➢ 指定第二点或<使用第一点作为位移>:50
(追踪水平向右方向,输入 50,水平向右拉伸,结果如图 9-47 所示)

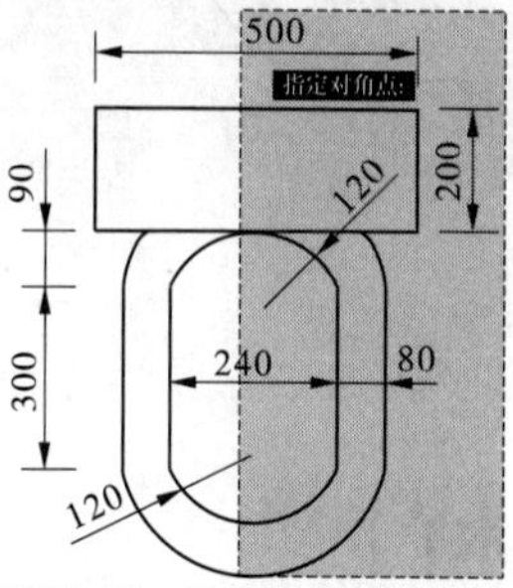

图 9-46　图形对象的选择

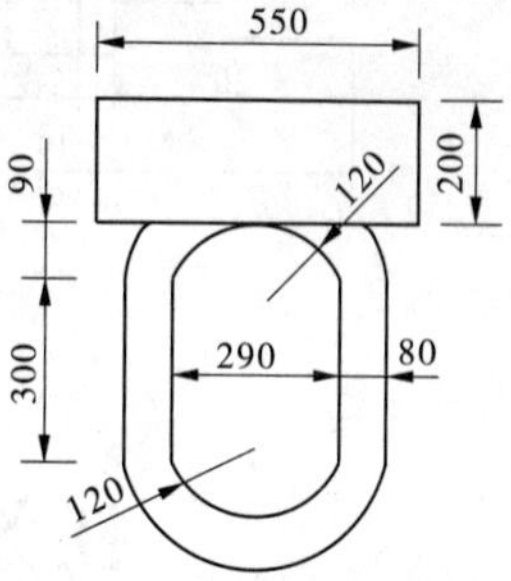

图 9-47　图形的向右拉伸

(六)保存文件

单击“另存为”按钮,选择保存路径,输入文件名,保存,如图 9-48 所示。

五、图形训练

绘制如图 9-49 所示的平面图形。

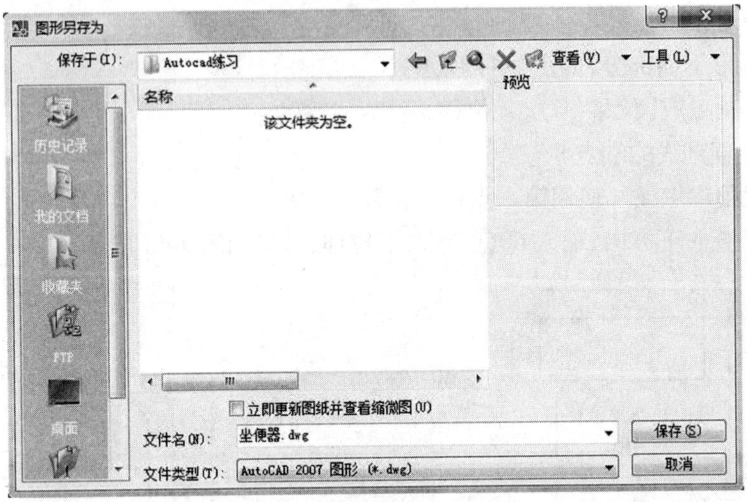

图 9-48 保存"坐便器"图形文件

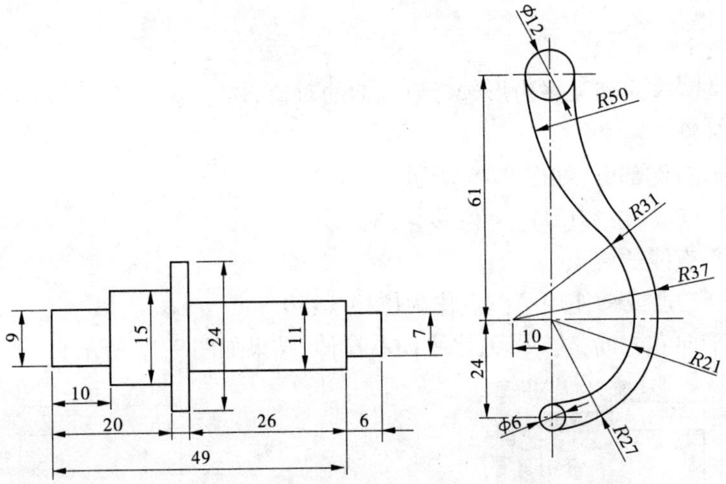

图 9-49 平面图形

任务三 绘制装饰木门

【任务分析】 本任务重点介绍镜像、分解、缩放命令的使用方法。

【相关知识】 镜像、分解、缩放等编辑命令。

一、任务内容

图 9-50(a)为某装饰木门的一部分，绘制如图 9-50(b)、(c)、(d)所示的一系列完整装饰木门。

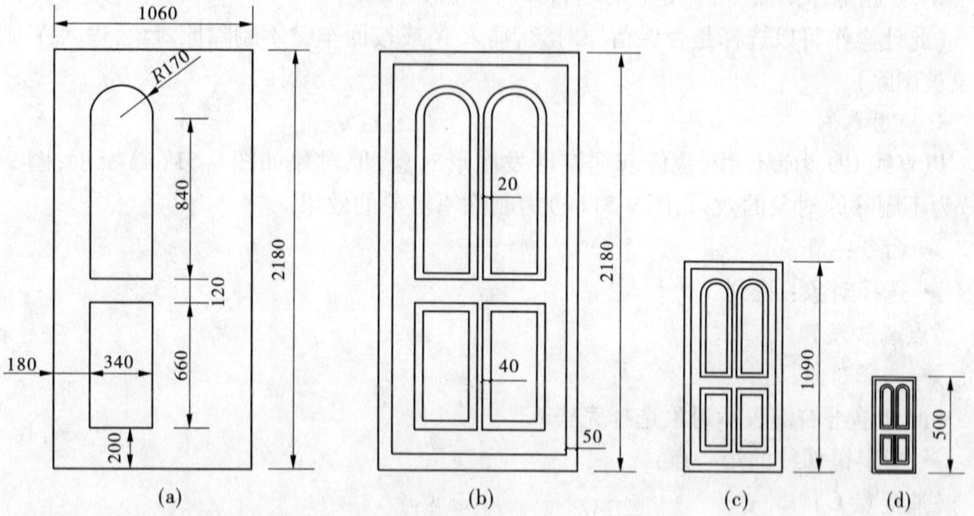

图 9-50 装饰木门

二、作图思路

图 9-50(a)为装饰木门的一部分,可以利用绘图和编辑命令(矩形、圆弧、分解、删除等)完成绘制。图 9-50(b)所示的装饰木门为对称结构,可以先画一半,再利用镜像命令复制出另一半。偏移命令用于创建造型与选定对象造型平行的新对象,用偏移命令也可完成如图 9-50(b)所示木门的绘制。使用缩放命令将对象按统一比例放大或缩小,只改变图形对象的大小而不改变图形的形状,图 9-50(c)、(d)可以通过缩放得到。

三、理论基础

(一)镜像

在绘图过程中常需绘制对称图形,调用镜像命令可以帮助用户完成具有对称性或部分对称性图样的绘制,将指定的对象按给定的镜像线(通常通过指定两点来指定对称轴线)镜像。镜像线可以是任意方向的,镜像后用户可根据需要选择是否删除原对象。

1. 命令的调用方法

a. 菜单栏:【修改】/【镜像】;

b. 命令行:Mirror(Mi);

c. 工具栏:【修改】工具栏第 3 个按钮。

2. 操作及选项说明

➢ 命令:_Mirror

➢ 选择对象:

(使用对象选择方法选择对象并按回车键结束选择)

➢ 指定镜像线的第一点:

➢ 指定镜像线的第二点:

(指定的两个点将成为直线的两个端点,选定对象相对于这条直线被镜像)

➢ 要删除原对象吗？［是(Y)/否(N)］<否>：

(此处操作可以选择是否保留原对象,输入 N 或按回车键不删除原对象,输入 Y 则原对象被删除)

3. 应用举例

以直线 CD 为镜像线,镜像起居室沙发图形对象,原对象如图 9-51(a)所示,图 9-51(b)为不删除原对象的效果,图 9-51(c)为删除原对象的效果。

➢ 命令:_Mirror

➢ 选择对象: 找到 1 个

(点选沙发)

➢ 选择对象:

(此处单击右键表示对象选择完毕)

➢ 指定镜像线的第一点:

(捕捉点 C)

➢ 指定镜像线的第二点:

(捕捉点 D)

➢ 要删除原对象吗？［是(Y)/否(N)］<N>：

(保留原有图形,结果如图 9-51(b)所示。此处若按提示输入 Y 则删除原对象,结果如图 9-51(c)所示)

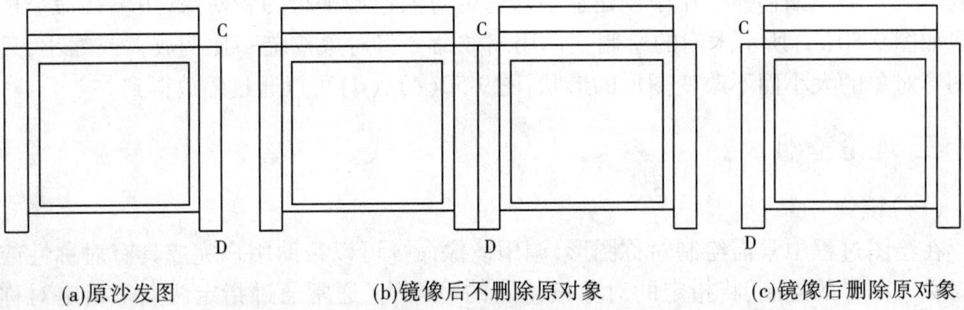

(a)原沙发图　　(b)镜像后不删除原对象　　(c)镜像后删除原对象

图 9-51　镜像命令操作

提示:在 AutoCAD 2008 中,使用系统变量 Mirrtext 可以控制文字对象的镜像方向。如果 Mirrtext 的值为 1,则文字对象完全镜像,镜像出来的文字变得不可读;如果 Mirrtext 的值为 0,则文字对象方向不镜像。系统默认值为 0。

(二)分解

1. 命令的调用方法

a. 菜单栏:【修改】/【分解】;

b. 命令行:Explode(X);

c. 工具栏:【修改】工具栏第 17 个按钮。

2. 操作及选项说明

➢ 命令:_Explode

➢ 选择对象：
(此处选择要分解的对象)
➢ 选择对象：
(此处单击右键表示对象选择完毕，对象被分解的同时自动退出命令)

(三)缩放

缩放是一个非常有用且节省时间的编辑命令，它可按用户的需要将任意图形放大或缩小，而不需重画。该命令可以把选择的对象在 X、Y、Z 方向以相同的比例放大或缩小，由于三个方向的缩放率相同，因此保证了缩放对象的形状不变。

1. 命令的调用方法

a. 菜单栏：【修改】/【缩放】；
b. 命令行：Scale(Sc)；
c. 工具栏：【修改】工具栏第 8 个按钮；
d. 快捷键：选择要移动的对象，并在绘图区域中单击鼠标右键，选择【缩放】选项。

2. 操作及选项说明

➢ 命令：_Scale
➢ 选择对象：
(选择要缩放的对象)
➢ 指定基点：
(指定缩放的基点，放大对象时所有轮廓远离基点，缩小对象时所有轮廓向基点靠拢)
➢ 指定比例因子或[复制(C)/参照(R)]：
(此处输入缩放的比例因子；或通过【复制(C)】选项复制出一个新的对象后再执行缩放命令；或通过【参照(R)】选项指定两点来确定一条参照线，然后输入新的参照线长度以实现缩放对象，此时的比例因子由软件自动计算，比例因子 = 新参照线长度 /原参照线长度)

3. 应用举例

把如图 9-52(a)所示的天井图形缩小一半，结果如图 9-52(b)所示。

➢ 命令：_Scale
➢ 选择对象：指定对角点：找到 3 个
(框选图 9-52(a)所示轮廓)
➢ 选择对象：
(单击右键表示对象选择完毕)
➢ 指定基点：
(捕捉图形对象底部中点为基点，缩放将以所选的基点为中心进行)
➢ 指定比例因子或[复制(C)/参照(R)] <1.0000>：0.5
(输入比例因子 0.5，表示图形将缩小为原来的一半)

提示：

(1)比例因子介于 0 ~ 1 之间时，对象将缩小；比例因子大于 1 时，则对象放大；比例

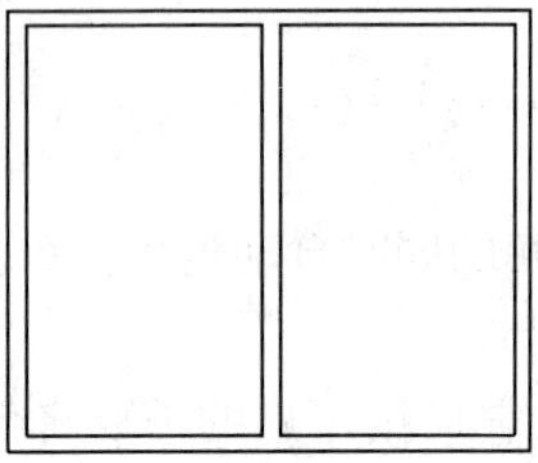
(a)缩放前

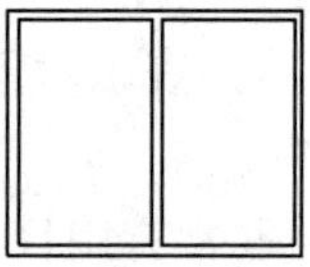
(b)缩放后

图 9-52 缩放命令操作

因子等于 1 时,对象不变。

(2)将所选对象按参照的方式缩放时,AutoCAD 会根据参照长度的值自动计算比例因子,然后进行相应的缩放。

(3)使用缩放命令时若有文字,文字也随之缩放。

缩放命令和实时缩放命令的区别如下:缩放命令 Scale 可改变图形对象的尺寸大小,实时缩放命令 Zoom 只是缩放显示图形对象,并不改变图形对象的尺寸。

四、作图步骤

(一)绘制矩形

➢ 命令:Rec

➢ 指定第一个角点或[倒角(C)/标高(E)/圆角(F)/厚度(T)/宽度(W)]:0,0

➢ 指定另一个角点或[面积(A)/尺寸(D)/旋转(R)]:D

➢ 指定矩形的长度 <10.0000>:1060

➢ 指定矩形的宽度 <10.0000>:2180

➢ 指定另一个角点或[面积(A)/尺寸(D)/旋转(R)]:

(指定右上方的角点)

➢ 命令:_Rec

➢ 指定第一个角点或[倒角(C)/标高(E)/圆角(F)/厚度(T)/宽度(W)]:180,200

➢ 指定另一个角点或[面积(A)/尺寸(D)/旋转(R)]:D

➢ 指定矩形的长度 <1060.0000>:340

➢ 指定矩形的宽度 <2180.0000>:660

➢ 指定另一个角点或[面积(A)/尺寸(D)/旋转(R)]:

(指定右上方的角点)

➢ 命令:_Rec

➢ 指定第一个角点或[倒角(C)/标高(E)/圆角(F)/厚度(T)/宽度(W)]:180,980

➢ 指定另一个角点或[面积(A)/尺寸(D)/旋转(R)]:D

➢ 指定矩形的长度 <340.0000>:340

➢ 指定矩形的宽度 <660.0000>: 840

➢ 指定另一个角点或[面积(A)/尺寸(D)/旋转(R)]:

(指定右上方的角点)

结果如图 9-53 所示。

(二)分解与删除

➢ 命令:_X

➢ 选择对象:

(选择图 9-53 里面上方的矩形,按回车键,即可得到图 9-54)

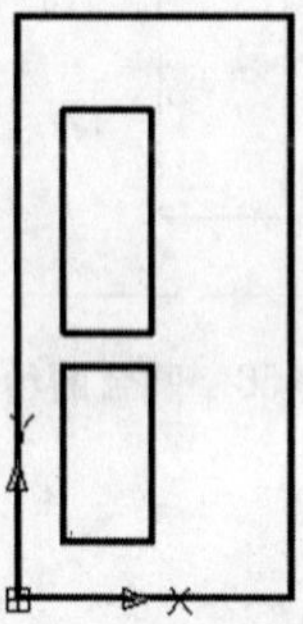

图 9-53 矩形的绘制

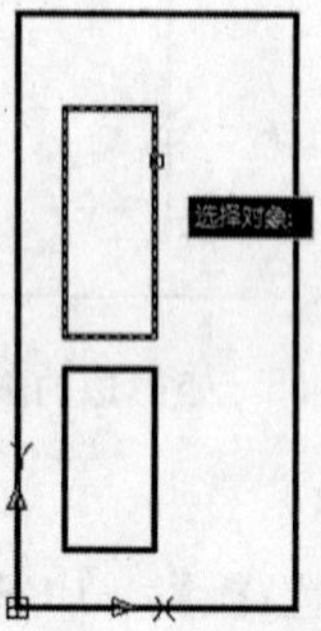

图 9-54 矩形的分解

➢ 命令:_E

➢ 选择对象:

(选择要删除的直线,按回车键,即可得到图 9-55)

(三)绘制圆弧

➢ 命令:_A

➢ 指定圆弧的起点或[圆心(C)]:

(指定右边端点)

➢ 指定圆弧的第二个点或[圆心(C)/端点(E)]:E

➢ 指定圆弧的端点:

(指定左边端点)

➢ 指定圆弧的圆心或[角度(A)/方向(D)/半径(R)]:R

➢ 指定圆弧的半径: 170

结果如图 9-56 所示。

(四)偏移

➢ 命令:_O

➢ 当前设置: 删除源 = 否 图层 = 源 OFFSETGAPTYPE = 0

➢ 指定偏移距离或[通过(T)/删除(E)/图层(L)] <40.0000>: 20

➢ 选择要偏移的对象,或[退出(E)/放弃(U)] <退出>:

(选择直线)

➢ 指定要偏移的那一侧上的点,或[退出(E)/多个(M)/放弃(U)] <退出>:

（指定矩形内一点）
重复3次偏移命令操作。

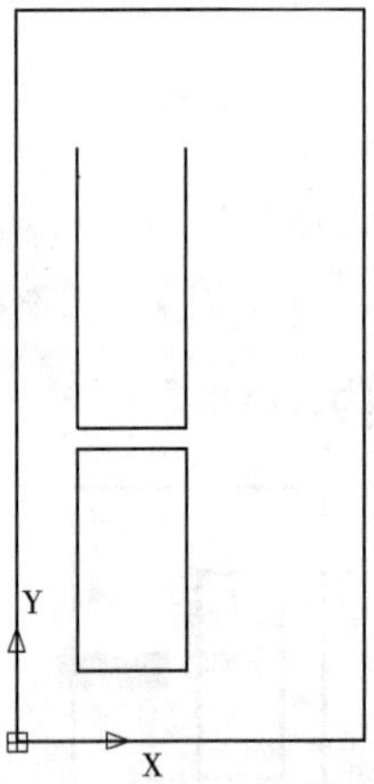

图9-55 矩形边的删除

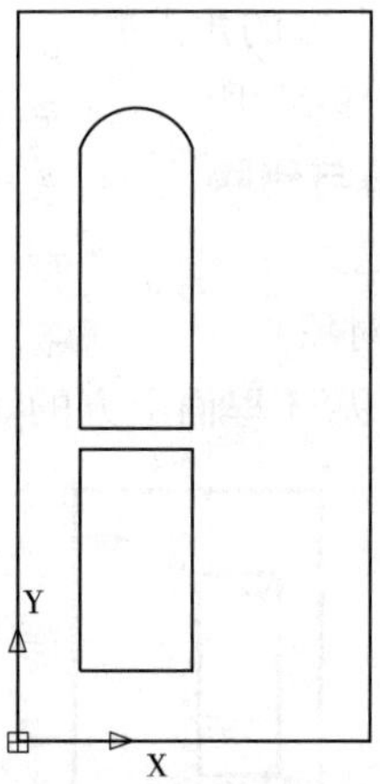

图9-56 圆弧的绘制

➢ 命令:_Tr
➢ 当前设置:投影 = UCS,边 = 无
➢ 选择剪切边...
➢ 选择对象或 <全部选择>:
（按回车键）
➢ 选择要修剪的对象,或按住 Shift 键选择要延伸的对象,或[栏选(F)/窗交(C)/投影(P)/边(E)/删除(R)/放弃(U)]:
（选择要修剪的对象,修剪后的偏移效果见图9-57）
同理,用偏移命令操作,可得到图9-58。

图9-57 偏移图形

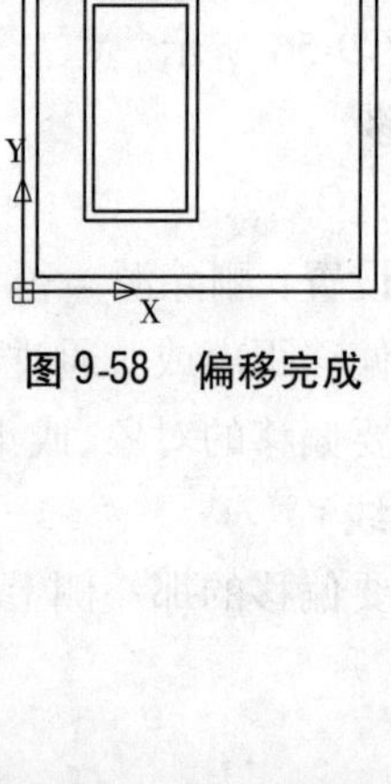

图9-58 偏移完成

（五）镜像
➢ 命令:_Mi
➢ 选择对象:

(选择图 9-58 里面的两个图形,如图 9-59 所示)

➢ 指定镜像线的第一点:

(指定中点)

➢ 指定镜像线的第二点:

(追踪竖直方向,任意指定一点)

➢ 要删除原对象吗?[是(Y)/否(N)]<N>:

(按回车键)

可得如图 9-60 所示图形。

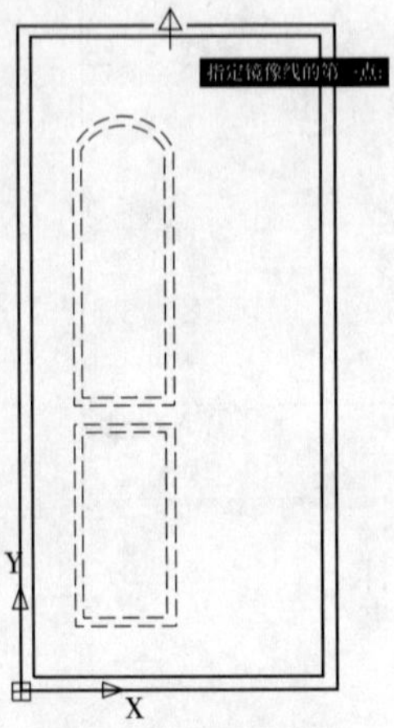

图 9-59　镜像操作

图 9-60　镜像完成

(六)缩放

➢ 命令:_Sc

➢ 选择对象:

(选择已绘制完成的图 9-60 所示完整装饰木门作为原对象,按回车键)

➢ 指定基点:

(在绘图区域内选定一点,在图形外)

➢ 指定比例因子或[复制(C)/参照(R)] <1.0000>:C

➢ 缩放一组选定对象

➢ 指定比例因子或[复制(C)/参照(R)] <1.0000>:0.5

即可得到图 9-50(c)。

➢ 命令:_Sc

➢ 选择对象:

(选择图 9-50(c)的图形)

➢ 指定基点:

(在绘图区域内选定一点,在图形外)

➢ 指定比例因子或[复制(C)/参照(R)] <0.5000>:C

➢ 缩放一组选定对象

➢ 指定比例因子或[复制(C)/参照(R)] <0.5000>:R

➤ 指定参照长度 <1.0000>：1090

➤ 指定新的长度或［点(P)］ <1.0000>：500

即可得到图 9-50(d)。

(七)保存文件

单击“另存为”按钮，选择保存路径，输入文件名，保存，如图 9-61 所示。

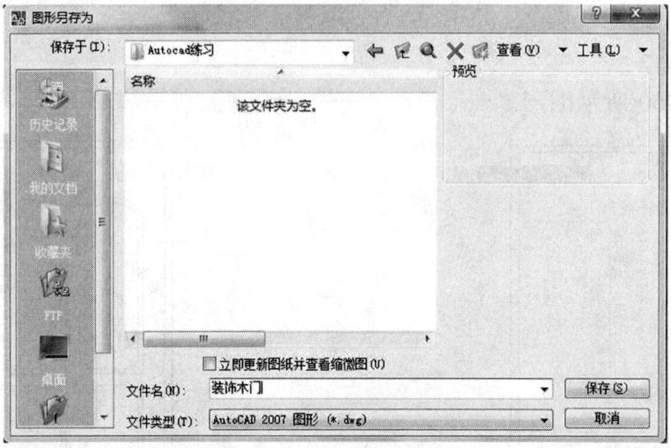

图 9-61 保存装饰木门图形文件

五、图形训练

完成如图 9-62 所示的平面图形。

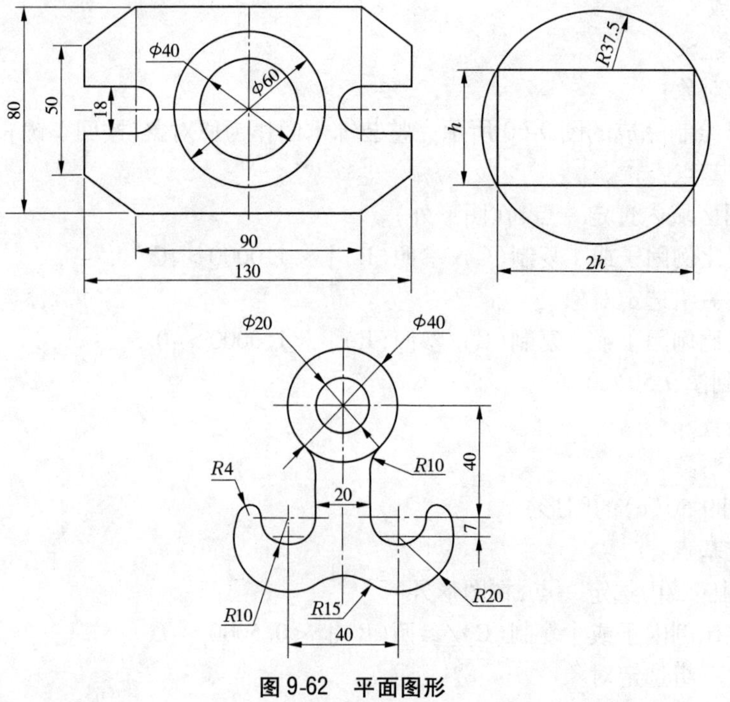

图 9-62 平面图形

任务四　绘制手柄

【任务分析】　本任务重点介绍倒角、延伸命令的使用方法。

【相关知识】　倒角、延伸等编辑命令。

一、任务内容

完成手柄的绘制，如图 9-63 所示。

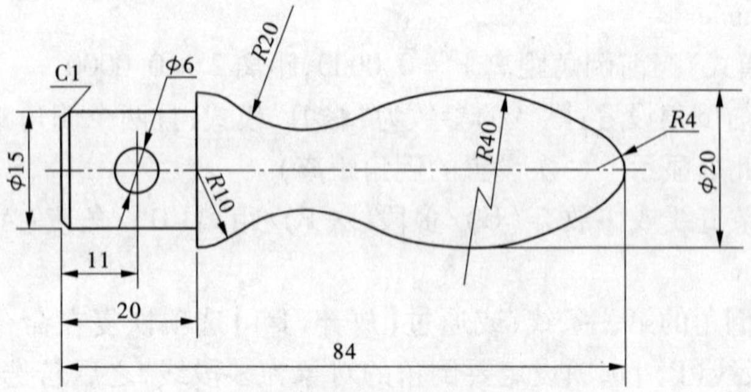

图 9-63　手柄

二、作图思路

首先画矩形并倒角，然后画 ϕ6、R10 和 R4 的圆并修剪，再画 R40 和 R20 的圆弧并修剪，利用镜像命令镜像图形，最后删除并修剪多余线条，即可完成图形的绘制，如图 9-64 所示。

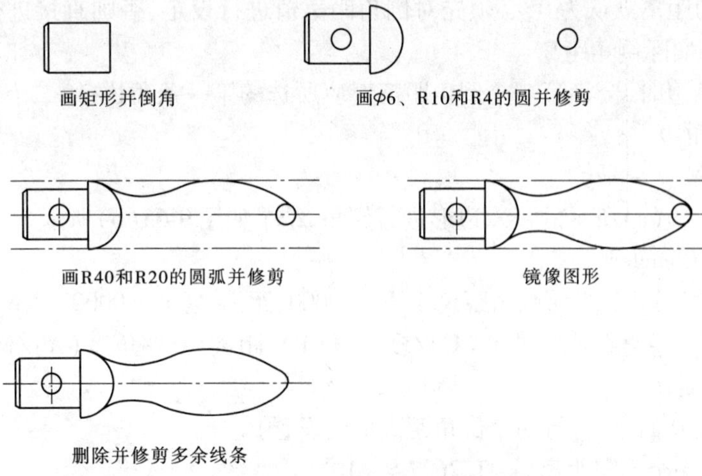

图 9-64　手柄的作图步骤

三、理论基础

在 AutoCAD 绘图过程中，常常会遇到各种折线，这些折线可以直接用直线命令绘制，但实际工作中常用倒角命令来实现。倒角的方式有两种,一种是设定两个倒角距离,另一种是设定一个倒角距离和一个倒角角度。

(一)倒角

1. 命令的调用方法

a. 菜单栏:【修改】/【倒角】;

b. 命令行:Chamfer(Cha);

c. 工具栏:【修改】工具栏第 15 个按钮。

2. 操作及选项说明

➢ 命令:_Chamfer

➢ (“修剪”模式)当前倒角距离 1 =0.0000,距离 2 =0.0000

(此处显示当前倒角设置;默认的参数为“修剪”模式,且两个倒角距离均为 0,若执行一次倒角命令后,此处显示上一次设置的倒角距离)

➢ 选择第一条直线或[放弃(U)/多段线(P)/距离(D)/角度(A)/修剪(T)/方式(E)/多个(M)]:

(此处选择要倒角的第一条线;或通过【放弃(U)】选项恢复在命令中执行的上一个操作;或通过【多段线(P)】选项设定要倒角的对象为多段线,之后若选中多段线,则其所有折线转角处均会按设置的倒角参数进行倒角;或通过【距离(D)】选项设定倒角模式为距离倒角,并设置两个倒角距离值;或通过【角度(A)】选项设定倒角模式为角度倒角,并设置一个倒角距离值及倒角角度;或通过【修剪(T)】选项设定是否将选定的边修剪到倒角直线的端点处;或通过【方式(E)】选项切换距离倒角和角度倒角模式;或通过【多个(M)】选项设定进行多组倒角)

提示:

(1)若倒角距离默认为 0,必须先对倒角距离值进行设定,否则直接进行倒角操作会失败,因为没有实际倒角距离。

(2)选择角边时,会将第一个倒角距离对应所选的第一条角边,第二个倒角距离对应所选的第二条角边。

3. 应用举例

(1)将图 9-65(a)所示的正六边形进行倒角,结果如图 9-65(b)所示。

➢ 命令:_Chamfer

➢ (“修剪”模式) 当前倒角距离 1 = 0.0000,距离 2 = 0.0000

➢ 选择第一条直线或[放弃(U)/多段线(P)/距离(D)/角度(A)/修剪(T)/方式(E)/多个(M)]:D

(此处输入 D 回车,进行两个倒角距离值的设置)

➢ 指定第一个倒角距离 <41.2677>: 10

(此处输入第一个倒角距离值 10)

➢ 指定第二个倒角距离 <10.0000>: 10

(此处输入第二个倒角距离值 10)

➢ 选择第一条直线或[放弃(U)/多段线(P)/距离(D)/角度(A)/修剪(T)/方式

(E)/多个(M)]:P

(此处由于是对多段线对象所有转折处倒角,因此输入 P 回车)

➢ 选择二维多段线:

(此处选择正六边形对象)

➢ 6 条直线已被倒角

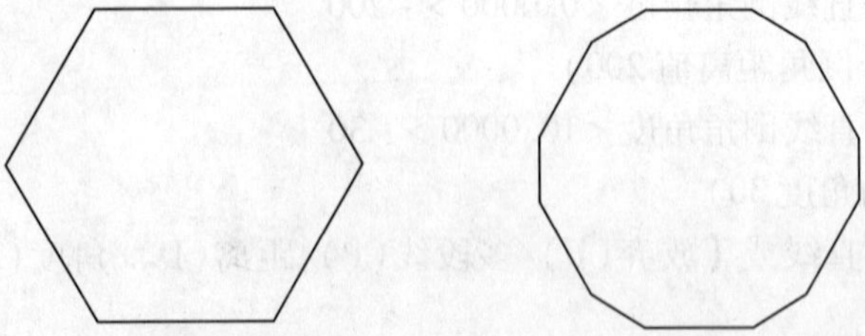

(a)倒角前 (b)倒角后

图 9-65 正六边形倒角

(2)对图 9-66(a)所示的两条相交直线进行距离倒角,结果如图 9-66(b)所示。

➢ 命令:_Chamfer

➢ (“修剪”模式) 当前倒角距离 1 = 0.0000,距离 2 = 0.0000

➢ 选择第一条直线或[放弃(U)/多段线(P)/距离(D)/角度(A)/修剪(T)/方式(E)/多个(M)]:D

(此处当前倒角模式已设置为距离倒角,因此可以不进行倒角模式切换)

➢ 指定第一个倒角距离 <0.0000>:100

(此处设定第一个倒角距离值 100)

➢ 指定第二个倒角距离 <10.0000>:200

(此处设定第二个倒角距离值 200)

➢ 选择第一条直线或【放弃(U)/多段线(P)/距离(D)/角度(A)/修剪(T)/方式(E)/多个(M)】:

(选择斜边为第一条角边,此时倒角距离值 100 将对应该条边)

➢ 选择第二条直线,或按住 Shift 键选择要应用角点的直线:

(选择水平边为第二条角边,此时倒角距离值 200 将对应该条边)

(a)倒角前 (b)倒角后

图 9-66 相交直线距离倒角

(3)对图 9-67(a)所示的两条相交直线进行角度倒角,结果如图 9-67(b)所示。

➢ 命令:_Chamfer

➢ (“不修剪”模式) 当前倒角距离 1 = 0.0000,距离 2 = 0.0000

➢ 选择第一条直线或【放弃(U)/多段线(P)/距离(D)/角度(A)/修剪(T)/方式(E)/多个(M)】:A

(此处输入 A 回车,进入角度倒角参数设置)

➢ 指定第一条直线倒角长度 <0.0000 >:200

(此处输入一个倒角距离值200)

➢ 指定第一条直线倒角角度 <10.0000 >:30

(此处指定倒角角度30)

➢ 选择第一条直线或【放弃(U)/多段线(P)/距离(D)/角度(A)/修剪(T)/方式(E)/多个(M)】:

(此处选择水平线,则倒角距离值对应该条直线,倒角角度指倒角线与该线的角度;本例中修剪模式设置为不修剪,因此倒角后角边没有被剪切掉)

(a)倒角前　　(b)倒角后

图 9-67　相交直线角度倒角

提示:

(1)若两条直线平行则无法进行倒角。

(2)模式设置为修剪时,若进行倒角后倒角线无法与两条角边相交,两条角边会自动延长至倒角线端点处。

(二)延伸

延伸命令可延长线性对象的长度到指定边界线位置。此命令和修剪命令的效果刚好相反,其实际操作也是可以互相切换的。

1. 命令的调用方法

a. 菜单栏:【修改】/【延伸】;

b. 命令行:Extend(Ex);

c. 工具栏:【修改】工具栏第 11 个按钮。

2. 操作及选项说明

➢ 命令:_Extend

➢ 当前设置:投影 = UCS,边 = 无

(此处显示延伸模式当前设置)

➢ 选择边界的边...

➢ 选择对象或 <全部选择>：

（此处选择作为延伸边界的对象，即对象要延长到的具体边界，若直接回车表示绘图区域中所有对象均作为延伸边界）

➢ 选择要延伸的对象，或按住 Shift 键选择要修剪的对象，或[栏选(F)/窗交(C)/投影(P)/边(E)/放弃(U)]：

（此处应用光标选择需要延伸的对象，并注意选中要延长的一端；或按住 Shift 键执行修剪命令操作；或通过【栏选(F)】选项选择与栏选虚线条相交的对象；或通过【窗交(C)】选项选择与选择框边相交或完全被选择框框中的对象；或通过【投影(P)】选项设定延伸对象时的投影方式；或通过【边(E)】选项设定是否将延伸边界的延长线作为延伸边界）

3. 应用举例

延伸图 9-68(a)所示图形的直线 A，使之与直线 B 相接，结果如图 9-68(b)所示。

➢ 命令：_Extend

➢ 选择边界的边...

➢ 选择对象或 <全部选择>：

（单击右键将所有对象选择为延伸边界）

➢ 选择要延伸的对象，或按住 Shift 键选择要修剪的对象，或【栏选(F)/窗交(C)/投影(P)/边(E)/放弃(U)】：

（选择要延伸对象需要延长的一端，即选择直线 A 中点靠右侧部位，结果如图 9-68(b)所示；继续点击直线 A 中点靠右侧部位，结果如图 9-68(c)所示；继续点击直线 A 中点靠右侧部位，结果如图 9-68(d)所示）

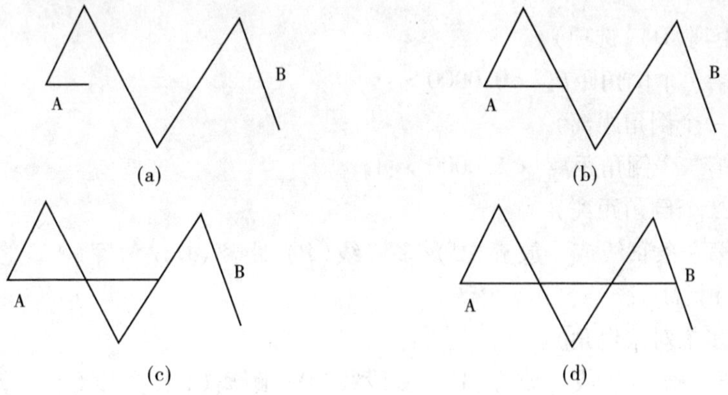

图 9-68　延伸命令操作

四、作图步骤

(一)画长为 20、宽为 15 的矩形并倒角

(1)画矩形，如图 9-69 所示。

➢ 命令：_Rec

➢ 指定第一个角点或[倒角(C)/标高(E)/圆角(F)/厚度(T)/宽度(W)]：

(在合适位置指定一点作为矩形的第一个角点)

➢ 指定另一个角点或[面积(A)/尺寸(D)/旋转(R)]:D

(选择【尺寸(D)】选项)

➢ 指定矩形的长度 <32.0000>:20

(输入矩形的长度)

➢ 指定矩形的宽度 <23.0000>:15

(输入矩形的宽度)

➢ 指定另一个角点或[面积(A)/尺寸(D)/旋转(R)]:

(指定一点作为矩形的另一个角点)

(2)倒角和画直线,如图 9-70 所示。

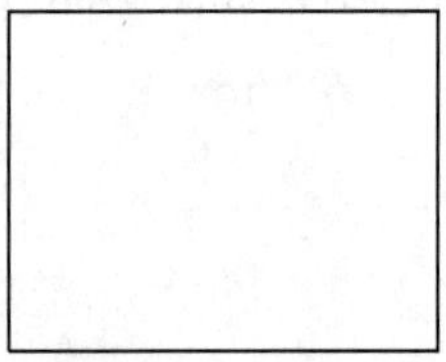

图 9-69 画矩形

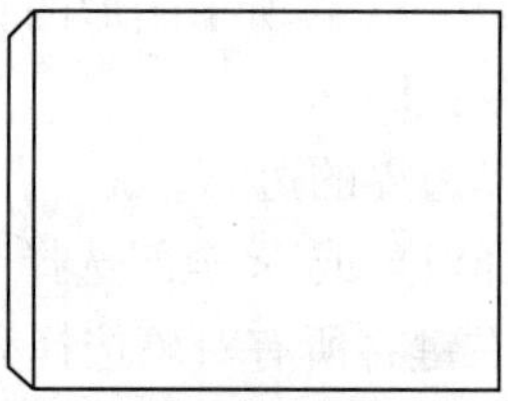

图 9-70 倒角

➢ 命令:_Cha

➢ ("修剪"模式) 当前倒角距离 1 = 0.0000,距离 2 = 0.0000

➢ 选择第一条直线或[放弃(U)/多段线(P)/距离(D)/角度(A)/修剪(T)/方式(E)/多个(M)]:D

(选择【距离(D)】选项)

➢ 指定第一个倒角距离 <0.0000>:1

(设置第一个倒角距离)

➢ 指定第二个倒角距离 <1.0000>:1

(设置第二个倒角距离)

➢ 选择第一条直线或[放弃(U)/多段线(P)/距离(D)/角度(A)/修剪(T)/方式(E)/多个(M)]:M

(连续对多个对象倒角)

➢ 选择第一条直线或[放弃(U)/多段线(P)/距离(D)/角度(A)/修剪(T)/方式(E)/多个(M)]:

(选择矩形上方边)

➢ 选择第二条直线,或按住 Shift 键选择要应用角点的直线:

(选择矩形左侧边)

➢ 选择第一条直线或[放弃(U)/多段线(P)/距离(D)/角度(A)/修剪(T)/方式(E)/多个(M)]:

(选择矩形下方边)

➢ 选择第二条直线,或按住 Shift 键选择要应用角点的直线:

（选择矩形右侧边）

➢ 选择第一条直线或［放弃（U）/多段线（P）/距离（D）/角度（A）/修剪（T）/方式（E）/多个（M）］：

（回车结束操作）

（二）画 $\phi6$ 的圆

➢ 命令：_C

➢ 指定圆的圆心或［三点（3P）/两点（2P）/相切、相切、半径（T）］：11

（从矩形左侧边的中点向右追踪，输入距离 11）

➢ 指定圆的半径或［直径（D）］ <3.0000>：3

（输入圆的半径）

结果如图 9-71 所示。

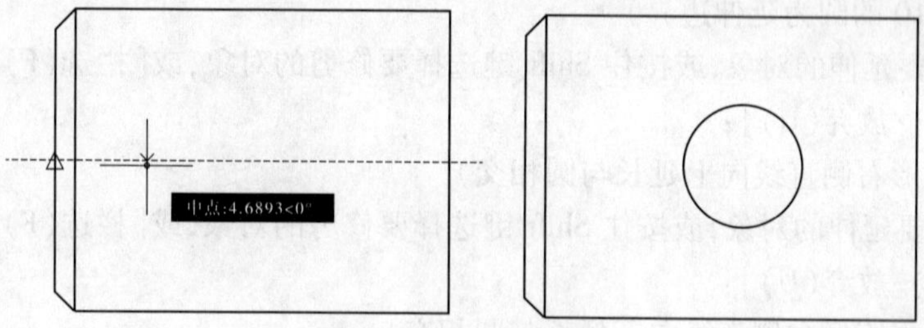

图 9-71　画 $\phi6$ 的圆

（三）画 R10 和 R4 的圆并修剪

（1）画 R10 的圆，如图 9-72 所示。

➢ 命令：_C

➢ 指定圆的圆心或［三点（3P）/两点（2P）/相切、相切、半径（T）］：

（指定矩形右侧边的中点为圆的圆心）

➢ 指定圆的半径或［直径（D）］ <3.0000>：10

（输入圆的半径）

（2）画 R4 的圆，如图 9-72 所示。

➢ 命令：_C

➢ 指定圆的圆心或［三点（3P）/两点（2P）/相切、相切、半径（T）］：80

（从矩形左侧边的中点向右追踪，输入距离 80）

➢ 指定圆的半径或［直径（D）］ <3.0000>：4

（输入圆的半径）

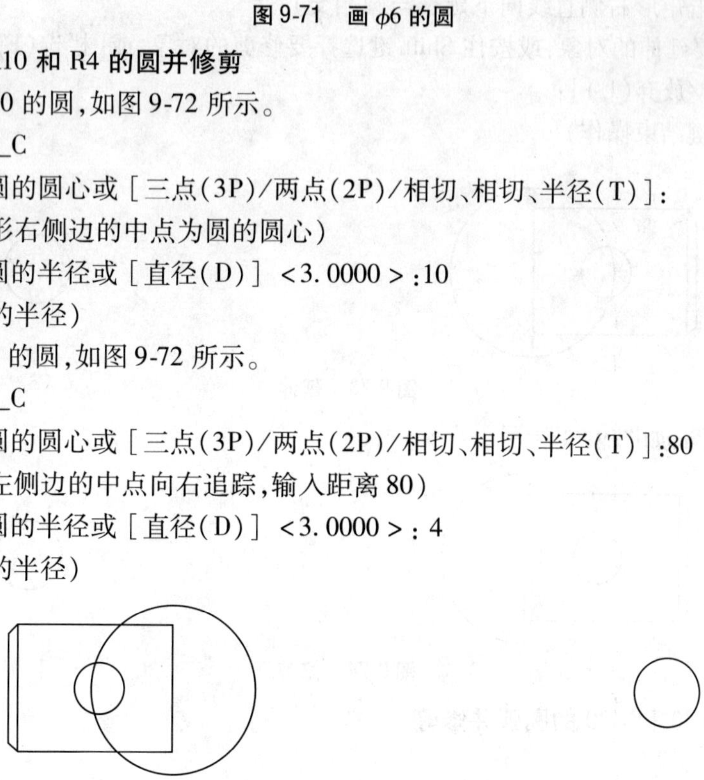

图 9-72　画 R10 和 R4 的圆

(3)分解矩形。

➢ 命令:_X

➢ 选择对象: 找到 1 个

(选择矩形)

➢ 选择对象:

(按回车键结束)

(4)延长矩形的右侧边与 R10 的圆相交,如图 9-73 所示。

➢ 命令:_Ex

➢ 当前设置:投影 = UCS,边 = 无

➢ 选择边界的边...

➢ 选择对象或 <全部选择>:

(选择 R10 的圆为延伸边界)

➢ 选择要延伸的对象,或按住 Shift 键选择要修剪的对象,或[栏选(F)/窗交(C)/投影(P)/边(E)/放弃(U)]:

(单击矩形右侧直线向上延长与圆相交)

➢ 选择要延伸的对象,或按住 Shift 键选择要修剪的对象,或[栏选(F)/窗交(C)/投影(P)/边(E)/放弃(U)]:

(再次单击矩形右侧直线向下延长与圆相交)

➢ 选择要延伸的对象,或按住 Shift 键选择要修剪的对象,或[栏选(F)/窗交(C)/投影(P)/边(E)/放弃(U)]:

(按回车键结束操作)

图 9-73 延伸

(5)修剪圆,如图 9-74 所示。

图 9-74 修剪

(四)画 R40 和 R20 的圆弧并修剪

(1)画中心线。

(2)用偏移命令把中心线分别向上、下偏移 10,如图 9-75 所示。

➢ 命令:_O

➢ 当前设置：删除源 = 否　图层 = 源　OFFSETGAPTYPE = 0
➢ 指定偏移距离或［通过(T)/删除(E)/图层(L)］ <通过>:10
(输入偏移距离)
➢ 选择要偏移的对象,或［退出(E)/放弃(U)］ <退出>:
(选择中心线)
➢ 指定要偏移的那一侧上的点,或［退出(E)/多个(M)/放弃(U)］ <退出>:
(指定中心线的上方)
➢ 选择要偏移的对象,或［退出(E)/放弃(U)］ <退出>:
(选择中心线)
➢ 指定要偏移的那一侧上的点,或［退出(E)/多个(M)/放弃(U)］ <退出>:
(指定中心线的下方)
➢ 选择要偏移的对象,或［退出(E)/放弃(U)］ <退出>:
(按回车键结束)
(3)用圆命令中"相切、相切、半径"的方式画 R40 的圆,如图 9-75 所示。
➢ 命令:_C
➢ 指定圆的圆心或［三点(3P)/两点(2P)/相切、相切、半径(T)］:T
(选择【相切、相切、半径(T)】选项)
➢ 指定对象与圆的第一个切点:
(在上面的直线上指定第一个切点)
➢ 指定对象与圆的第二个切点:
(在 R4 的圆上指定第二个切点)
➢ 指定圆的半径 <10.0000>:40
(输入圆的半径)

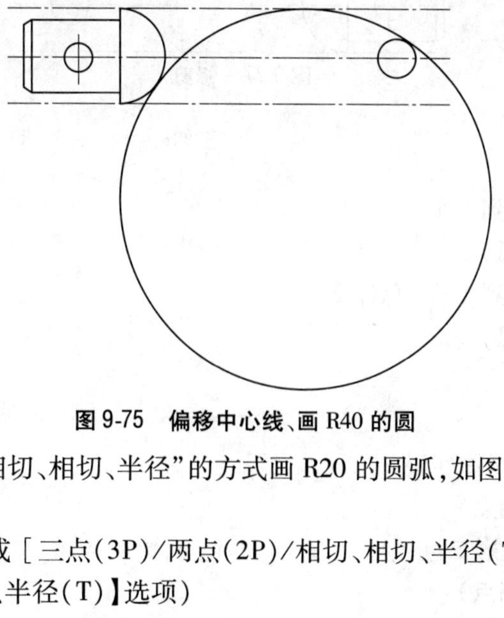

图 9-75　偏移中心线、画 R40 的圆

(4)用圆命令中"相切、相切、半径"的方式画 R20 的圆弧,如图 9-76 所示。
➢ 命令:_C
➢ 指定圆的圆心或［三点(3P)/两点(2P)/相切、相切、半径(T)］:T
(选择【相切、相切、半径(T)】选项)

➢ 指定对象与圆的第一个切点:
(在 R10 的圆弧上指定第一个切点)
➢ 指定对象与圆的第二个切点:
(在 R40 的圆上指定第二个切点)
➢ 指定圆的半径 <10.0000>:20
(输入圆的半径)

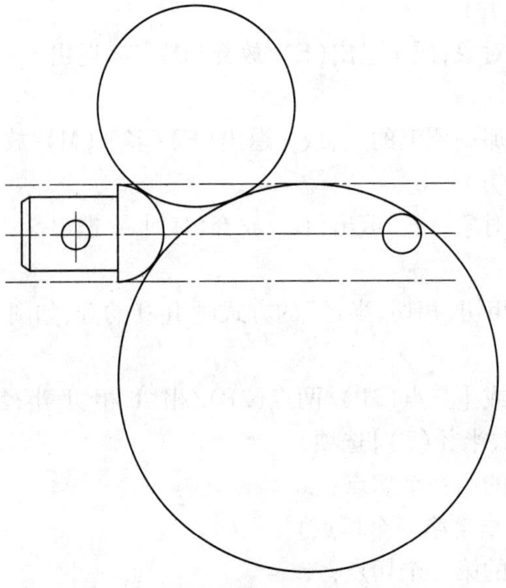

图 9-76 画 R20 的圆弧

(5)修剪多余图线,如图 9-77 所示。

图 9-77 修剪

(6)镜像图形。
➢ 命令:_Mi
➢ 选择对象:找到 1 个
(选择 R40 的圆弧)
➢ 选择对象:找到 1 个,总计 2 个
(选择 R20 的圆弧)
➢ 选择对象:
(按回车键)
➢ 指定镜像线的第一点:
(指定中心线左端点)
➢ 指定镜像线的第二点:
(指定中心线右端点)

➢ 要删除原对象吗？［是(Y)/否(N)］<N>：

(按回车键)

结果如图 9-78 所示。

(五)修剪多余线条

结果如图 9-79 所示。

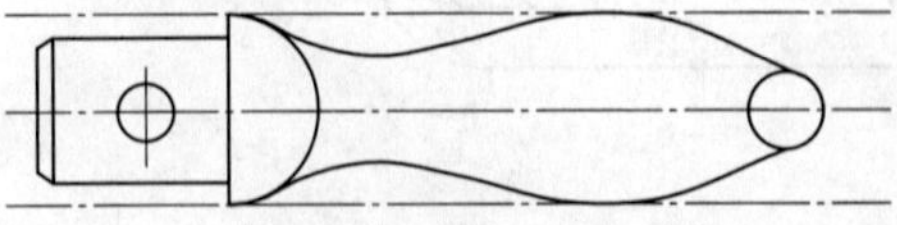

图 9-78　镜像图形

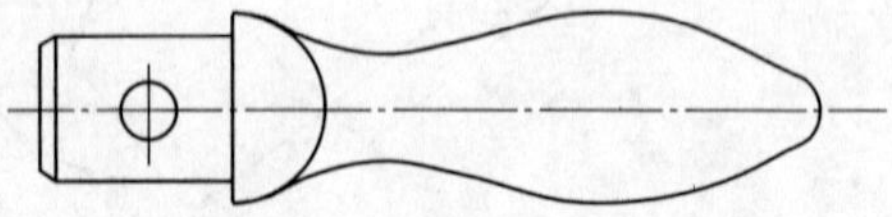

图 9-79　修剪多余线条

五、图形训练

绘制如图 9-80 所示的平面图形。

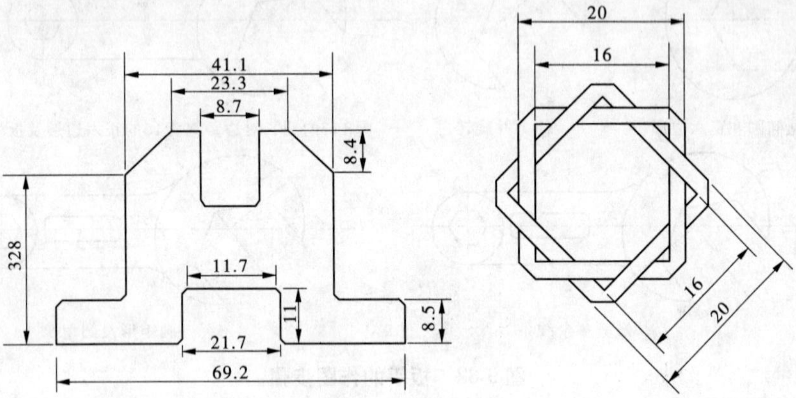

图 9-80　平面图形

任务五　绘制扳手

【任务分析】 本任务重点介绍椭圆、正多边形、圆角等命令的使用方法。

【相关知识】 椭圆、正多边形等绘图命令，圆角等编辑命令。

一、任务内容

完成扳手的绘制，如图 9-81 所示。

二、作图思路

先画椭圆和正六边形，然后画 R17 的圆、对边距离为 16 的正六边形及扳手轮廓，最后画里面的矩形并圆角，如图 9-82 所示。

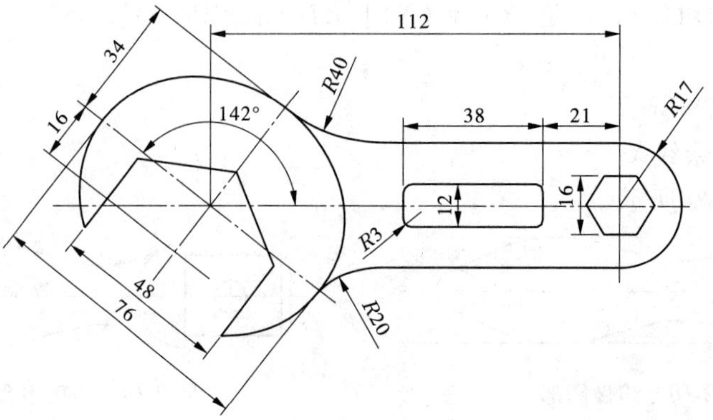

图 9-81 扳手

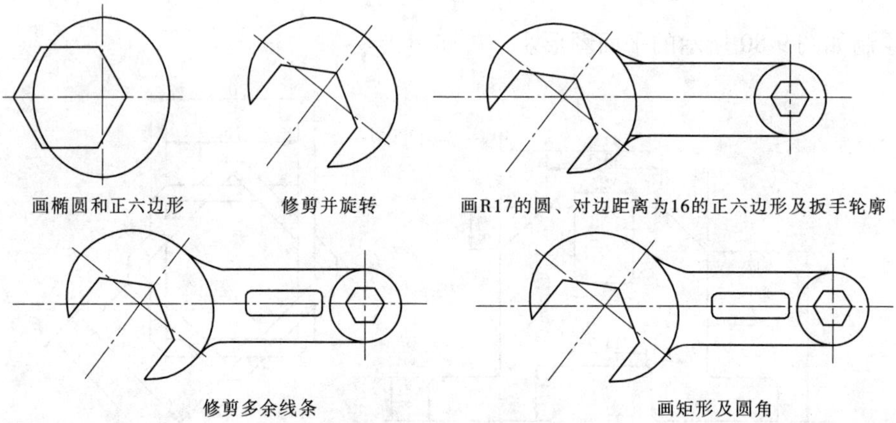

图 9-82 扳手的作图步骤

三、理论基础

(一)正多边形

1. 命令的调用方法

a. 菜单栏:【绘图】/【正多边形】;

b. 命令行:Polygon(Pol);

c. 工具栏:【绘图】工具栏第 4 个按钮。

2. 操作及选项说明

➤ 命令:_Polygon

➤ 输入边的数目 <4 >:

(此处可设置正多边形的边数,最多可绘制 1024 边形)

➤ 指定正多边形的中心点或[边(E)]:

(此处通过指定正多边形的中心点来绘制正多边形;或通过【边(E)】选项设置正多边形的边长和方向来绘制正多边形)

➤ 输入选项[内接于圆(I)/外切于圆(C)] <I >:

(此处可通过【内接于圆(I)】选项设置下一步所输入的圆半径为正多边形的外接圆

半径;或通过【外切于圆(C)】选项设置下一步所输入的圆半径为正多边形的内切圆半径)

➢ 指定圆的半径:

(此处通过指定外接圆或内切圆的半径来确定正多边形的大小,输入数据后回车,操作完成并自动退出命令)

绘制正多边的方式有内接于圆、外切于圆、边三种,如图 9-83 所示。

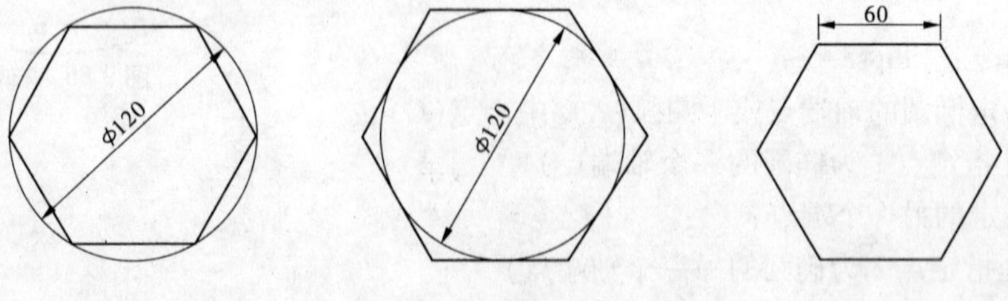

(a)内接于圆　　(b)外切于圆　　(c)边

图 9-83　画正多边形的三种方式

3. 应用举例

绘制一个边长为 50 的正五边形,结果如图 9-84 所示。

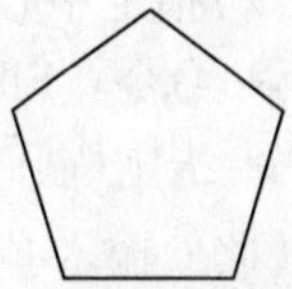

图 9-84　根据边长绘制正五边形

➢ 命令:_Polygon

➢ 输入边的数目 <4>: 5

(此处输入边数 5)

➢ 指定正多边形的中心点或 [边(E)]: E

(此处输入 E 回车,选择根据边长绘制正多边形)

➢ 指定边的第一个端点:

(此处指定正多边形边的一个端点)

➢ 指定边的第二个端点: 50

(此处用光标捕捉到需要的边的方向后,输入边长 50,正五边形绘制完成并自动退出命令)

(二)椭圆

椭圆的绘制主要需要设定轴端点值、中心点位置、半轴长度等参数。

1. 命令的调用方法

a. 菜单栏:【绘图】/【椭圆】;

b. 命令行:Ellipse(El);

c. 工具栏:【绘图】工具栏第 10 个按钮。

2. 操作及选项说明

➢ 命令: _Ellipse

➢ 指定椭圆的轴端点或 [圆弧(A)/中心点(C)]:

(此处指定椭圆的其中一条轴的轴端点;或通过【圆弧(A)】选项绘制椭圆弧;或通过【中心点(C)】选项更改为指定椭圆的中心点位置)

➢ 指定轴的另一个端点:

(此处适用于上一个步骤为指定轴端点的操作,指定该轴的另一个端点)

➢ 指定另一条半轴长度或[旋转(R)]:

(此处指定另一条轴的半轴长度;或通过【旋转(R)】选项绘制椭圆)

3. 应用举例

(1)指定端点、端点、半轴长度方式绘制椭圆,如图9-85所示。

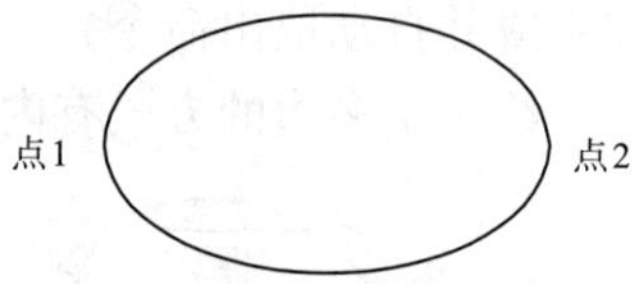

图9-85 椭圆

➢ 命令:_Ellipse

➢ 指定椭圆的轴端点或[圆弧(A)/中心点(C)]:

(此处指定点1为椭圆的一个轴端点)

➢ 指定的另一个端点:

(此处指定点2为椭圆的另一个轴端点)

➢ 指定另一条半轴长度或[旋转(R)]:100

(此处输入另一条轴的半轴长度)

(2)指定中心点、端点、半轴长度方式绘制椭圆。

➢ 命令:_Ellipse

➢ 指定椭圆的轴端点或[圆弧(A)/中心点(C)]:C

(此处输入C回车,更改为指定椭圆中心点位置)

➢ 指定椭圆的中心点:

(此处指定椭圆的中心点位置)

➢ 指定轴的端点:

(此处指定椭圆的轴端点)

➢ 指定另一条半轴长度或[旋转(R)]:100

(此处输入另一条轴的半轴长度)

(三)椭圆弧

椭圆弧是椭圆的一部分,可以通过椭圆命令中的二级命令来绘制。

提示:绘制椭圆弧时,要注意椭圆弧的角度起算位置,是以选定的第二个轴端点与第一个轴端点的连线方向作为0°方向。另外,角度计算方向默认为逆时针方向。

1. 命令的调用方法

a. 菜单栏:【绘图】/【椭圆】/【圆弧】;

b. 命令行:Ellipse(El);

c. 工具栏:【绘图】工具栏第11个按钮。

2. 操作及选项说明

➢ 命令:_Ellipse

➢ 指定椭圆的轴端点或[圆弧(A)/中心点(C)]:A

➢ 指定椭圆弧的轴端点或[中心点(C)]:

➢ 指定轴的另一个端点:

➢ 指定另一条半轴长度或[旋转(R)]:

（此处以前的所有步骤和椭圆绘制步骤完全相同，确定要截取椭圆弧的椭圆的形状和大小）

➢ 指定起始角度或［参数（P）］：

（此处指定椭圆弧的中心点与起点连线的角度值）

➢ 指定终止角度或［参数（P）/包含角度（I）］：

（此处指定椭圆弧的中心点与终点连线的角度值）

3. 应用举例

在椭圆上截取起始角度为10°、终止角度为170°的椭圆弧，如图9-86所示。

➢ 命令：_Ellipse

➢ 指定椭圆的轴端点或［圆弧（A）/中心点（C）］：A

（此处输入A回车，更改为绘制椭圆弧）

➢ 指定椭圆弧的轴端点或［中心点（C）］：

（此处指定第一个轴端点即点1）

➢ 指定轴的另一个端点：

（此处指定第二个轴端点即点2，此时0°方向为点2和点1的连线方向）

➢ 指定另一条半轴长度或［旋转（R）］：100

（此处得到确定的椭圆形状，如图9-87所示）

➢ 指定起始角度或［参数（P）］：10

➢ 指定终止角度或［参数（P）/包含角度（I）］：170

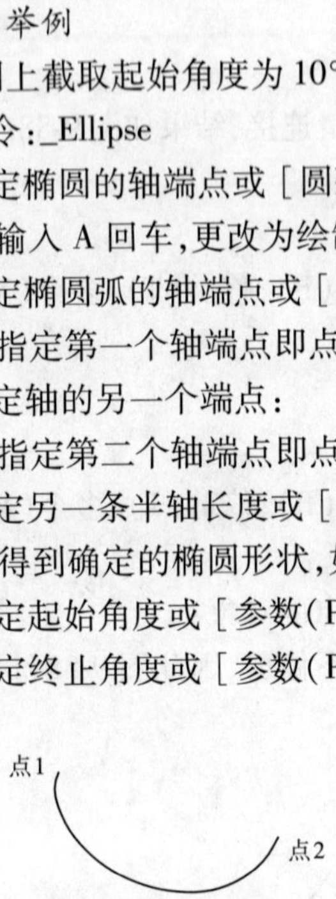

图9-86　椭圆弧

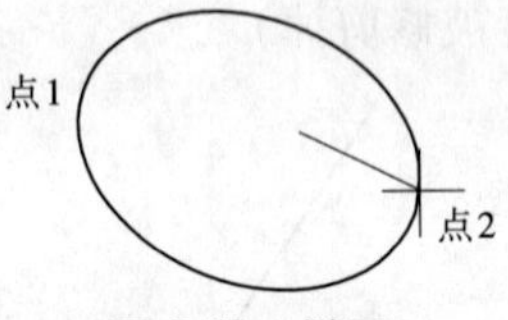

图9-87　椭圆

（四）圆角

在实际工程中，有很多建筑为了不留直角或尖角而需要进行圆角，如泄洪渠道的转弯处、溢洪道的泄槽转弯处的平面投影等。AutoCAD中提供了圆角命令来实现该操作，可用光滑的圆弧把两个线性对象光滑连接起来。

1. 命令的调用方法

a. 菜单栏：【修改】/【圆角】；

b. 命令行：Fillet（F）；

c. 工具栏：【修改】工具栏第16个按钮。

提示：AutoCAD中的倒角和圆角命令的操作方式几乎一模一样，唯一的区别是圆角命令是用圆弧线来连接两条角边。因此，圆角命令需要设置圆弧段的半径值。

2. 操作及选项说明

➢ 命令：_Fillet

➢ 当前设置：模式 = 不修剪，半径 = 0.0000

（此处注意模式更改时，倒角和圆角命令通用，即改动其任一个操作的模式设置，两

个操作的设置都会变动；此处半径值默认为 0，若要进行圆角必须先设置不为 0 的半径值，否则圆角失败）

➢ 选择第一个对象或［放弃(U)/多段线(P)/半径(R)/修剪(T)/多个(M)］:

（此处若半径值已设置好，可直接选择对象进行圆角；或通过【半径(R)】选项对圆角的半径值进行设定；其他选项的操作方法和含义同倒角命令）

➢ 选择第二个对象，或按住 Shift 键选择要应用角点的对象:

（此处选择第二个倒角对象）

3. 应用举例

将图 9-88(a)所示相交直线用半径为 50 的圆弧光滑连接，结果如图 9-88(b)所示。

➢ 命令:_Fillet

➢ 当前设置:模式 = 不修剪，半径 = 0.0000

➢ 选择第一个对象或［放弃(U)/多段线(P)/半径(R)/修剪(T)/多个(M)］:R

（此处输入 R 回车）

➢ 指定圆角半径 <0.0000>:50

（此处输入半径值 50）

➢ 选择第一个对象或［放弃(U)/多段线(P)/半径(R)/修剪(T)/多个(M)］:

（此处选择第一条角边）

➢ 选择第二个对象，或按住 Shift 键选择要应用角点的对象:

（此处选择第二条角边；此时由于修剪模式设定为不修剪，因此图 9-88(b)所示结果中角边没有被修剪掉）

(a)圆角前 (b)圆角后

图 9-88 圆角操作

四、作图步骤

（一）画长轴为 76、短半轴为 34 的椭圆及对边距离为 48 的正六边形

(1) 画椭圆，如图 9-89 所示。

➢ 命令:_El

➢ 指定椭圆的轴端点或［圆弧(A)/中心点(C)］:

（指定一点作为轴端点）

➢ 指定轴的另一个端点:76

（从第一个端点向垂直方向追踪，输入长度 76）

➢ 指定另一条半轴长度或［旋转(R)］:34

（输入短半轴长度）

(2)画中心线,如图 9-90 所示。

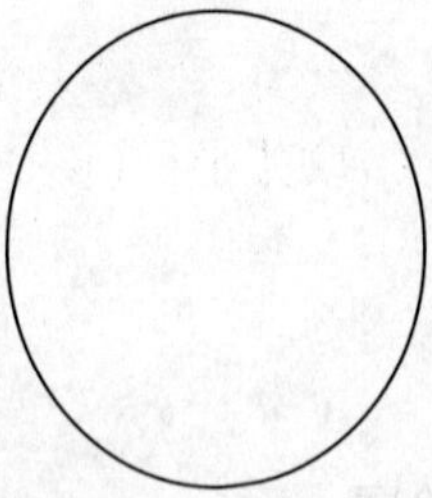

图 9-89　画椭圆

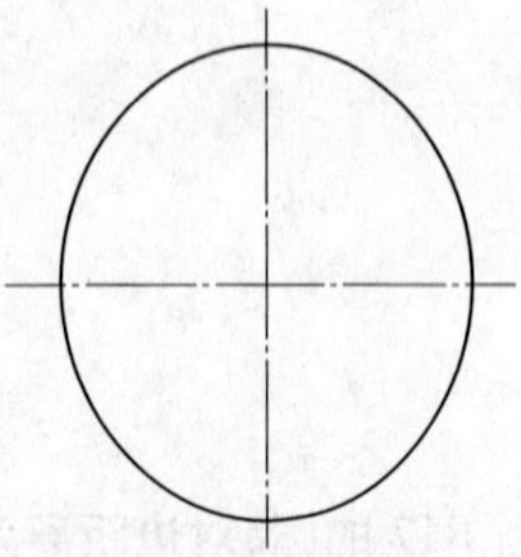

图 9-90　画中心线

(3)画正六边形,如图 9-91 所示。

➢ 命令:_Pol

➢ 输入边的数目 <4>:6

(输入边数)

➢ 指定正多边形的中心点或[边(E)]:16

(从椭圆中心向左追踪,输入 16 确定正多边形的中心)

➢ 输入选项[内接于圆(I)/外切于圆(C)] <I>:C

(用外切于圆的方式画正六边形)

➢ 指定圆的半径:24

(输入外切圆的半径 24)

(4)旋转椭圆和正六边形,如图 9-92 所示。

➢ 命令:_Ro

➢ UCS 当前的正角方向:ANGDIR = 逆时针　ANGBASE = 0

➢ 选择对象: 指定对角点: 找到 4 个

(选择椭圆、正六边形和两条中心线)

➢ 指定基点:

(指定椭圆中心)

➢ 指定旋转角度,或[复制(C)/参照(R)] <0>:52

(指定旋转角度)

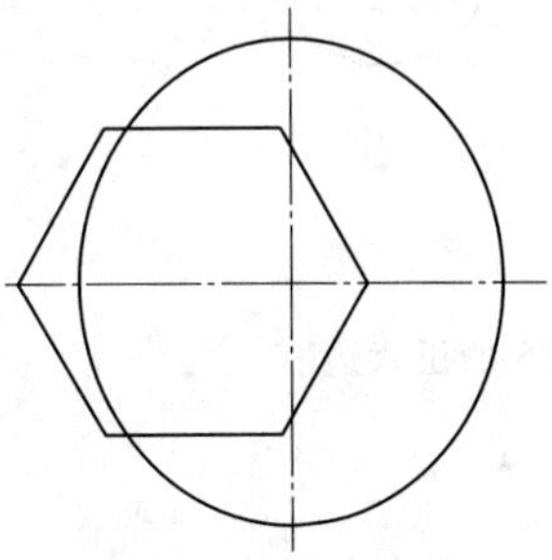

图 9-91　画正六边形

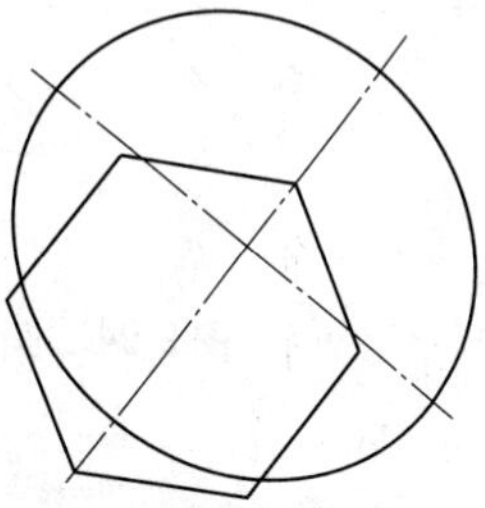

图 9-92　旋转椭圆和正六边形

(5)修剪多余线条,如图 9-93 所示。

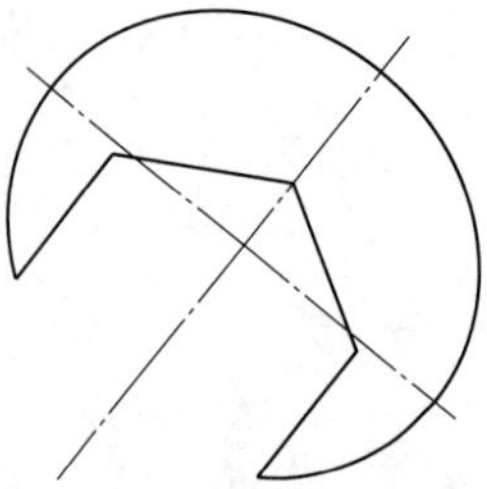

图 9-93　修剪多余线条

(二)画 R17 的圆、对边距离为 16 的正六边形及扳手轮廓

(1)从椭圆中心线的交点向右追踪,输入 112 确定 R17 的圆心,如图 9-94(a)所示,然后输入圆的半径,画圆,如图 9-94(b)所示。

➢ 命令:_C

➢ 指定圆的圆心或[三点(3P)/两点(2P)/相切、相切、半径(T)]:112

(从椭圆中心向右追踪,输入 112)

➢ 指定圆的半径或[直径(D)]:17

(输入圆的半径 17)

(2)画正六边形,如图 9-94(b)所示。

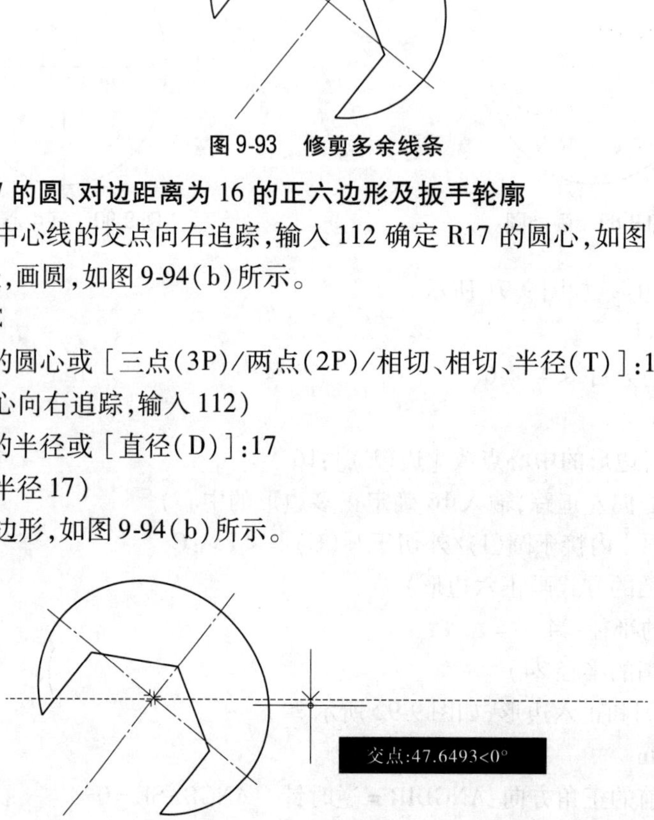

(a)追踪R17的圆心

(b)画圆和正六边形

图 9-94　画 R17 的圆和对边距离为 16 的正六边形

➢ 命令:_Pol

➢ 输入边的数目 <6>:6

(输入边数)

➢ 指定正多边形的中心点或[边(E)]:

(指定 R17 的圆心为正六边形的中心)
➢ 输入选项 [内接于圆(I)/外切于圆(C)] <C>:
(选择外切于圆)
➢ 指定圆的半径:8
(输入圆的半径 8)
(3)画中心线,如图 9-95 所示。

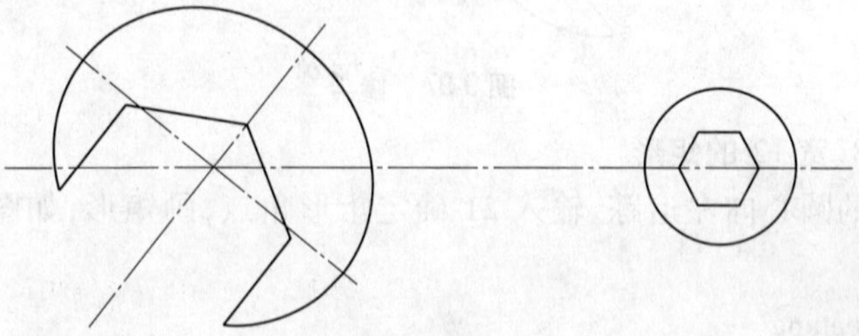

图 9-95　画中心线

(4)画直线与 R17 的圆相切。
(5)做圆角,如图 9-96 所示。

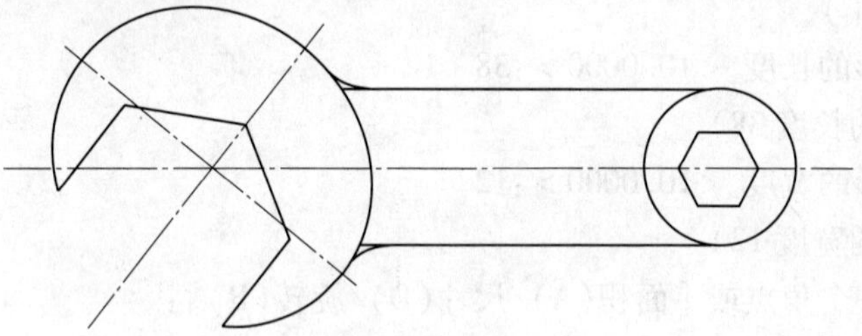

图 9-96　画切线并圆角

➢ 命令:_F
➢ 当前设置:模式 = 修剪,半径 = 0.0000
➢ 选择第一个对象或 [放弃(U)/多段线(P)/半径(R)/修剪(T)/多个(M)]:R
(设置圆角半径)
➢ 指定圆角半径 <0.0000>:40
(输入圆角的半径 40)
➢ 选择第一个对象或 [放弃(U)/多段线(P)/半径(R)/修剪(T)/多个(M)]:T
(改变修剪方式)
➢ 输入修剪模式选项 [修剪(T)/不修剪(N)] <修剪>:N
(选择不修剪)
➢ 选择第一个对象或 [放弃(U)/多段线(P)/半径(R)/修剪(T)/多个(M)]:
(选择椭圆)
➢ 选择第二个对象,或按住 Shift 键选择要应用角点的对象:
(选择直线)
同理,使用圆角命令做 R20 的圆角。

(6)修剪多余图线,如图 9-97 所示。

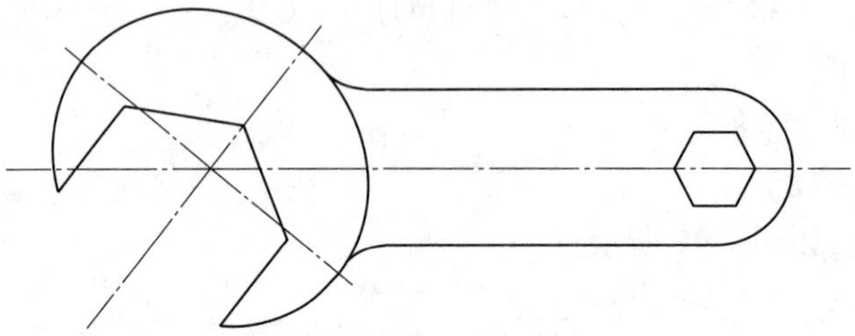

图 9-97 修剪

(三)画长 38、宽 12 的矩形

(1)从 R17 的圆心向左追踪,输入 21 确定矩形角点,画矩形,如图 9-98(a)、(b)所示。

➢ 命令:_Rectang

➢ 指定第一个角点或[倒角(C)/标高(E)/圆角(F)/厚度(T)/宽度(W)]: 21

(从 R17 的圆心向左追踪,输入 21)

➢ 指定另一个角点或[面积(A)/尺寸(D)/旋转(R)]:D

(输入 D 回车)

➢ 指定矩形的长度 <10.0000>:38

(输入矩形的长度 38)

➢ 指定矩形的宽度 <10.0000>:12

(输入矩形的宽度 12)

➢ 指定另一个角点或[面积(A)/尺寸(D)/旋转(R)]:

(指定左上方的一点)

(2)移动矩形与中心线对齐,如图 9-98(c)所示。

➢ 命令:_M

➢ 选择对象: 找到 1 个

(选择矩形)

➢ 选择对象:

➢ 指定基点或[位移(D)] <位移>:

(指定矩形右边的中点)

➢ 指定第二点或 <使用第一点作为位移>:

(向下追踪,指定与中心线的交点)

(3)对矩形圆角,如图 9-98(d)所示。

➢ 命令:_F

➢ 当前设置:模式 = 不修剪,半径 = 20.0000

➢ 选择第一个对象或[放弃(U)/多段线(P)/半径(R)/修剪(T)/多个(M)]:R

(设置圆角半径)

➢ 指定圆角半径 <20.0000>:3

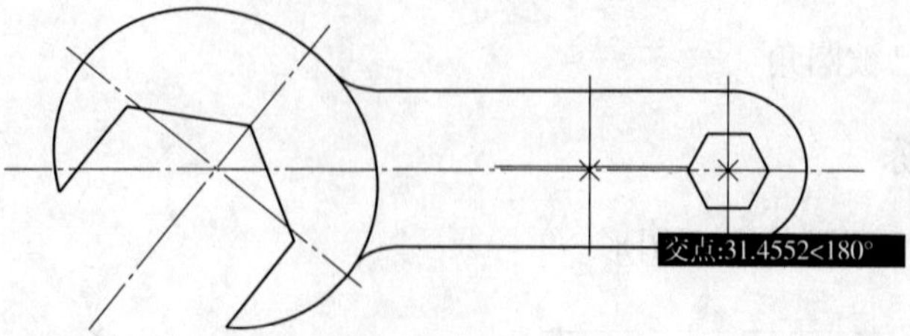

(a)确定矩形第一个角点

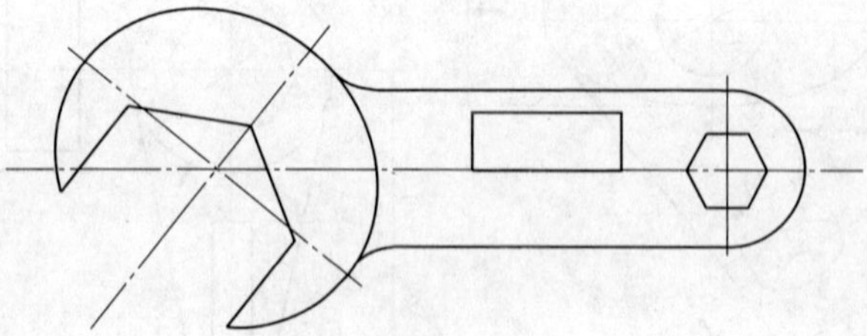
(b)画矩形

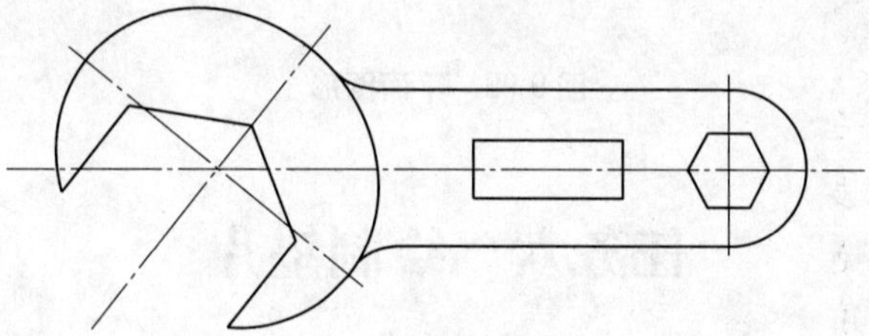
(c)移动矩形

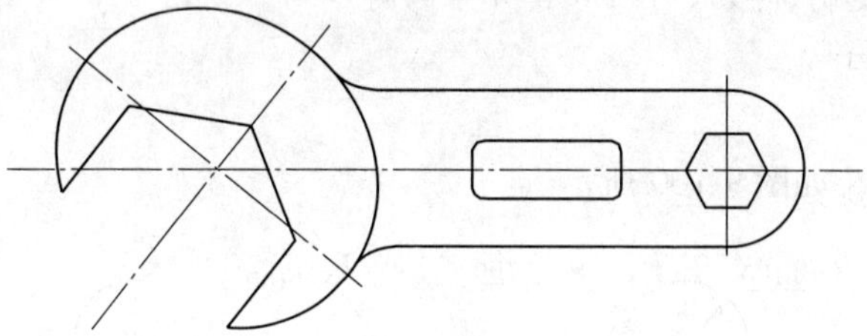
(d)圆角

图 9-98　画矩形

（输入圆角半径 3）

➢ 选择第一个对象或［放弃(U)/多段线(P)/半径(R)/修剪(T)/多个(M)］:T

（改变修剪模式）

➢ 输入修剪模式选项［修剪(T)/不修剪(N)］ <不修剪>:T

（选择修剪）

➢ 选择第一个对象或［放弃(U)/多段线(P)/半径(R)/修剪(T)/多个(M)］:P

（选择多段线）

➢ 选择二维多段线:

（选择矩形）

➢ 4 条直线已被圆角

五、图形训练

绘制如图 9-99 所示的平面图形。

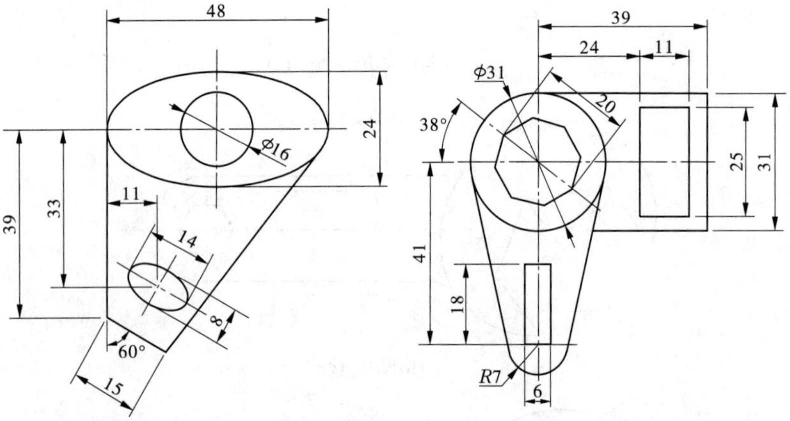

图 9-99　平面图形

任务六　绘制垫片

【任务分析】 本任务重点介绍复制、阵列、打断和合并命令的使用方法。

【相关知识】 复制、阵列、打断和合并等编辑命令。

一、任务内容

完成垫片的绘制，如图 9-100 所示。

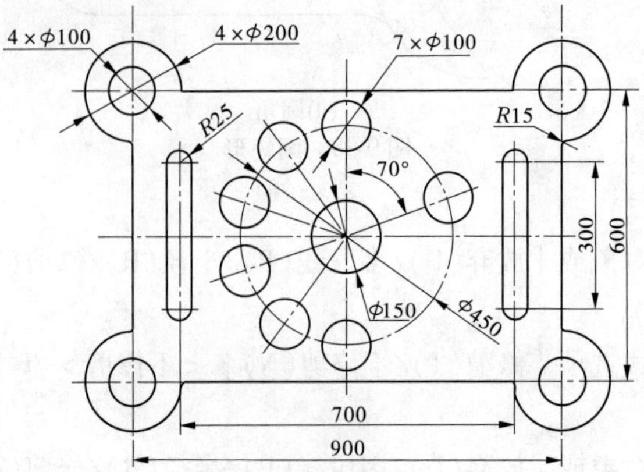

图 9-100　垫片

二、作图思路

先画外轮廓的矩形及 $\phi100$ 和 $\phi200$ 的圆，然后圆角并修剪多余线条，画 $\phi450$、$\phi150$、$\phi100$ 的三个圆，旋转 $\phi100$ 的圆，阵列 $\phi100$ 的圆，最后画左右两侧的长圆槽，如图 9-101 所示。

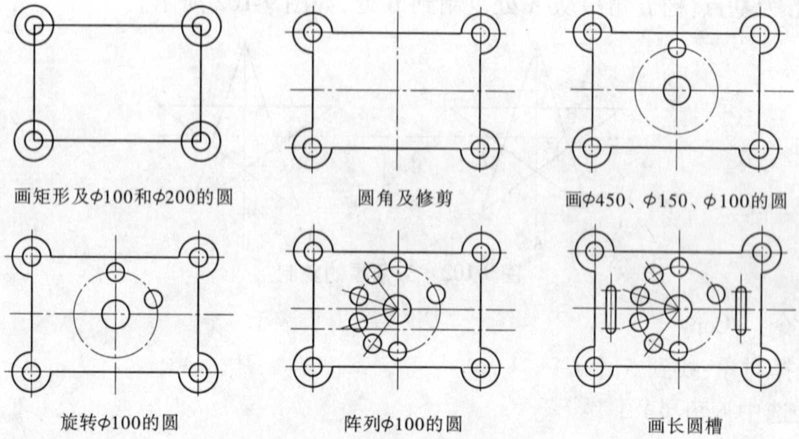

图 9-101　垫片的作图步骤

三、理论基础

(一)复制

复制命令用来复制一个已绘制的对象，并把它粘贴到任意指定位置，它与移动命令相似，所不同的是原对象还保留在它以前的位置。

1. 命令的调用方法

a. 菜单栏:【修改】/【复制】;

b. 命令行:Copy(Co);

c. 工具栏:【修改】工具栏第 2 个按钮;

d. 快捷菜单:选择要复制的对象，在绘图区域中单击鼠标右键，选择【复制】选项。

2. 操作及选项说明

➢ 命令:_Copy

➢ 选择对象:

(选中要进行复制的对象)

➢ 当前设置: 复制模式 = 多个

➢ 指定基点或［位移(D)/模式(O)］<位移>:

(此处指定一个基点，注意该点是复制完成后粘贴时用以对准新位置的点)

➢ 指定第二个点或 <使用第一个点作为位移>:

(指定第二个点，即新位置点;如果在【指定第二个点】提示下按回车键，则第一个点将被认为是相对 X,Y,Z 位移。例如，如果指定基点坐标为(2,3)，并在【指定第二个点】提示下按回车键，对象将被复制到距其当前位置沿 X 方向 2 个单位、Y 方向 3 个单位的位

置）

指定的两点定义一个矢量，确定复制的对象移动的距离和方向。

若要进行重复复制，可进行如下操作：当提示“指定基点或[位移(D)/模式(O)] <位移>：”时，输入 O。

3. 应用举例

以轴心为基点，把五角星从 A 处复制到 B 处，如图 9-102 所示。

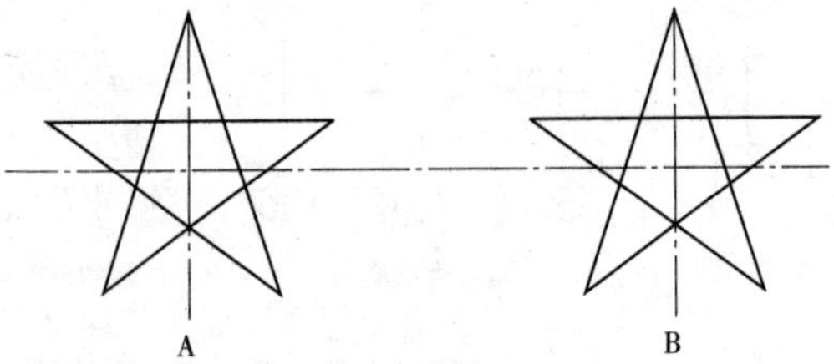

图 9-102　五角星的复制

➢ 命令：_Copy

➢ 选择对象：找到 5 个

(此处选中五角星)

➢ 选择对象：

(此处单击右键表示对象选择完毕)

➢ 指定基点或[位移(D)/模式(O)] <位移>：

(选择五角星所在的轴心)

➢ 指定第二个点或 <使用第一个点作为位移>：

(此处可以打开正交，选择五角星所在的轴心的竖向线上任一点)

➢ 指定第二个点或[退出(E)/放弃(U)] <退出>：

(按回车键退出)

提示：若要继续重复复制，在按回车键退出之前，可以继续选择要粘贴的位置；若按回车键退出以后要继续执行复制命令，可再次按回车键。

(二)阵列

在一张图中，需要在矩形或环形(圆形)阵列中创建对象的副本时，可采用阵列命令。比如，绘制建筑立面的门窗等。有时候虽然可以使用镜像、偏移或者复制等命令完成，但是对于大量的等距复制，操作起来浪费时间，这个时候用户可以采用阵列的方式。阵列可以分为矩形阵列和环形阵列两种，矩形阵列是指所有对象排成矩形方阵，环形阵列是指所有对象绕某个圆心排成环状。

1. 命令的调用方法

a. 菜单栏：【修改】/【阵列】；

b. 命令行：Array(Ar)；

c. 工具栏：【修改】工具栏第 5 个按钮。

2. 操作及选项说明

执行阵列命令后将弹出如图 9-103 所示的对话框。

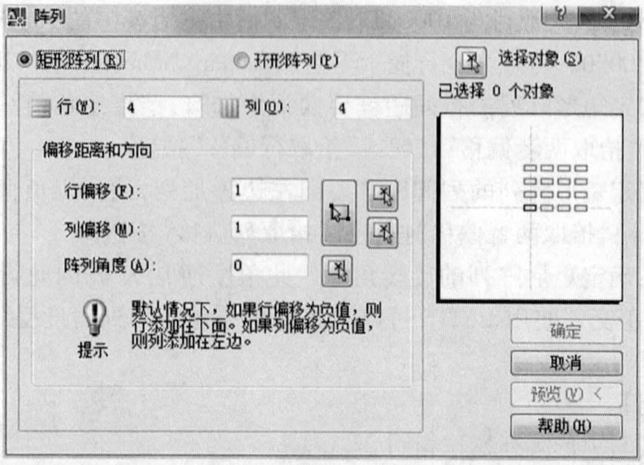

(a)矩形阵列

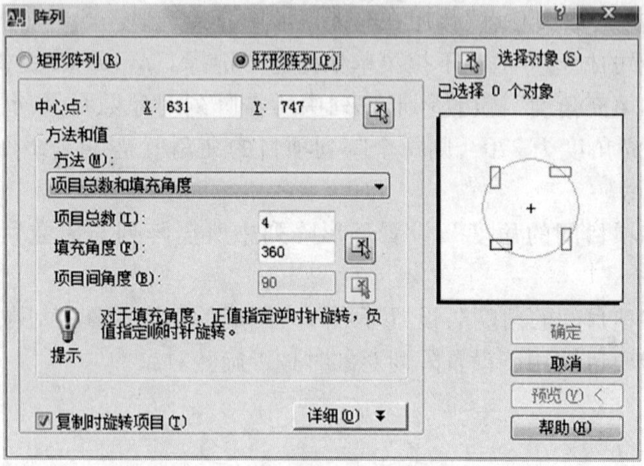

(b)环形阵列

图 9-103　【阵列】对话框

图 9-103(a)、(b)分别表示矩形阵列和环形阵列。其中各项含义说明分别如下。

1)矩形阵列

【选择对象】:指定用于构造阵列的对象。可以在【阵列】对话框显示之前或之后选择对象。要在【阵列】对话框显示之后选择对象,可点击【选择对象】,【阵列】对话框将暂时关闭,返回 AutoCAD 绘图工作界面,用户可以选择要进行阵列的对象。完成选择对象后,单击右键返回【阵列】对话框,并且选定对象将显示在【选择对象】下面。

【行】:确定矩形阵列的行数。如果只指定了一行,则必须指定多列。如果为此阵列指定了许多行和许多列,它可能要花费一些时间来创建副本。默认情况下,在一个命令中可以生成的阵列元素最大数目为 100000。该限制值由注册表中的 MaxArray 设置。例如,要将上限重设为 200000,可在命令行提示下输入(setenv "MaxArray" "200000")。

【列】:确定矩形阵列的列数。如果只指定了一列,则必须指定多行。如果为此阵列指定了许多行和许多列,它可能要花费一些时间来创建副本。默认情况下,在一个命令中可以生成的阵列元素最大数目为100000。该限制值由注册表中的 MaxArray 设置。例如，要将上限重设为 200000,可在命令行提示下输入(setenv "MaxArray" "200000")。

【行偏移】:确定矩形阵列的行间距。要向下添加行,请指定负值。要使用定点设备指定行间距,请用“拾取两者偏移”按钮或“拾取行偏移”按钮。

【列偏移】:确定矩形阵列的列间距。要向左边添加列,请指定负值。要使用定点设备指定列间距,请用“拾取两者偏移”按钮或“拾取列偏移”按钮。

【阵列角度】:确定矩形阵列的旋转角度。此角度通常为 0,因此行和列与当前 UCS 的 X 和 Y 坐标轴正交。使用 UNITS 可以更改测量单位。阵列角度受 ANGBASE 和 ANGDIR 系统变量影响。

2)【环形阵列】

【选择对象】:与矩形阵列操作相同。

【中心点】:用于设置环形阵列的圆心。用户可以在对应的文本框中直接输入 X 和 Y 坐标,也可以单击“拾取中心点”按钮在绘图区域中直接选取。

环形阵列设置的处理方法在下拉菜单根据需要选择。AutoCAD 提供了 3 种方法:

“项目总数和填充角度”:设置环形阵列中所需阵列对象数目及所围成的角度,例如项目总数是 9,填充角度为 270°,则每个阵列项目的夹角就是 34°,绕所选中心逆时针阵列,如图 9-104 所示。

“项目总数和项目间的角度”:设置环形阵列中所需阵列对象数目及对象之间的夹角。

“填充角度和项目间的角度”:设置环形阵列围成的角度和阵列对象之间的夹角。

【复制时旋转项目】:用于设置阵列对象时是否旋转对象。

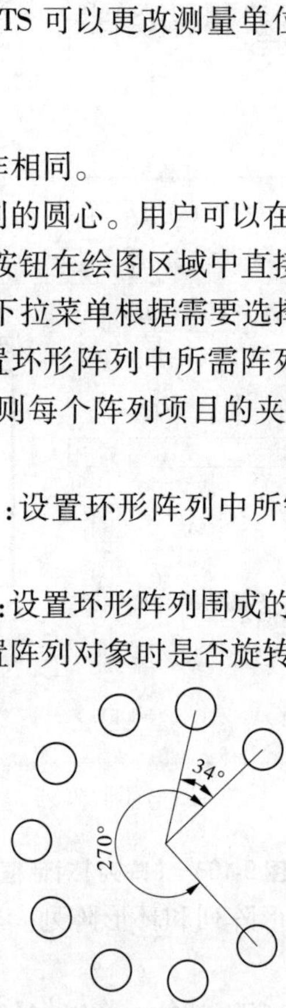

图 9-104 项目总数和填充角度阵列

3. 应用举例

1)矩形阵列

图 9-105(a)为阵列前墙体立面玻璃装饰,阵列后结果如图 9-105(b)所示。

➢ 命令:_Array

(进入图 9-106 进行设置,完成相关设置后单击【选择对象】进行对象的选择)

➢ 选择对象: 指定对角点: 找到 35 个

(选择图 9-105(a)所示图形)

➢ 选择对象:

(单击右键表示对象选择完毕,回到图 9-106,单击“确定”按钮)

(a)阵列前

(b)阵列后

图 9-105　阵列墙体立面玻璃装饰

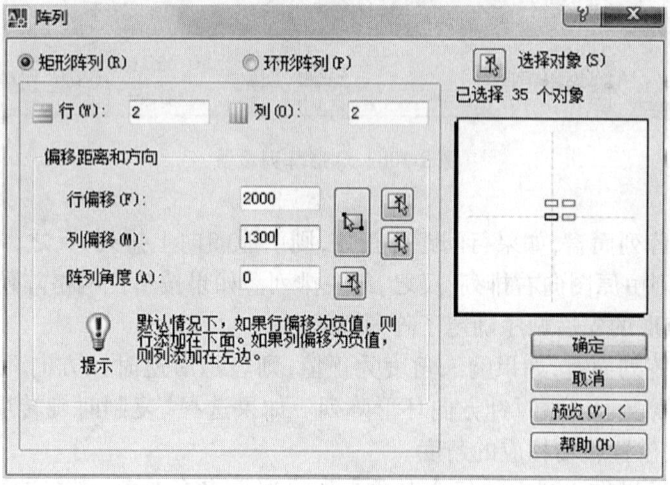

图 9-106　矩形阵列设置

2)环形阵列

将如图 9-107(a)所示的路面装饰进行环形阵列,结果如图 9-107(b)所示。

➢ 命令:_Array

(进入图 9-108 进行设置,完成相关设置后单击【选择对象】进行对象的选择)

➢ 选择对象: 指定对角点: 找到 1 个

(选择图 9-107(a)所示图形的正五边形对象)

➢ 选择对象:

(单击右键表示对象选择完毕,回到图 9-108,单击“确定”按钮)

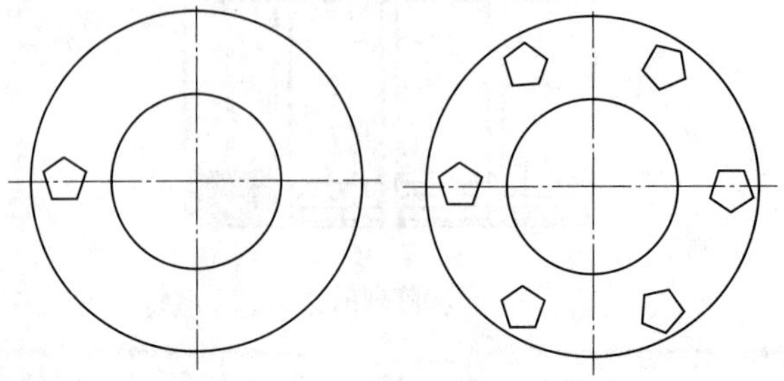

(a)阵列前　　　　(b)阵列后

图 9-107　路面装饰阵列操作

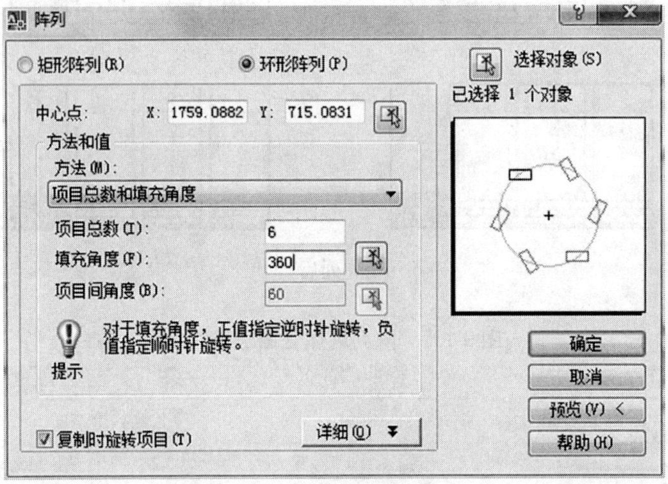

图 9-108　环形阵列设置

提示：

(1)对矩形阵列而言，如果行间距为正数，则由原图向上排列；反之，向下排列。如果列间距为正数，则由原图向右排列；反之，向左排列。如果按单位网格阵列，则单位网格上两点的位置及点取的先后顺序确定了阵列方式。

(2)对环形阵列而言，如果输入角度为正值，则表示沿逆时针方向环形阵列；如果输入角度为负值，则表示沿顺时针方向环形阵列。如果选择“复制时旋转项目”按钮，则阵列每个对象时按位置旋转相应的角度。

(3)可以单独操作阵列中的每个对象。如果选择多个对象，则在进行复制和阵列操作过程中，这些对象将被视为一个整体进行处理。

(三)打断

用打断命令可以把线性对象中某一部分在选中的某点处或某两点间断开，进而删除或者把被选择的对象(可以是直线、弧、圆、多段线、椭圆、样条线、射线)分割成两个部分。

1. 命令的调用方法

a. 菜单栏:【修改】/【打断】;

b. 命令行:Break(Br);

c. 工具栏:【修改】工具栏第 13 个按钮(【打断】)或第 14 个按钮(【打断于点】)。

提示:执行打断于点命令的结果可以通过打断命令的特殊操作方法得到,实际工作中基本不用,此处不作介绍。

2. 操作及选项说明

➢ 命令:_Break

➢ 选择对象:

(此处可以选择对象,选中对象时与对象的交点会被默认为第一个打断点)

➢ 指定第二个打断点或[第一点(F)]:

(若接受上一步所确定的第一个打断点,则可以继续选择第二个打断点,系统会将两点之间的部分剪切掉;或通过[第一点(F)]选项重新选择第一个打断点)

3. 应用举例

将如图9-109(a)所示矩形的相邻两边中点之间的部分剪切掉,结果如图9-109(b)所示。

➢ 命令:_Break

➢ 选择对象:

(选择要打断的第一个点的位置,由于此时光标状态为对象选择框,无法通过对象捕捉功能准确捕捉左侧边的中点,因此只能先选中对象,然后在下一步重选第一个打断点)

➢ 指定第二个打断点或[第一点(F)]:

(此处输入F回车,重新选择第一个打断点)

➢ 指定第一个打断点:

(此处准确捕捉左侧边的中点)

➢ 指定第二个打断点:

(此处准确捕捉下边的中点)

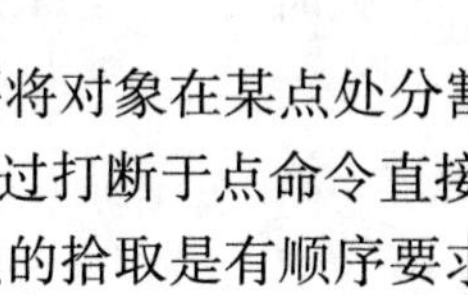

(a)矩形打断前

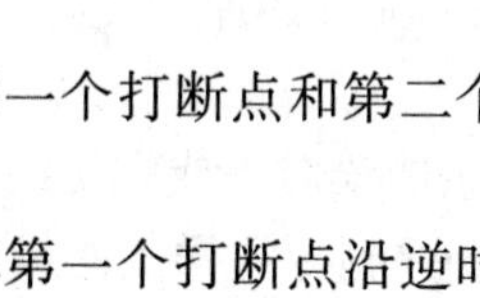

(b)矩形打断后

图9-109　打断命令操作

提示:

(1)若需要将对象在某点处分割成两部分,则第一个打断点和第二个打断点都应指定为该点,或通过打断于点命令直接实现。

(2)打断点的拾取是有顺序要求的,默认剪切掉第一个打断点沿逆时针方向连向第二个打断点的部分。

(四)合并

用合并命令可以把两个或多个对象合并以形成一个完整的对象。

1. 命令的调用方法

a. 菜单栏:【修改】/【合并】;

b. 命令行:Join(J);

c. 工具栏:【修改】工具栏第 14 个按钮 。

2. 操作及选项说明

根据选定的原对象不同,其操作前提不一致,介绍如下:

(1)原对象为直线:要合并的对象必须共线(位于同一无限长的直线上)。它们之间可以有间隙。

(2)原对象为多段线:合并对象可以是直线、多段线或圆弧。对象之间不能有间隙,并且必须位于与 UCS 的 XY 平面平行的同一平面上。

(3)原对象为圆弧或椭圆弧:对象必须位于同一圆周或椭圆周上,即为同一个圆或椭圆的几段弧。它们之间可以有间隙。

(4)原对象为样条曲线:要合并的样条曲线和螺旋对象必须相接(端点对端点)。结果对象是单个样条曲线。

➢ 命令:_Join

➢ 选择原对象:

(若选中直线对象,则下一步显示)

➢ 选择要合并到源的直线:

(此处选中若干个共线的直线对象,其之间可以有间隙)

(若选中多段线对象,则下一步显示)

➢ 选择要合并到源的对象:

(此处选中的对象之间不能有间隙,并且必须位于与 UCS 的 XY 平面平行的同一平面上)

(若选中圆弧对象,则下一步显示)

➢ 选择圆弧,以合并到源或进行[闭合(C)]:

(此处选择的若干段圆弧必须位于同一个圆周上;或通过【闭合(C)】选项将该圆弧所在圆周完整还原。注意:合并两条或多条圆弧时,将从原对象开始按逆时针方向进行合并)

(若选中椭圆弧对象,则下一步显示)

➢ 选择椭圆弧,以合并到源或进行[闭合(C)]:

(此处选择的若干段椭圆弧必须位于同一个椭圆周上;或通过【闭合(C)】选项将该椭圆弧所在椭圆周完整还原。注意:合并两条或多条椭圆弧时,将从原对象开始按逆时针方向进行合并)

(若选中样条曲线对象或螺旋线,则下一步显示)

➢ 选择要合并到源的样条曲线或螺旋:

(此处选择的样条曲线和螺旋对象必须相接(端点对端点)。合并后结果对象均为样条曲线)

3. 应用举例

将图 9-110(a)所示的两段直线合并为一个整体,结果如图 9-110(b)所示。

➢ 命令:_Join

➢ 选择原对象:

(此处选择左侧直线)

➢ 选择要合并到源的直线：找到 1 个

(此处选择右侧直线)

➢ 选择要合并到源的直线：

(单击右键表示对象选择完毕,此时操作立即完成并自动退出命令)

➢ 已将 1 条直线合并到源

(a)合并前　　(b)合并后

图 9-110　合并图形

四、作图步骤

(一)画长为 900、宽为 600 的矩形及直径为 200 和 100 的两个圆

(1)画长为 900、宽为 600 的矩形。

(2)以矩形的左上角点为圆心画直径为 200 和 100 的两个圆,如图 9-111 所示。

(3)复制圆,如图 9-112 所示。

➢ 命令:_Co

➢ 选择对象：找到 1 个

➢ 选择对象：找到 1 个,总计 2 个

(选择直径为 200 和 100 的圆)

➢ 选择对象：

(回车)

➢ 当前设置:复制模式 = 多个

➢ 指定基点或[位移(D)/模式(O)] <位移>：

(指定矩形的左上角点)

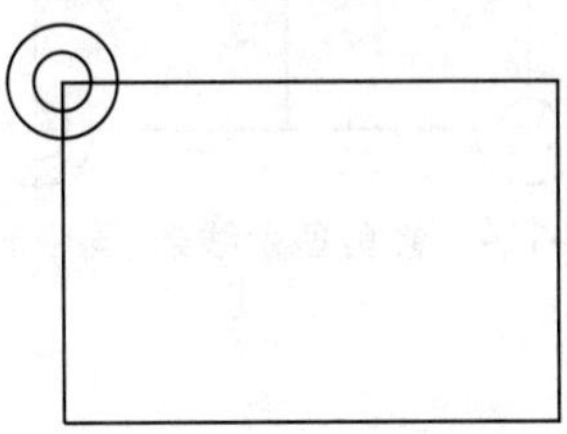

图 9-111　画矩形和圆

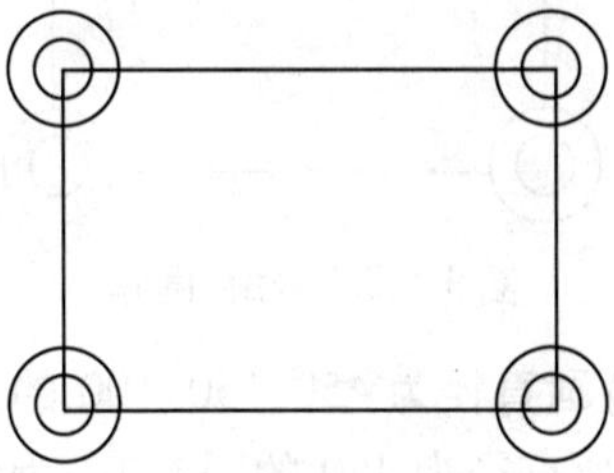

图 9-112　复制圆

➢ 指定第二个点或 <使用第一个点作为位移>：

(指定矩形的右上角点)

➢ 指定第二个点或[退出(E)/放弃(U)] <退出>：

(指定矩形的右下角点)

➢ 指定第二个点或[退出(E)/放弃(U)] <退出>：

(指定矩形的左下角点)

➢ 指定第二个点或［退出(E)/放弃(U)］ <退出>：

(回车)

(二)圆角并修剪多余线条

(1)分解矩形,然后分别对矩形 4 个边和直径为 200 的圆弧进行圆角,如图 9-113 所示。

➢ 命令:_X

➢ 选择对象: 找到 1 个

(选择矩形)

➢ 选择对象:

(回车)

➢ 命令:_F

➢ 当前设置:模式 = 修剪,半径 = 0.000

➢ 选择第一个对象或［放弃(U)/多段线(P)/半径(R)/修剪(T)/多个(M)］:R

(设置圆角半径)

➢ 指定圆角半径 <0.00>:15

(输入圆角半径)

➢ 选择第一个对象或［放弃(U)/多段线(P)/半径(R)/修剪(T)/多个(M)］:

(选择矩形上边)

➢ 选择第二个对象,或按住 Shift 键选择要应用角点的对象:

(选择左上方直径为 200 的圆)

同理,用圆角命令对其他 7 处进行圆角。

(2)修剪多余线条并画中心线,如图 9-114 所示。

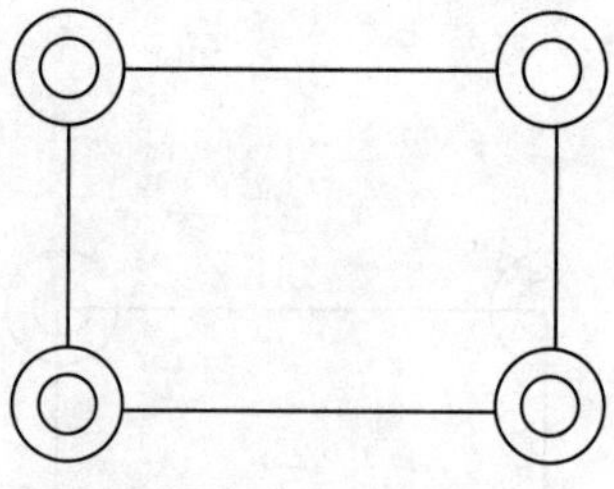

图 9-113 分解、圆角

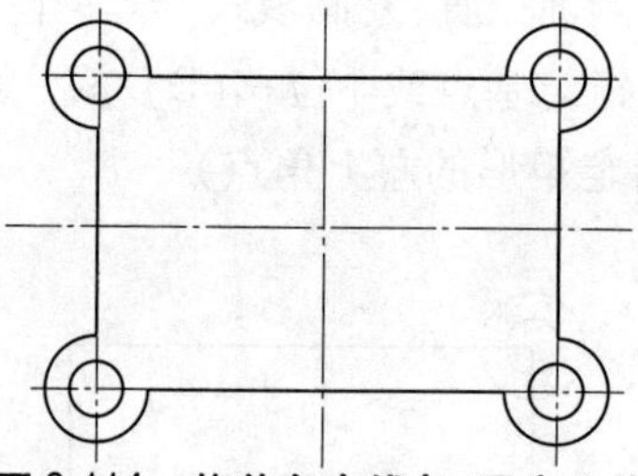

图 9-114 修剪多余线条、画中心线

(三)画直径为 450、150、100 的三个圆

(1)画直径为 450 的圆,圆心为矩形中心线的交点。

(2)画直径为 150 的圆,圆心为矩形中心线的交点。

(3)以直径为 450 的圆与矩形垂直中心线的交点为圆心画直径为 100 的圆,如图 9-115所示。

(4)旋转复制直径为 100 的圆,如图 9-116 所示。

➢ 命令:_Ro

➢ UCS 当前的正角方向:ANGDIR = 逆时针 ANGBASE = 0

➢ 选择对象:找到 1 个
(选择所画的直径为 100 的圆)
➢ 选择对象:
(回车)
➢ 指定基点:
(指定直径为 450 的圆心)
➢ 指定旋转角度,或[复制(C)/参照(R)] <52>:C
(选择复制)
➢ 旋转一组选定对象
➢ 指定旋转角度,或[复制(C)/参照(R)] <52>:-70
(输入旋转角度)

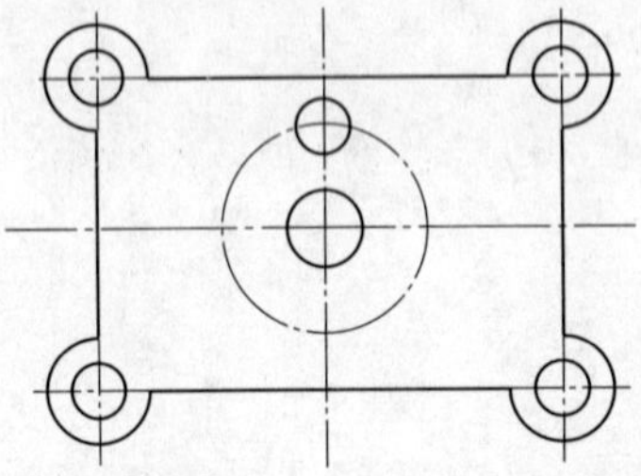
图 9-115　画直径为 450、150、100 的三个圆

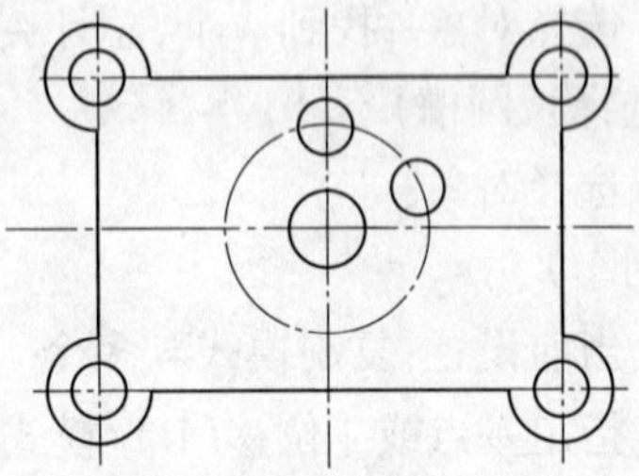
图 9-116　旋转复制直径为 100 的圆

(5)阵列所画的直径为 100 的圆。
➢ 命令:_Ar
弹出【阵列】对话框,如图 9-117 所示,进行以下设置:

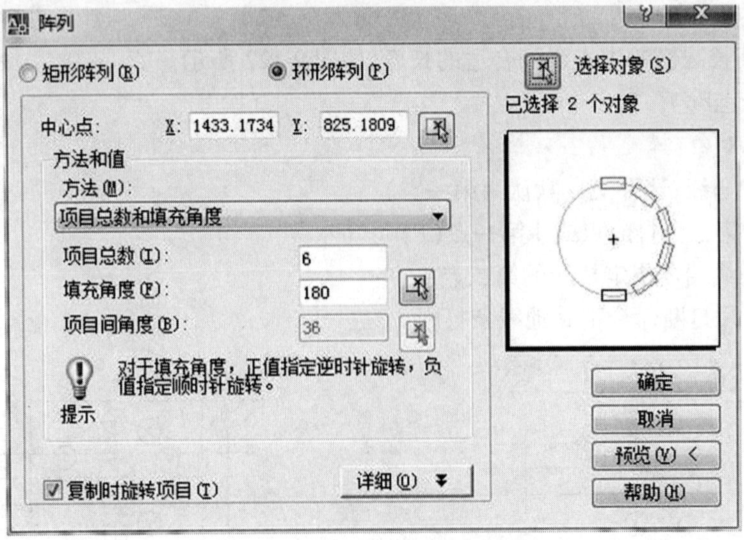

图 9-117　【阵列】对话框

选择"环形阵列"。
方法:项目总数和填充角度,项目总数:6;填充角度:180。

中心点:点击"拾取中心点"按钮在绘图窗口指定直径为 450 的圆的圆心。

选择对象:点击"选择对象"按钮在绘图窗口选择直径为 100 的圆。

最后按"确定"按钮,并画中心线,如图 9-118 所示。

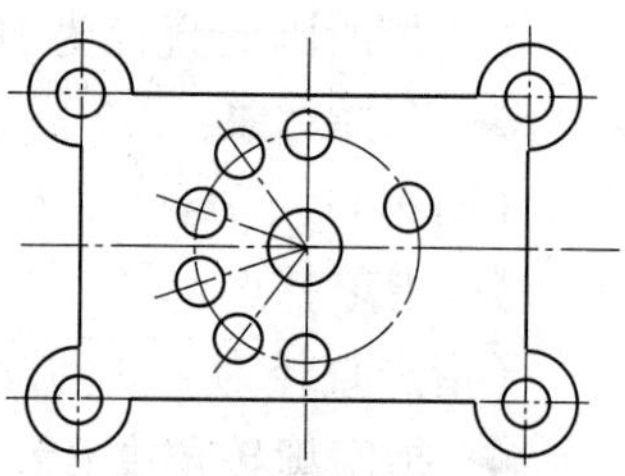

图 9-118 阵列及画中心线

(四)画左右两侧的长圆槽

(1)偏移矩形水平中心线,距离为 150。

(2)偏移矩形垂直中心线,距离为 350,如图 9-119 所示。

(3)以中心线交点为圆心画半径为 25 的圆,并画切线,修剪多余圆弧,如图 9-120 所示。

(4)复制一个长圆槽到右边,如图 9-121 所示。

➢ 命令:_Co

➢ 选择对象: 找到 4 个,总计 4 个

(选择长圆槽)

➢ 选择对象:

(回车)

➢ 当前设置:复制模式 = 多个

➢ 指定基点或[位移(D)/模式(O)] <位移>:

(指定长圆槽的上方中心点)

➢ 指定第二个点或 <使用第一个点作为位移>:

(指定右边长圆槽的上方中心点)

➢ 指定第二个点或[退出(E)/放弃(U)] <退出>:

(回车)

(5)打断长圆槽的中心线到合适的长度,如图 9-122 所示。

➢ 命令:_Br

➢ 选择对象:

(单击中心线,选择交点默认为第一点)

➢ 指定第二个打断点或[第一点(F)]:

(在中心线端点指定打断的第二点)

同理,运用打断命令把其他线条打断。

图 9-119 偏移、定长圆槽的中心

图 9-120 画长圆槽

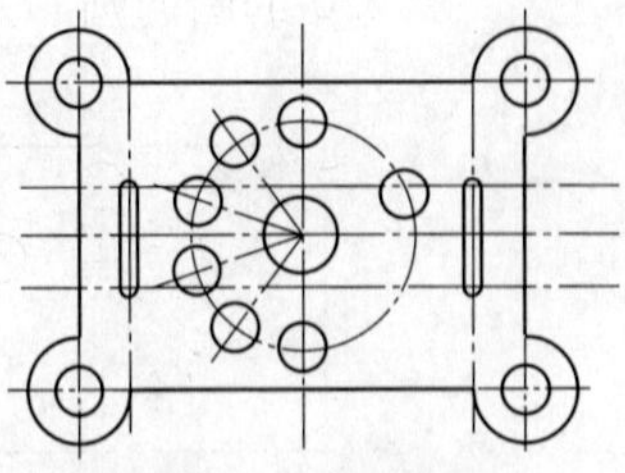

图 9-121　复制长圆槽

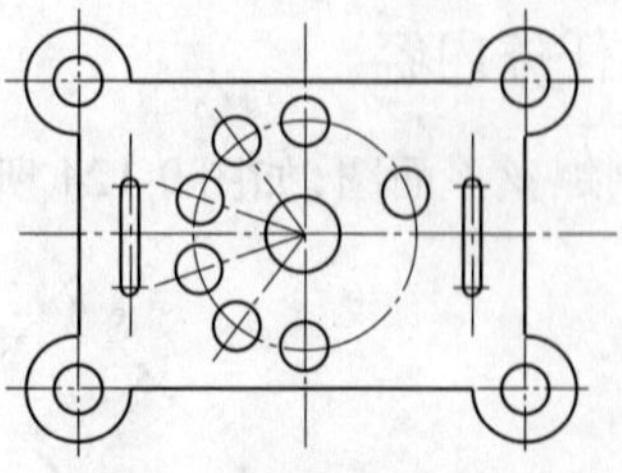

图 9-122　打断长圆槽的中心线

五、图形训练

绘制如图 9-123 所示的平面图形。

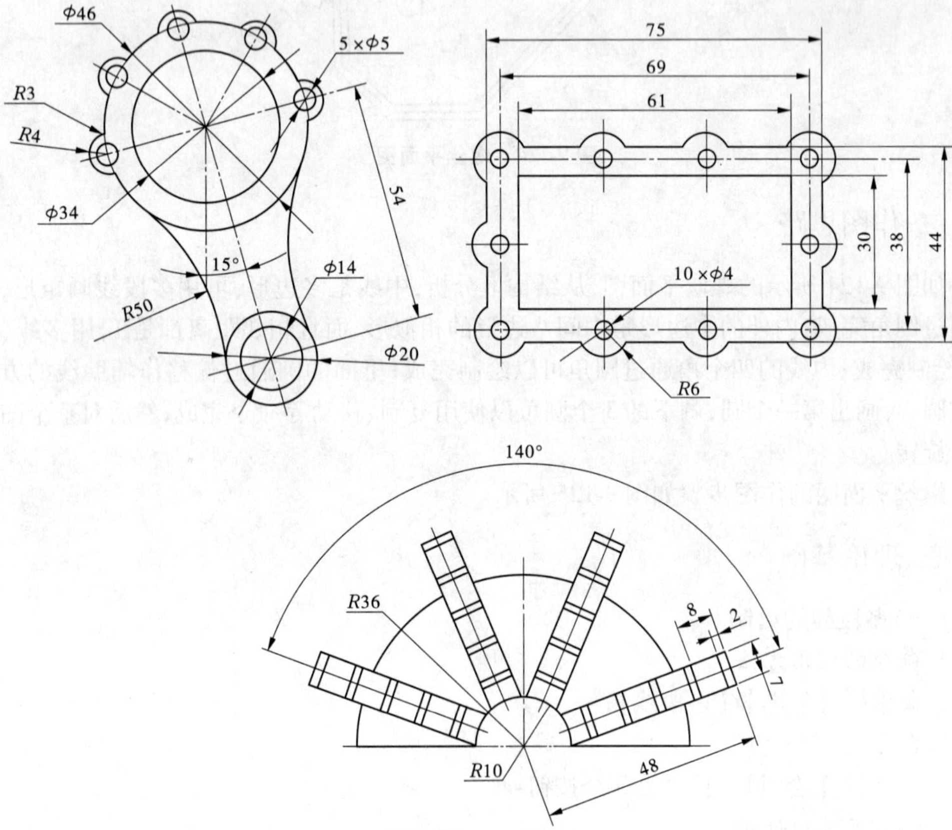

图 9-123　平面图形

任务七　绘制螺丝

【任务分析】　本任务重点介绍多段线、多线命令的使用方法。

【相关知识】　多段线和多线等绘图命令，多线样式的设置与使用方法。

一、任务内容

绘制螺丝平面图,如图 9-124 所示。

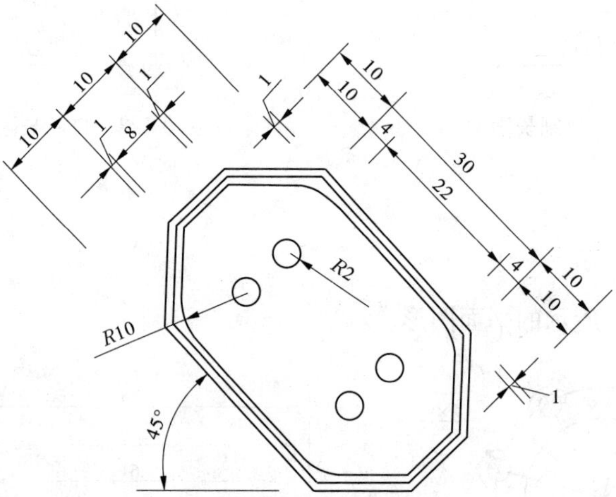

图 9-124　螺丝平面图

二、作图思路

如图 9-124 所示的螺丝平面图,从结构上分析,中线是多边形,可用多段线画矩形,然后通过倒角完成;内外的多边形是中间八边形的相似形,而且相邻距离都是 1,用多线(双线)绘制完成;内线的四个角通过圆角可以绘制完成;里面的圆通过偏移作辅助线的方法确定圆心,画出第一个圆,剩下的 3 个圆可以使用复制、移动等命令完成;然后对整个图形进行旋转。

螺丝平面图的作图步骤如图 9-125 所示。

三、理论基础

(一)多段线的绘制

1. 命令的调用方法

a. 菜单栏:【绘图】/【多段线】;

b. 命令行:Pline(Pl);

c. 工具栏:【绘图】工具栏第 3 个按钮。

2. 操作及选项说明

➢ 命令:_Pline

➢ 指定起点:

➢ 指定下一个点或[圆弧(A)/半宽(H)/长度(L)/放弃(U)/宽度(W)]:

(拖动光标确定下一点;或通过【圆弧(A)】选项进入绘制圆弧的操作;或通过【半宽(H)】选项指定多段线宽度值的一半;或通过【长度(L)】选项直接输入一个数据,然后沿上一段线条方向绘制该长度的一段多段线;或通过【放弃(U)】选项放弃上一次选择的端

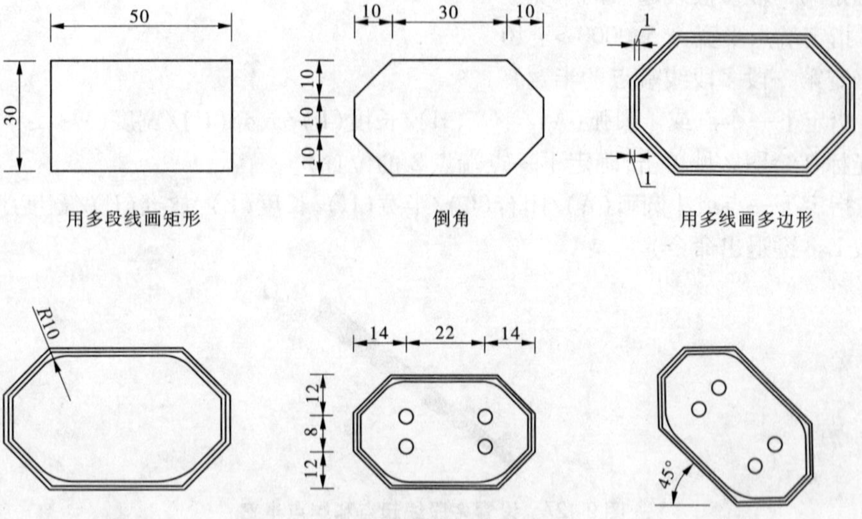

图 9-125 螺丝平面图的作图步骤

点;或通过【宽度(W)】选项设定多段线宽度)

3. 应用举例

(1)多段线命令绘制圆弧,如图 9-126 所示。

图 9-126 多段线命令绘制圆弧

➢ 命令:_Pline

➢ 指定起点:

(光标确定起点 1)

➢ 指定下一个点或[圆弧(A)/半宽(H)/长度(L)/放弃(U)/宽度(W)]: A

(此处输入 A 回车)

➢ 指定圆弧的端点或[角度(A)/圆心(CE)/方向(D)/半宽(H)/直线(L)/半径(R)/第二个点(S)/放弃(U)/宽度(W)]: A

(此处输入 A 回车)

➢ 指定包含角: 120

(此处输入包含角 120)

➢ 指定圆弧的端点或[圆心(CE)/半径(R)]:200

(此处输入 200,即通过输入圆弧的长度来确定圆弧,计算机会自动确定圆弧的端点位置。按 Esc 键退出命令)

(2)设定多线半宽后绘制多段线,如图 9-127 所示。

➢ 命令:_Pline

➢ 指定起点:

(光标确定起点 1)

➢ 指定下一个点或[圆弧(A)/半宽(H)/长度(L)/放弃(U)/宽度(W)]: H

(此处输入 H 回车,进行多段线半宽的设置)

➢ 指定起点半宽 <0.0000>: 5

(确定第一段多段线起点的半宽)

➢ 指定端点半宽 <5.0000>：10

(确定第一段多段线端点的半宽)

➢ 指定下一个点或［圆弧(A)/半宽(H)/长度(L)/放弃(U)/宽度(W)］：

(光标在绘图区域单击,确定下一点端点2的位置)

➢ 指定下一点或［圆弧(A)/闭合(C)/半宽(H)/长度(L)/放弃(U)/宽度(W)］：

(按Esc键退出命令)

图9-127 设置多段线起点和端点半宽

提示:只有第一段需要设定起点和端点半宽或宽度,之后绘制的所有多段线起点宽度都等于第一段的端点宽度。

(二)多线样式的设置

多线是由若干条互相平行的线条元素所组成的,可以通过【多线样式】对话框对其样式进行设置。

提示:要绘制多线应该先设定其样式。一旦绘制多线后再更改其样式,软件是不允许的。

【多线样式】对话框如图9-128所示,可以新建样式,也可以修改样式,其设置是相同的。点击“新建”后弹出【创建新的多线样式】对话框,如图9-129所示。在其中输入样式名称和选定基础样式(样式模板)后点击“继续”按钮,进入到【新建多线样式】对话框,如图9-130所示,其中各项参数含义如下。

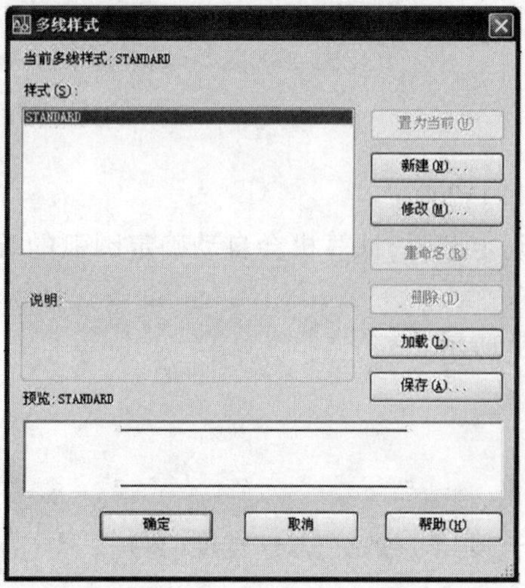

图9-128 【多线样式】对话框

图9-129 【创建新的多线样式】对话框

【封口】:有“直线”、“外弧”、“内弧”、“角度”四种封口方式,并且都可以设定多线的“起点”和“端点”是否封口。需要封口的位置和类型对应的复选框应勾选。

【填充】:设定是否在最外侧的两个多线元素之间填充颜色,可在箭头下拉列表中选择“无”或其他需要设定的颜色。还可以在“显示连接”复选框处设定是否在多线转折处连接直线。

【图元】:此处可以通过“添加”按钮增加图元(线条)的数量,也可选中要删除的图元后点击“删除”按钮以删除多余的图元。可以在“偏移”右侧的框中设定各图元到中轴线位置的偏移量,在“颜色”右侧的箭头下拉列表和“线型”右侧的按钮中设定各图元的颜色和线型。

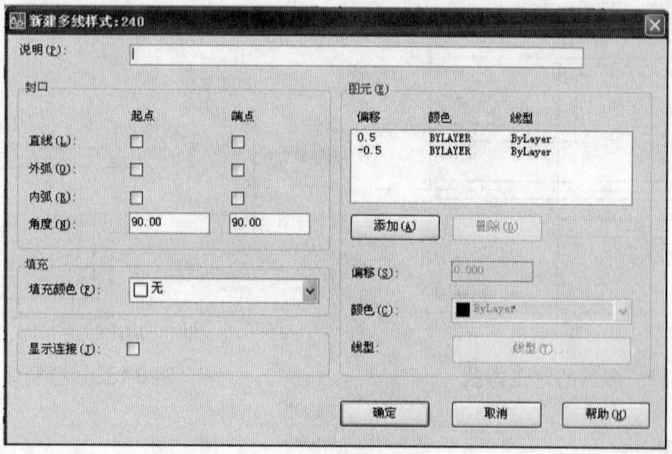

图 9-130　【新建多线样式】对话框

当多线样式设置完成后,即可开始绘制多线。

(三)多线的绘制

1. 命令的调用方法

a. 菜单栏:【绘图】/【多线】;

b. 命令行:Mline(Ml)。

2. 操作及选项说明

➢ 命令:_Mline

➢ 当前设置:对正 = 上,比例 = 20.00,样式 = STANDARD

(此处显示系统默认设置参数。【对正】包括上、无、下三种,根据需要选定,常用无对正,即中轴线(中间)对正;【比例】的值与【多线样式】对话框中设定的偏移值相乘得到的数据就是该图元到中轴线的距离,如此处比例为 20,偏移值为 0.5,则该图元到中轴线的距离为 10;【样式】显示当前多线样式的名称)

➢ 指定起点或[对正(J)/比例(S)/样式(ST)]:

(此处可指定多线的端点;或通过【对正(J)】选项更改对正方式;或通过【比例(S)】选项更改当前比例;或通过【样式(ST)】选项更改当前多线样式)

➢ 指定下一点:

(此处继续指定多线的端点,类似于绘制直线)

➢ 指定下一点或［放弃(U)］:

(指定多线通过点)

➢ 指定下一点或［闭合(C)/放弃(U)］:

(此处继续指定多线的端点;或通过【闭合(C)】选项将第一点与最后一点相连;或通过【放弃(U)】选项放弃前面已指定的端点)

多线的对正方式如图 9-131 所示。

3. 应用举例

执行“指定起点”、“指定下一点”两选项,按系统默认设置的各选项内容绘制多线,如图 9-132 所示。

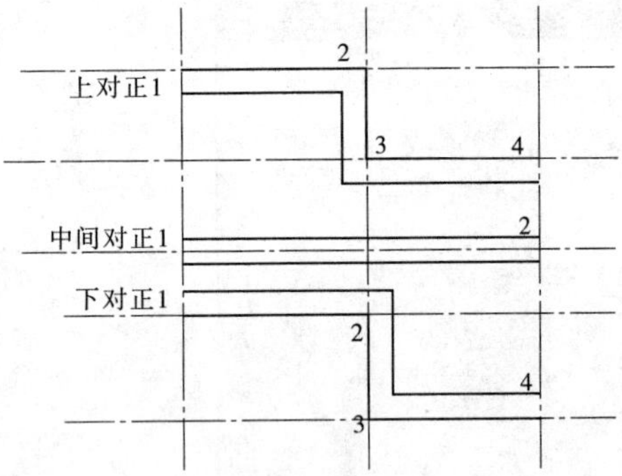

图 9-131 多线的对正方式

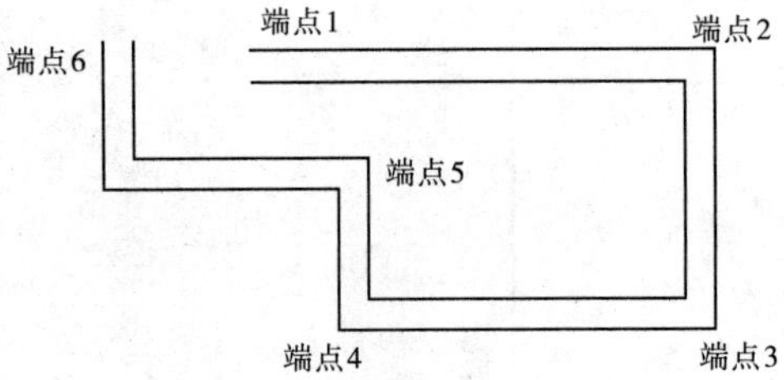

图 9-132 绘制多线

➢ 命令:_Mline

➢ 系统默认设置:对正 = 上,比例 = 20.00,样式 = STANDARD

➢ 指定起点或[对正(J)/比例(S)/样式(ST)]:

(此处确定多线的端点 1 的位置)

➢ 指定下一点或[放弃(U)]:

(此处确定多线的端点 2 的位置)

➢ 指定下一点或[放弃(U)]:

(此处确定多线的端点 3 的位置)

➢ 指定下一点或[闭合(C)/放弃(U)]:

(此处确定多线的端点 4 的位置)

➢ 指定下一点或[闭合(C)/放弃(U)]:

(此处确定多线的端点 5 的位置)

➢ 指定下一点或[闭合(C)/放弃(U)]:

(此处确定多线的端点 6 的位置)

(四)多线编辑

多线对象由 1 ~ 16 条平行线组成,这些平行线称为元素。在实际工作中经常遇到需要将多个多线对象进行交接、断开等操作的情况,此时需要用多线编辑操作来实现。

1. 命令的调用方法

a. 菜单栏:【修改】/【对象】/【多线】;

b. 命令行:Mledit;

c. 快捷操作:双击某个多线对象。

执行以上任一操作,将弹出【多线编辑工具】对话框,如图 9-133 所示。其中用图形与文字说明一起界定了多种多线编辑类型,用户可以在其中进行多线编辑类型的选择。

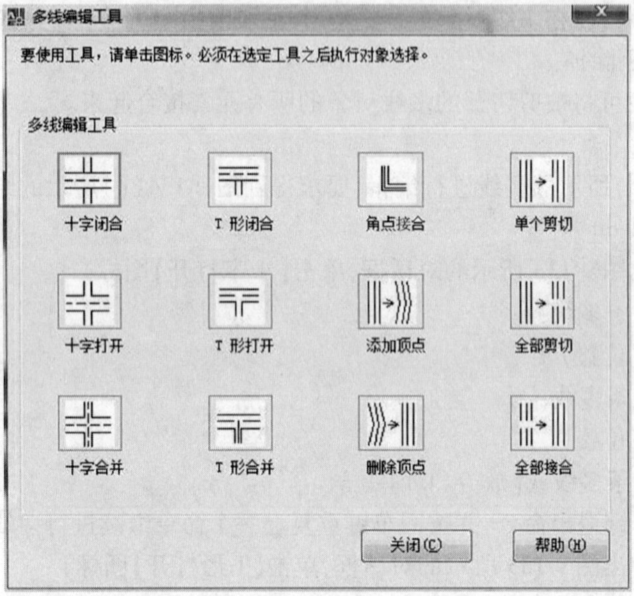

图 9-133　【多线编辑工具】对话框

2. 操作及选项说明

首先单击相应多线编辑类型的图标按钮以确定选择该种多线编辑类型,然后系统自动切换到绘图界面,此时需要用户选择进行编辑的两条或多条多线对象。下面对各多线编辑类型进行详细介绍。

【十字闭合】:选中的第二条多线对象保持原状,第一条多线所有元素都被其断开。

【十字打开】:选中的两条多线对象的最外侧元素均被断开且刚好相接,但所选第一条多线对象的内部元素被断开,第二条多线对象的内部元素保持原状。

【十字合并】:选中的两条多线对象的所有元素均刚好剪切到相交的状态,因此选择多线对象时的顺序可不分先后。

【T 形闭合】:以选中的第二条多线对象为剪切边界,将第一条多线修剪掉,但其交接处是封闭的。

【T 形打开】:以选中的第二条多线对象为剪切边界,将第一条多线修剪掉,但第二条多线对象外侧元素在交接处被打开。

【T 形合并】:以选中的第二条多线对象为剪切边界,将第一条多线修剪掉,且两条多线对象的所有元素对应相交。

【角点接合】:将两条多线对象完成转角相交,其所有元素对应相交形成转角形状,多余的部分被修剪掉。

【添加顶点】:可在多线对象的任意位置创建新的顶点,即转折点。

【删除顶点】:可删除多线对象的任意顶点,相当于将删除的顶点两侧的元素连接起来。

【单个剪切】:可以在多线对象的任意一个元素上指定两个点,并删除掉该元素两点之间的部分。

【全部剪切】:可以在多线对象的任意一个元素上指定两个点,并将两点间多线对象的所有元素全部删除掉。

【全部接合】:可将被剪切开的多线对象的所有元素接合起来。

3. 应用举例

对图 9-134(a)所示的多线进行编辑,要求得到图 9-134(b)所示的结果。

➢ 命令:_Mledit

(此处会弹出图 9-133 所示的对话框,单击【十字打开】图标)

➢ 选择第一条多线:

(此处拾取 2 位置)

➢ 选择第二条多线:

(此处拾取 1 位置)

➢ 选择第一条多线或[放弃(U)]:

(此处按 Esc 键退出命令,并按回车键重复上一个命令继续进行多线编辑)

(此处再次弹出图 9-133 所示的对话框,单击【T 形打开】图标)

➢ 选择第一条多线:

(此处拾取 3 位置)

➢ 选择第二条多线:

(此处拾取 4 位置)

➢ 选择第一条多线或[放弃(U)]:

(此处按 Esc 键退出命令)

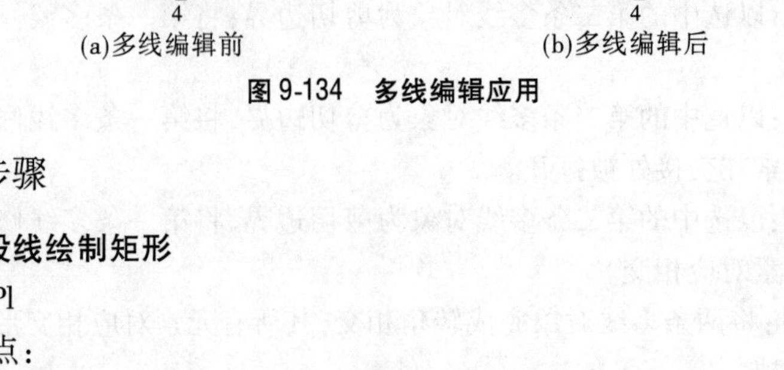

图 9-134 多线编辑应用

四、操作步骤

(一)用多段线绘制矩形

➢ 命令:_Pl

➢ 指定起点:

(在绘图区域任意指定一点)

➢ 指定下一个点或［圆弧(A)/半宽(H)/长度(L)/放弃(U)/宽度(W)］：@50 <0

➢ 指定下一点或［圆弧(A)/闭合(C)/半宽(H)/长度(L)/放弃(U)/宽度(W)］：@30 <270

➢ 指定下一点或［圆弧(A)/闭合(C)/半宽(H)/长度(L)/放弃(U)/宽度(W)］：@50 <180

➢ 指定下一点或［圆弧(A)/闭合(C)/半宽(H)/长度(L)/放弃(U)/宽度(W)］：C

用多段线完成绘制 50×30 的矩形，如图 9-135 所示。

（二）倒角

➢ 命令：_Cha

➢ （"修剪"模式）当前倒角距离 1 =0.0000，距离 2 =0.0000

➢ 选择第一条直线或［放弃(U)/多段线(P)/距离(D)/角度(A)/修剪(T)/方式(E)/多个(M)］：D

➢ 指定第一个倒角距离 <10.0000>：10

➢ 指定第二个倒角距离 <10.0000>：10

➢ 选择第一条直线或［放弃(U)/多段线(P)/距离(D)/角度(A)/修剪(T)/方式(E)/多个(M)］：P

➢ 选择二维多段线：

（选择矩形）

➢ 4 条直线已被倒角

结果如图 9-136 所示。

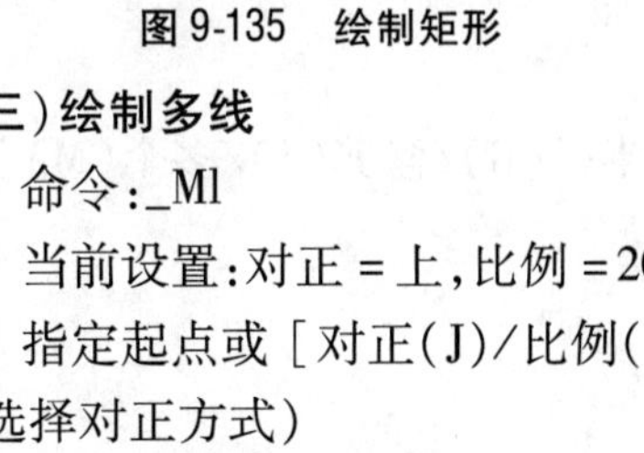

图 9-135 绘制矩形

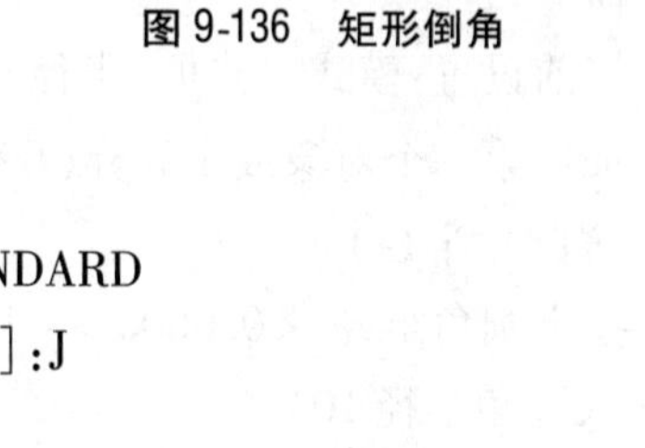

图 9-136 矩形倒角

（三）绘制多线

➢ 命令：_Ml

➢ 当前设置：对正 = 上，比例 =20，样式 = STANDARD

➢ 指定起点或［对正(J)/比例(S)/样式(ST)］：J

（选择对正方式）

➢ 输入对正类型［上(T)/无(Z)/下(B)］ <无>：Z

（选择"无"的对正方式）

➢ 当前设置：对正 = 无，比例 = 20，样式 = STANDARD

➢ 指定起点或［对正(J)/比例(S)/样式(ST)］：S

（选择比例）

➢ 输入多线比例 <20.00 >:2
(输入比例 2)
➢ 当前设置:对正 = 无,比例 = 2.00,样式 = STANDARD
➢ 指定起点或[对正(J)/比例(S)/样式(ST)]:
(指定多边形一点)
➢ 指定下一点或[放弃(U)]:
(依次指定多边形下一点)
➢ 指定下一点或[闭合(C)/放弃(U)]:
(依次指定多边形下一点)
➢ 指定下一点或[闭合(C)/放弃(U)]:
(依次指定多边形下一点)
➢ 指定下一点或[闭合(C)/放弃(U)]:
(依次指定多边形下一点)
➢ 指定下一点或[闭合(C)/放弃(U)]:
(依次指定多边形下一点)
➢ 指定下一点或[闭合(C)/放弃(U)]:
(依次指定多边形下一点)
➢ 指定下一点或[闭合(C)/放弃(U)]:C
(输入 C 回车)
结果如图 9-137 所示。

(四)分解

➢ 命令:_X
➢ 选择对象:
(选择多线)

(五)圆角

➢ 命令:_F
➢ 当前设置:模式 = 修剪,半径 = 0.0000
➢ 选择第一个对象或[放弃(U)/多段线(P)/半径(R)/修剪(T)/多个(M)]:R
(设置圆角半径)
➢ 指定圆角半径 <0.0000 >: 10
(输入圆角半径 10)
➢ 选择第一个对象或[放弃(U)/多段线(P)/半径(R)/修剪(T)/多个(M)]:
(选择圆角的一条直线)
➢ 选择第二个对象,或按住 Shift 键选择要应用角点的对象:
(选择圆角的另一条直线)
重复以上操作完成余下 3 个圆角,如图 9-138 所示。

图 9-137　绘制多线

图 9-138　圆角

（六）绘制圆

➢ 命令:_O

➢ 当前设置: 删除源 = 否　图层 = 源　OFFSETGAPTYPE = 0

➢ 指定偏移距离或 [通过(T)/删除(E)/图层(L)] <通过>:14

(输入偏移距离 14)

➢ 选择要偏移的对象,或 [退出(E)/放弃(U)] <退出>:

(选择八边形最左侧的边)

➢ 指定要偏移的那一侧上的点,或 [退出(E)/多个(M)/放弃(U)] <退出>:

(指定直线右侧)

➢ 命令:_O

➢ 当前设置: 删除源 = 否　图层 = 源　OFFSETGAPTYPE = 0

➢ 指定偏移距离或 [通过(T)/删除(E)/图层(L)] <14.0000>:12

(输入偏移距离 12)

➢ 选择要偏移的对象,或 [退出(E)/放弃(U)] <退出>:

(选择八边形最上侧的边)

➢ 指定要偏移的那一侧上的点,或 [退出(E)/多个(M)/放弃(U)] <退出>:

(指定直线下方)

➢ 命令:_C

➢ 指定圆的圆心或 [三点(3P)/两点(2P)/相切、相切、半径(T)]:

(指定两条线段的交点)

➢ 指定圆的半径或 [直径(D)]: 2

➢ 命令:_Co

➢ 选择对象:

(选择圆)

➢ 当前设置:　复制模式 = 多个

➢ 指定基点或 [位移(D)/模式(O)] <位移>:

(指定圆心)

➢ 指定第二个点或 <使用第一个点作为位移>: 22

(追踪水平方向,输入 22)

➢ 指定第二个点或 [退出(E)/放弃(U)] <退出>:8

(追踪竖直方向,输入 8)

重复复制操作完成最后一个圆的复制，删除多余直线，如图 9-139 所示。

(七)旋转图形

➢ 命令:_Ro

➢ UCS 当前的正角方向： ANGDIR = 逆时针 ANGBASE = 0

➢ 选择对象：

(选择整个图形)

➢ 指定基点：

(指定多边形的一个点)

➢ 指定旋转角度，或 [复制(C)/参照(R)] <0>: -45

(输入旋转角度 -45)

结果如图 9-140 所示。

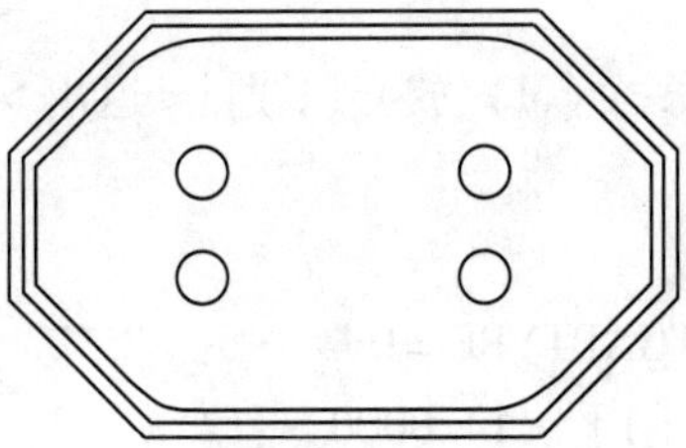

图 9-139 绘制 4 个直径为 2 的圆

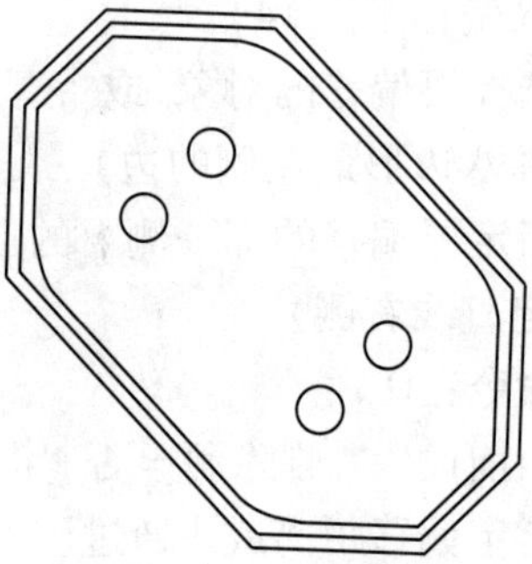

图 9-140 旋转图形

五、图形训练

(1)用多线绘制 24 墙和 12 墙围成的结构，如图 9-141 所示。

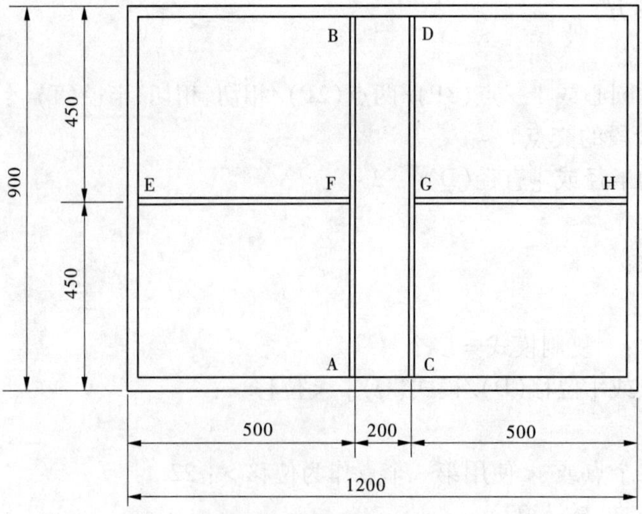

图 9-141 房屋结构平面图

(2)用多段线绘制指北针，如图 9-142 所示。

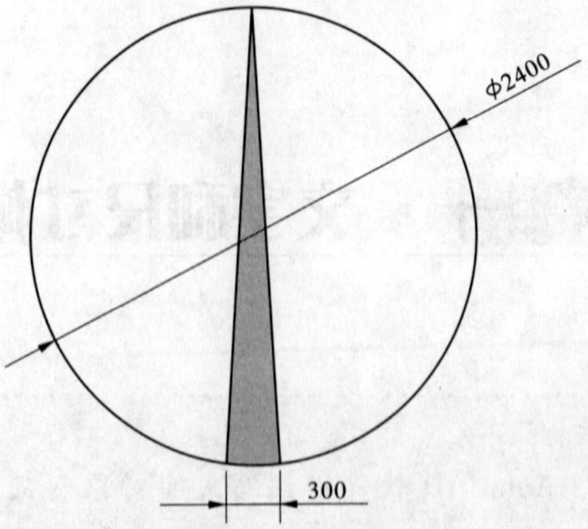

图 9-142　指北针

【归纳总结】　本项目主要是训练 AutoCAD 的二维绘图命令和编辑命令,加快绘图速度和提高绘图质量。

项目十 文字和尺寸标注

项目介绍

本项目主要介绍 AutoCAD 软件中注写文字对象和尺寸标注的设置方法。用户应该首先了解尺寸标注的设置方法、规则和组成,其次掌握线性尺寸标注、对齐标注、半径标注、直径标注、角度标注、弧长标注等的标注方法,同时熟悉尺寸标注的编辑方法。标注在工程图中占有重要位置。

任务一 文 字

【任务分析】 本任务以填写标题栏中的文字为例,重点介绍文字样式的设置方法,创建和编辑单行文字与多行文字。

【相关知识】 设置文字样式,注写单行文字和多行文字。

一、任务内容

绘制标题栏如图 10-1 所示。

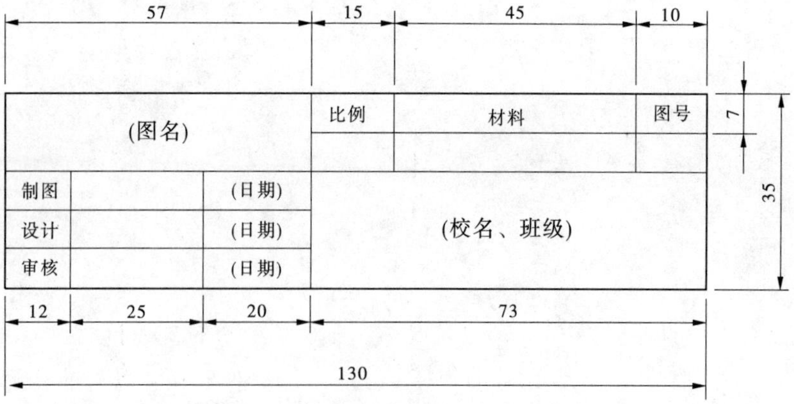

图 10-1 标题栏

二、作图思路

完成本任务需要用到矩形命令、分解命令、偏移命令、修剪命令和多行文字(或单行文字)命令等。首先绘制矩形并分解矩形,然后利用偏移命令偏移矩形的边形成内部网格线条,再对多余的线条进行修剪或删除就得到标题栏图框,最后使用多行文字(或单行文字）命令输入文字。绘图和修剪等命令前文已经介绍，本任务重点介绍文字的输入。

三、理论基础

（一）设置文字样式

根据用户要求设置文字样式，可设置样式名、字体、高度、标注方向及其他效果。

1. 命令的调用方法

a. 下拉菜单：【格式】/【文字样式】；

b. 工具栏：【文字】工具栏中按钮；

c. 命令行：Style（St）。

2. 操作及选项说明

启动文字样式命令后，将弹出【文字样式】对话框，如图 10-2 所示，可进行以下设置。

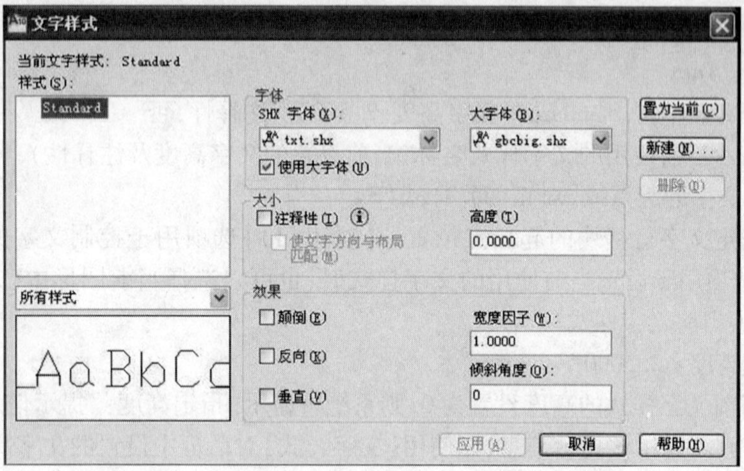

图 10-2　【文字样式】对话框

（1）【样式】列表框中列有当前已定义的文字样式，用户可新建样式名、更改样式名、删除文字样式、选择当前文字样式等。

（2）【字体】选项组设置文字样式的字体、字体样式、高度等。

（3）【大小】选项组设置文字样式的注释性、高度等。

（4）【效果】选项组设置文字的颠倒、反向、垂直等显示效果以及宽度因子、倾斜角度等。在“宽度因子”文本框中可以设置文字字符的高度和宽度之比，当“宽度因子”为 1 时，将按系统默认的高宽比书写文字；当“宽度因子”小于 1 时，字符会变窄；当“宽度因子”大于 1 时，字符则会变宽。在“倾斜角度”文本框中可设置文字的倾斜角度，角度为 0 时文字不倾斜；角度为正值时，文字向右倾斜；角度为负值时，文字向左倾斜。例如，可以设置文字的显示效果如图 10-3 所示。

（二）单行文字命令

单行文字命令并不是只能创建一行文字对象，也可以创建多行文字对象，只是系统将每行文字看作一个单独的对象。

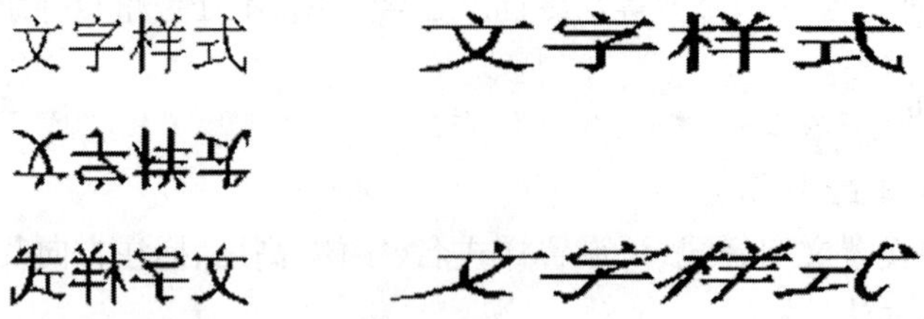

图 10-3　文字显示效果

1. 命令的调用方法

a. 下拉菜单:【绘图】/【文字】/【单行文字】;

b. 工具栏:【文字】工具栏中 A 按钮;

c. 命令行:Dtext(Dt)。

2. 操作及选项说明

➢ 命令:_Dtext

➢ 当前文字样式:Standard　文字高度:2. 5000　注释性:否

(此处显示当前使用的文字样式名称、当前设置的文字高度及注释性)

➢ 指定文字的起点或[对正(J)/样式(S)]:

(此处确定文字行基线的起始点位置。【对正(J)】选项用于控制文字的对正方式。【样式(S)】选项用于设置当前使用的文字样式时,也可以选择当前图形中已定义的某种文字样式作为当前文字样式)

➢ 指定高度 <2. 5000>:

(如果当前文字样式的高度设置为 0,则系统将显示"指定高度:"提示信息,要求指定文字高度;否则不显示该提示信息,而使用【文字样式】对话框中设置的文字高度)

➢ 指定文字的旋转角度 <0>:

(指定文字行排列方向与水平线的夹角,系统默认为 0。此处输入文字的旋转角度并回车,此时可以在屏幕中开始输入文字。书写过程中若要换行应按回车键,若要退出命令则应按 Esc 键或按两次回车键)

(三)编辑单行文字命令

当发现创建的文本内容有错误文字,或者文字的放置位置不合适时,可以用 AutoCAD 系统提供的相应文本编辑命令对其进行编辑。此命令一般用于编辑单行文字的文本内容。

1. 命令的调用方法

a. 下拉菜单:【修改】/【对象】/【文字】/【编辑】;

b. 工具栏:【文字】工具栏中 A 按钮;

c. 命令行:Ddedit。

2. 操作及选项说明

➢ 命令:_Ddedit

➢ 选择注释对象或[放弃(U)]:

(在弹出的【编辑文字】对话框中输入所需的文本内容,然后点击"确定"即可修改选

中的单行文字的内容)

(四)多行文字命令

多行文字又称为段落文字,是一种更易于管理的文字对象,可以由两行及两行以上的文字组成,而且各行文字都作为一个整体处理。在 AutoCAD 制图中,常使用多行文字命令创建较为复杂的文字说明,如创建图样的技术要求;还可利用多行文字命令准确地进行表格文字输入。

在多行文字的文字输入窗口中,可以直接输入多行文字;也可以在文字输入窗口中右击,从弹出的快捷菜单中选择“输入文字”命令,将已经在其他文字编辑器中创建的文本内容直接导入到当前图形中。

1. 命令的调用方法

a. 下拉菜单:【绘图】/【文字】/【多行文字】;

b. 工具栏:【绘图】工具栏中 A 按钮;

c. 命令行:Mtext(Mt)。

2. 操作及选项说明

➢ 命令:_Mtext

➢ 当前文字样式:Standard　文字高度:2.5　注释性:否

➢ 指定第一角点:

(指定多行文字矩形边界的一个角点)

➢ 指定对角点或[高度(H)/对正(J)/行距(L)/旋转(R)/样式(S)/宽度(W)/栏(C)]:

(指定多行文字矩形边界的另一角点)

指定好边界之后,系统将显示多行文字编辑器,如图 10-4 所示。

图 10-4　多行文字编辑器

利用多行文字编辑器可以设置文字格式,设置多行文字的段落外观,添加特殊字符等。

(五)编辑多行文字命令

直接双击要编辑的多行文字,即可弹出多行文字编辑器,直接编辑文字内容,如图 10-5所示。

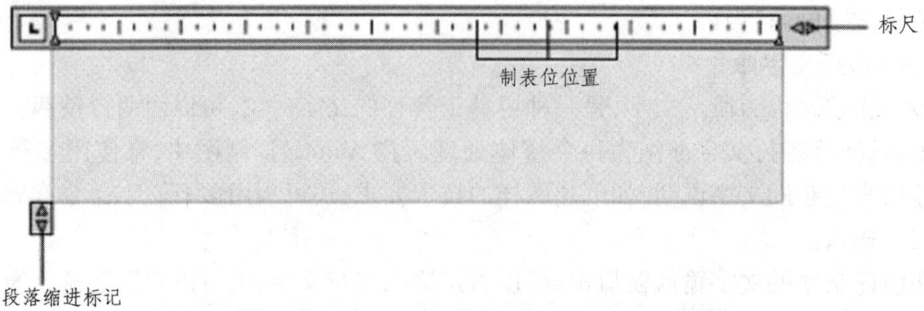

图 10-5　在多行文字编辑器中修改文字内容及特性

四、作图步骤

（一）绘制标题栏

使用前面所学的矩形（或直线）命令、偏移命令、修剪命令、删除命令绘制图形，把标题栏外边框线改为粗实线，最后效果如图 10-6 所示，完成标题栏绘制。

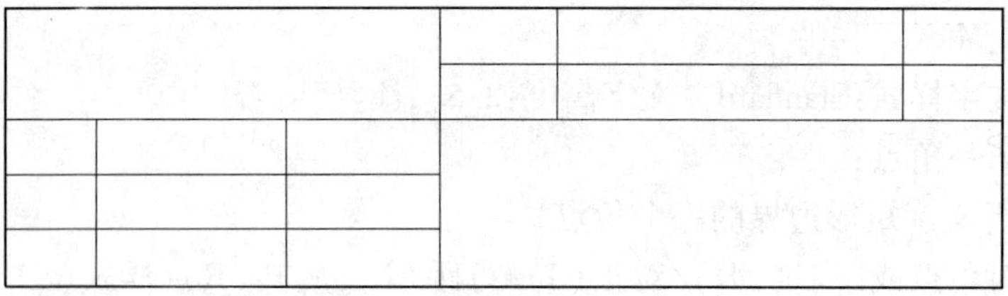

图 10-6　标题栏的绘制

（二）设置标题栏的文字样式

新建名为“汉字”的样式，字体采用宋体，宽度因子为 0.7，以达到国家技术制图标准规定的工程图样中的长仿宋体效果，如图 10-7 所示，高度设置为 0，在多行文字编辑器中再根据实际需要输入文字高度。

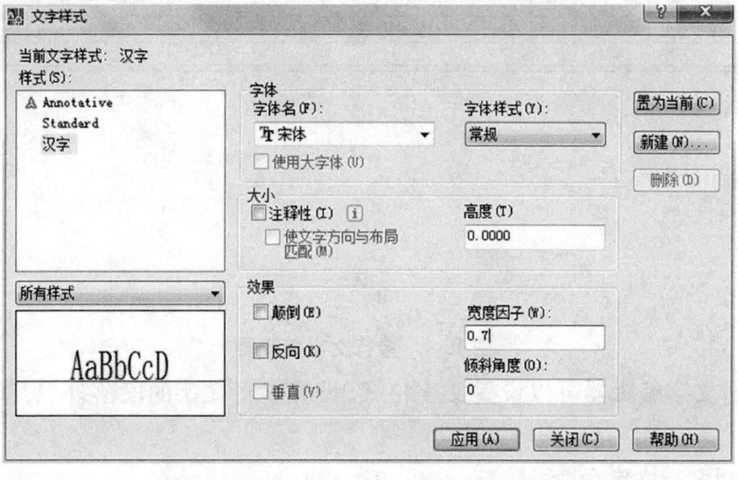

图 10-7　【文字样式】对话框

（三）在标题栏中添加文字

➤ 命令：_Mtext

➤ 指定第一角点：

（捕捉要填写文字矩形框的左上角点）

➤ 指定对角点或［高度（H）/对正（J）/行距（L）/旋转（R）/样式（S）/宽度（W）/栏（C）］：

（捕捉要填写文字矩形框的右下角点）

在弹出的多行文字编辑器中设置文字高度为 3.5，输入文字内容，居中排列，完成输入后按确定键确认。结果如图 10-8 所示。

<table>
<tr><td rowspan="2" colspan="3"></td><td></td><td></td><td></td></tr>
<tr><td></td><td></td><td></td></tr>
<tr><td></td><td></td><td></td><td rowspan="3" colspan="3"></td></tr>
<tr><td></td><td></td><td></td></tr>
<tr><td>审核</td><td></td><td></td></tr>
</table>

图 10-8 在标题栏中添加文字

（四）利用多行文字命令在标题中添加其他文字

除“图名、校名、班级”高度为 5mm 外，其他均为 3.5 mm，文字位置均为居中，如图 10-9所示。

<table>
<tr><td rowspan="2" colspan="3">(图名)</td><td>比例</td><td>材料</td><td>图号</td></tr>
<tr><td></td><td></td><td></td></tr>
<tr><td>制图</td><td></td><td>(日期)</td><td rowspan="3" colspan="3">(校名、班级)</td></tr>
<tr><td>设计</td><td></td><td>(日期)</td></tr>
<tr><td>审核</td><td></td><td>(日期)</td></tr>
</table>

图 10-9 标题栏

五、图形训练

在 AutoCAD 的绘图区书写文字，如图 10-10 所示。

技术要求

1．材料为 40Cr 锻钉。

2．整体调质处理 200HBW，齿面高频淬火。

3．未注倒角 C_1，粗糙度 Ra=6.3μm。

4．分度圆ϕ180 对孔ϕ50 的同轴度公差为 0.02。

5．齿轮齿宽极限偏差为±0.15。

图 10-10 文字标注

任务二 尺寸标注

【任务分析】 本任务以具体图形的尺寸标注为例，重点介绍尺寸标注样式的设置方法，线性、对齐、半径、直径、角度、弧长等常用的标注方法。

【相关知识】 设置尺寸标注样式，各种标注方法。

一、任务内容

绘制如图10-11所示的图形，并标注尺寸。

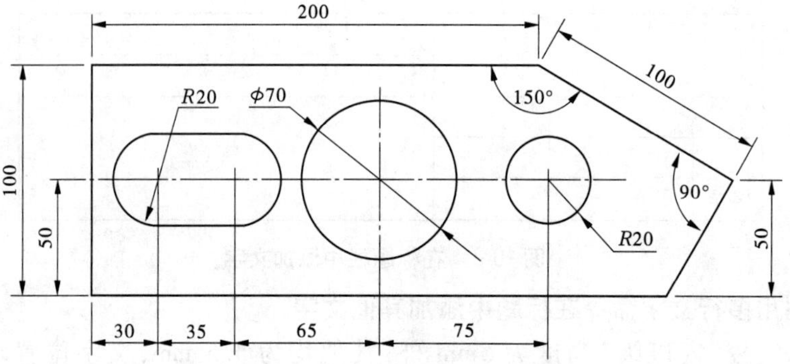

图10-11 标注图形的尺寸

二、作图思路

首先使用前面所学的圆、直线、修剪、对象捕捉、极轴等命令绘制图形的轮廓线，然后按照制图的国家标准创建尺寸标注的样式，最后使用线性标注、对齐标注、半径标注、直径标注、角度标注、基线标注、连续标注和圆心标记标注等命令进行尺寸标注。

三、理论基础

AutoCAD提供了十余种标注工具以标注图形对象，分别位于【标注】菜单、【标注】面板和【标注】工具栏中。使用它们可以进行线性、对齐、角度、直径、半径、连续、基线及圆心标记等标注，如图10-12所示。

（一）创建尺寸标注样式

尺寸标注样式（简称标注样式）用于设置尺寸标注的具体格式（如尺寸文字采用的样式，尺寸线、尺寸界线以及尺寸箭头的标注设置等），以满足不同行业的尺寸标注要求。

1. 命令的调用方法

a. 下拉菜单：【格式】/【标注样式】或【标注】/【样式】；

b. 工具栏：【标注】或【格式】工具栏按钮；

c. 命令行：Dimstylr（D）。

2. 操作及选项说明

若要新建标注样式，则选择【格式】/【标注样式】命令，打开【标注样式管理器】对话

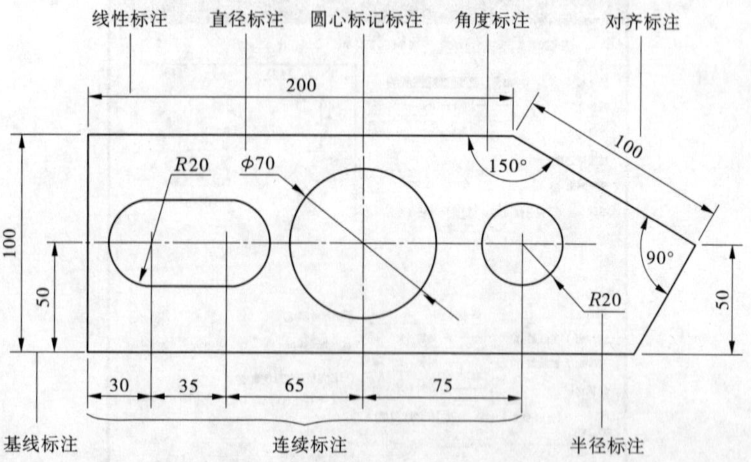

图 10-12 尺寸标注的多种类型

框，如图 10-13 所示。单击“新建”按钮，在打开的【创建新标注样式】对话框中，新建一个标注样式，如图 10-14 所示。

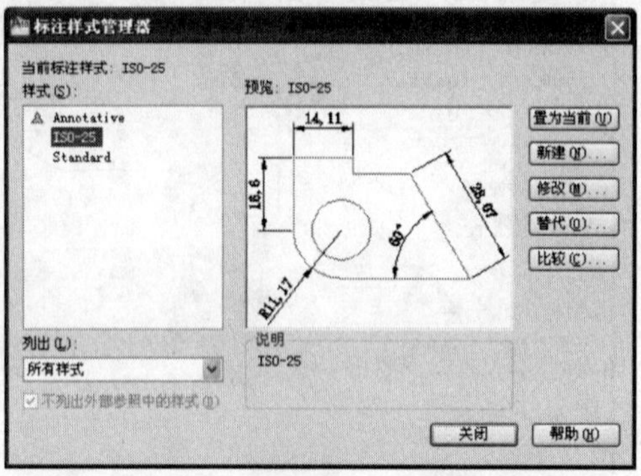

图 10-13 【标注样式管理器】对话框

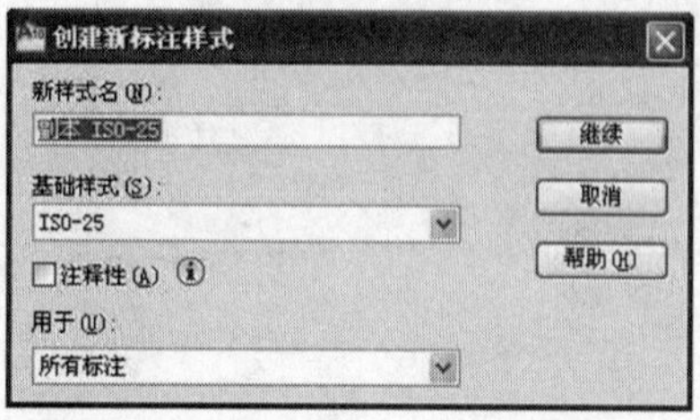

图 10-14 【创建新标注样式】对话框

【线】选项卡：用于设置尺寸线、尺寸界线的特性，如图 10-15 所示。

【符号和箭头】选项卡：用于设置箭头、圆心标记、弧长符号和半径折弯标注的格式和位置，如图 10-16 所示。

【文字】选项卡：用于设置文字外观、文字位置及对齐等特性，如图 10-17 所示。

【调整】选项卡：用于控制尺寸标注文字、箭头、引线以及尺寸线的位置，如图 10-18 所示。

【主单位】选项卡：设置尺寸标注主单位的精度和格式，如图 10-19 所示。

【换算单位】选项卡：用于设置替代测量单位的格式和精度以及前缀和后缀等，如图 10-20所示。

【公差】选项卡：用于设置标注尺寸公差的格式，如图 10-21 所示。

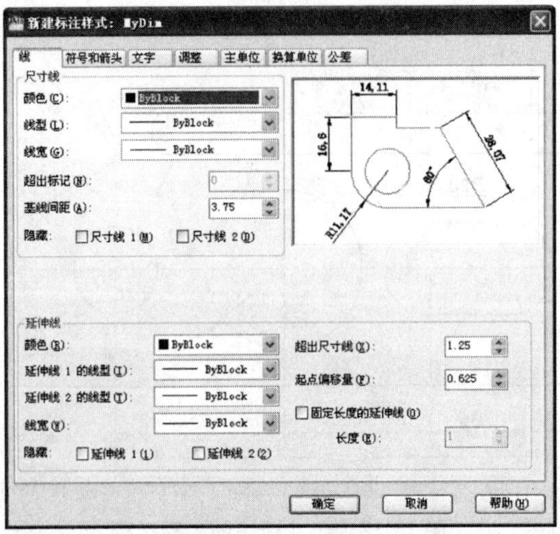

图 10-15 【线】选项卡

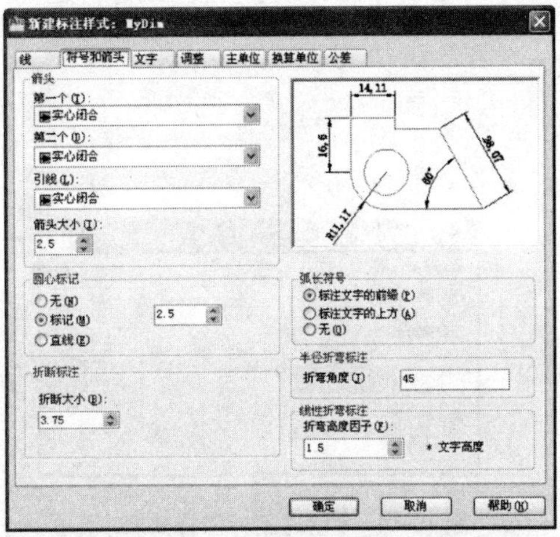

图 10-16 【符号和箭头】选项卡

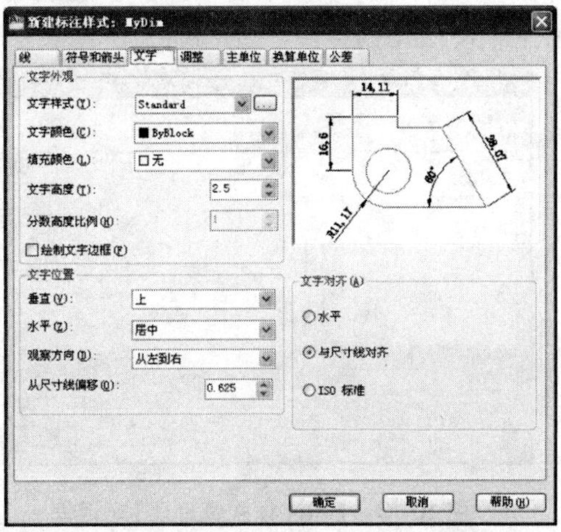

图 10-17 【文字】选项卡

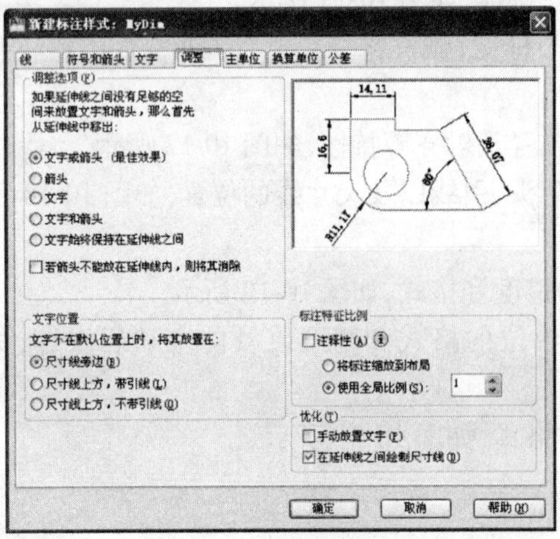

图 10-18 【调整】选项卡

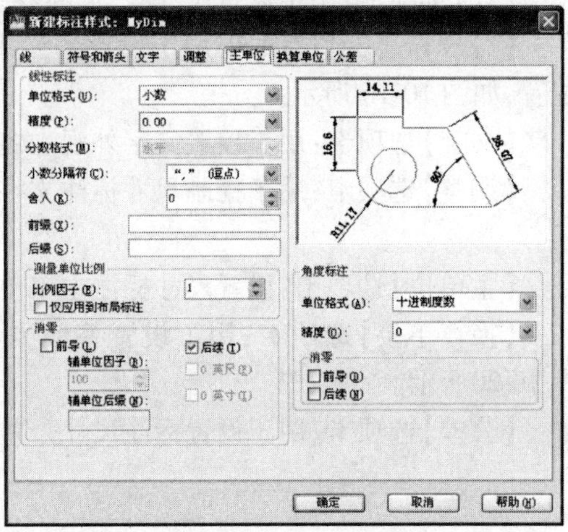

图 10-19 【主单位】选项卡

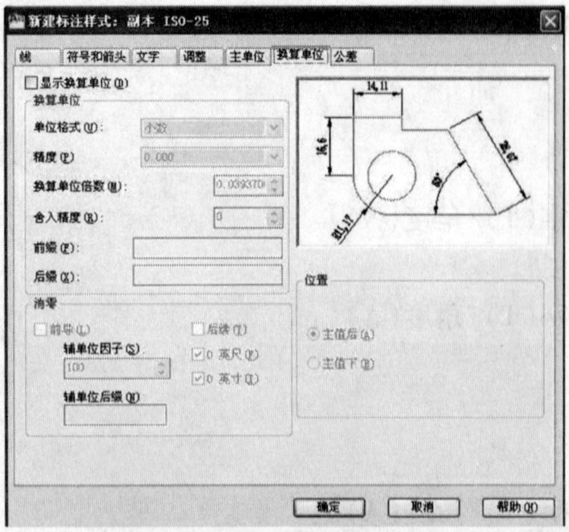

图 10-20　【换算单位】选项卡

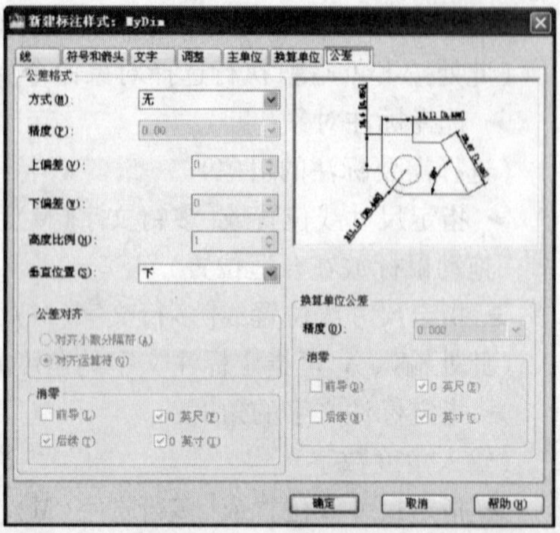

图 10-21　【公差】选项卡

(二)线性标注

线性标注用于标注两个点之间的水平、垂直方向的长度，通过指定两点或选择一个对象来实现，如图 10-22 所示。

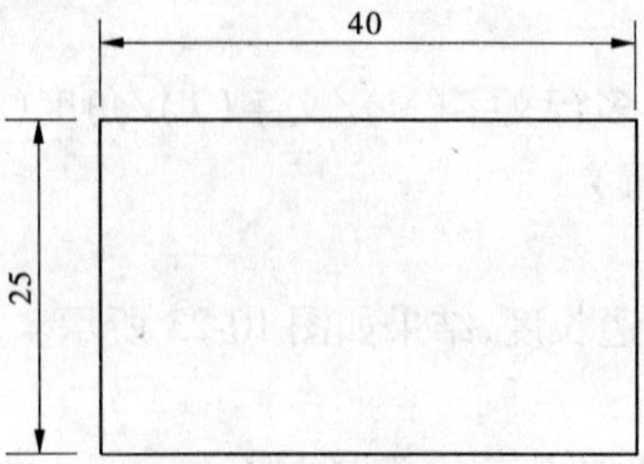

图 10-22　线性标注

1. 命令的调用方法

a. 下拉菜单:【标注】/【线性】;

b. 工具栏:【标注】工具栏按钮;

c. 命令行:Dimlinear(Dli)。

2. 操作及选项说明

➢ 命令:_Dimlinear

➢ 指定第一条尺寸界线原点或 <选择对象>:

(可捕捉某一个对象的一个端点)

➢ 指定第二条尺寸界线原点:

(可捕捉对象的另一个端点)

➢ 指定尺寸线位置或[多行文字(M)/文字(T)/角度(A)/水平(H)/垂直(V)/旋转(R)]:

(拖动鼠标放在合适位置)

或

➢ 指定第一条尺寸界线原点或 <选择对象>：
(此处按 Enter 键，执行选择对象命令)
➢ 选择标注对象：
(选择需要标注的对象)
➢ 指定尺寸线位置或[多行文字(M)/文字(T)/角度(A)]：
(拖动鼠标放在合适位置)
➢ 指定尺寸线位置或[多行文字(M)/文字(T)/角度(A)]：A
(此处输入 A，可指定标注文字的角度)
➢ 指定标注文字的角度：
(输入角度数字)
➢ 指定尺寸线位置或[多行文字(M)/文字(T)/角度(A)]：
(拖动鼠标放在合适位置)
或
➢ 指定尺寸线位置或[多行文字(M)/文字(T)/角度(A)]：T
(此处输入 T，可指定标注文字)
➢ 输入标注文字：
(输入需要标注的文字)
➢ 指定尺寸线位置或[多行文字(M)/文字(T)/角度(A)]：
(拖动鼠标放在合适位置)

3. 应用举例

标注三角形的底边和斜边长度，结果如图 10-23 所示。

➢ 命令：_Dimlinear
➢ 指定第一条尺寸界线原点或 <选择对象>：
(选择底边一端点)
➢ 指定第二条尺寸界线原点：
(选择底边另一端点)
➢ 指定尺寸线位置或[多行文字(M)/文字(T)/角度(A)/水平(H)/垂直(V)/旋转(R)]：
(拖动鼠标放在合适位置)
➢ 命令：_Dimlinear
➢ 指定第一条尺寸界线原点或 <选择对象>：
(选择斜边一端点)
➢ 指定第二条尺寸界线原点：
(选择斜边另一端点)
➢ 指定尺寸线位置或[多行文字(M)/文字(T)/角度(A)/水平(H)/垂直(V)/旋转(R)]：R
➢ 指定尺寸线的角度：
(选择斜边一端点)

➢ 指定第二点：

（选择斜边另一端点）

➢ 指定尺寸线位置或[多行文字(M)/文字(T)/角度(A)/水平(H)/垂直(V)/旋转(R)]：

（拖动鼠标放在合适位置）

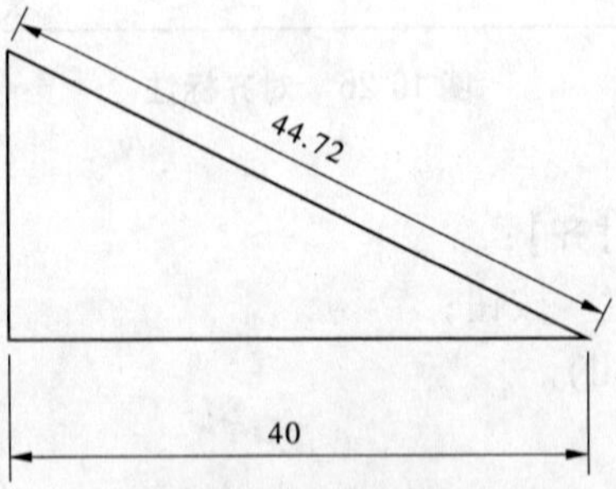

图 10-23 线性标注

提示：

【多行文字(M)】：在线性标注的命令行中输入 M，可打开【多行文字编辑器】对话框，如图 10-24 所示。通常情况下，当需要在标注尺寸中添加其他文字或符号时，如在尺寸前加 ϕ 等，需要选择此选项。

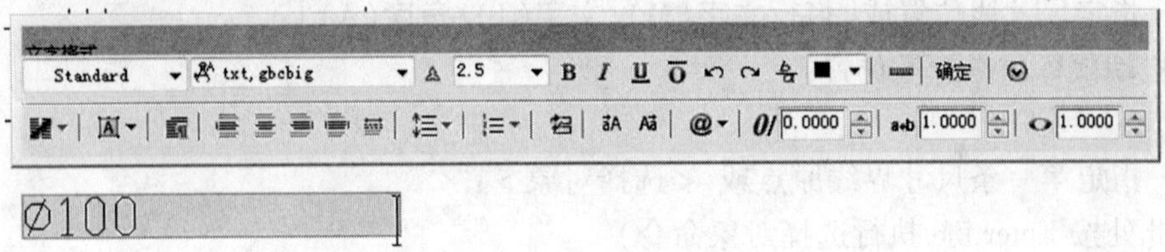

图 10-24 【多行文字编辑器】对话框

【文字(T)】：在命令行中输入 T，可直接在命令行输入新的标注文字。此时可修改标注尺寸或添加新的内容。

【角度(A)】：在命令行中输入 A，可指定标注文字的角度，如图 10-25 所示。

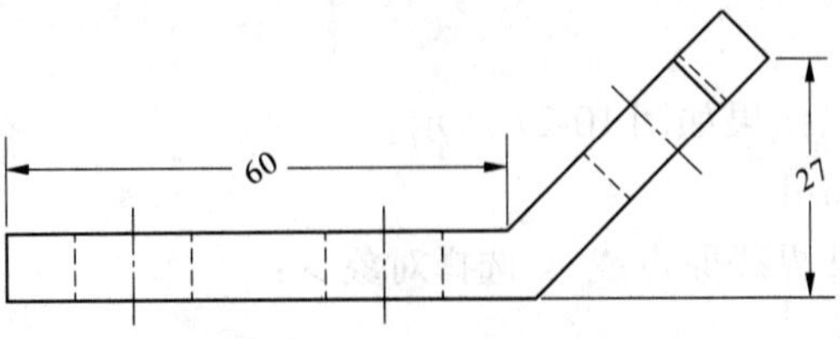

图 10-25 指定标注文字的角度

几乎所有的标注类型都有【多行文字(M)】、【文字(T)】和【角度(A)】3 个二级选项，后边的介绍中不再赘述。

（三）对齐标注

对齐标注是指标注两点之间的实际长度。对齐标注的尺寸线平行于两点的连线。对齐标注是线性标注的一种特殊形式，用于标注倾斜的线性尺寸，且尺寸线与尺寸界线原点连线平行,如图 10-26 所示。

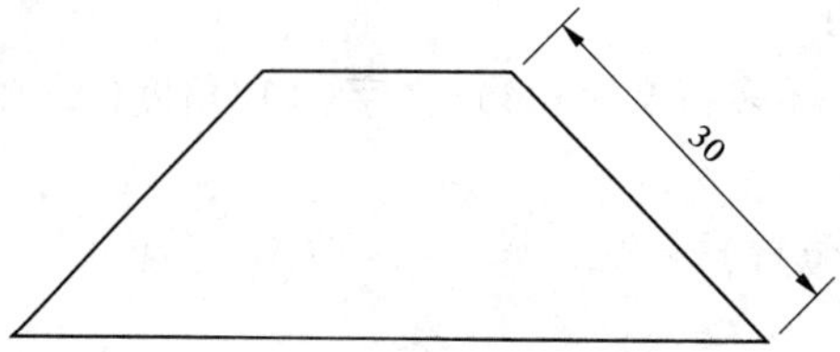

图 10-26 对齐标注

1. 命令的调用方法

a. 下拉菜单:【标注】/【对齐】;

b. 工具栏:【标注】工具栏按钮;

c. 命令行:Dimaligned(Dal)。

2. 操作及选项说明

➢ 命令:_Dimaligned

➢ 指定第一条尺寸界线原点或 <选择对象>:

(可捕捉某一个对象的一个端点)

➢ 指定第二条尺寸界线原点:

(可捕捉对象的另一个端点)

➢ 指定尺寸线位置或[多行文字(M)/文字(T)/角度(A)]:

(拖动鼠标放在合适位置)

或

➢ 指定第一条尺寸界线原点或 <选择对象>:

(此处按 Enter 键,执行选择对象命令)

➢ 选择标注对象:

(选择需要标注的对象)

➢ 指定尺寸线位置或[多行文字(M)/文字(T)/角度(A)]:

(拖动鼠标放在合适位置)

其他选项含义同线性标注。

3. 应用举例

标注五边形的边长,结果如图 10-27 所示。

➢ 命令:_Dimaligned

➢ 指定第一条尺寸界线原点或 <选择对象>:

(选择底边端点 A)

➢ 指定第二条尺寸界线原点:

(选择底边另一端点 B)

➢ 指定尺寸线位置或[多行文字(M)/文字(T)/角度(A)/水平(H)/垂直(V)/旋转(R)]:

(拖动鼠标放在合适位置,第一次标注已经完成,自动退出命令)

按回车键重复执行对齐标注命令。

➢ 指定第一条尺寸界线原点或 <选择对象>:
(选择端点 C)
➢ 指定第二条尺寸界线原点:
(选择另一端点 D)
➢ 指定尺寸线位置或[多行文字(M)/文字(T)/角度(A)/水平(H)/垂直(V)/旋转(R)]:
(拖动鼠标放在合适位置)

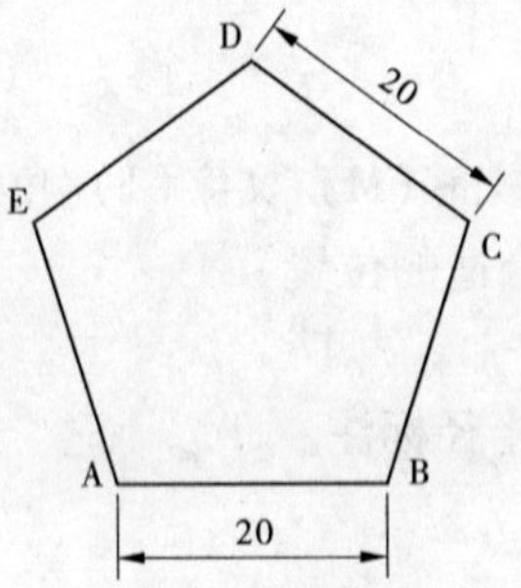

图 10-27 对齐标注

(四)半径标注

半径标注就是标注圆或小于半圆的圆弧的半径尺寸。标注圆或圆弧的半径尺寸,如图 10-28 所示。

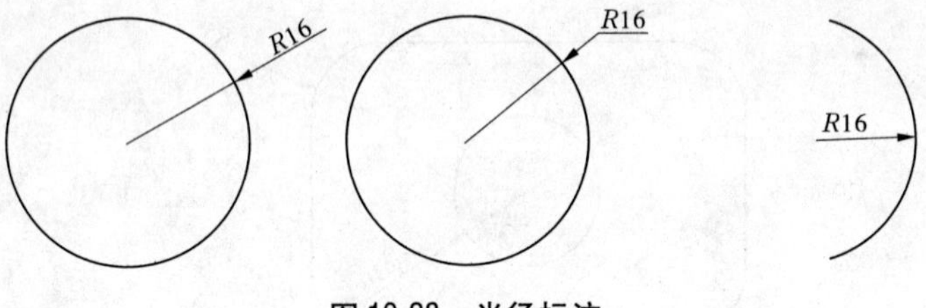

图 10-28 半径标注

1. 命令的调用方法
a. 下拉菜单:【标注】/【半径】;
b. 工具栏:【标注】工具栏按钮;
c. 命令行:Dimradius(Dra)。
2. 操作及选项说明
➢ 命令:_Dimradius
➢ 选择圆弧或圆:
(选择需要进行半径标注的圆弧或者圆)
➢ 指定尺寸线位置或[多行文字(M)/文字(T)/角度(A)]:
(拖动鼠标将半径标注放在合适的位置)
或
➢ 指定尺寸线位置或[多行文字(M)/文字(T)/角度(A)]:T
(输入 T,可指定标注的文字)

➢ 输入标注文字:
(输入需要标注的文字)
➢ 指定尺寸线位置或[多行文字(M)/文字(T)/角度(A)]:
(拖动鼠标将半径标注放在合适的位置)
或
➢ 指定尺寸线位置或[多行文字(M)/文字(T)/角度(A)]:A
(输入 A,可指定标注文字的角度)
➢ 指定标注文字的角度:
(输入标注文字的度数)
➢ 指定尺寸线位置或[多行文字(M)/文字(T)/角度(A)]:
(拖动鼠标将半径标注放在合适的位置)

3. 应用举例

对图 10-29 所示的圆弧进行半径标注。
➢ 命令:_Dimradius
➢ 选择圆弧或圆:
(此处选择右上角位置的圆弧对象)
➢ 标注文字 =5
➢ 指定尺寸线位置或 [多行文字(M)/文字(T)/角度(A)]:
(拖动鼠标放在合适位置)

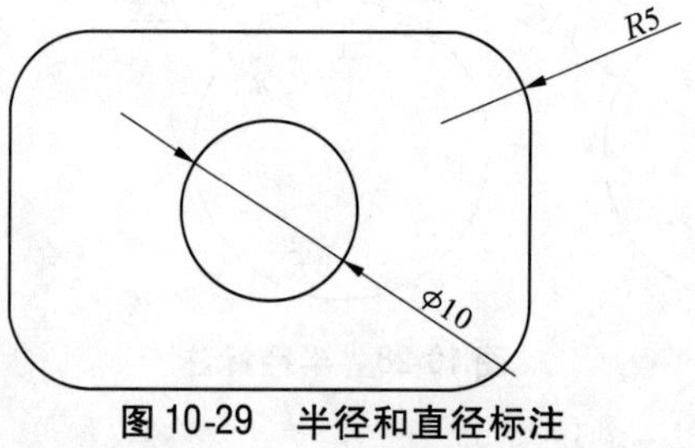

图 10-29 半径和直径标注

(五)直径标注

直径标注就是标注圆或大于半圆的圆弧的直径尺寸。标注圆或圆弧的直径尺寸,如图 10-30 所示。

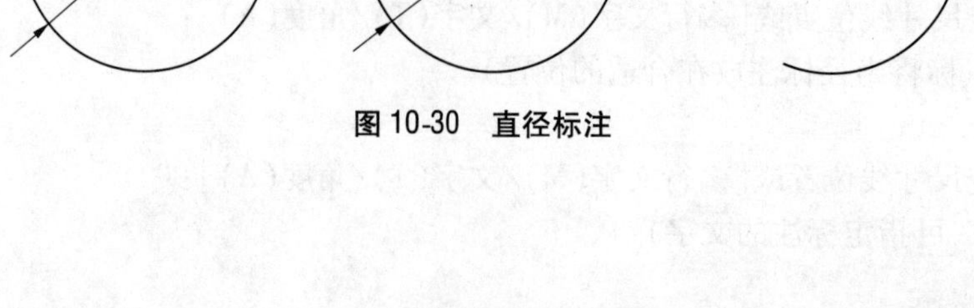

图 10-30 直径标注

1. 命令的调用方法

a. 下拉菜单:【标注】/【直径】;

b. 工具栏:【标注】工具栏⊘按钮;

c. 命令行:Dimdiameter(Ddi)。

2. 操作及选项说明

➢ 命令:_Dimdiameter

➢ 选择圆弧或圆:

(选择需要进行直径标注的圆弧或者圆)

➢ 指定尺寸线位置或[多行文字(M)/文字(T)/角度(A)]:

(拖动鼠标将直径标注放在合适的位置)

其他选项含义同半径标注。

3. 应用举例

对图 10-29 所示的圆进行直径标注。

➢ 命令:_Dimdiameter

➢ 选择圆弧或圆:

(选择图形中部的圆对象)

➢ 标注文字 = 10

➢ 指定尺寸线位置或[多行文字(M)/文字(T)/角度(A)]:

(拖动鼠标放在合适位置)

(六)角度标注

角度标注用于标注两条不平行直线之间的夹角、圆和圆弧的角度或三点之间的角度,如图 10-31 所示。

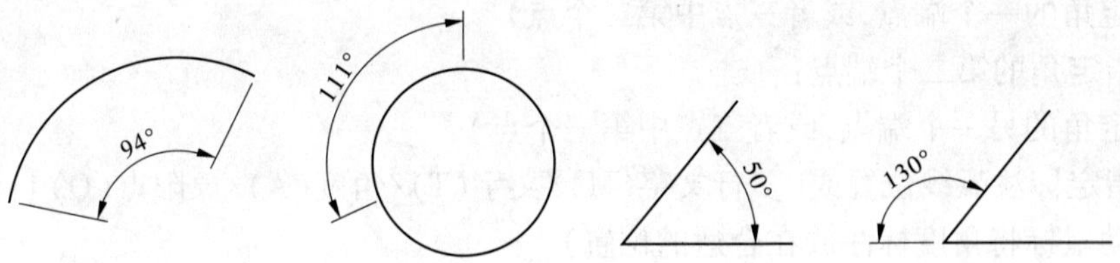

(a)标注圆弧角度 (b)标注圆的角度 (c)标注两直线的夹角

图 10-31 角度标注

1. 命令的调用方法

a. 下拉菜单:【标注】/【角度】;

b. 工具栏:【标注】工具栏△按钮;

c. 命令行:Dimangular(Dan)。

2. 操作及选项说明

➢ 命令:_Dimangular

➢ 选择圆弧、圆、直线或<指定顶点>:

(选择角的一条边)

➢ 选择第二条直线：
(此处选择角的另一条边)
➢ 指定标注弧线位置或[多行文字(M)/文字(T)/角度(A)/象限点(Q)]：
(拖动鼠标将角度标注放在合适的位置)
或
➢ 选择圆弧、圆、直线或 <指定顶点>：
(此处选择圆进行标注)
➢ 指定角的第二个端点：
(此处用鼠标指定另一个端点)
➢ 指定标注弧线位置或[多行文字(M)/文字(T)/角度(A)/象限点(Q)]：
(拖动鼠标将角度标注放在合适的位置)
或
➢ 选择圆弧、圆、直线或 <指定顶点>：
(选择圆弧进行标注)
➢ 指定标注弧线位置或[多行文字(M)/文字(T)/角度(A)/象限点(Q)]：
(拖动鼠标将角度标注放在合适的位置)
或
➢ 选择圆弧、圆、直线或<指定顶点>：
(按 Enter 键)
➢ 指定角的顶点：
(指定角的顶点或者三点中第一个点)
➢ 指定角的第一个端点：
(指定角的一个端点，或者三点中第二个点)
➢ 指定角的第二个端点：
(指定角的另一个端点，或者三点中第三个点)
➢ 指定标注弧线位置或[多行文字(M)/文字(T)/角度(A)/象限点(Q)]：
(拖动鼠标将角度标注放在合适的位置)

3. 应用举例

(1)对图 10-32(a)所示图形进行角度标注。
➢ 命令：_Dimangular
➢ 选择圆弧、圆、直线或 <指定顶点>：
(选择圆弧)
➢ 指定标注弧线位置或［多行文字(M)/文字(T)/角度(A)/象限点(Q)]：
(拖动鼠标放在合适位置)
➢ 标注文字 = 244

(2)对图 10-32(b)所示图形进行角度标注。
➢ 命令：_Dimangular
➢ 选择圆弧、圆、直线或 <指定顶点>：

(选择圆)

➢ 指定角的第二个端点:

(捕捉直径端点)

➢ 指定标注弧线位置或［多行文字(M)/文字(T)/角度(A)/象限点(Q)］:

(拖动鼠标放在合适位置)

➢ 标注文字 =54

(3)对图 10-32(c)所示图形进行角度标注。

➢ 命令:_Dimangular

➢ 选择圆弧、圆、直线或 <指定顶点>:

(选择角的一条边)

➢ 选择第二条直线:

(选择角的另一条边)

➢ 指定标注弧线位置或［多行文字(M)/文字(T)/角度(A)/象限点(Q)］:

(拖动鼠标放在合适位置)

➢ 标注文字 = 35

(4)对图 10-32(d)所示图形用顶点模式进行角度标注。

➢ 命令:_Dimangular

➢ 选择圆弧、圆、直线或 <指定顶点>:

(此处直接回车或单击右键)

➢ 指定角的顶点:

(捕捉端点 A)

➢ 指定角的第一个端点:

(捕捉端点 B)

➢ 指定角的第二个端点:

(捕捉端点 C)

➢ 指定标注弧线位置或［多行文字(M)/文字(T)/角度(A)/象限点(Q)］:

(拖动鼠标放在合适位置)

➢ 标注文字 =61

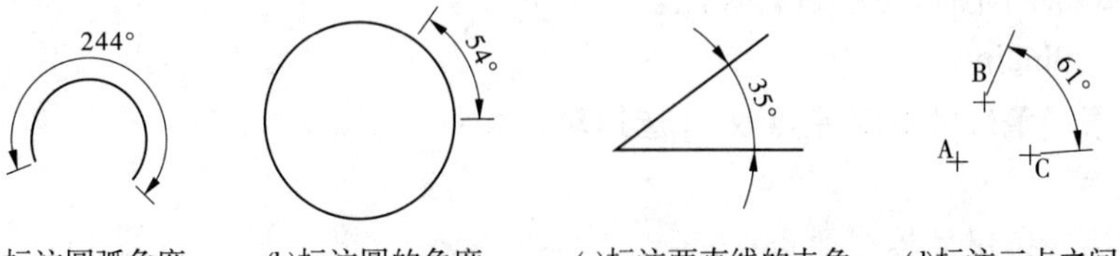

(a)标注圆弧角度　(b)标注圆的角度　(c)标注两直线的夹角　(d)标注三点之间的角度

图 10-32　角度标注

(七)基线标注

创建一系列由相同的基线测量出来的多个标注,在创建基线标注之前必须创建线性、对齐或角度标注。可以以此标注为基线来标注其他图形对象的尺寸,如图 10-33 所示。

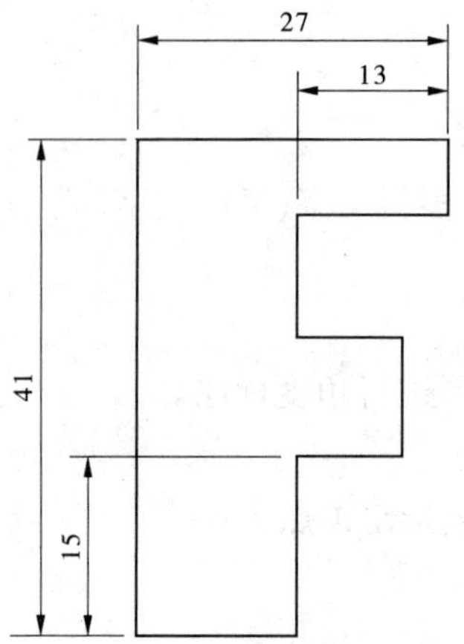

图 10-33 基线标注

1. 命令的调用方法

a. 下拉菜单:【标注】/【基线】;

b. 工具栏:【标注】工具栏按钮;

c. 命令行:Dimbaseline(Dba)。

2. 操作及选项说明

➢ 命令:_Dimbaseline

➢ 指定第二条尺寸界线原点或[放弃(U)/选择(S)]<选择>:

(系统将自动以最后一次标注的第一条界线为基准来创建标注,并提示用户指定第二条界线,捕捉需要进行标注的某一对象的端点)

➢ 指定第二条尺寸界线原点或[放弃(U)/选择(S)] <选择>:

(输入 S 或者按 Enter 键,可重新选择基准标注)

➢ 选择基准标注:

(选择需要作为基准标注的尺寸标注)

➢ 指定第二条尺寸界线原点或[放弃(U)/选择(S)]<选择>:

(重复以上操作)

3. 应用举例

对图 10-34 所示图形轮廓进行标注。

➢ 命令:_Dimlinear

➢ 指定第一条尺寸界线原点或 <选择对象>:

(捕捉点 A)

➢ 指定第二条尺寸界线原点:

(捕捉点 C)

➢ 指定尺寸线位置或[多行文字(M)/文字(T)/角度(A)/水平(H)/垂直(V)/旋转(R)]:

(此处拖动鼠标放在合适位置)

➢ 标注文字 =30

（此处已完成一次线性标注。此步骤是为了先创建一个线性标注，以此作为基线标注的基准）

➢ 命令：_Dimbaseline

➢ 指定第二条尺寸界线原点或［放弃（U）/选择（S）］<选择>：

（系统将自动以最后一次标注的第一条界线为基准来创建标注，即将 A 点位置的尺寸界线作为基准界线，并提示用户指定第二条界线，此时指定 D 点）

➢ 标注文字 =50

➢ 指定第二条尺寸界线原点或［放弃（U）/选择（S）］<选择>：

（此处捕捉点 E）

➢ 标注文字 =70

➢ 指定第二条尺寸界线原点或［放弃（U）/选择（S）］<选择>：

（此处按 Esc 键退出命令）

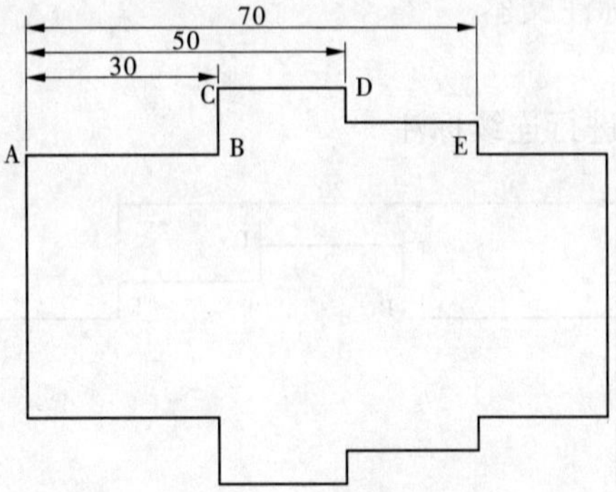

图 10-34　基线标注

（八）连续标注

连续标注可创建首尾相连的多个标注，即上一级标注的尺寸界线作为下一级标注的尺寸界线，如图 10-35 所示。

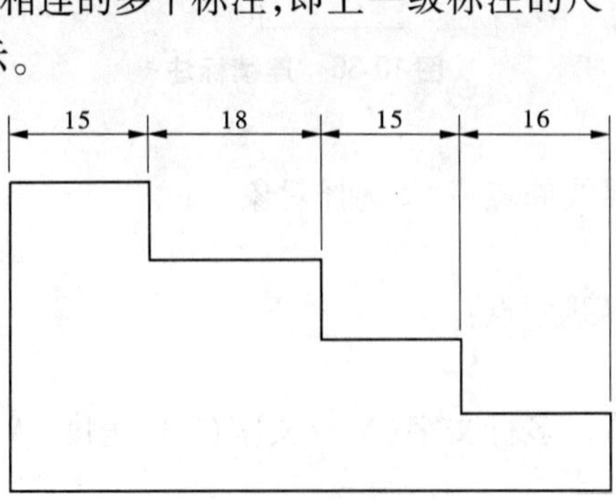

图 10-35　连续标注

1. 命令的调用方法

a. 下拉菜单：【标注】/【连续】；

b. 工具栏：【标注】工具栏按钮 ；

c. 命令行：Dimcontinue（Dimcont）。

2. 操作及选项说明

➢ 命令:_Dimcontinue

➢ 指定第二条尺寸界线原点或[放弃(U)/选择(S)] <选择>:

(系统将自动以前一次标注的第二条界线为基准来创建标注,并提示用户指定第二条界线,捕捉需要进行标注的某一对象的端点)

➢ 指定第二条尺寸界线原点或[放弃(U)/选择(S)] <选择>:

(输入 S 或者按 Enter 键,可重新选择基准标注)

➢ 选择基准标注:

(选择需要作为基准标注的尺寸标注)

➢ 指定第二条尺寸界线原点或 [放弃(U)/选择(S)] <选择>:

(重复以上操作)

注意:在连续标注过程中,用户只能向一个方向标注下一个连续尺寸,不能往相反的方向进行,否则会覆盖已标注文本。

3. 应用举例

对图 10-36 所示图形进行连续标注。

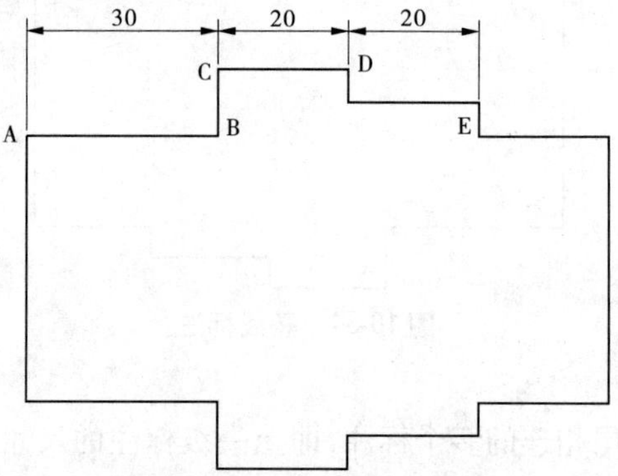

图 10-36 连续标注

➢ 命令:_Dimlinear

➢ 指定第一条尺寸界线原点或 <选择对象>:

(捕捉点 A)

➢ 指定第二条尺寸界线原点:

(捕捉点 C)

➢ 指定尺寸线位置或 [多行文字(M)/文字(T)/角度(A)/水平(H)/垂直(V)/旋转(R)]:

(此处拖动鼠标放在合适位置)

➢ 标注文字 =30

➢ 命令:_Dimcontinue

➢ 指定第二条尺寸界线原点或[放弃(U)/选择(S)] <选择>:

(捕捉点 D)

➢ 标注文字 =20

➢ 指定第二条尺寸界线原点或[放弃(U)/选择(S)] <选择>:
(捕捉点 E)
➢ 标注文字 =20
➢ 指定第二条尺寸界线原点或[放弃(U)/选择(S)] <选择>:
(回车结束)

(九)圆心标记标注

标注圆或圆弧的圆心标记,如图 10-37 所示。

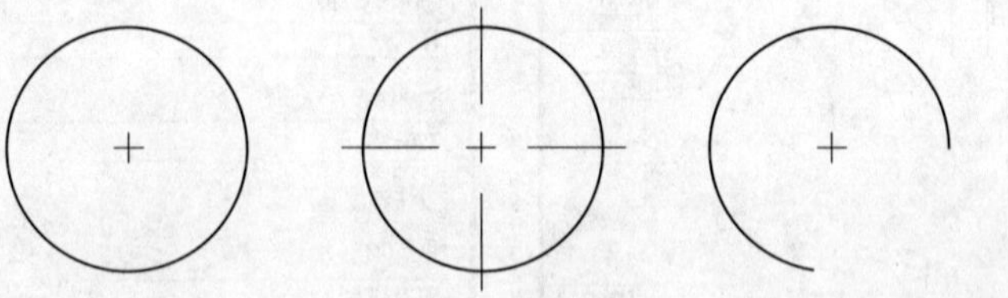

(a)标记形式　(b)直线形式　(c)圆弧的圆心标记

图 10-37 圆心标记标注

1. 命令的调用方法

(1)下拉菜单:【标注】/【圆心】;
(2)工具栏:【标注】工具栏⊙按钮;
(3)命令行:Dimcenter(Dce)。

2. 操作及选项说明

➢ 命令:_Dimcenter
➢ 选择圆弧或圆:
(选择要标注圆心标记的圆或圆弧)

四、作图步骤

(一)绘制图形

使用前面所学的直线命令、圆命令、修剪命令、对象捕捉命令、极轴命令等绘制任务图形的轮廓线,如图 10-38 所示。

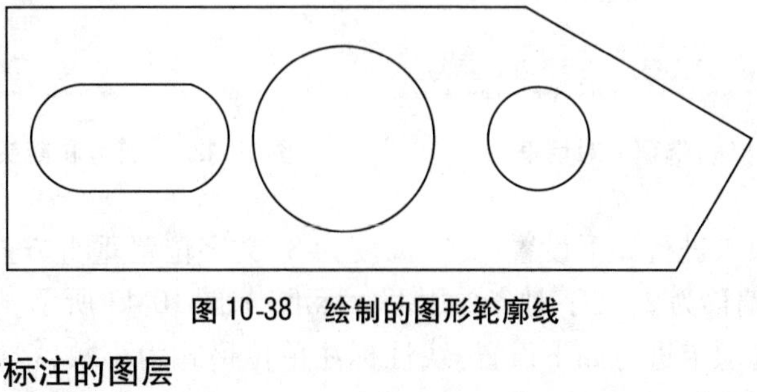

图 10-38 绘制的图形轮廓线

(二)新建尺寸标注的图层

单击【格式】/【图层】,在弹出的【图层管理器】对话框中新建"尺寸标注"图层,并将"尺寸标注"图层设为当前层。在绘制图形时,只有将新建尺寸标注设置为当前层,才能使用新建标注样式对图形实体进行标注。

(三)设置尺寸标注样式

打开【标注样式管理器】对话框,如图 10-39 所示;单击“新建”按钮,弹出【创建新标注样式】对话框,如图 10-40 所示。以 ISO－25 为基础样式新建标注样式“样式一”,单击“继续”按钮按照国家技术制图标准进行设置。

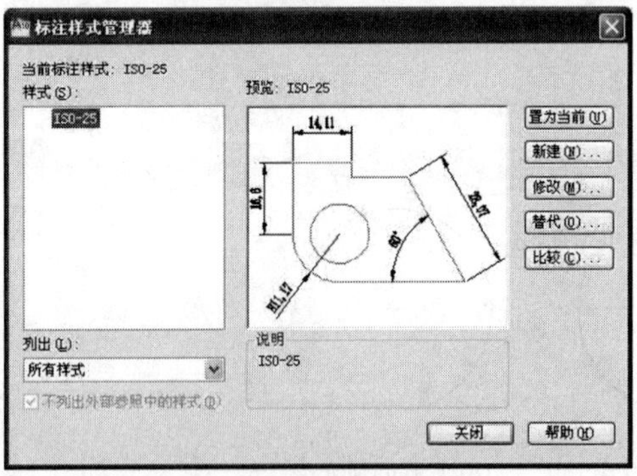

图 10-39 【标注样式管理器】对话框

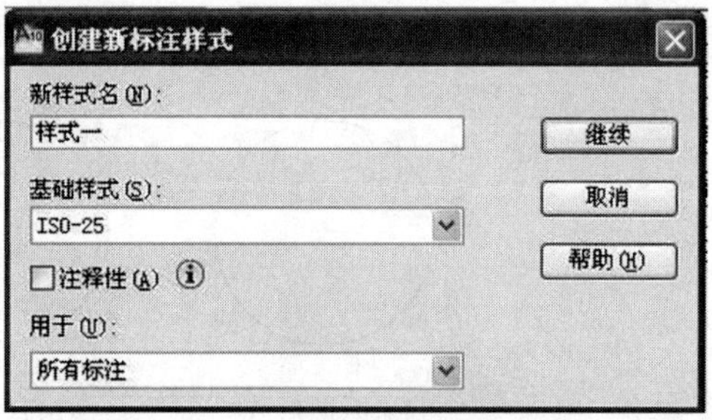

图 10-40 【创建新标注样式】对话框

在【线】选项卡中进行如下设置:尺寸线的基线间距为 16,尺寸界线超出尺寸线为 4,起点偏移量为 3,其余采用默认设置,如图 10-41 所示。

在【符号和箭头】选项卡进行如下设置:第一个、第二个、引线箭头均设置为实心闭合,箭头大小为 8,圆心标记为直线,其余采用默认设置,如图 10-42 所示。

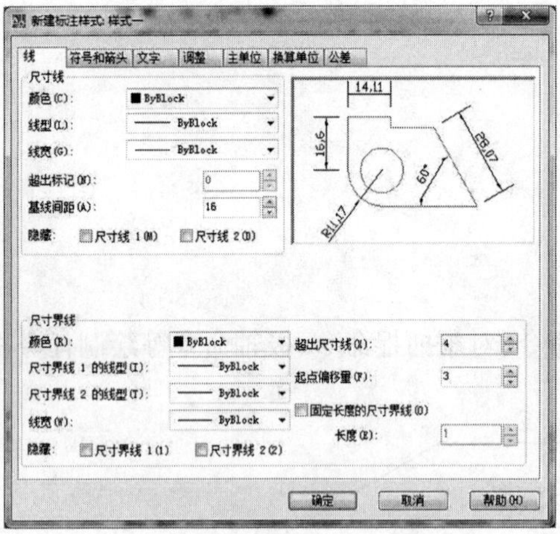

图 10-41 【线】选项卡对话框

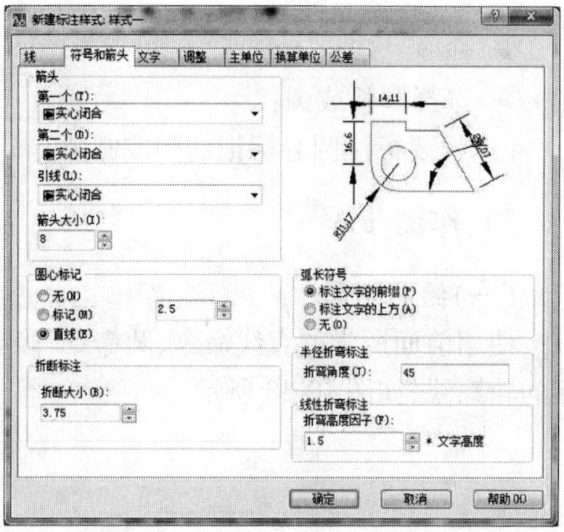

图 10-42 【符号和箭头】选项卡对话框

在【文字】选项卡进行如下设置:文字高度为 8,文字位置垂直方向为上方,水平方向为居中,从尺寸线偏移为 2,文字对齐采用 ISO 标准,如图 10-43 所示。

在【主单位】选项卡进行如下设置:线性标注单位格式为小数,精度为 0,其余采用默认设置,如图 10-44 所示。

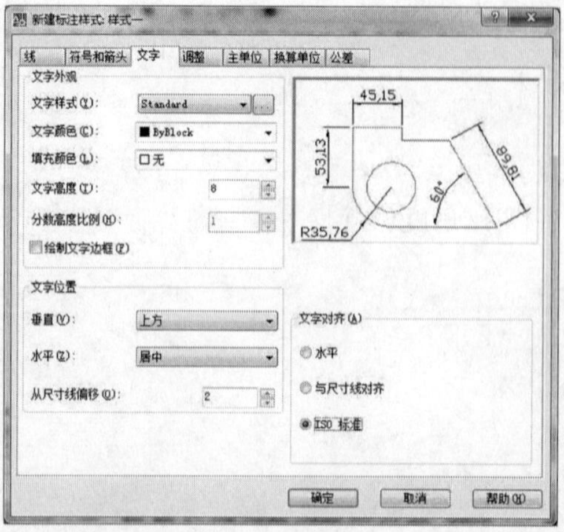

图 10-43 【文字】选项卡对话框

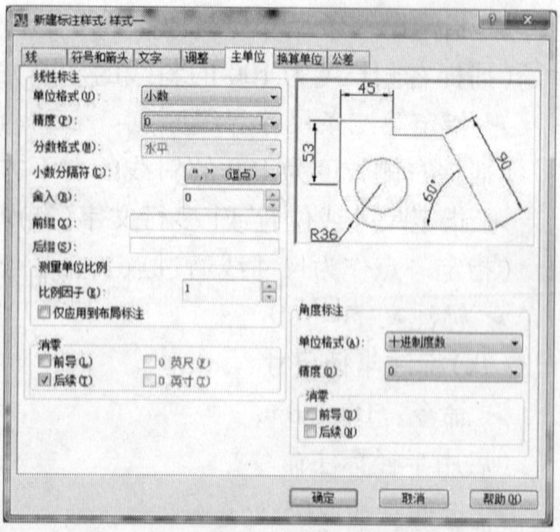

图 10-44 【主单位】选项卡对话框

其余选项卡采用默认设置,最后按"确定"按钮,完成标注样式的设置。

(四)启用对象捕捉功能

设置对象捕捉模式为端点、圆心等标注尺寸时要用到的一些特殊点。

(五)标注圆心标记

➢ 命令:_Dimcenter

(启用圆心标记标注命令)

➢ 选择圆弧或圆:

(选择要标注圆心标记的 ϕ70 的圆)

单击【格式】/【标注样式】,在【符号和箭头】选项卡进行如下设置:圆心标记改为标记。重复圆心标记标注命令,再标注另外三个 R20 的圆的圆心。

(六)标注线性尺寸

➢ 命令:_Dimlinear

(启用线性标注命令)

➢ 指定第一条尺寸界线原点或 <选择对象>:

(捕捉最上方水平线的左侧端点)

➢ 指定第二条尺寸界线原点:

(捕捉最上方水平线的右侧端点)

➢ 指定尺寸线位置或[多行文字(M)/文字(T)/角度(A)/水平(H)/垂直(V)/旋转(R)]:

(指定一点作为尺寸线通过点)

➢ 标注文字 =200

重复此命令,标注右侧竖直距离为 50 的尺寸。

(七)标注对齐尺寸

➢ 命令:_Dimaligned

(启用对齐标注命令)

➢ 指定第一条尺寸界线原点或<选择对象>:
(捕捉右侧长度为100的斜线的左上方端点)
➢ 指定第二条尺寸界线原点:
(捕捉右侧长度为100的斜线的右下方端点)
➢ 指定尺寸线位置或[多行文字(M)/文字(T)/角度(A)]:
(指定一点作为尺寸线通过点)
➢ 标注文字=100

(八)标注半径尺寸

➢ 命令:_Dimradius
(启用半径标注命令)
➢ 选择圆弧或圆:
(选择右边R20的圆)
➢ 标注文字=20
➢ 指定尺寸线位置或[多行文字(M)/文字(T)/角度(A)]:
(指定一点作为尺寸线通过点)
重复此命令,标注左侧R20的圆的尺寸。

(九)标注直径尺寸

➢ 命令:_Dimdiameter
(启用直径标注命令)
➢ 选择圆弧或圆:
(选择中间的ϕ70的圆)
➢ 标注文字=70
➢ 指定尺寸线位置或[多行文字(M)/文字(T)/角度(A)]:
(指定一点作为尺寸线通过点)

(十)标注角度尺寸

➢ 命令:_Dimangular
(启用角度标注命令)
➢ 选择圆弧、圆、直线或<指定顶点>:
(选择最上方的水平线)
➢ 选择第二条直线:
(选择长度为100的斜线)
➢ 指定标注弧线位置或[多行文字(M)/文字(T)/角度(A)/象限点(Q)]:
(指定一点作为尺寸线通过点)
➢ 标注文字=150
重复此命令,标注右侧角度为90°的夹角尺寸。

(十一)使用线性标注命令、基线标注命令、连续标注命令标注尺寸

➢ 命令:_Dimlinear
(启动线性标注命令)

➢ 指定第一条尺寸界线原点或 <选择对象>：

（捕捉图形的左下角点）

➢ 指定第二条尺寸界线原点：

（捕捉最左侧 R20 的圆的圆心）

➢ 指定尺寸线位置或[多行文字（M）/文字（T）/角度（A）/水平（H）/垂直（V）/旋转（R）]：

（向左侧指定一点作为尺寸线通过点）

➢ 标注文字 =50

➢ 命令：_Dimbaseline

（启动基线标注命令）

➢ 指定第二条尺寸界线原点或[放弃（U）/选择（S）] <选择> ：

（捕捉尺寸标注为 50 的下方尺寸界线）

➢ 指定第二条尺寸界线原点或[放弃（U）/选择（S）] <选择> ：

（捕捉图形的左上角点）

➢ 标注文字 =100

➢ 命令：_Dimlinear

（启动线性标注命令）

➢ 指定第一条尺寸界线原点或 <选择对象>：

（捕捉图形的左下角点）

➢ 指定第二条尺寸界线原点：

（捕捉最左侧 R20 的圆的圆心）

➢ 指定尺寸线位置或[多行文字（M）/文字（T）/角度（A）/水平（H）/垂直（V）/旋转（R）]：

（向下方指定一点作为尺寸线通过点）

➢ 标注文字 =30

➢ 命令：_Dimcontinue

（启动连续标注命令）

➢ 指定第二条尺寸界线原点或[放弃（U）/选择（S）] <选择> ：

（捕捉左侧第二个小圆的圆心）

➢ 标注文字 =35

➢ 指定第二条尺寸界线原点或[放弃（U）/选择（S）] <选择> ：

（捕捉中间大圆的圆心）

➢ 标注文字 =65

➢ 指定第二条尺寸界线原点或[放弃（U）/选择（S）] <选择> ：

（捕捉右侧小圆的圆心）

➢ 标注文字 =75

五、图形训练

（1）按照下列要求设置标注样式：

尺寸界线与标注对象的间距为 1;超出尺寸线的距离为 2. 5;基线标注尺寸线间距为 10;箭头使用建筑标记形状,大小为 3. 5。

标注文字的高度为 3,文字位于尺寸线的中间,文字从尺寸线偏移为 1,文字对齐方式为 ISO 标准。

长度标注单位的精度为 0;角度标注单位使用十进制度数,精度为 0。

(2)绘制如图 10-45 所示的图形,并进行标注。

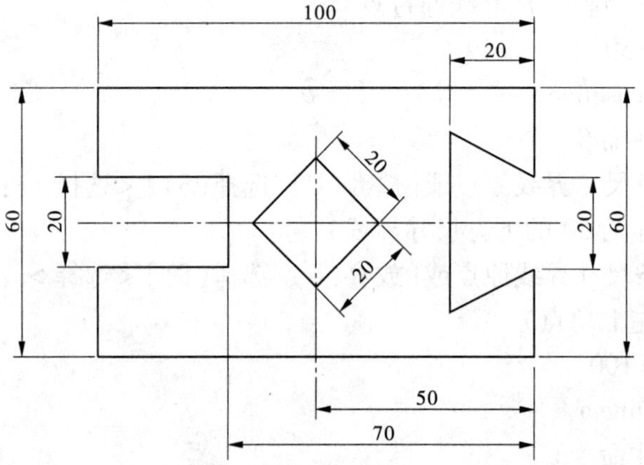

图 10-45 绘制图形并标注

(3)绘制如图 10-46 所示的图形,并进行标注。

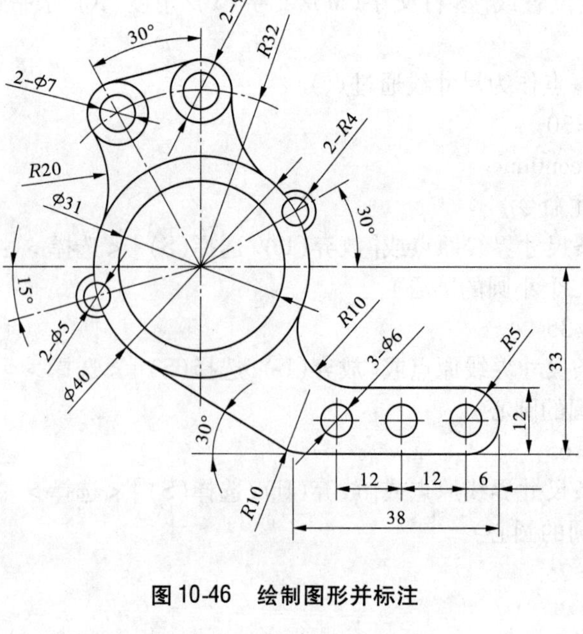

图 10-46 绘制图形并标注

任务三　编辑尺寸标注

【任务分析】　本任务以编辑具体图形的标注为例，重点介绍编辑标注对象的方法以及修改标注文字内容的方法。

【相关知识】　编辑标注对象的方法，修改标注文字内容的方法。

一、任务内容

编辑尺寸标注，如图 10-47 所示。

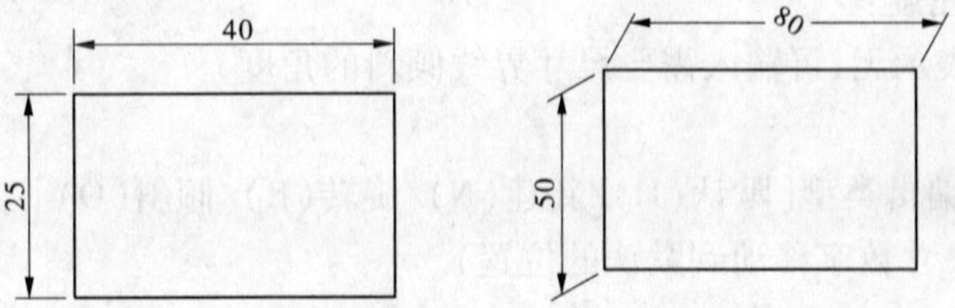

(a)编辑前的尺寸标注　　(b)编辑后的尺寸标注

图 10-47　编辑尺寸标注

二、作图思路

在 AutoCAD 中，可以对已标注对象的文字、位置及样式等内容进行修改，而不必删除所标注的尺寸对象再重新进行标注，图 10-47 就是利用编辑标注、编辑标注文字位置、修改标注文字等命令对已标注的尺寸进行修改的。

三、理论基础

(一)编辑标注

可编辑已有标注的文字。

1. 命令的调用方法

a. 工具栏：【标注】工具栏按钮 ；

b. 命令行：Dimedit。

2. 操作及选项说明

➢ 命令：_Dimedit

➢ 输入标注编辑类型[默认(H)/新建(N)/旋转(R)/倾斜(O)] <默认>：N

(输入 N，修改尺寸标注的数字)

➢ 选择对象：

(选择需要修改尺寸数字的尺寸标注，可选择多个，按 Enter 键确认)

或

➢ 输入标注编辑类型[默认(H)/新建(N)/旋转(R)/倾斜(O)] <默认>：R

(输入 R，旋转尺寸标注的数字)

➢ 指定标注文字的角度:

(输入需要文字旋转的角度)

➢ 选择对象:

(选择需要旋转尺寸数字的尺寸标注,可选择多个,按 Enter 键确认)

或

➢ 输入标注编辑类型[默认(H)/新建(N)/旋转(R)/倾斜(O)] <默认>:O

(输入 O,使尺寸界线倾斜)

➢ 选择对象:

(选择需要尺寸界线倾斜的尺寸标注,可选择多个,按 Enter 键确认)

➢ 输入倾斜角度:

(按 Enter 键表示无,可输入需要尺寸界线倾斜的角度)

或

➢ 输入标注编辑类型[默认(H)/新建(N)/旋转(R)/倾斜(O)] <默认>:H

(输入 H,将尺寸数字移动到默认的位置)

➢ 选择对象:

(选择需要将尺寸数字移动到默认的位置的尺寸标注,可选择多个,按 Enter 键确认)

3. 应用举例

将图 10-48(a)所示图形标注的尺寸数字旋转 30°,并将尺寸界线倾斜 30°,结果如图 10-48(b)所示。

➢ 命令:_Dimedit

➢ 输入标注编辑类型[默认(H)/新建(N)/旋转(R)/倾斜(O)] <默认>: R

(输入 R,进入更改尺寸数字的旋转角度的操作)

➢ 指定标注文字的角度: 30

(输入旋转角度 30)

➢ 选择对象: 找到 1 个

(选中要编辑的尺寸标注)

➢ 选择对象:

(选择完毕单击右键,操作完成并自动退出命令)

按回车键重复编辑标注命令。

➢ 命令:_Dimedit

➢ 输入标注编辑类型[默认(H)/新建(N)/旋转(R)/倾斜(O)] <默认>:O

(输入 O,进入更改尺寸界线倾斜角度的操作)

➢ 选择对象: 找到 1 个

(选择尺寸 20)

➢ 选择对象:

(单击右键表示对象选择完毕)

➢ 输入倾斜角度:30

(输入倾斜角度 30,按回车键后操作完成并自动退出命令)

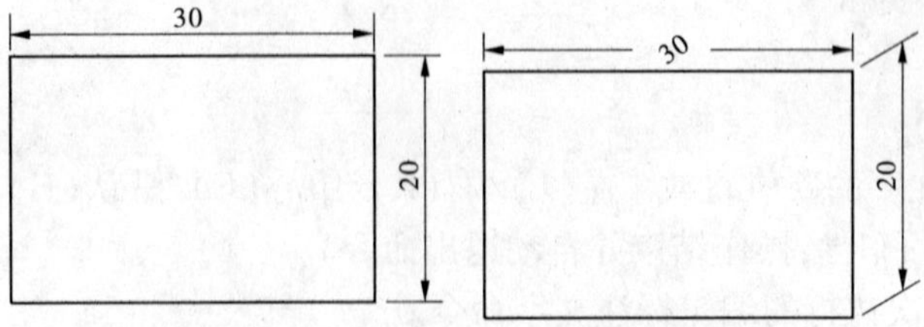

(a)编辑标注前　　(b)编辑标注后

图 10-48　编辑标注

(二)编辑标注文字的位置

可以修改尺寸标注中的文字位置。

1. 命令的调用方法

a. 下拉菜单:【标注】/【对齐文字】;

b. 工具栏:【标注】工具栏按钮;

c. 命令行:Dimtedit。

2. 操作及选项说明

➢ 命令:_Dimtedit

➢ 选择标注:

(选择需要编辑标注文字位置的尺寸标注)

➢ 指定标注文字的新位置或[左(L)/右(R)/中心(C)/默认(H)/角度(A)]:H

(直接拖动鼠标即可确定标注文字的新位置)

或

➢ 指定标注文字的新位置或[左(L)/右(R)/中心(C)/默认(H)/角度(A)]:L

(输入 L,将标注文字的位置移动到尺寸线的左方)

或

➢ 指定标注文字的新位置或[左(L)/右(R)/中心(C)/默认(H)/角度(A)]:R

(输入 R,将标注文字的位置移动到尺寸线的右方)

或

➢ 指定标注文字的新位置或[左(L)/右(R)/中心(C)/默认(H)/角度(A)]:C

(输入 C,将标注文字的位置移动到尺寸线的正中)

或

➢ 指定标注文字的新位置或[左(L)/右(R)/中心(C)/默认(H)/角度(A)]:A

(输入 A,将标注文字的位置倾斜一定角度)

➢ 指定标注文字的角度:

(输入标注文字需要倾斜的角度)

或

➢ 指定标注文字的新位置或[左(L)/右(R)/中心(C)/默认(H)/角度(A)]:H

(输入 H,将标注文字移动到默认的位置)

3. 应用举例

将图 10-49(a)所示图形的标注进行调整,结果如图 10-49(b)所示。

➢ 命令：_Dimtedit

➢ 选择标注：

(选中尺寸 30)

➢ 指定标注文字的新位置或［左(L)/右(R)/中心(C)/默认(H)/角度(A)］：L

(输入 L 并按回车键，操作结束并自动退出命令)

回车重复上一次执行的编辑标注文字命令。

➢ 命令：_Dimtedit

➢ 选择标注：

(选择尺寸 20)

➢ 指定标注文字的新位置或［左(L)/右(R)/中心(C)/默认(H)/角度(A)］：R

(输入 R 并按回车键)

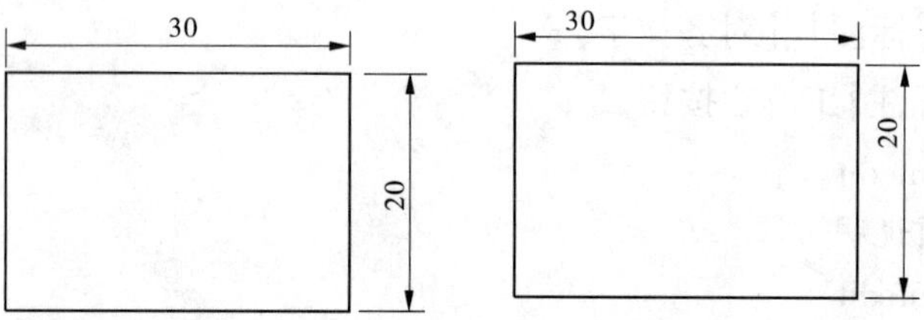

(a)编辑前　(b)编辑后

图 10-49　编辑标注文字的位置

(三)编辑标注文字的内容

可以修改尺寸标注中的文字内容。

1. 命令的调用方法

a. 下拉菜单：【修改】/【对象】/【文字】/【编辑】；

b. 命令行：Ddedit。

2. 操作及选项说明

➢ 命令：_Ddedit

➢ 选择注释对象或［放弃(U)］：

(选择需要编辑的文字对象)

在弹出的【多行文字编辑器】中输入要标注的文字，即可替换原来的标注文字。

四、作图步骤

如图 10-47(a)所示的尺寸标注，若要将其编辑成图 10-47(b)所示的标注形式，不必将已有的标注删除，利用编辑标注系列命令进行修改即可。

(一)绘制图形

用前面所学知识绘制好图形轮廓。

(二)编辑标注

➢ 命令：_Dimedit

(启动编辑标注命令)

➢ 输入标注编辑类型［默认(H)/新建(N)/旋转(R)/倾斜(O)］ <默认>：O

(选择【倾斜(O)】选项)

➢ 选择对象:

(选择水平边的线性标注)

➢ 输入倾斜角度:60

➢ 命令:_Dimedit

(启动编辑标注命令)

➢ 输入标注编辑类型[默认(H)/新建(N)/旋转(R)/倾斜(O)]<默认>:O

(选择【倾斜(O)】选项)

➢ 选择对象:

(选择垂直边的线性标注)

➢ 输入倾斜角度:30

(三)编辑标注文字内容

➢ 命令:_Ddedit

(启动编辑文字命令)

➢ 选择注释对象或[放弃(U)]:

(选择水平边的线性尺寸,在弹出的【多行文字编辑器】中将40改为80后,按【确定】)

➢ 选择注释对象或[放弃(U)]:

(选择竖直尺寸标注,在弹出的【多行文字编辑器】中将25放为50后,按【确定】)

➢ 选择注释对象或[放弃(U)]:

(直按按回车键,结束命令)

五、图形训练

标注如图10-50所示的尺寸。

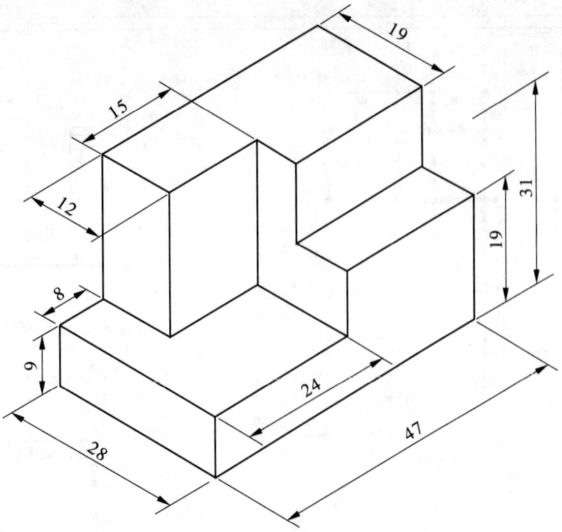

图10-50　标注尺寸

项目十一　图形图像输出

项目介绍

本项目主要介绍在 AutoCAD 软件中把所绘制的图形打印成图或以其他文件输出，以指导工程实践。作为绘图的扫尾工作，图形图像输出也是很关键的一步。

任务一　模型空间输出打印图纸

【任务分析】 本任务主要是输出打印一张绘制好的建筑图，重点介绍模型空间与图纸空间的区别，以及在模型空间中输出打印图纸的基本操作。

【相关知识】 在模型空间中输出打印图纸的基本操作。

一、任务内容

在模型空间里完成图形的输出打印。要求将图形对象输出为 A3 图纸，输出比例为 1∶100，效果如图 11-1 所示。

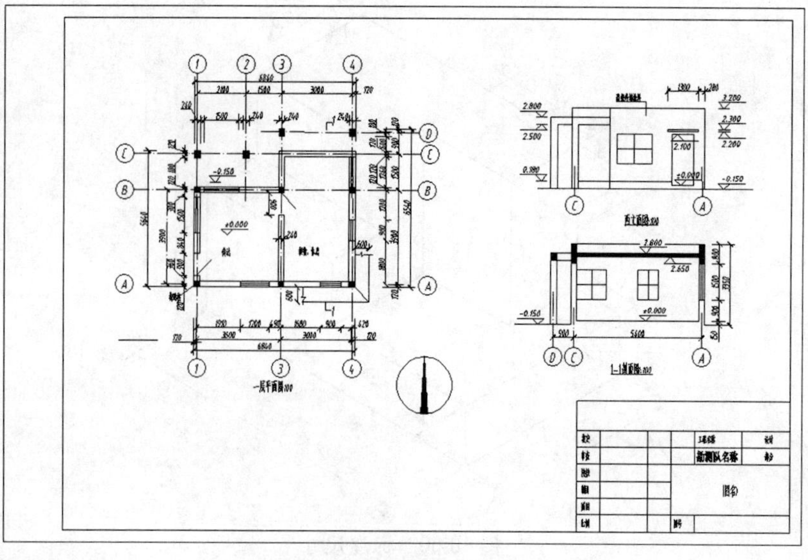

图 11-1　模型空间出图效果

二、输出打印

在 AutoCAD 中打开图形，点击【文件】菜单下的【打印】，设置相关选项，即可输出打印。

三、理论基础

（一）模型空间和图纸空间

模型空间是用户建立图形图像时所在的工作空间。模型即用户所绘制的图形对象，用户在模型空间中可以用二维或三维视图根据需要绘制投影图或物体，也可以创建多视口以显示物体的不同部分。在模型空间的多视口情况下，用户只能在当前视口绘制和编辑图形，也只能对当前视口中的图形进行打印输出。

图纸空间是 AutoCAD 提供给用户进行图形规划及打印布局的一个工作空间。用户在图纸空间中同样可以用二维或三维视图来表示投影图或物体，也可以创建多视口以显示物体的不同部分，在图纸空间下坐标系的按钮显示为三角形状。图纸空间下的视口被作为图形对象来看待，用户可以用编辑命令对其进行编辑。用户可以在同一绘图页面绘制图形，也可以进行不同视图的放置，并且可以对当前绘图页面所有视口中的图形同时进行打印输出。

在图纸空间中输入的内容将不会出现在模型空间中，但是在模型空间中输入的内容可以通过浮动窗口显示在布局图中。图纸空间不用于绘图和设计工作。

用户可以随时在模型空间和图纸空间之间进行切换，具体的切换操作如下：

（1）用系统变量 TILEMODE 进行切换。当系统变量 TILEMODE 的值为 1 时，系统处于模型空间；当系统变量 TILEMODE 的值为 0 时，系统处于图纸空间。

（2）用绘图窗口下方的【模型】和【布局】选项卡进行切换。单击【布局】选项卡，系统由模型空间切换至图纸空间；单击【模型】选项卡，系统由图纸空间切换至模型空间。

（二）页面设置

在模型空间下，激活【页面设置管理器】对话框的方式有以下几种：

a. 菜单栏：【文件】/【页面设置管理器】；

b. 快捷键：右击“模型”按钮，选择【页面设置管理器】选项。

运用上述任意一种方法，都可以弹出如图 11-2 所示的【页面设置管理器】对话框。在该对话框中，用户可以进行新建、修改、输入等操作。

（三）打印机设置

在打印之前，要先进行打印设备的配置。打印图形可选用两种打印设备：Windows 的系统打印机或专用绘图仪。对于小幅面的图形，使用前者即可；对于工程实际应用的大幅面的图形，为了达到较好的输出效果，一般需要选择专用绘图仪。

可使用添加打印机向导来完成。在菜单栏中选择【工具】/【向导】/【添加打印机】命令，按系统的提示即可完成打印设备的设置，并将结果保存在【打印机/绘图仪管理器】中。选择好打印机或绘图仪后，还需对其配置进行适当的编辑，操作步骤如下：

在菜单栏选择【文件】/【打印机/绘图仪管理器】，系统会弹出如图 11-3 所示的【打印

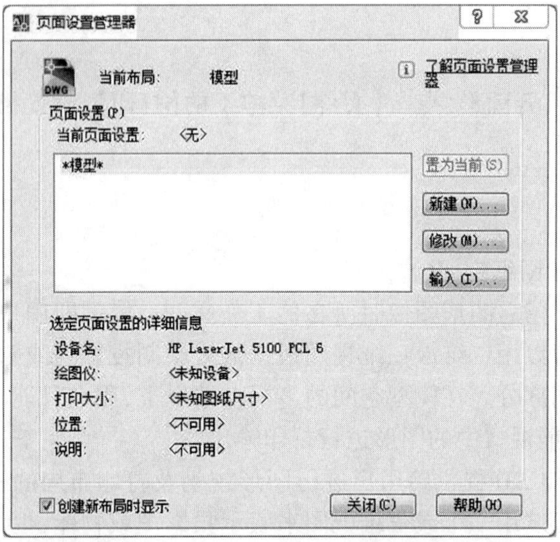

图 11-2 【页面设置管理器】对话框

机/绘图仪管理器】窗口。在【打印机/绘图仪管理器】窗口,双击打印设备文件,打开【绘图仪配置编辑器】对话框,如图 11-4 所示。

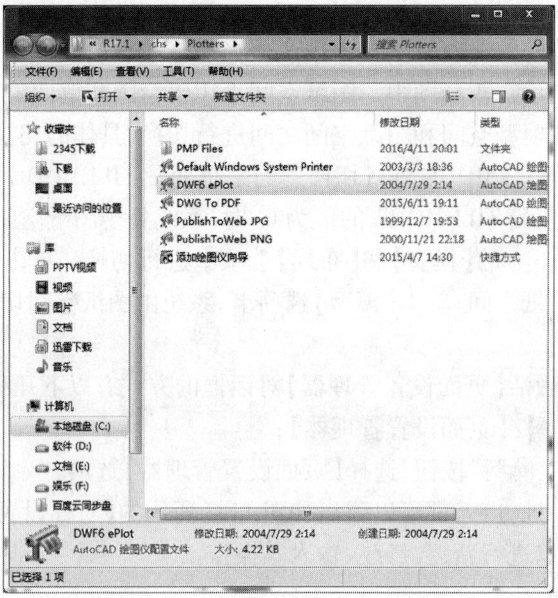

图 11-3 【打印机/绘图仪管理器】窗口

【基本】选项卡:用于修改打印输出设备的描述文本及查看设备的基本驱动信息。

【端口】选项卡:用于设置打印输出设备的端口,修改图形输出的去向。

【设备和文档设置】选项卡:在该选项卡中,可以对打印介质、图形打印特性、自定义特性和用户图纸尺寸与校准等选项进行设置。设置完毕后,单击“确定”按钮,就完成了打印设备的配置编辑。

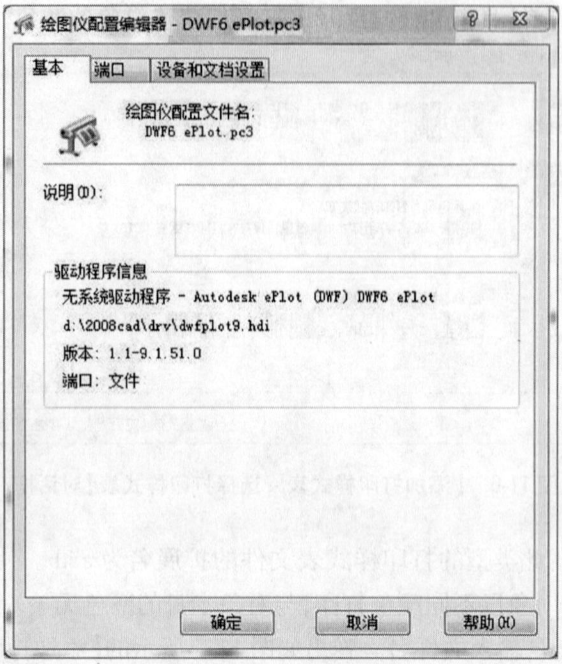

图 11-4　绘图仪配置编辑器

(四)打印样式设置

使用打印样式可以在打印时,根据自己的需要更改对象的外观(颜色、线型、线宽等)。在实际工程中,用户可以根据自己的需要添加所需要的打印样式表,其具体的操作步骤如下。

(1)在菜单栏选择【工具】/【向导】/【添加打印样式表】,单击“下一步”,弹出如图 11-5所示的【添加打印样式表 - 开始】对话框。

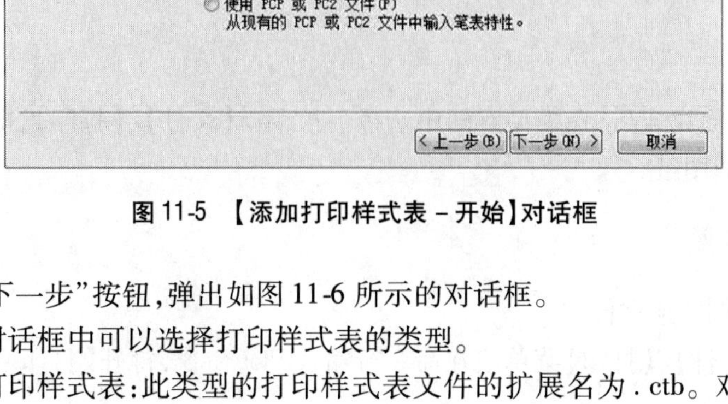

图 11-5　【添加打印样式表 - 开始】对话框

(2)单击“下一步”按钮,弹出如图 11-6 所示的对话框。

在打开的对话框中可以选择打印样式表的类型。

颜色相关打印样式表:此类型的打印样式表文件的扩展名为 . ctb。对象的颜色决定了打印出的颜色效果，要控制对象的打印颜色，必须修改对象的颜色。

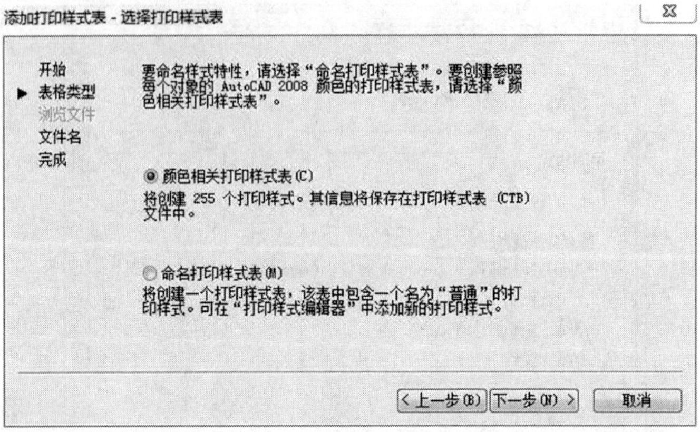

图 11-6 【添加打印样式表 - 选择打印样式表】对话框

命名打印样式表：此类型的打印样式表文件的扩展名为 . stb。使用这些打印样式表可以使图形中的每个对象以不同颜色打印，与对象本身的颜色无关。

(3)点击“下一步”，输入文件名。弹出如图 11-7 所示的【添加打印样式表 - 完成】对话框，点击“完成”即可(如需对打印样式进行编辑，可点击“打印样式表编辑器”按钮，弹出如图 11-8 所示的【打印样式表编辑器】对话框)。

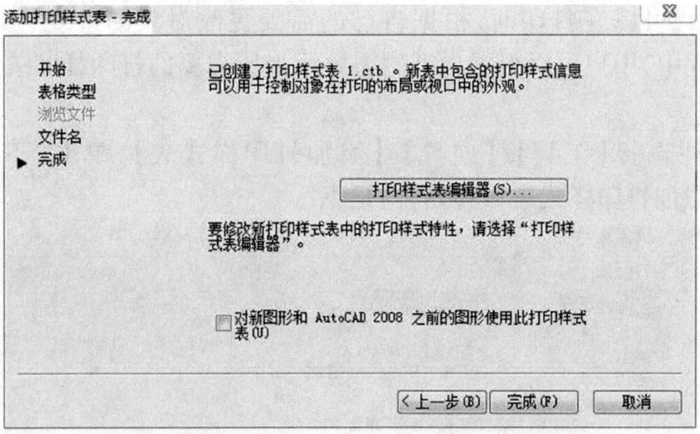

图 11-7 【添加打印样式表 - 完成】对话框

(五)打印

所有准备工作完成后，在模型空间中选择下拉菜单【文件】/【打印】，即可完成打印工作，得到所需要的图纸。

四、操作步骤

(1)打开实例图形文件。

(2)选择【文件】/【打印】菜单或在命令行输入 Plot 命令，打开【打印 - 模型】对话框，

图 11-8 【打印样式表编辑器】对话框

设置相应的选项,如图 11-9 所示。

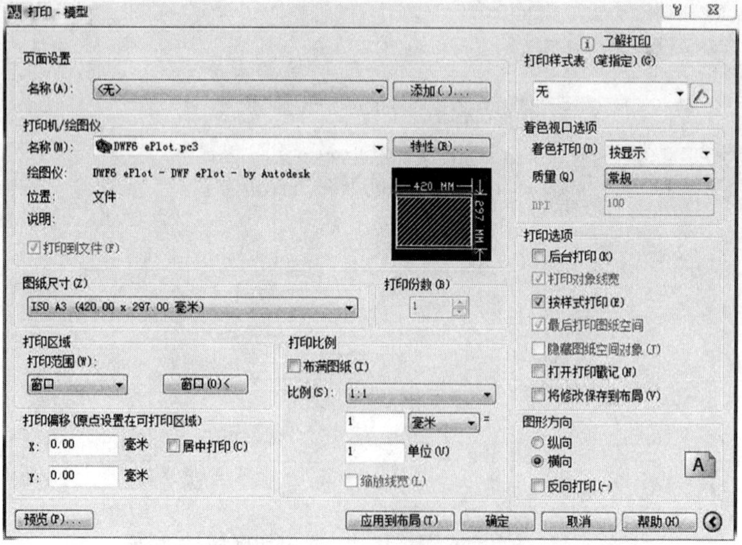

图 11-9 【打印 - 模型】对话框

(3)单击“特性”按钮,在弹出的对话框中为打印出图选择 A3 图纸,修改标准图纸尺寸(可打印区域),找到 A3 图纸进行修改,将可打印区域的上、下、左、右全部设置成 0,如图 11-10 和图 11-11 所示。

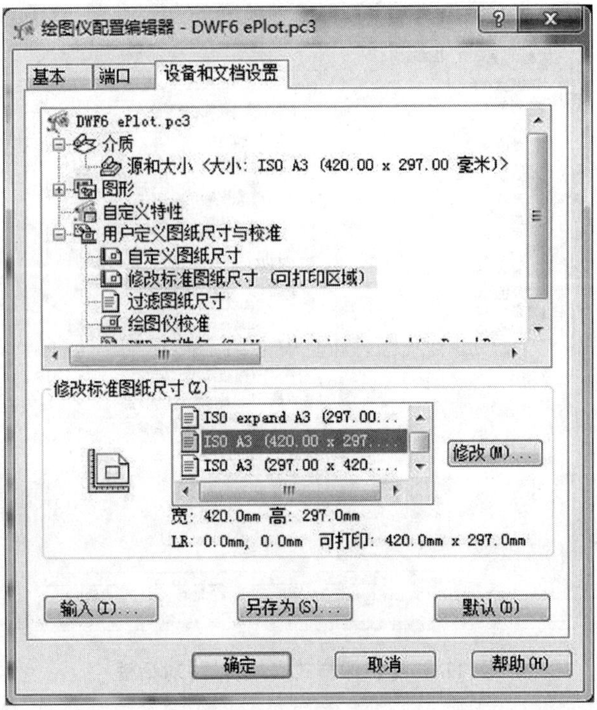

图 11-10 【绘图仪配置编辑器】对话框

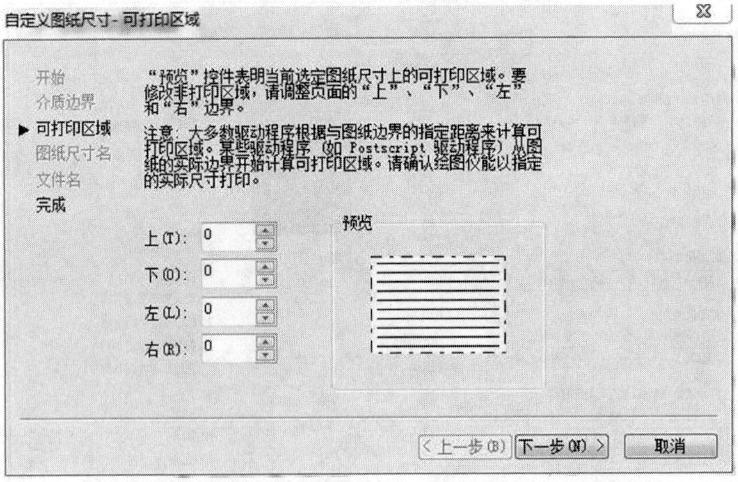

图 11-11 【自定义图纸尺寸 - 可打印区域】对话框

(4)在【打印 - 模型】对话框中点击"窗口"按钮，在模型空间中框选打印对象。

(5)设置完成后单击"预览"按钮，查看出图效果，如图 11-12 所示。

(6)按 Esc 键返回【打印 - 模型】对话框，单击"确定"按钮，保存文件后即可打印图形。

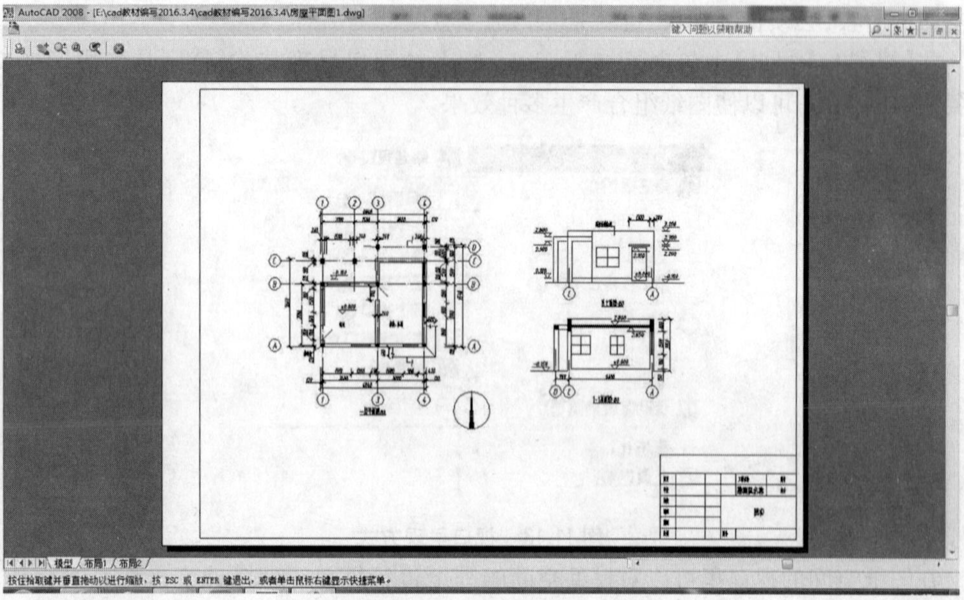

图 11-12　图形输出效果

任务二　图纸空间输出打印图纸

【任务分析】　本任务主要是输出打印一张绘制好的建筑图，重点介绍在图纸空间中输出打印图纸的基本操作。

【相关知识】　在图纸空间中输出打印的基本操作。

一、任务内容

在图纸空间里完成图形的输出打印。要求将图形对象输出为 A3 图纸，输出比例为 1∶100，效果如图 11-1 所示。

二、输出打印

在 AutoCAD 中打开图形，转换到图纸空间里，利用视口调整显示比例，点击【文件】菜单下的【打印】，设置相关选项，即可输出打印。

三、理论基础

（一）图纸空间的布局

图纸空间是一个二维空间，也就是说在图纸空间绘制的对象不能使用三维操作相关命令。图纸空间的主要作用是出图，也就是把用户在模型空间绘制的图形在图纸空间进行调整、排版，这个过程称为布局。

（二）视口

图纸空间可以理解为覆盖在模型空间上的一层不透明的纸，若需要从图纸空间看模型空间的内容,必须打开视口,也就是“开窗”。

在【视图】/【视口】中包含了如图 11-13 所示的视口呈现方式,特别是多边形视口和对象视口的运用,可以使图纸组合产生多种效果。

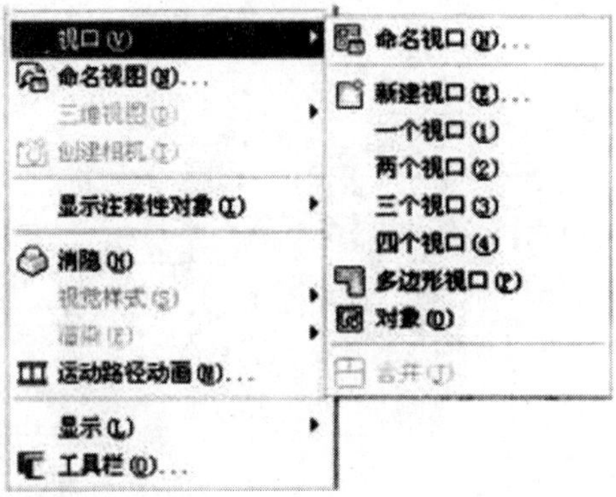

图 11-13 视口呈现方式

在图纸空间的视口里可以对模型空间的图纸进行缩放、平移、改变坐标系等操作,这些操作是针对图纸空间这张“纸”的,对模型空间并没有影响。

如果希望改变布局,就需要使用锁定视口命令。

(三)图纸空间的特点

(1)在建筑制图中运用图纸空间布局更方便、更直观,便于打印出图。

(2)在图纸空间可以利用视口改变,在同一图纸上根据制图需要呈现变化多样的图纸组合。

(四)布局页面设置

在图纸空间中选择下拉菜单【文件】/【页面设置管理器】,系统将弹出如图 11-14 所

图 11-14 【页面设置管理器】对话框

示的【页面设置管理器】对话框。在该对话框中，用户点击“输入”按钮可以为当前布局选择需要的页面设置。点击“修改”按钮弹出如图 11-15 所示的【页面设置 - 布局】对话框。

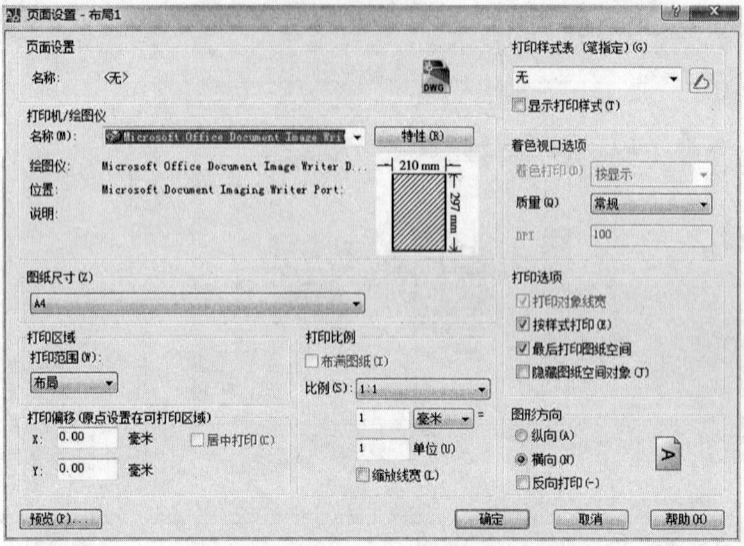

图 11-15 【页面设置 - 布局】对话框

（五）打印

在图纸空间中选择下拉菜单【文件】/【打印】，系统将弹出如图 11-16 所示的【打印 - 布局】对话框。用户在该对话框的【页面设置】选项区中可以将设置好的页面选为当前布局的设置样式进行打印，也可以单击“添加”按钮进行新的页面设置。

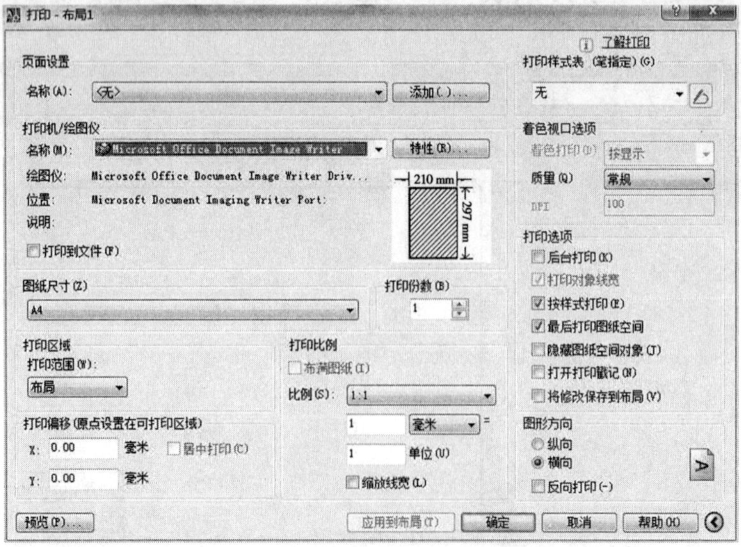

图 11-16 【打印 - 布局】对话框

四、操作步骤

（1）打开实例图形文件。

(2)从模型空间转换到图纸空间,单击窗口中左下方的【布局】选项卡,即可进入图纸空间,如图 11-17 所示。

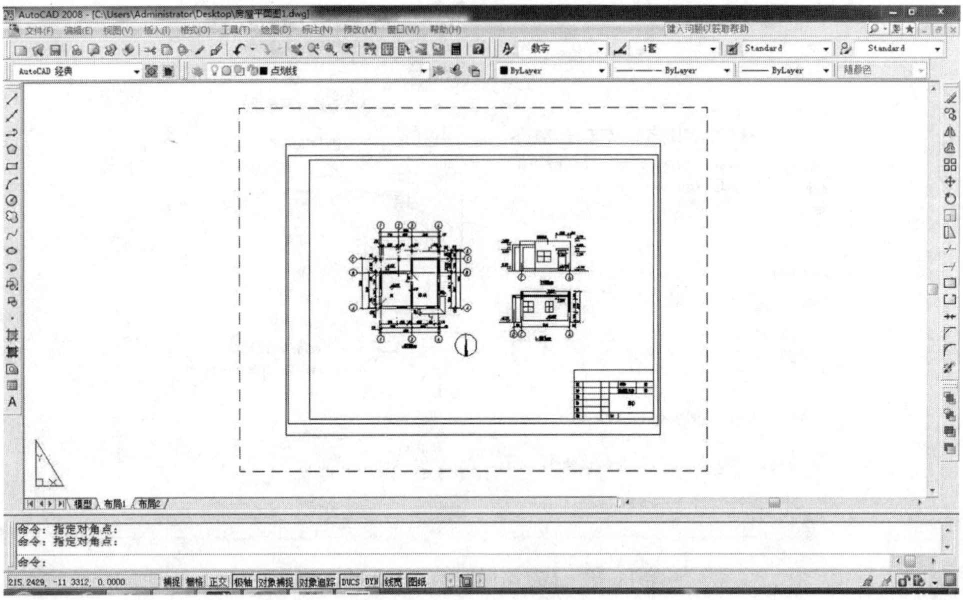

图 11-17 转换到图纸空间

(3)在图纸空间进行图纸布局。

在图纸空间里绘制 A3 图纸及图框和标题栏,也可以在模型空间里直接把 A3 图框和标题栏复制到图纸空间里,调出【视口】工具栏,单击多边形视口,沿图框和标题栏边框绘制一个多边形,如图 11-18 所示。

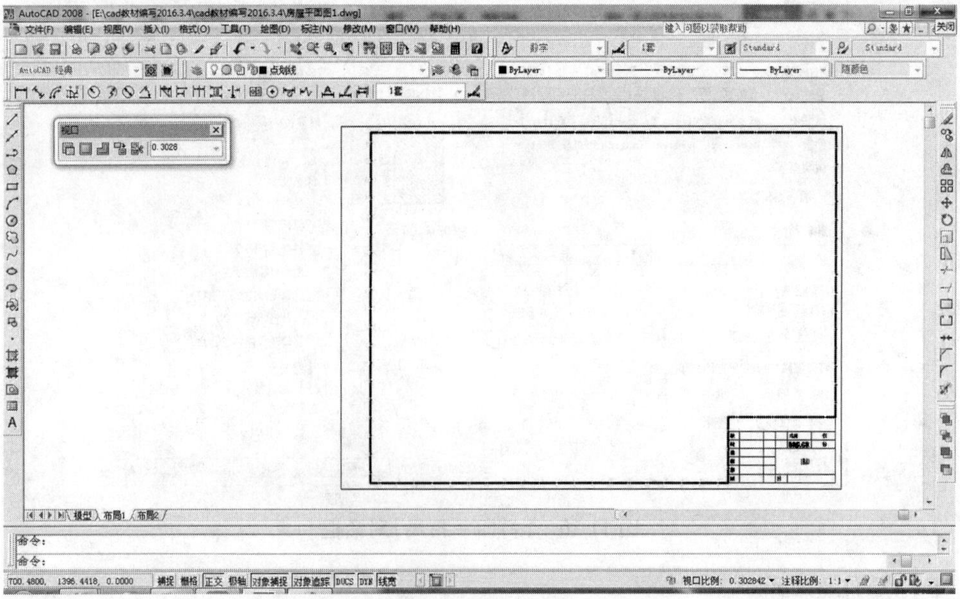

图 11-18 创建新视口

(4)双击多边形视口,可以转换到模型编辑状态,把图形放在多边形内部,把比例改为1∶1,移动图形,将图形放在合适的位置,显示效果如图11-19所示。

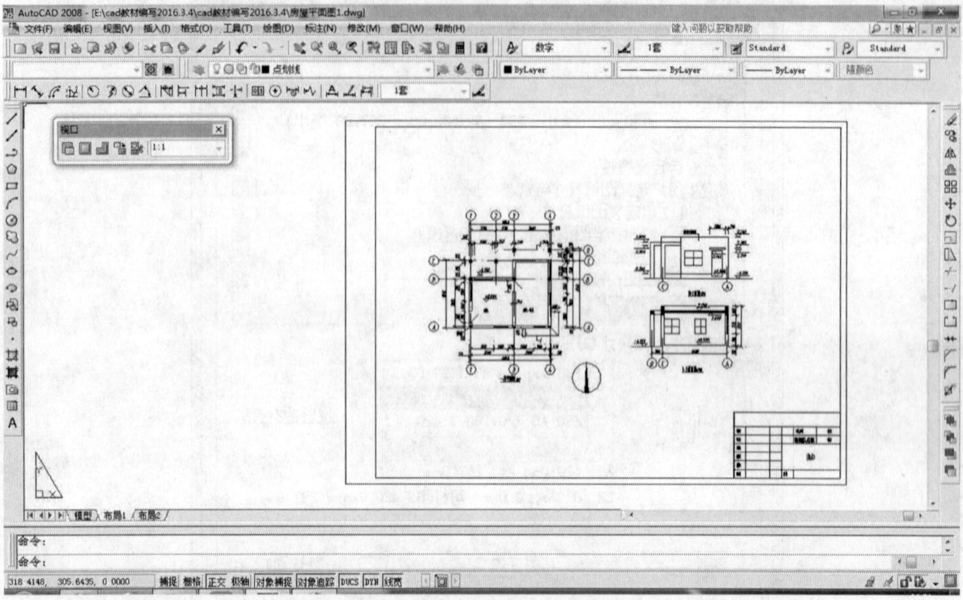

图11-19　调节视口显示比例

(5)图纸空间打印出图设置。

选择【文件】/【打印】或在命令行输入Plot命令,打开【打印－布局】对话框,设置相应的选项,如图11-20所示。

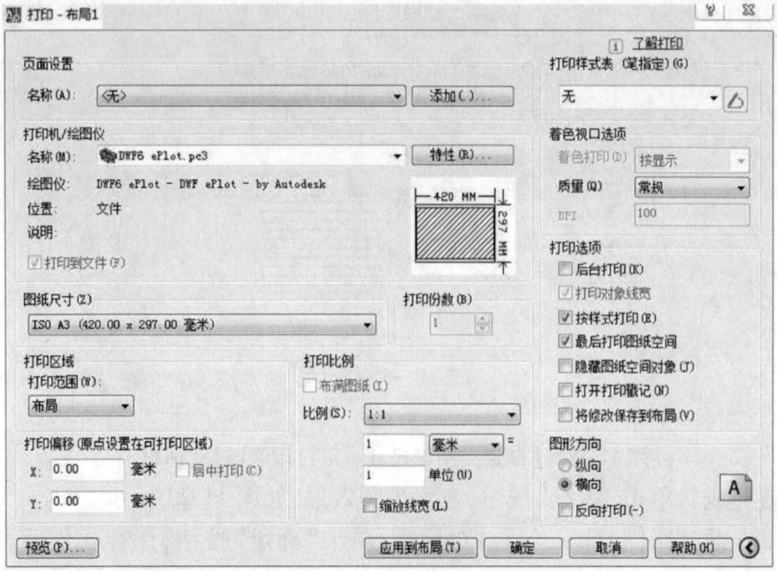

图11-20　图纸打印设置

(6)单击"特性"按钮,在弹出的对话框中为打印出图选择A3图纸,修改标准图纸尺寸(可打印区域),找到A3图纸进行修改,将可打印区域的上、下、左、右全部设置成0,如

图 11-21 和 11-22 所示。

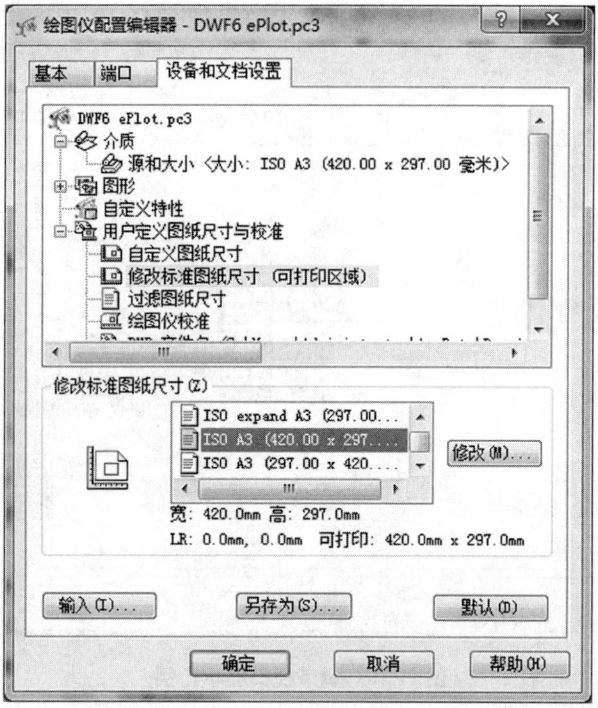

图 11-21 【绘图仪配置编辑器】对话框

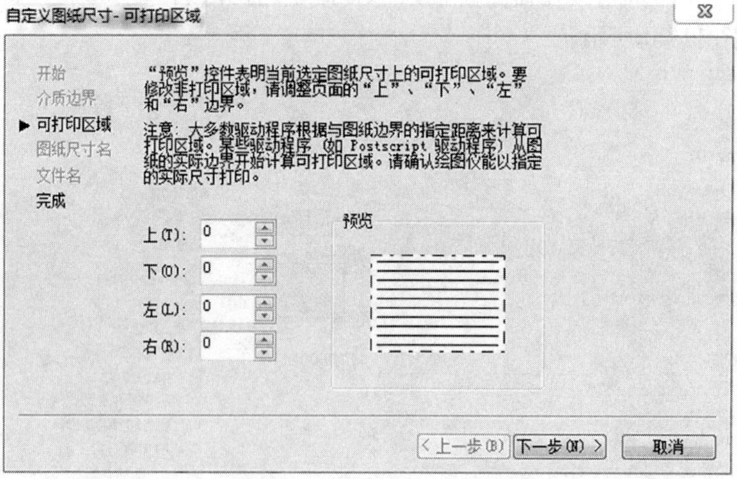

图 11-22 【自定义图纸尺寸 - 可打印区域】对话框

(7)设置完成后单击“预览”按钮，查看出图效果，如图 11-23 所示。

(8)按 Esc 键返回【打印 - 布局】对话框，单击“确定”按钮，保存文件后即可打印图形。

【归纳总结】 本项目主要是训练在 AutoCAD 中将所绘制的图形以最理想的形式快速打印成图。

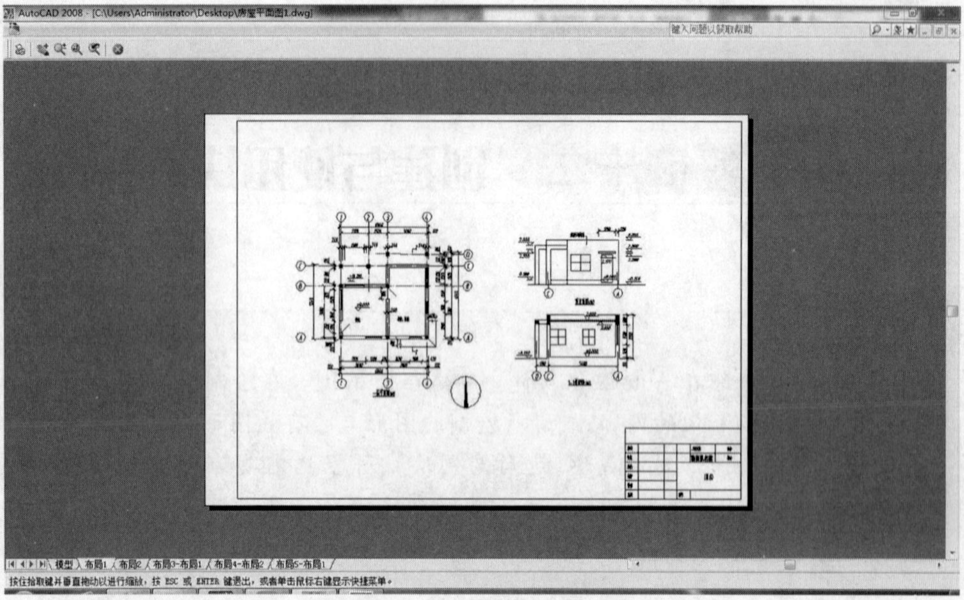

图 11-23　图纸出图效果

项目十二 创建与使用块

项目介绍

本项目主要介绍在 AutoCAD 软件中创建与使用块。在绘制图形时，如果图形中有大量相同或相似的内容，或者所绘制的图形与已有的图形文件相同，则可以把要重复绘制的图形创建成块（也称为图块），并根据需要为块创建属性，指定块的名称、用途及设计者等信息，在需要时直接插入，从而提高绘图效率。

任务一 创建图块

【任务分析】 本任务重点介绍创建和插入图块。

【相关知识】 图块的创建与调用方法。

一、任务内容

绘制图 12-1（含尺寸标注），并将其做成外部图块，图块名为“标题栏”。打开新的 AutoCAD 文件，插入图块“标题栏”。

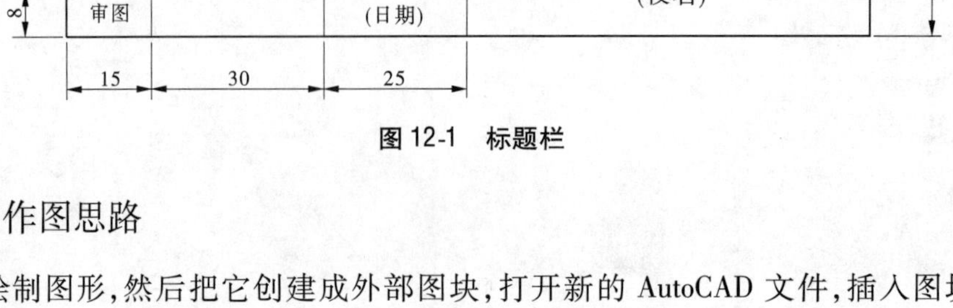

图 12-1 标题栏

二、作图思路

先绘制图形，然后把它创建成外部图块，打开新的 AutoCAD 文件，插入图块“标题栏”。

三、理论基础

(一)图块的基本知识

AutoCAD 把图块当作一个单一的实体来处理,即通过点选图块内的任何一个实体,就可以对整个图块进行诸如移动、复制、镜像等操作,这些操作与图块的内部结构无关。图块可以嵌套,即一个图块中可以包含另外一个或几个图块。

使用图块绘图具有以下优点:

(1)提高绘图速度。使用 AutoCAD 绘制图形时,经常会绘制相同的图形,如果将这些图形定义成块,当需要重复绘制它们时,用插入块的方法实现即可,这样可以避免大量的重复性工作,提高绘图效率。

(2)节省存储空间。AutoCAD 定义块时,包含了图形的全部信息,系统只需要定义一次。对于块的插入,AutoCAD 只需要记住这个块对象的相关信息(如块的名称、插入点坐标和插入比例等)。如果一幅 AutoCAD 图纸中含有大量的相同图形,会占据较大的电脑存储空间。把这些重复的图形定义成块,绘制时插入定义好的块,能够节省大量的电脑存储空间。

(3)加入属性。很多块还要求加入文字信息,以便进行解释说明。AutoCAD 2008 允许为块定义文字属性,在插入的块中控制是否显示这些属性,并且能够从图形中提取属性,将其存储到单独的文件中。

(二)定义内部块

内部块是在一个文件内定义的图块,可以在该文件内部自由使用,内部块一旦被定义,它就和文件同时被储存和打开。在一张图中可以定义任意多个内部块,每个图块都必须有一个图块名,否则 AutoCAD 将无法对图块进行管理。内部块的定义一般用对话框方式创建。

a. 菜单栏:【绘图】/【块】/【创建】;

b. 命令行:Block(B)/Bmake;

c. 工具栏:【绘图】工具栏第 13 个按钮。

执行以上任一操作后,弹出【块定义】对话框,如图 12-2 所示。下面对其中主要操作进行详细介绍。

【名称】:用于确定块的名称,在文本框中直接输入即可。

【基点】:用于确定插入块的基点位置。用户可以在 X、Y、Z 输入框中直接输入插入点的 X、Y、Z 坐标值;或者单击“拾取点”按钮,切换到 AutoCAD 的绘图窗口指定基点;也可以选中【在屏幕上指定】复选框,关闭【块定义】对话框后再根据提示指定基点。实际工作中,为了在插入块时能比较准确方便,创建块时应选取对象特征点作为插入点,如中心点、右下角等。

【对象】:用于指定新块中要包含的对象,以及创建块之后如何处理这些对象,是保留还是删除选定的对象,或者是将它们转换成块实例。

选择对象——用于用户选择块对象。AutoCAD 会切换到绘图窗口,用户可在绘图区中选择构成图块的图形对象。选择图形对象后,在【名称】右方会显示选中对象的预览效果。

图 12-2 【块定义】对话框

快速选择——可显示【快速选择】对话框，该对话框用于定义选择集，如图 12-3 所示。

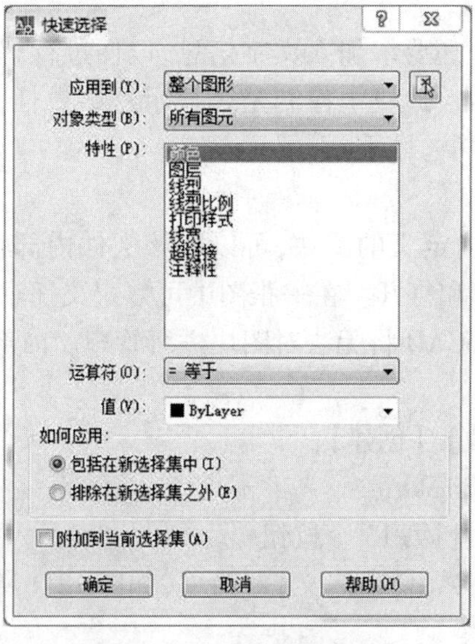

图 12-3 【快速选择】对话框

创建块以后，如果选择“保留”，选定对象将保留在图形中作为区别对象；如果选择“转换为块”，则选定对象将转换成图形中的块实例；如果选择“删除”，定义块后会从图形中删除选定的对象。

【方式】：用于指定块的设置。

注释性——指定块是否为注释性对象。

按统一比例缩放——指定插入块时是按统一比例进行缩放，还是允许沿各坐标轴方向采用不同比例缩放。

允许分解——指定插入块后是否允许将其分解。

【设置】：用于设置插入块的单位和超链接。

块单位——指定插入块时的单位,可以通过对应的下拉菜单进行选择。

超链接——使块定义与超链接相关联。单击按钮后将会打开【插入超链接】对话框,用户可以使用该对话框将某个超链接与块定义相关联。

【说明】:显示图块的详细描述。用户可以在【说明】下面的输入框中详细描述所定义图块的资料。

【在块编辑器中打开】:用于确定当单击对话框中"确定"按钮创建块后,是否立即在块编辑器中打开当前的块定义。

(三)定义外部块

外部块将块以文件的形式写入磁盘(后缀为 . dwg)。用户可以用 Wblock 命令将图形的一部分或者是全部写入磁盘。定义外部块与定义内部块相同的是,把所选对象作为一个整体保存起来,以便在绘制图形时将其插入到所需的位置。定义外部块与定义内部块不同的是,外部块是以独立的图形文件保存的,可以被所有图形使用。

命令行:Wblock(W)。

执行该命令后,AutoCAD 弹出【写块】对话框,如图 12-4 所示。

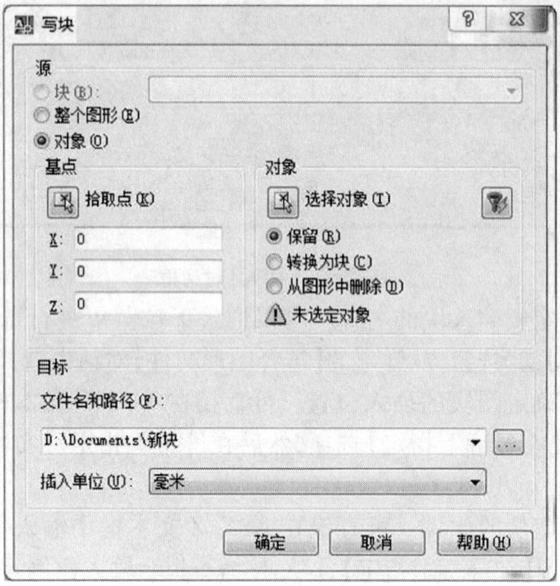

图 12-4 【写块】对话框

【源】:用于确定组成块的对象来源。其中,"块"单选按钮表示将已用 BLock 命令创建的块创建成外部块(写入磁盘);"整个图形"单选按钮表示将当前图形创建成外部块;"对象"单选按钮则表示将指定的对象创建成外部块。

【基点】:用于确定块的插入基点位置。

【对象】:用于确定组成块的对象。只有在【源】选项组中选择了"对象"单选按钮,【基点】和【对象】这两个选项组才有效。

【目标】:用于确定块的保存名称和保存位置。用户可直接在对应的文本框中输入文件名(包括路径),也可以单击对应的按钮,从弹出的【浏览图形文件】对话框中指定保存位置与文件名。

实际上用 Wblock 命令将块写入磁盘后，该块便以 .dwg 格式保存，即以 AutoCAD 图形文件格式保存。

【插入单位】：可设定插入块的单位。一般选择毫米。

（四）插入块

在当前图形或其他图形文件中插入块，无论块或所插入的图形多么复杂，AutoCAD 都将它们作为一个单独的对象，如果用户需编辑其中的单个图形元素，就必须分解图块或文件块。

a. 菜单栏：【插入】/【块】；

b. 命令行：Insert(I)；

c. 工具栏：【绘图】工具栏第 12 个按钮。

执行以上任一操作后弹出【插入】对话框，如图 12-5 所示。

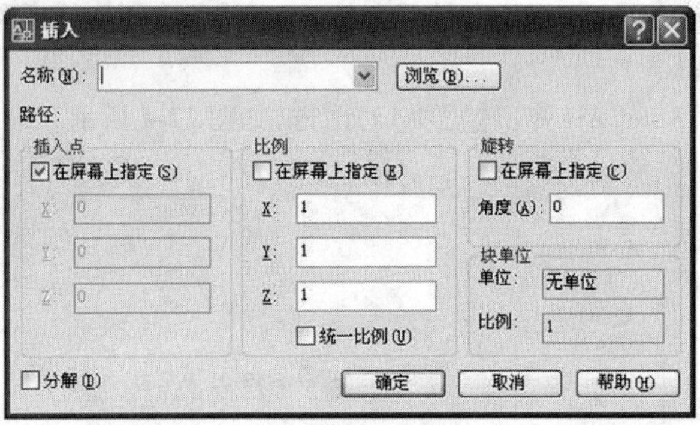

图 12-5 【插入】对话框

【名称】：用于确定要插入块的名称。可以通过下拉菜单进行选择，也可以输入块的名称，还可以单击“浏览”按钮，从弹出的【选择图形文件】对话框选择图形文件。

【插入点】：用于确定图块的插入位置。可直接在 X、Y、Z 文本框中输入插入点的绝对坐标值，或者选中【在屏幕上指定】选项，然后在屏幕上指定。实际工作中一般直接在屏幕上指定。

【比例】：用于确定块的比例。可直接在 X、Y、Z 文本框中输入块在这三个方向的缩放比例因子，也可选中【在屏幕上指定】选项，按命令提示输入比例。

如果在创建块时选择了【统一比例】，则此时只能输入 X 的值，Y 和 Z 的值变得与 X 的相同，实际工作中常在对话框中设定。

【旋转】：用于确定插入块时的旋转角度。可以直接在【角度】文本框中输入图块的旋转角度，或者选中【在屏幕上指定】选项，按命令提示输入旋转角度。

【块单位】：用于显示有关块单位的信息。

【分解】：用于确定插入块后，是否可以将其分解为组成块的各个基本对象。选择该项，表示插入块时，图块中的对象被分解成单个独立的对象；不选该项，表示插入块时，图块不会被分解，是一个整体。

通过【插入】对话框设置了要插入的块以及插入的参数后，单击“确定”按钮，便可以将块插入到当前的绘图窗口中（如果选择了在屏幕上指定插入点、插入比例或旋转角度，插入块时还要根据命令提示进行操作)。

四、操作步骤

(1)绘制图 12-1 所示的图形。

(2)在命令行输入 W,弹出【写块】对话框,指定基点,选择图形对象,设置文件名和路径,如图 12-6 所示。

图 12-6 【写块】对话框

(3)按“确定”按钮,即完成了“标题栏”外部图块的创建。

(4)打开新的 AutoCAD 文件。

(5)在命令行输入 I,弹出【插入】对话框,如图 12-7 所示。

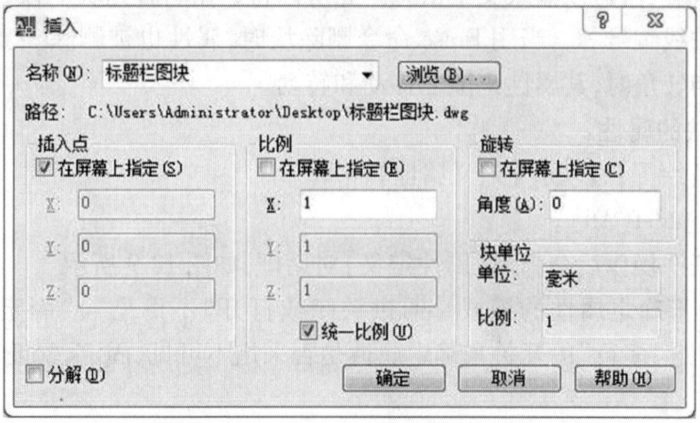

图 12-7 【插入】对话框

(6)按“确定”按钮,在屏幕中指定插入点,即完成了图块的调用。

任务二　编辑和管理块属性

【任务分析】 本任务重点介绍编辑和管理块属性的方法。

【相关知识】 编辑和管理块属性的方法。

一、任务内容

如图 12-8 所示是建筑物的层高,用属性块的方式标注建筑物的标高。

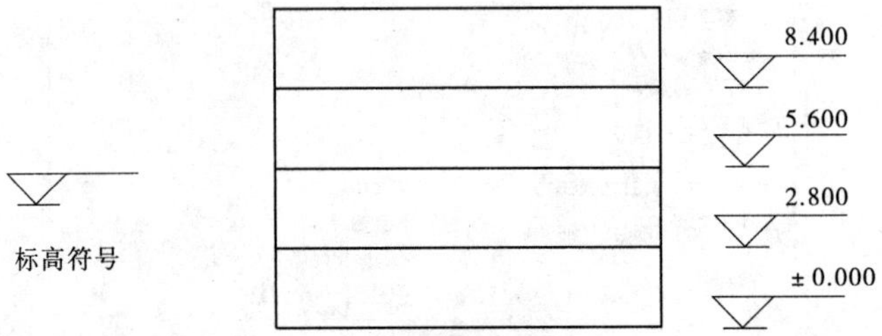

图 12-8　建筑物的标高

二、作图思路

先画出建筑物结构图,然后创建“标高”图块,并创建块属性,最后在相应的层高点插入“标高”图块。

三、理论基础

块属性是附属于块的非图形信息,是块的组成部分,可包含在块定义中的文字对象。实际上,属性是块的文本对象,即块是由图形对象和属性共同组成的一个整体。创建了带属性的块之后,输入时可以输入文字信息。它可以将数据附着到块上,属性可以包含多种数据,如标高、轴线编号等。当用 Erase 命令删除块时,属性也被删除。当用 Change 命令改变块的位置与转角时,其属性也随之移动和转动。

(一)定义块的属性

a. 菜单栏:【绘图】/【块】/【定义属性】;

b. 命令行:Attdef(Att)。

执行以上任一操作后会弹出【属性定义】对话框,如图 12-9 所示。

【模式】:用于确定属性的模式。通过关闭或打开“不可见”、“固定”、“验证”、“预置”、“锁定位置”、“多行”的开关来确定属性是否采用不可见、固定、验证、预置、锁定位置及多行方式。

“不可见”——该属性为不可见显示方式,即插入块并输入该属性值后,属性值在图中不显示。

“固定”——该属性为常量方式,即属性值在定义属性时给定后,当插入块时该属性值固定不变。

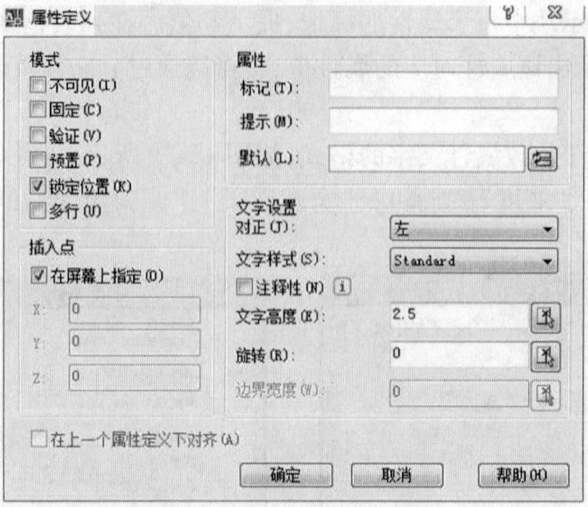

图 12-9 【属性定义】对话框

"验证"——该属性为输入的验证方式,即当插入块时,对输入的属性值又重复给出一次提示,让用户校验所输入的属性值是否正确。

"预置"——该属性为预置方式,用这种方式可以生成在块插入期间不请求输入的变量属性。当插入包含预置属性的块时,不请求输入属性值,而是自动填写缺省值。

"锁定位置"——锁定块参照中属性的位置。解锁后,属性可以相对于使用夹点编辑的块的其他部分移动,并且可以调整多行属性的大小。

"多行"——指定属性值可以包含多行文字。选定此选项后,可以指定属性的边界宽度。

【属性】:用于确定属性的标记、提示以及默认值。用户可以在"标记"框内输入属性标记,在"提示"框内输入属性提示,在"默认"框内输入属性的默认值。

【插入点】:用于确定属性文本排列时的参考基点。用户可以用默认的方法在屏幕上指定,也可以在 X、Y、Z 对应的框内输入参考点的位置。

【文字设置】:用于确定属性文本的格式。该设置区中各项的含义如下:

"对正"——确定属性文本相对于参考点的排列形式。用户可通过点击其右边的箭头从下拉列表中选择。

"文字样式"——确定属性文本的样式。

"高度"——确定属性文本字符的高度。

"旋转"——确定属性文本行的倾斜角度。

(二)编辑块的属性

在属性被定义到图块中,甚至图块被插入到图形中之后,用户还可以对属性进行编辑。利用 Eattedit 命令可以通过对话框对指定图块的属性值进行修改,也可以对属性的位置、文本等其他设置进行编辑。

a. 菜单栏:【修改】/【对象】/【属性】/【单个】;

b. 命令行:Eattedit。

执行以上任一操作后,选择块,弹出【增强属性管理器】对话框,如图 12-10 所示。

【属性】:用于显示块中每个属性的标记、提示和值。在列表框中选择某一属性后,在“值”文本框中将显示出该属性对应的属性值,也可以通过它来修改属性值,如图 12-10 所示。

【文字选项】:用于修改属性文字的格式,如图 12-11 所示。在【文字选项】中,可以对“文字样式”、“对正”、“高度”、“旋转”、“宽度因子”、“倾斜角度”几项分别设定文字的样式和大小。

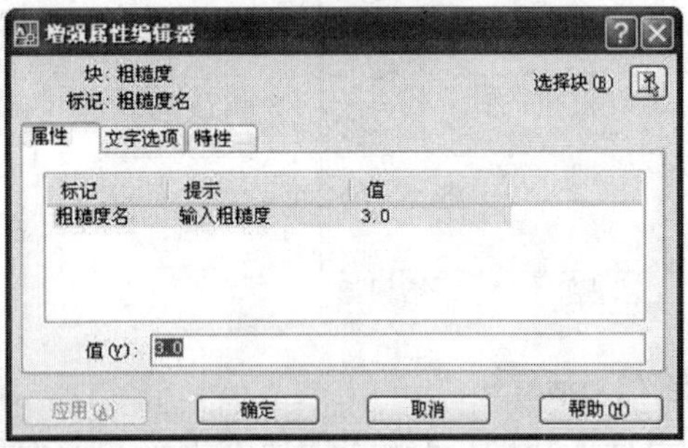

图 12-10 【增强属性管理器】对话框

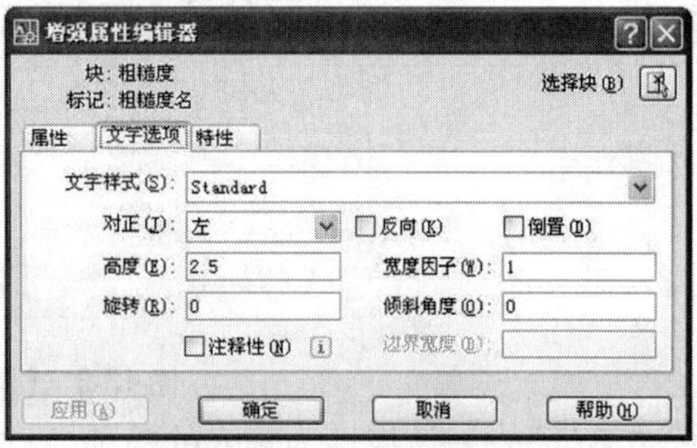

图 12-11 【文字选项】

【特性】:用于修改属性文字的图层以及它的线宽、线型、颜色及打印样式等,如图 12-12所示。

图 12-12 【特性】

提示:只有被属性定义过的块才能进行块属性的编辑。

四、操作步骤

(1)画出如图 12-8 左边所示的标高符号和建筑物的结构图,如图 12-13 所示。

(2)定义属性。

在命令行输入 Attdef。

出现【属性定义】对话框,按如图 12-14 所示的内容进行设置。

(3)单击“确定”按钮,对话框消失,命令行提示“指定起点:”。

(4)在图 12-8 左边所示的标高符号的上方,三角形的右上角选取一点。

(5)在点击处出现“数字”文本,如图 12-15 所示。

图 12-13　标高符号和建筑物结构图

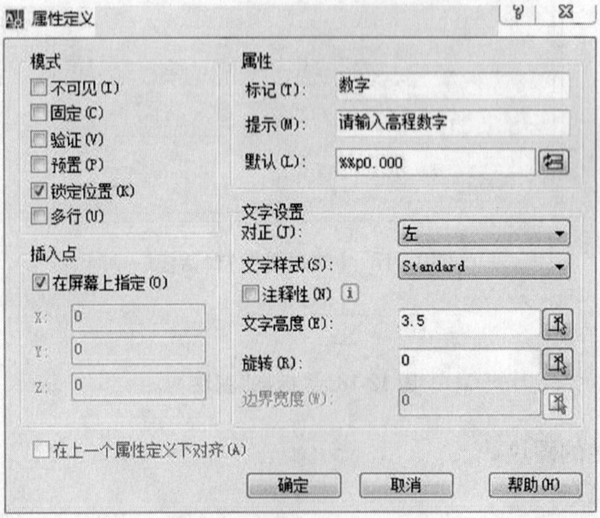

图 12-14　【属性定义】对话框

(6)定义块。

在命令行输入 B。

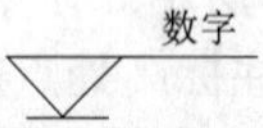

图 12-15　"数字"文本

在弹出的【块定义】对话框的"名称"栏中输入"标高",如图 12-16 所示。然后给定基点(以三角形的下顶点为基点),用窗口方式将图 12-15 中所有对象选中。

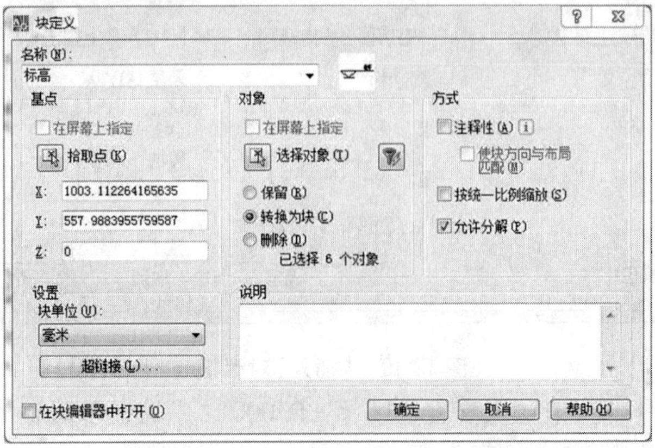

图 12-16　【块定义】对话框

(7)点击“确定”按钮,出现如图 12-17 所示的【编辑属性】对话框。该对话框是让用户再次确定属性,单击“确定”按钮,原来图块上的“数字”文本改为输入的值“ ±0. 000”,如图 12-18 所示。

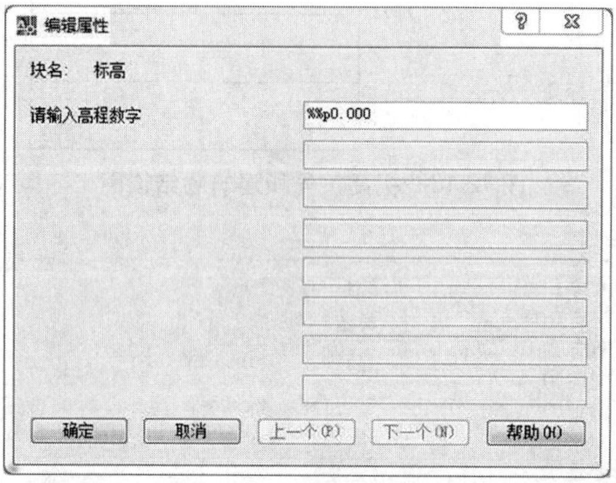

图 12-17 【编辑属性】对话框

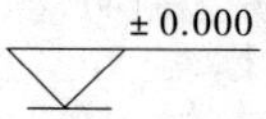

图 12-18 “标高”图块

(8)插入带属性的图块。

在命令行输入 I。

在弹出的【插入】对话框中的“名称”栏选择“标高”图块名,单击“确定”按钮,如图 12-19所示。命令行出现如下提示:“指定插入点或[基点(B)/比例(S)/旋转(R)]”,在该标注标高处点击,直接按 Enter 键得到最下方标注值 ±0. 000,如图 12-20 所示。

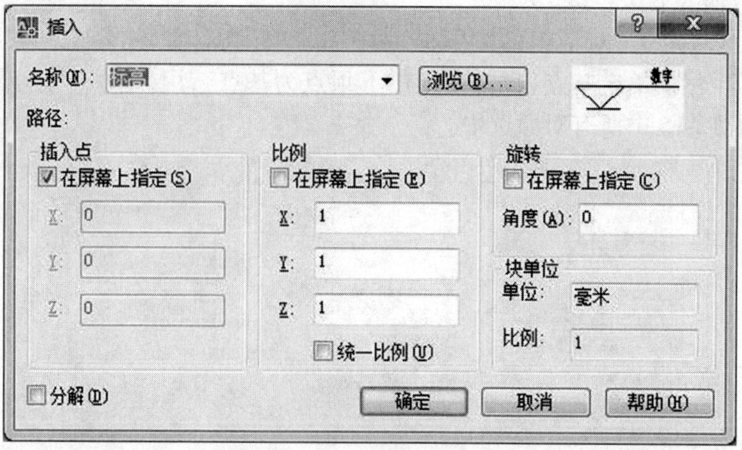

图 12-19 【插入】对话框

继续使用 I 命令,在“请输入高程数字 < ±0. 000 > :”的提示后输入“2. 800”,得到第二个标注值 2. 800,如图 12-21 所示。

用相同的方法插入图块并输入对应的值,最终可得到如图 12-22 所示的结果。

图 12-20　插入 ±0.000 高程

图 12-21　插入 2.800 高程

图 12-22　建筑物的标高图

【归纳总结】　本项目主要是训练在 AutoCAD 中创建和使用图块，把重复绘制的图形创建成图块，再根据需要插入图块，以提高绘图效率。

参考文献

[1] 王强,张小平. 建筑工程制图与识图[M]. 2 版. 北京:机械工业出版社,2015.
[2] 胡守忠,杨玉艳,王彦惠. 画法几何及水利工程制图[M]. 北京:中国水利水电出版社,2005.
[3] 庞璐,沈蓓蓓,李炽岚. 水利工程制图[M]. 2 版. 北京:中国水利水电出版社,2013.
[4] 朱育万,卢传贤. 画法几何及土木工程制图[M]. 北京:高等教育出版社,2015.
[5] 杨小庆,王子茹. 工程制图[M]. 北京:中国水利水电出版社,2010.
[6] 张满栋,杨胜强. 土木水利工程制图及计算机绘图[M]. 北京:机械工业出版社,2011.
[7] 聂新华. 水利工程制图[M]. 北京:中国水利水电出版社,2014.
[8] 长江勘测规划设计研究有限责任公司. 水利水电工程制图手册[M]. 北京:中国水利水电出版社,2014.
[9] 黄仕君,李吉祥,何世勇. AutoCAD 2008 应用教程[M]. 北京:北京师范大学出版社,2009.
[10] 朱立义. AutoCAD 项目化教程[M]. 苏州:苏州大学出版社,2010.
[11] 薛炎,王新平. 中文版 AutoCAD 2008 基础教程[M]. 北京:清华大学出版社,2007.
[12] 江洪,侯永涛,薛宏丽. AutoCAD 2008 机械设计实例解析[M]. 北京:机械工业出版社,2007.
[13] 曾令宜,史先进. AutoCAD 2009 中文版教程[M]. 北京:电子工业出版社,2010.
[14] 胡腾,李增民. 精通 AutoCAD 2008 中文版[M]. 北京:清华大学出版社,2007.
[15] 王长忠. AutoCAD 机械绘图[M]. 北京:北京理工大学出版社,2007.
[16] 李爱军,等. AutoCAD 建设设计 300 例[M]. 北京:电子工业出版社,2006.
[17] 王利华,吴志清. AutoCAD 应用项目化实训教程[M]. 北京:北京大学出版社,2014.
[18] 黄小龙,高宏,周建国. AutoCAD 2006 典型应用实战演练 100 例[M]. 北京:人民邮电出版社,2006.
[19] 王斌,等. 中文版 AutoCAD 2006 实用培训教程[M]. 北京:清华大学出版社,2005.
[20] 张喆,杨其建,王芳. 建筑 CAD 项目化教程(AutoCAD 2014)[M]. 武汉:华中科技大学出版社,2015.
[21] 邹新斌,郑金. AutoCAD 2012 实用教程[M]. 北京:人民邮电出版社,2013.
[22] 陆玉兵,魏兴. 机械 AutoCAD 2010 项目应用教程[M]. 北京:人民邮电出版社,2012.
[23] 胡仁喜. AutoCAD 2005 练习宝典[M]. 北京:北京理工大学出版社,2004.
[24] 周慧,姜毅平. AutoCAD 2010 项目化教程[M]. 成都:西南交通大学出版社. 2011.
[25] 高玉侠,刘雅容. AutoCAD 2012 项目化教程[M]. 北京:机械工业出版社,2015.
[26] 李方园. AutoCAD 机械制图项目化教程[M]. 北京:清华大学出版社,2015.